U0527507

从声音到文字，分享人类智慧

北宋汴京城简图

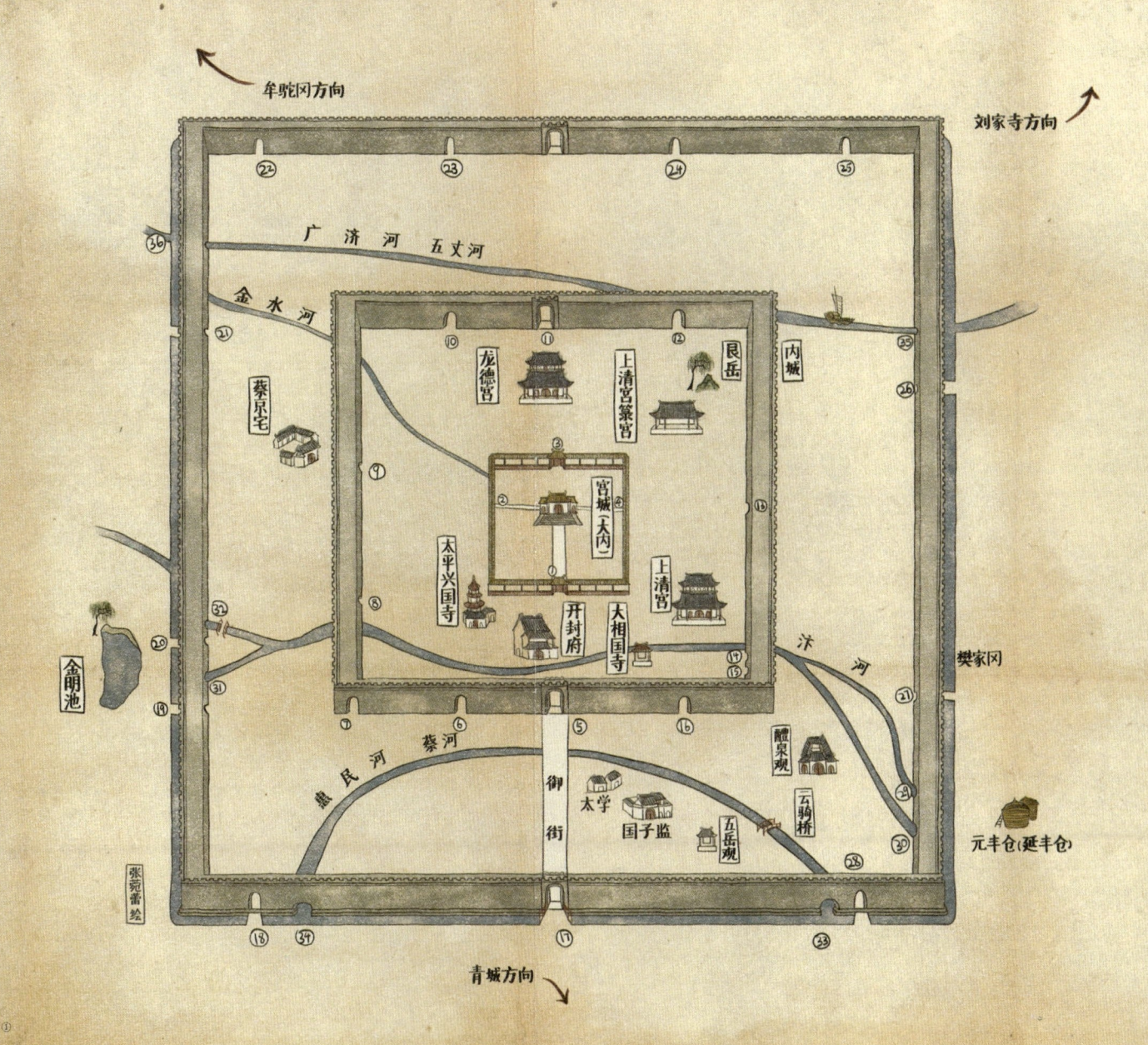

图一　北宋汴京城简图①

宫城城门：
1. 宣德门
2. 西华门
3. 拱宸门
4. 东华门

内城城门：
5. 朱雀门
6. 崇明门（新门）
7. 宜秋门（旧郑门）
8. 角门子
9. 阊阖门（梁门）
10. 天波门（金水门）
11. 景龙门
12. 安远门（旧封丘门）
13. 望春门（旧曹门）
14. 丽景门（旧宋门）
15. 角门子
16. 保康门

外城城门：
17. 南薰门
18. 西安上门（戴楼门）
19. 南顺天门（新郑门）
20. 中开运门（万胜门）
21. 北金耀门（固子门）
22. 安肃门（卫州门）
23. 通天门（新酸枣门）
24. 永泰门（新封丘门）
25. 长景门（陈桥门）
26. 北含辉门（新曹门）
27. 南朝阳门（新宋门）
28. 东宣化门（陈州门）

外城墙水门：
29. 大通门
30. 通津门
31. 上善门
32. 宣泽门
33. 普济门
34. 广利门
35. 善利门
36. 咸丰门

① 根据《宋史》《东京梦华录》《汴京遗迹志》等，特别参考了《东京梦华录笺注》所附张驭寰作《北宋东京城复原图》。

辽金北方形势图

重要城市：

肇州（出河店）：黑龙江省肇源县
廖晦城：黑龙江省哈尔滨市双城区前对面古城
宁江州：吉林省扶余市北伯都纳古城
达鲁古城：吉林省扶余市西北土城子
宾州：吉林省农安县靠山镇广元店古城
祥州：吉林省农安县万金塔乡
黄龙府：吉林省农安县
春州：长春州的简称，现吉林省乾安县北
咸州：辽宁省开原市东北
沈州：辽宁省沈阳市
海州：辽宁省海城市
显州：辽宁省北镇市西南
宜州：辽宁省义县
兴中府：辽宁省朝阳市
泽州（辽）：河北省平泉市南部燕山中
北安州：河北省承德市和滦平县、隆化县等地
祖州：内蒙古巴林左旗西南石房子村
庆州：内蒙古巴林右旗西北白城子
天德军：内蒙古巴彦淖尔市阴山南麓
东胜州：内蒙古托克托县

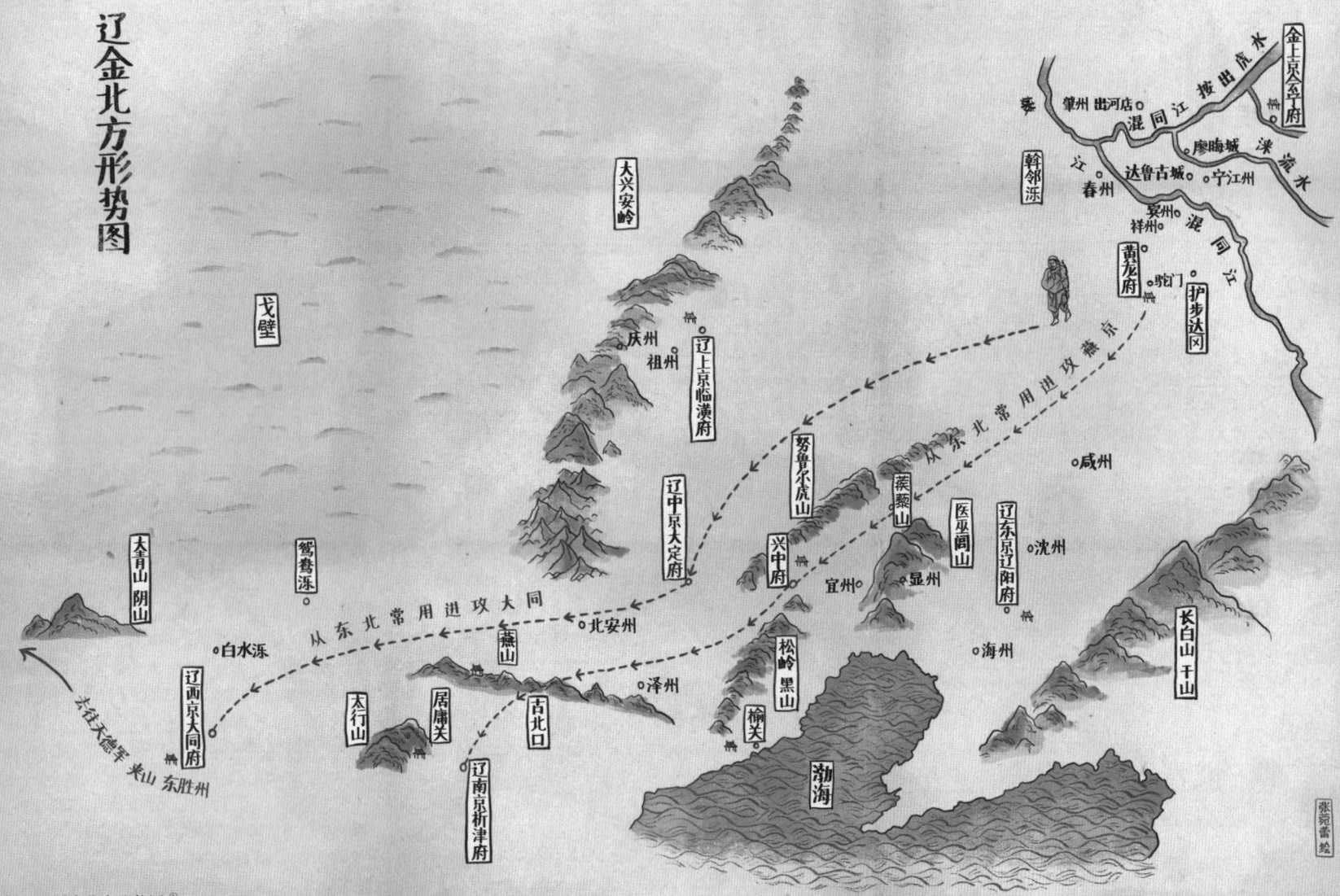

图二　辽金北方形势图①

图中古今地名对照

辽金都城：
辽上京临潢府：内蒙古赤峰市巴林左旗南
辽中京大定府：内蒙古宁城西大名城
辽东京辽阳府：辽宁省辽阳市
辽南京析津府（燕京）：北京市
辽西京大同府：山西省大同市

金上京会宁府：黑龙江省哈尔滨市阿城区白城

山川地理：
混同江：松花江
涞流水：拉林河
按出虎水：阿什河
斡邻泺：吉林省大安市南查干泡

鸳鸯泺：河北省张北县西北安固里淖
白水泺：内蒙古察哈尔右翼前旗东北黄旗海
蒺藜山：辽宁省阜蒙县哈达户稍镇章古台子
护步答冈：黑龙江省五常市西
夹山：内蒙古萨拉齐西北大青山

险要关口：
驼门：吉林省农安县南五十里
古北口：北京市密云区古北口
榆关：河北省秦皇岛市山海关
居庸关：北京市昌平区居庸关

① 参考《辽史》《金史》的《地理志》。在制图上尤其参考了《中国历代战争史》图册。

图三 宋金交战形势图[①]

图中古今地名对照

从关外到关内的五个重要关口：
- 榆关：河北省秦皇岛市山海关
- 松亭关：河北省宽城县西南
- 古北关：北京市密云区古北口
- 居庸关：北京市昌平区居庸关
- 金坡关：河北省易县紫荆关

其余险要：
- 井陉：河北省井陉县老井陉
- 雁门关：山西省代县雁门关
- 石岭关：山西省阳曲县石岭关
- 南北关：山西省武乡县与祁县间

宋四京：
- 汴京（汴梁，开封府，东京）：河南省开封市
- 应天府（南京）：河南省商丘市
- 大名府（北京）：河北省大名县
- 洛阳（河南府，西京）：河南省洛阳市

刘仁恭割让三城：
- 营州：河北省昌黎县
- 平州：河北省卢龙县
- 滦州：河北省滦县

十六州山南城市：
- 燕京（幽州、燕山府、析津府）：北京市
- 顺州：北京市顺义区
- 檀州：北京市密云区
- 蓟州：天津市蓟州区
- 景州：北京市遵化市
- 涿州：河北省涿州市
- 易州：河北省易县

十六州山外城市：
- 云州（云中）：山西省大同市
- 应州：山西省应县
- 蔚州：河北省蔚县
- 朔州（宋辽时期）：山西省朔州市右玉县
- 寰州：山西省朔州市马邑
- 武州：山西省神池县
- 新州（奉圣州）：河北省涿鹿县涿鹿镇
- 妫州：河北省怀来县旧怀来
- 儒州：北京市延庆区

北宋重要城市：
- 府州：陕西省府谷县
- 代州：山西省代县
- 忻州：山西省忻州市
- 太原：山西省太原市
- 寿阳：山西省寿阳县
- 平定军：山西省平定县
- 榆次：山西省晋中市榆次区
- 汾州：山西省汾阳市
- 辽州：山西省左权县
- 威胜军：山西省沁县
- 平阳府：山西省临汾市
- 隆德府：山西省长治市
- 高平：山西省高平市
- 绛州：山西省新绛县
- 泽州：山西省晋城市
- 怀州：河南省沁阳市
- 河阳：河南省孟州市
- 安肃军：河北省保定市徐水区
- 保州：河北省保定市
- 霸州：河北省霸州市
- 雄州：河北省雄县
- 中山：河北省定州市
- 瀛洲（河间）：河北省河间市
- 真定：河北省石家庄市正定县
- 深州：河北省深州市
- 庆源府：河北省赵县
- 冀州：河北省衡水市冀州区
- 信德府（邢州）：河北省邢台市
- 浚州：河南省浚县
- 磁州：河北省磁县
- 相州：河南省安阳市
- 滑州：河南省滑县
- 澶州：河南省濮阳市
- 登州：山东省蓬莱市

辽金北方地区：
- 海云寺：辽宁省兴城市菊花岛（觉华岛）
- 苏州（辽）：辽宁省大连市金州区

[①] 参考《宋史·地理志》《读史方舆纪要》《天下郡国利病书》《太平寰宇记》等。在制图上尤其参考了《中国历代战争史》中的图册。

1126,汴京之围

The Siege of Bianjing
The Foreign Affairs, the War and the People in Late Northern Song Dynasty

郭建龙 著

天地出版社 | TIANDI PRESS

目　录

楔子　从盛世到灭亡只用三年……………………………………………001

第一部　伟大的胜利

第一章　繁荣之后……………………………………………………………011

　　　　四十二年不识兵 //011

　　　　盛世下的隐患 //014

　　　　商王世系与党争 //020

第二章　北方游牧区：衰老与新兴……………………………………………025

　　　　最成功的盟约 //025

　　　　从肘腋之患到心腹大患 //031

　　　　统兵的宦官与主战的叛徒 //038

第三章　最危险的和约………………………………………………………040

　　　　和战之争 //040

　　　　三国的外交大竞争 //043

　　　　海上之盟 //048

第四章　各怀鬼胎……………………………………………………………056

　　　　渔猎民族的生活与外交 //056

　　　　主动权拱手相让 //059

　　　　突然加速的灭辽竞赛 //062

第五章　买来的胜利 071
　　摇摆的军事与外交 //071
　　攻克燕京，漫天要价 //075
　　峰回路转的西京问题 //082
　　燕京的回归 //088

幕间　另一个版本的收复燕京 091

第二部　战争与和议

第六章　从和平到战争 097
　　一位降将带来的艰难抉择 //097
　　按下葫芦起来瓢 //102
　　许亢宗使团观察记 //105
　　风雨前夜 //110

第七章　闪击战 116
　　钳形攻势与制敌之道 //116
　　长驱直入 //118
　　临阵换帅 //124
　　逃亡的皇帝 //130

第八章　遗患无穷 134
　　孤城守将 //134
　　短兵相接 //138
　　外交大溃败 //143
　　官家议和，百姓遭殃 //148

第九章　战争无厘头 153
　　主战派得势 //153
　　劫营 //157
　　群体事件 //162
　　金人撤离 //165

第三部　汴京失陷

第十章　再起波澜 171
　　太上回銮 //171
　　和约遭遇执行难 //174
　　老将离去 //178
　　最无力的主战派 //181

第十一章　战端重启 187
　　太原失陷 //187
　　长驱直入 //192
　　康王单飞 //197
　　第二次围城 //202

第十二章　汴京失陷 209
　　合围 //209
　　攻与守的较量 //214
　　边打边谈 //218
　　装神弄鬼 //226

第十三章　艰难的谈判 234
　　下风口的谈判 //234
　　皇帝亲临 //238
　　康王避难 //244
　　索求不已 //246

第四部　靖康之难

第十四章　惊天之变 257
　　永离龙庭 //257
　　失控的首都 //265
　　废黜赵氏 //274

第十五章　大楚政权 286
　　宋朝版本的选举 //286
　　以九族换取一城生灵 //293

第十六章　战争中的女人 301
　　卖妻女还债的皇帝 //301
　　男人之罪女人偿 //305
　　最详细的皇帝后宫报告 //309

第十七章　撤离 316
　　部署撤退 //316
　　融入北方的血脉 //321
　　皇帝的结局 //327

画外音　百姓真的在乎帝王吗？ 334

第十八章　还政赵氏 341
　　孟后听政 //341
　　迟来的康王 //343
　　回归均势 //348

尾声　消失的艮岳 353

附录 369

后记 373

参考书目 377

楔子
从盛世到灭亡只用三年

在缺乏机械的古代，即便是皇权，在自然面前仍然是渺小的。

在颐和园中，有一块叫作青芝岫的巨大北派太湖石。这块石头长8米，宽2米，高4米，重量大约为30吨，如同一座巨大的屏风摆在乐寿堂前的庭院里。当年，这块石头发现于距离北京城几十公里外的良乡。如今，一个中型吊车和一辆重卡，可以轻松地将它运送到陆地上的很多地方。

但在并不遥远的清代，还只能利用人力、畜力和简单机械，30吨的重量就成了巨大的负担。最初发现石头的人为了移动它而倾家荡产，只好弃置道旁。乾隆皇帝也是动用了皇权的力量，才将石头移入颐和园中。

但如果是一块更大的石头呢？

比如，大约在北宋徽宗宣和四年（公元1122年）[1]，从南方的太湖中就发现了一块巨型太湖石，大约有15米[2]高（约合五层楼），需要近百人手牵手才能将其环绕。凡是见过这块石头的人都会被它巨大的规模惊到，不由自主产生崇拜之情。石头也不是移往几十公里外，而是从太湖到千里之外的北宋首都汴梁（现河南省开封市），当时的人们又该怎样才能完成任务呢？

这个任务交给了一个叫作朱勔的人，从现有的资料中，我们能够推断出朱勔是如何做到的。

---

[1] 本书中的年份以阿拉伯数字标注公历年份，以汉语数字标识皇帝纪年。月份和日期大都是阴历，故用汉语数字标识，个别已经换算成公历的日期改用阿拉伯数字。

[2] 僧祖秀《华阳宫记》："独神运峰广百围，高六仞，锡爵磐固侯。"古代以七尺或八尺为一仞，宋尺约31厘米。另据《宋史·朱勔传》："尝得太湖石，高四丈。"后者比前者的数值稍小。亦有资料记载其为五丈。此处取平均数，大约为15米。

最好的太湖石是出于太湖水中，保留着水流冲刷的痕迹，这块大石也不例外。当人们潜水发现石头后，会绑上绳索，清掉淤泥，用大船将石头拖出水。但用船拖的办法对小石头都非常不易，更何况是大如居民楼的巨石？

普通的船已经不够用了。根据记载，中国古代淡水中的船只最大载重量为 2 000 石，实际使用载重量只有四分之一，也就是 500 石，大约折合 30 吨，只能勉强载得动青芝岫规模的石头，对于更大的则无能为力。[①]

为了移动这块石头，必须建造更大的专用船只才行。

船建造完毕，将石头拖出水，才是运输的第一步。

接下来要考虑的是保护石头。在运输中难免磕碰，但太湖石最大的价值在于它的身上布满了孔洞，让人们充满了浪漫的遐想。一旦这些孔洞损坏，价值就打了折扣。为了避免损坏，必须首先用胶泥将石头上的孔洞填上，外面再用掺了麻的胶泥敷上厚厚的一层，做成圆圆的球形，放在阳光下晒结实了，才能继续运输。[②]

这么重的石头陆路运输是不可能的，只有继续走水路。接下来，必须用大木头做成滚轮，将石头装船。运输船从太湖出发，进入京杭大运河的江南河段，从江南河段北上进入长江，从长江岸边的江都（现江苏省扬州市）进入京杭运河的淮扬河段。从运河转入淮河，再顺着淮河的支流泗水北上，到达徐州附近水域。在徐州，石头将开始它的最后一段，也是最艰难的旅程。

北宋时期，从徐州到达首都汴梁的河段是一条人工开凿的小河：汴河。

汴河的历史很长。汉元年（公元前 206 年），正值楚汉相争时期，刘邦、项羽有一次议和，双方约定以一条叫作鸿沟的小河划定边界。鸿沟其实是一条人工运河，它最早出现于战国时期，由魏国开凿。魏国的首都在大梁，也就是后

[①] 《天工开物·舟车》："粮船初制，底长五丈二尺，其板厚二寸，采巨木楠为上，栗次之。头长九尺五寸，梢长九尺五寸。底阔九尺五寸，底头阔六尺，底梢阔五尺，头伏狮阔八尺，梢伏狮阔七尺，梁头十四座。龙口梁阔一丈，深四尺，使风梁阔一丈四尺，深三尺八寸。后断水梁阔九尺，深四尺五寸。两廒共阔七尺六寸。此其初制，载米可近二千石（交兑每只止足五百石）。"

[②] 周密《癸辛杂识·前集》："艮岳之取石也，其大而穿透者，致远必有损折之虑。近闻汴京父老云：'其法乃先以胶泥实填众窍，其外复以麻筋、杂泥固济之，令圆混，日晒，极坚实，始用大木为车，致放舟中。'直俟抵京，然后浸之水中，旋去泥土，则省人力而无他虑。"

来的开封（汴梁），魏国通过开凿鸿沟，将黄河的水引到首都，再向南汇入淮河。另外，在淮河与长江之间早就有一条春秋时期吴国开凿的运河邗沟（后来成为隋代大运河的淮扬河段），鸿沟—淮河—邗沟就沟通了长江和黄河，而汴梁（大梁、开封）就成了这条交通要道上的著名城市。

鸿沟经过千年的演化和修整，到了北宋就成了汴河。北宋时期，汴河的流向是从荥阳附近的黄河将水引入，经过首都汴梁，再向东汇入泗水，通过泗水的自然河道进入淮河。①

汴河是宋代交通的大动脉，承运了绝大部分供应朝廷的粮食（漕粮），占全国总运力的80%以上。②由于漕粮是国家财政的基础，承担着养官和养兵的重任，汴河也就成了国家经济的重中之重。

北宋著名文学家沈括的哥哥、龙图阁直学士沈文通曾经作过一首诗，反映朝廷对东南漕粮的依赖："漕舟上太仓，一钟且千金。太仓无陈积，漕舟来无极。畿兵已十万，三垂戍更多。庙堂方济师，将奈东南何？"③

虽然汴河运力如此重要，可这条河流却有一个极大的问题：水太浅了，许多河段只有不足两米深，宽不过十几米。④站在运河边，人们很难想象这样一条小河沟竟然是整个中央帝国的经济命脉。

不仅水浅，由于冬天黄河结冰，运河失去了水源，所以只能在春天之后使用。在汴河中运送漕粮的船也很难借助水力航行，许多时候只能靠纤夫拉船——在运

---

① 《宋史·河渠志三·汴河上》："宋都大梁，以孟州河阴县南为汴首受黄河之口，属于淮、泗。每岁自春及冬，常于河口均调水势，止深六尺，以通行重载为准。岁漕江、淮、湖、浙米数百万，及至东南之产，百物众宝，不可胜计。又下西山之薪炭，以输京师之粟，以振河北之急，内外仰给焉。故于诸水，莫此为重。"

② 《宋史·河渠志三·汴河上》："国家漕运，以河渠为主。国初浚河渠三道，通京城漕运，自后定立上供年额：汴河斛斗六百万石，广济河六十二万石，惠民河六十万石。广济河所运，止给太康、咸平、尉氏等县军粮而已。惟汴河专运粳米，兼以小麦，此乃大仓蓄积之实。今仰食于官廪者，不惟三军，至于京师士庶以亿万计，大半待饱于军稍之余，故国家于漕事，至急至重。然则汴河乃建国之本，非可与区区沟洫水利同言也。"

③ 沈文通《漕舟》，引自《宋文鉴》卷十八。

④ 《宋史·河渠志三·汴河上》："（大中祥符八年）八月，太常少卿马元方请浚汴河中流，阔五丈，深五尺，可省修堤之费。"

河两侧都设有专门的纤道，禁止人们占用。这对于船的载重量更是巨大的限制。

更麻烦的是，运河上有许多桥梁。大部分是传统的平桥，桥洞非常低。除了平桥之外，汴河上还有不少拱桥。北宋发明了另一种不需要桥墩的桥——虹桥，如同一座彩虹从此岸飞到彼岸。拱桥和虹桥比起平桥来，可以通行更大的船只。

但即便是虹桥和拱桥，拱高最多也只有十几米。比如，著名的赵州桥拱高只有 7.23 米。建于明代的杭州拱宸桥，已经算古代最高的桥之一，其桥高也只有 16 米。桥这么高，还得益于河足够宽，如果河很窄，那么桥洞将只有几米高。[1]

汴河上的桥大都只能允许不大的漕船通过，装载巨石的特殊船如同是一个庞然大物，能够挤进小小的汴河已经不易，更别提通过这些桥了。

除了桥之外，汴河还经常从城市中通过。北宋时期的许多城市都有水道，让河流穿城而过，在城墙上专门开有水门供船只通过。这样做是为了便于运送城内的物资。

但城市的水门也往往只有几米高，依然无法通过巨石。

到底怎样才能保证石头的运输呢？这一点并没有难倒朱勔，他可以动用整个中央帝国的人力、物力来保证任务完成。

根据史料记载，由于船太重、汴河狭窄，朱勔动用了数千民夫在岸上拉纤。经过桥梁时，将桥梁拆除，到了城市的水门，将水门上的城墙扒开豁口，保证船通过。[2]

几个月后，这块巨大的太湖石终于在"百折不挠"的精神下被运到了北宋首都汴梁。

当时的汴梁城分为外城、内城和皇帝宫城（也叫大内）。内城在外城的中央，而大内又在内城的中央。汴河从外城穿城而过，经过两个水门，分别是西水门和东水门。从西水门到东水门外七里的地方，一共有十三座桥梁，其中有三座

---

[1] 其余有据可查的桥包括：古月桥、广济桥、通济桥、通圣桥、卢沟桥和单桥。其中，古月桥拱高 4.95 米，全长 31.2 米，宽 4.5 米，属石质虹桥，位于现今浙江义乌，始建于南宋嘉定六年（公元 1213 年）；广济桥、通济桥和通圣桥拱高分别为 5 米、4 米和 5.5 米，均为位于现今江苏省东台县的宋代古桥；卢沟桥高 10 米左右，位于现今北京市丰台区；单桥高 12 米，位于现今河北沧州。

[2] 《宋史·朱勔传》："载以巨舰，役夫数千人，所经州县，有拆水门、桥梁，凿城垣以过者。"

桥是虹桥，可以通船，其余的都是平桥，无法通船。① 因此，到了汴梁城外，必须从船上卸下巨石，依靠畜力运送进入首都。

石头进入首都时，恰逢北宋首都汴梁的一个建设高峰期。在位的皇帝宋徽宗是一个爱好艺术的人。大内本来是皇帝的宫殿和帝国官僚的办公区，但宋徽宗却总感觉大内不够用，于是开始大面积挤占内城的区域。

宋徽宗对于建筑的喜爱与道教有关。他刚即位时缺乏男性继承人，一位叫刘混康的道士告诉他，这是因为京城东北角太低了，需要稍微垫高一点。宋徽宗照着做了之后，突然间男丁兴旺起来。这片垫高的地方，就成了一片皇家园林。② 从此以后，在道士们的影响下，加上他本人对建筑的喜爱，建设规模也越来越大。

八年前的政和四年（公元 1114 年），在大内正北方，内城之内，落成了一个大型的宫殿群延福宫。③ 在建设这个宫殿群时，宋徽宗采取了竞争性做法，让五位宦官④ 同时负责建造，他们互不隶属，争先恐后地尽一切努力叠山垒石，将延福宫打造成了人间仙境。

延福宫落成后，宋徽宗对宫殿的需求更大了，于是继续扩大建设，将另一个宫殿群上清宝箓宫与延福宫打通，扩建京城、修缮诸王府邸。⑤

到了政和七年（公元 1117 年），宋徽宗最野心勃勃的工程终于上马了，这个工程叫作艮岳。⑥ 宣和四年（公元 1122 年）十二月，艮岳建成，它立刻成了中国皇家园林的最高峰。即便后来的颐和园、圆明园等虽在规模上取胜，但艮岳表现出来的艺术特质和精雕细琢的用心，仍然是无法超越的。

艮岳原名万寿山，在内城的东北角，北宋汴梁人口稠密，但内城的东北区

---

① 参考《东京梦华录·卷一·河道》。
② 关于这段传说，有两个版本。其中一个版本（见《汴京遗迹志》）记载，道士指出需要加高的地方在内城的东北角，这里后来建立了万岁山，也就是艮岳。而根据《宋史纪事本末·道教之崇》记载，加高的地方在内城的西北角，宋徽宗在这里建立了上清宝箓宫，而艮岳在此宫的东方。考虑到汴梁的地形，第一种说法可能更接近真相，故采用。
③ 参考《续资治通鉴长编拾补·徽宗·政和四年》。
④ 指童贯、杨戬、贾详、何䜣和蓝从熙，号称"延福五位"。
⑤ 参考《续资治通鉴长编拾补·徽宗·政和六年》。
⑥ 参考《续资治通鉴长编拾补·徽宗·政和七年》。

域却清理出了一片周长十余里的区域。区域的中心是几座人工的小山，山上怪石林立、古树参天，亭台楼阁移步换景，珍禽异兽前所未闻，没有一寸土地不是精心打造的，堆满了从全国各地运送来的珍贵观赏石材。

朱勔运送来的那块巨石移入园区后，被放在水中浸泡，将土皮泡掉，露出本来的面貌，在巨大的孔洞中还专门放了雄黄和炉甘石，因为雄黄可以将蛇蝎驱走，而到了阴天时，炉甘石可以制造出云雾缭绕的效果。①

石头立刻成了艮岳园林的中心，它被放在山丛中的一片平地上，皇帝甚至专门给石头修建了一座亭子。大石如同一个巨大的君王在睥睨着世界，周围还有上百块小一些的石头，如同臣子一般围绕着它。

园林之中除了石头之外还有许多古树。宋代人最喜爱的树种之一是桧树，园子里最著名的两棵桧树就在大石旁边：一棵高耸，所以叫"朝日升龙"；另一棵横卧，叫"卧云伏龙"。②这也是朱勔帮助皇帝从外地运来的，其中一棵可能来自浙江。

现在浙江海宁著名的安国寺（宋时属于盐官县）内，宋代时曾经有两棵桧树，是唐代出使西域的高僧悟空大师栽种的。朱勔打听到这两棵树之后，经过察看制订了移植方案，他决定那棵大一些的树用海路运输，小一点的走河运。不幸的是，走海运的大树由于遭遇风浪，和船一起沉没了，只有小一点的到了京师。③

巨石旁的两棵树都挂了用玉做成的牌子，牌子上的字是用金填的。至于大石头，待遇比两棵树更高，皇帝给它起了一个响亮的名字："昭功敷庆神运石"。皇帝还不满意，又给它封了个爵位，号称"盘固侯"。④

石头封了侯，皇帝也没忘记送石头的人。宣和五年（公元1123年）六月，皇帝正式给朱勔加官晋爵。朱勔被封为宁远军节度使、醴泉观使。⑤宋代的节度

---

① 周密《癸辛杂识·前集》。
② 参考《汴京遗迹志·卷四·山岳》。
③ 方勺《泊宅编·卷三》。
④ 参考《汴京遗迹志·卷四·山岳》。
⑤ 参考《续资治通鉴长编拾补·徽宗·宣和五年》。

使已经不像唐代那样是独霸一方的诸侯，却也是只有有功之人才能获封的大吏，一个人因为运送石头而被封节度使总有些说不过去，但皇帝找了一个很好的借口：女真人建立的金国刚刚灭掉了辽国，将燕云十六州中最重要的城市幽州（即燕山一带，现在的北京）还给了北宋，皇帝借口朱勔参与了收复幽州的行动，所以封官。

不仅朱勔被封官，就连他的子孙也都有封赏。他的几个儿子里，汝贤封为庆阳军承宣使，汝功封静江军承宣使，汝翼封朝奉大夫、直龙图阁，汝舟封明州观察使，汝楫封华州观察使，汝明封荥州刺史，儿子汝文和弟弟朱绩封阁门宣赞舍人，就连孙子辈都受到了封赏，分别封为阁门宣赞舍人或者阁门祗候。一家人大大小小全是官，这在流行荫庇制度的宋代也都属于少有。[1]

巨石获封盘固侯时，恰好是北宋疆域最大之时，在当时被鼓吹为盛世。与其他朝代不同，北宋的北方边境上，由于被辽国（契丹）占去了燕云十六州，一直没有稳固的边境线，各位皇帝都耿耿于怀，却由于军队战斗力不强而不敢发动战争。但这一年，宋徽宗却通过外交和军事手段收复了燕山以南的幽州，达到了王朝边境的极致。

宋徽宗叫这块石头"神运石"，也反映了皇帝对于老天眷顾的感激之情，与收复幽州的运气相比，拆掉了多少桥梁，毁掉了多少城墙，都是不重要的。

宣和五年的北宋也是一片盛世，歌舞升平，人民仍然生活在一片灯红酒绿之中，军队和官僚沉浸在收复幽州的狂热里，皇帝为自己的丰功伟绩接受着恭维。

宰相蔡京将社会的繁荣概括成了一个词：丰亨豫大，用来形容北宋末年的盛世景象。[2] 他说的并没有错，即便南方因为朱勔、蔡京、童贯等人的压榨出现了一些反抗[3]，但整个北宋社会仍然是繁荣的。汴梁朱雀门外的夜市还是那么发达，大相国寺的市场一如既往车水马龙，大内皇宫外不远处，就是妓女扎堆的鸡儿巷。从官员到普通民众都生活在一片和乐之中，仿佛这样的盛世还会持续万年，

---

[1] 参考《墨庄漫录》。
[2] 参考《宋史·蔡京传》。
[3] 这里主要指的是以诛杀朱勔为口号的方腊起义。

没有危机，没有贫穷，有的只是欢乐与舒适。

然而，这种盛世景象并没有持续太久。给石头封官加爵之年，已经是宣和五年（公元1123年），此时，距离北宋灭亡的靖康二年（公元1127年）已经不满四年（实际上只有三年半）。

当帝国一百多年的敌人辽国消失时，北宋的君臣拍手相庆，在他们看来，敌人的消失也是盛世的标志之一。辽国消失后，刚刚兴起的女真人占据了北方。这个民族与相对更文明的契丹人不在一个层次上，也不需重视，由于北方太贫穷，他们仰仗着北宋每年的"岁赐"苟且活着。

但三年后，出乎所有人意料，正是这个微不足道的女真政权利用斩首行动攻陷了汴梁，一切戛然而止，北宋灭亡了。从盛世到灭亡只用了三年时间。

那么，在这三年里到底发生了什么，让一个盛世瞬间灭亡呢？那些庆祝盛世的官僚和百姓又是如何面对茫茫的未知？本书的目的，就是考察这短短的历史一瞬，寻找背后的历史细节，剖析可能指导当下的经验与教训……

第一部
伟大的胜利

第一章
繁荣之后

四十二年不识兵

嘉祐八年（公元1063年）三月二十九，北宋在位时间最长的宋仁宗逝世，入葬永昭陵。[1]

不知多久之后，在永昭陵的墙上，有无名氏题写了一首诗：

农桑不扰岁常登，边将无功吏不能。四十二年如梦觉，春风吹泪过昭陵。[2]

这首诗刻画出了中国帝制史上的高峰。宋仁宗在位四十二年，从表面看，他是一个无所作为的皇帝，没有惊天动地的业绩，加上性格有些优柔寡断，大事自己不做主，而是交给宰执们去处理，为人低调到好像不是一个皇帝。[3] 甚至连他的大臣也诗酒流连、浅斟低唱，不以武功闻名。所以诗中说"边将无功吏不能"。

但就在这碌碌无为中，中国社会繁荣的时代却悄然来临。由于民间受到的干扰最少，经济发达，人们生活舒适，老百姓不用担心自己受穷，更不用担心来自官府的骚扰。而官员们也不用担心自己说错了话而掉头，即便当面和皇帝顶嘴，也不会受到惩罚。仁宗朝由此成了中国古代历史上最值得怀念的时代之一。

---

[1] 参考《宋史·仁宗纪》。
[2] 参考《能改斋漫录》。
[3] 参考《后山谈丛》。

仁宗死时，整个都城都陷入了巨大的悲伤，男女老幼哭成一片。据当时七岁的邵伯温回忆，当死讯传到西京洛阳，城中军民妇孺，都向着东方号泣，烧纸的烟尘遮住了太阳的光辉。[①]有人从汴京带来消息，说整个京师自发罢市悼念，数日不绝，乞丐小儿都在大内前，边哭边烧纸钱。有人在去往四川路过的深山里，竟然看到路边汲水的女人也拿着白纸哭泣。

这些人之所以痛哭，不仅仅是为了一个人的死亡，而是在怀念一个时代。

中国皇帝在死后会被追赠一个谥号或庙号，表明后世对他的评价，之前"好"皇帝流行的谥号或庙号是"文""武""明""章"等。到了宋仁宗，对他心怀感激的大臣们却想上一个独一无二的庙号，以表明他的特殊性，于是提出了"仁"字，所谓"为人君，止于仁"[②]，一个"仁"字，表明了一个时代的宽宏大度。宋仁宗之后，各个朝代才出现了各自的"仁宗"[③]，但更多只是照葫芦画瓢，庙号一致，却缺乏了他的实质：宽容和不干扰民间。

不仅宋仁宗，整个宋代都是中国历史上少有的宽容时代。唐代的太宗纳谏带着很强的装模作样的痕迹，事实上，唐代宫廷和大臣之间内斗频繁，常常要置人于死地。宋代的皇帝却并不是装的，从宋太祖赵匡胤创立帝国的那一刻，就注定了仁慈的基因。

宋太祖称帝三年后，就曾在太庙寝殿的夹层小间里立了一块碑，每年皇帝祭祀太庙，或者新皇帝登基，都由一个不识字的小宦官带领皇帝入内，对着石碑焚香、拜祭、默诵，将其中的嘱托牢牢记住。直到北宋灭亡，这石碑上的文字才流传了出来。石碑上只有简单的三条文字。

由于北宋继承了后周柴氏的江山，第一条内容是关于柴氏的，要求北宋皇帝不得对柴氏子孙用刑。就算犯了谋逆大罪，也只能赐他自尽，不能公开处刑，也不准株连家属。

第二条是针对官员和读书人的，要求后代皇帝不得杀士大夫和上书提意见的人。

---

① 参考《邵氏闻见录》。
② 《大学》："为人君，止于仁；为人臣，止于敬；为人子，止于孝；为人父，止于慈。"
③ 指元仁宗爱育黎拔力八达、明仁宗朱高炽（洪熙帝）、清仁宗颙琰（嘉庆帝）。

第三条表示如果有人违背了前两条，就必然受到老天爷的惩罚。[1]

宋太祖以身作则，不杀大臣，不杀功臣，不杀谏官，他的作风不仅影响了后代，也影响了宋代的群臣。比如，以军纪严明著称的大将郭进曾经担任西山巡检，负责进攻位于现在山西的地方政权北汉，曾经有人诬告郭进谋反，宋太祖不仅不相信，还把诬告者绑起来交给郭进处理。

郭进也没有杀这个人，而是留他在军中。直到有一次与北汉作战，郭进把这人叫来，告诉他：这次派你去打仗，如果你打败了，就干脆投降北汉吧；如果打赢了，我上奏皇帝给你加官。这人非常感动，誓死力战，得胜而还。[2]

有宋太祖的榜样在先，北宋的皇帝们大都遵循了祖训，不随便杀人，尽量不干扰民间，这种作风持续了上百年，到宋仁宗时期达到了高峰。

宋仁宗不仅对大臣和人民仁慈，即便对敌国，同样保持着谦让的作风。仁宗驾崩后，他的死讯传到了辽国，使者报信的一路上，老百姓无不聚在一起哭泣，辽国在位的皇帝是辽道宗，当他听到了消息，也大哭着抓住使者的手感慨说："四十二年不识兵矣！"[3]

辽国感谢宋仁宗也是有道理的。宋仁宗时代并不是没有发生过战争，甚至有的战争还打得很窝囊。景祐五年（公元 1038 年），这一年，西夏人李元昊自称皇帝，随后双方发生了战争。

战争的结果却出乎意料，小小的西夏在三川口、好水川和定川寨接连击败宋军取得大捷，最后宋仁宗只好议和，宋朝每年"赐"给西夏银 7.2 万两、绢 15.3 万匹、茶 3 万斤，西夏向宋称臣。宋朝通过赎买的方式让西夏给了个面子。[4]

在宋夏战争时，辽国也趁火打劫，以军事相威胁，希望从北宋获得好处。宋仁宗为了避免打仗，派大臣富弼去谈判，富弼不辱使命，经过谈判，以较优惠的条件达成了和解。[5]之前，北宋每年送给辽国岁币是银 10 万两，绢 20 万匹，

---

[1] 参考《避暑录话》。
[2] 参考《涑水纪闻》。
[3] 参考《后山谈丛》。
[4] 参考《宋史·夏国传》和《西夏书》。
[5] 参考《宋史·富弼传》。

此次又增加了银10万两，绢10万匹。通过这种方式保持了双方的和平。

富弼归来后，宋仁宗想重重地赏赐他，但富弼谢绝了，表示自己非但无功，反而有罪，不敢要求赏赐，只希望能够避过未来的指责。但宋仁宗还是很高兴，授予他资政殿学士。①

果然不久后，有人就向皇帝上书："富弼没有功，反而有罪。"宋仁宗不仅听不进去，还说只要能避免战争，有利于人民，不敢爱惜财物。

对方反问："难道财物不是来自人民吗？"

仁宗表示："财物的确来自人民，但这些财物不是一日取来，也不至于引起人民的困顿，而战争不管输赢，却可以在瞬间造成民生凋敝。世界上没有完美的解决办法，只能两害相较取其轻。"

对方继续反问："这样会造成辽国的贪得无厌，下次他们不要财物了，而是要你的独生女儿，又怎么办？"

仁宗回答："如果对社稷有利，我怎么敢爱惜一个女儿？"②

事实证明，辽国并没有贪得无厌，在新增了岁币之后，双方保持了长时间的和平。这才有辽道宗感慨的"四十二年不识兵矣"。③

盛世下的隐患

当北宋君臣试图树立一个完美无缺的皇帝榜样时，事实上，仁宗时代的繁华背后，许多问题已经暴露了出来，在未来可能成为政权和社会的隐患。

北宋一直以来最大的问题是"三冗"问题。由于宋太祖是靠政变上台，对政变推翻的后周政权一直很优待，不仅没有随便杀害后周的宗室、官员，反而让他们继续当官发财。为了保持社会稳定性，北宋一直维持着一个庞大的官僚

---

① 富弼《辞枢密副使奏疏》，见《宋文鉴》卷四十五。
② 参考《东轩笔录》。
③ 有人传说辽道宗做太子时，曾经混在使节之中来过北宋首都汴京，宋仁宗知道他来了，不仅没有扣押他，反而善待他，带着他游览大内，甚至见过皇后。直到太子快离开时，仁宗才向太子交心："我们都是一家人，以后要时时记住我们的友谊，爱护老百姓。"见《邵氏闻见录》。

阶层，加上要养活大批的士兵、宗室子弟，国家财政一直不够用。所谓"三冗"，就是冗官、冗兵、冗费的统称。

在仁宗的父亲宋真宗时期，士兵大约为 91.2 万人，接受俸禄的宗室、官僚大约为 9 785 人。到了仁宗宝元时期（公元 1038 年—公元 1040 年），士兵人数已经达到了 125.9 万人，而接受俸禄的宗室、官僚为 15 443 人。到了仁宗的继承人英宗治平年间（公元 1064 年—公元 1067 年），由于和平与裁员，士兵人数终于降了下来，为 116.2 万人，但是接受俸禄的人却立刻扩充了 3/10。[①]

仁宗时期的名臣蔡襄曾经统计过皇祐年间（公元 1049 年—公元 1054 年）的税赋收入和军事开支，税赋分为钱、绢帛、粮、草四项，其中军事开支分别占了四项收入的 27%、85%、86% 和 84%。[②]

由于养兵养官的包袱，宋代的财政收入不得不大大增加，宋代的农业税和劳役都更加沉重，专卖制度也更加发达。[③] 只是由于皇帝除了收税之外，不干预民间经济活动，民间的发达掩盖了较高的税收。

宋代的另一个问题是军队的战斗力不强。这个问题的原因同样与宋太祖建立的制度有关。为了避免军阀坐大，宰相赵普向宋太祖提出了制约地方的三个方法：在政治上，削夺其权；在军事上，收其精兵；在财政上，制其钱谷。[④]

政治上，为了加强中央集权，在正常的官僚制度之上，加上了许多副属性的监管措施，防止官员擅权。为了分散宰相的权力，宋代设置了副宰相（参知政事），又将兵权分出去，划归了枢密院，同时将财政权力分出去，设置了三司使，号称计相。

在地方官制上，财权、军事、行政权力也各个分离，官员皆由中央任命，并且互相牵制。[⑤]

---

① 参考《宋史·食货志下一（会计）》。
② 蔡襄《论兵十事》，《蔡忠惠公文集》卷十八。四项收入的具体数据为：钱 36 822 541 贯，绢帛 8 745 535 匹，粮 26 943 575 石，草 29 396 113 束。四项军事开支的具体数据为：钱 9 940 147 贯，绢帛 7 422 768 匹，粮 23 170 223 石，草 24 980 464 束。
③ 关于宋代财政，参考本书作者的另一本书《中央帝国的财政密码》。
④ 参考《宋史·赵普传》。
⑤ 参考《宋史·职官志》。

就这样，宋代成了中国历史上官僚制度最复杂的朝代，官僚体系盘根错节，任何人想要反叛，都无法获得足够的权力。

军事上，枢密院掌管军事大权。但是，为了限制枢密使的权力，又设置了殿前司、侍卫马军司、侍卫步军司组成的三衙。这三衙统领全国的禁军和厢军，负责军事训练。

三衙负责练兵，枢密院负责调兵，而打仗时还要另设将帅领兵。路、州、县各个地方政府也设有各种各样的军事职务，负责当地驻军的监管、协调和后勤工作。

唐代的军事制度是府兵制，府兵制的基本特征是士兵战时打仗，平时就耕地养活自己。而宋代采纳募兵制，招募而来的都是职业兵，只负责打仗，不负责生产和屯田，他们是要中央政府发工资的。[1]

募兵制的缺点是养兵成本大，优点则是军事素质更强。可是，由于宋太祖设立了复杂的调兵规则，平常训练士兵的不负责指挥打仗，负责指挥打仗的不负责训练士兵，将军上了战场还不了解自己的士兵，士兵也没有忠诚度。结果，虽然采取了花费巨大的募兵制，但战斗力反而比府兵制还低，打仗总是吃败仗。

财政问题和军事问题两方面，就成了宋代各位皇帝最大的噩梦。宋仁宗一生受人称颂，唯独在战场上被小小的西夏打败，成了毕生的污点。

"三冗"问题与军事问题，也成了大臣们争论的焦点。久而久之，围绕着这些问题，在宋代的官场上形成了影响深远的两大派别。

第一派可以称为保守派。这一派认为，宋军之所以屡战屡败，社会之所以出现问题，都在于北宋缺乏一个统一的思想。也就是说，皇帝过于重视实务经验，但对于道德的要求太低，造成了军民离心。要想解决问题，必须重新扛起儒教的大旗，在道德上做文章，将人心再统一起来。

另一派可以称为实务派。这一派强调必须针对具体问题制订策略。比如，财政问题是经济问题，就通过经济手段来解决；战斗力不强是军事问题，就考虑

---

[1] 参考《宋史·兵志》。

如何加强士兵的军事训练，减少指挥层级，落实将军与士兵之间的忠诚度，并淘汰掉不合格的兵员，宁缺毋滥。

前一派的代表人物是司马光，在司马光的史学名著《资治通鉴》中，充斥着道德说教。①《资治通鉴》将王朝兴衰的主线与皇帝的道德感强弱密切关联起来，皇帝有德，社会就繁荣，一旦皇帝失德，就到了垮台的时候。这样的划分在现代来看，显得有些荒谬，但在宋代的一部分人看来，却是真理。

除了司马光之外，还有著名的道学家程颐、程颢兄弟，他们更是除了道德别的什么都不知道，对于实务一窍不通。

后一派（实务派）在宋仁宗时期的代表则是著名的改革家范仲淹。宋仁宗之后，是更加著名的王安石。

在宋仁宗时期，两派之间的界限并不泾渭分明。除了"二程"这样的死硬派，大多数人其实是兼而有之。比如，名臣欧阳修很强调道德的作用，但他本人也是一个实务经验丰富的人。即便范仲淹，也同样强调道德的重要性，只是他不光强调道德，而更看重程序和实务对政权的影响。

与西夏战争战败后，为了解决财政花费巨大，但军队战斗力不强的问题，宋仁宗决定进行一次改革。他选中的改革者就是实务派的范仲淹。

针对皇帝的要求，范仲淹提出了十条改革建议，分别是：明黜陟、抑侥幸、精贡举、择官长、均公田、厚农桑、修武备、覃恩信、重命令和减徭役。②

简单说，中国历代改革要解决的问题都是一个：财政收入和财政花费的不匹配，收入少，花费高。为了解决这个问题，要么减少花费，要么增加收入。由此可以划分成两类改革：一类是以减少财政花费为主的改革，另一类是以增加财政收入为目的的改革。

减少花费式改革的理论基础是，社会的总产出是一定的，政府如果收多了，那么民间留存的财富就会减少，所以必须抑制政府多收税的冲动，减少冗官冗员，减少财政花费。

---

① 参考《宋史·司马光传》和《资治通鉴》。
② 参考《宋史·范仲淹传》。这十项改革纲领，出自范仲淹的奏章《答手诏条陈十事》。

增加收入式改革的理论基础是，通过政府积极的手段，可以将整个社会财富的饼做大一点，这样政府的收入也增加，民间财富也增加。

范仲淹不相信政府能够把饼做大，他的十项措施暗含着这样的看法：

第一，政府虽然要收税，但收税不是越多越好，所以考虑问题应该量入为出，而不是量出为入。第二，政府不应该直接参与经济活动来获取收入，而只应该依靠税收来解决财政问题。第三，解决政府问题，主要不是解决政府的财政收入不足，而是解决政府的快速膨胀问题，把政府的规模降下来，花费自然减少。

所以，它的核心不是加强政府权力和干预民间经济运行，而是针对政府本身的改革，要从自我的身上割肉，减少对市场的干预。

他提出的十项改革有针对性地解决四个问题：一是养兵贵，二是冗官，三是行政效率低下，四是百姓税重。

宋仁宗同意范仲淹的大部分改革措施，但在执行时，却遇到了巨大的困难。[①]

对于范仲淹的才华，人们佩服不已。特别是这个刚直不阿的人因为言论触怒权贵，被放逐了很多年，他此次上台是深得人心的。范仲淹接受重任后，较为正直的官员富弼、韩琦等人也随即受到重用，与范仲淹一起筹划改革方案。这时，人们仿佛看到了希望，对他们的政策报以极大的掌声。

然而，当政策下达之后，真正需要的是执行。但这时，事情却乱了套。

为了将那些不合格的人裁撤，将依靠恩荫制度上台的人弄走，必须实行严格的考绩制度，但范仲淹没有足够的人手来推行政策，也无法得到下层的配合去推广。

人们议论纷纷，认为改革的面太广，内容太多，无法推进，摇头不再看好范仲淹的改革。[②]

[①]《宋史·范仲淹传》："天子方信向仲淹，悉采用之，宜著令者，皆以诏书画一颁下；独府兵法，众以为不可而止。"

[②]《宋史·范仲淹传》："而仲淹以天下为己任，裁削幸滥，考覆官吏，日夜谋虑兴致太平。然更张无渐，规摹阔大，论者以为不可行。及按察使出，多所举劾，人心不悦。自任子之恩薄，磨勘之法密，侥幸者不便，于是谤毁稍行，而朋党之论浸闻上矣。"

范仲淹做了一次努力，他上书皇帝，向皇帝要求更高的权力。宋代的政府政出多门，每个衙门都做不了事，但是每个衙门都在让别人也做不成事。要想实行改革，必须把权力更多地集中在宰相手中。他要求作为辅政大臣，监管兵事和财政，而将其他的权力也尽量集中交给改革派，与辅政大臣形成权力上的协调，共同推进改革。

这次，由于牵扯到了真正的利益分配，经过讨论之后，群臣建议皇帝否决范仲淹的提议，只交给他刑法权。

范仲淹仍然不想放弃，利用刑法权继续推进改革。他派出了按察使四处出巡，督促官员执行改革，同时打击那些不为民办事的官员。随着问题越来越多地被揭露出来，他的改革终于触发了整个官僚阶层的反抗。

范仲淹了解仁宗皇帝的弱点，皇帝性格仁慈，肯于受委屈，却对付不了会哭闹的官员。

庆历新政实行了一年多之后，范仲淹已经预感到改革的失败。他主动申请外调，改革不了了之。

范仲淹的改革是宋仁宗时期最后的机会。他本人是一个偏保守的改革者，是保守派和实务派双方都能够接受的人。一旦改革的尝试失败了，从实务派中就分离出一个更加极端的小派别。

宋仁宗后期，实务派与保守派的分歧已经变成了是否需要改革。在这之前，即便保守派也认定需要改革，但范仲淹改革失败后，保守派认为只要加强思想教育，这个社会就已经完美了，不需要进一步的改革。实务派却看到了社会的问题，赞同改革。

但在实务派内部，又有两个派系，一个派系认同减少财政花费的改革，以范仲淹为代表，这一派系可以称为温和实务派。范仲淹失败后，另一个更加认同增加财政收入的派系在逐渐形成，这一派可以称为强硬实务派。

宋仁宗去世时，北宋的政治形势已经变成了强硬实务派与保守派的对立。在保守派一方，得势的也是强硬保守派。两派的中间力量都逐渐失势，北宋的官僚政治向着派系政治和朋党政治滑去。

商王世系与党争

由于仁宗没有儿子，他指定宗室子弟赵宗实（后改名赵曙）为皇位继承人。[1] 宋仁宗有个叔叔（即他父亲宋真宗的弟弟）叫赵元份，封为商王。赵元份的第十三个儿子叫赵允让，封为江宁节度使。赵曙就是赵允让的儿子，被仁宗收为养子。从这时开始直到灭亡，北宋的皇帝世系就从真宗一系转到了商王一系手中。

赵曙（后世称他为英宗）是一个过渡性的守成的皇帝，对于养父的政策没有做出太多的修改，仍然重用仁宗时代的大臣。英宗担任皇帝不满四年就去世了，将宋朝江山留给了他的儿子赵顼。日后这个儿子比他的父亲要出名得多，他就是以改革著称的宋神宗。

宋神宗出生在仁宗盛治期间，他最初只是一个普通的宗室子弟，突然间被提到了皇位继承人的位置，又幸运地在十九岁时就当了皇帝。在历史上，老人往往更加具有守成的智慧，他们知道自己已经处于历史上最好的时代之一，比改变重要的是首先要保持这个时代的延续；年轻人却总是喜欢变革，神宗将自己处的时代视为理所当然，他看到的不是成就，而是问题，希望通过努力将世界变得更好。[2]

年轻的宋神宗选择了激进实务派王安石来实现他的改革梦想。

与范仲淹的改革不同，王安石改革对减少政府花费毫无兴趣，而且强调由政府多控制民间经济，指导民间经济，在政府的努力下，将经济做大。他认为，政府大力发展经济的结果，是政府也可以多收租税，而民间也更加富裕。如果说范仲淹的改革主题是减税和减少管制，王安石的改革就是加强干预。[3]

事实证明，王安石加强中央集权的做法是无法发展经济的，他的改革措施大都以失败告终。对北宋社会破坏最大的，除了改革本身之外，是王安石为了

---

[1] 参考《宋史·英宗纪》。
[2] 参考《宋史·仁宗纪》。
[3] 参考《宋史·王安石传》。

推行改革而引入的新官僚阶层。

英宗时期，仍然沿用了仁宗留下来的大批官员。这些官员大都带有温和的改良思想，又带着一点保守精神。他们即便赞同改革，也是希望减税和减少管制。当王安石采纳了大政府的行动时，官员们普遍反对。为了推行变法，王安石必须依靠另一批人，他强烈地排挤前仁宗朝官员，打压异己，将一群年轻的官僚送上了最高官员的职位。

不幸的是，这批官员大都缺乏有力的道德支撑，他们唯一的兴趣是攫取权力，这使得北宋的官场出现了一次大换血。

在王安石之前，北宋官场上有一批历史名臣，如吕公著、韩维、欧阳修、文彦博、富弼、韩琦、司马光、范镇等，他们全都被排挤走，换成了历史上有名的几位权臣，如吕惠卿、蔡确、章惇等人。这些权臣后来被称为新党，他们把新党之外的人，不管是极端保守派、温和保守派，还是温和实务派都叫作旧党。

这次换血，让北宋的官场出现了严重的倒退。更麻烦的是由此出现的党争。为了和新党（极端实务派）对抗，在原来的老官员中崛起了一支最保守的力量，原本温和的保守派和温和实务派彻底靠边站。这支极端保守派的代表人物就是司马光。

宋神宗和王安石死后，司马光掌了权。如果说王安石是不遗余力地排挤旧党，那么司马光就是不问是非地摒除新党。当双方都不再以是非为标准，只是以党派站队时，北宋的官场彻底走向了衰落。

新党和旧党的争执还表现在了对外战争上。仁宗和英宗时代，中国维持了数十年的和平，但到了神宗时代，王安石主导了对西夏的用兵，最终虽花费巨大，却徒劳无功收场。

这次用兵还导致了新旧党在军事上的分歧。从此以后，新党大都是主战派，希望通过对外战争换取功名；旧党大都是主和派，即便面对敌人的入侵，也希望采取不抵抗政策换取和平。

这两派的分歧严重影响了北宋后期的军事路线。北宋后期，常常由主战派主持政局。在和平时代最大的智慧是如何避免战争，但这个智慧是主战派没有的，他们总是不断试图把和平的国家拉入到战争轨道，并导致了与北方的冲突。

可一旦战争爆发，北宋的军队总是无法获胜。一两个败仗之后，主战派下台，换成了主和派。不幸的是，当主和派上台时，却往往是战争的硝烟已经升起，必须依靠军队去保卫国家的时候。到了这时，最大的智慧是如何全面调动军事力量打胜仗，可这个智慧是主和派缺乏的，他们不仅不加强防御，还总是在关键的时刻拖前方将士的后腿，造成军队更加被动。

对于任何国家，军事行动的原则都应该是：不轻易言战，战则必死战。但北宋却正好相反，最需要和平时主政的是鹰派；最需要抵抗时，在台上的却是鸽派；这种错位让北宋无力应付一场全局性冲突。

元丰八年（公元1085年），宋神宗死后，北宋的政局在新旧党之间震荡。继位的宋哲宗没有亲政时，主政的是宋英宗的皇后高氏，高太后贬斥了新党，重用旧党的司马光。司马光立刻动用一切力量打击新党。

不想八年后的元祐八年（公元1093年），高太后死了。亲政的宋哲宗立刻想起了父亲当年的理想，将新党人物纷纷召回，将旧党贬斥。新党的章惇、曾布等人兴高采烈地回到了政治中心，将旧党名单搜罗了一下，全部贬官。[①] 在党争的背景下，北宋的政治局势已经失控。

元符三年（公元1100年），年仅24岁的宋哲宗去世，由于哲宗没有活着的儿子，只好让他的弟弟端王赵佶继位，是为宋徽宗。

宋徽宗初年，宋神宗的皇后向氏主政。向太后支持的是旧党，于是北宋的官场再次大换班，章惇等新党被贬斥，旧党回归。

但宋徽宗从心里更加认同他的父亲宋神宗。宋徽宗继位不到一年，向太后死了，徽宗立刻掉转马头，继续重用新党。此时，新党逐渐被一个叫作蔡京的人所把持，他成了宋徽宗最倚重的大臣。[②]

为什么新党在屡次被贬之后，还总是能够回到北宋政治舞台的中心呢？其中很重要的因素就在于新党旧党已经向着不同的方向演化了。

在斗争中，旧党已经极端化成一群道德狂人，极度缺乏应对实际问题的能

---

① 参考《宋史纪事本末·绍述》。
② 参考《宋史纪事本末·蔡京擅国》。

力；而新党却已经进化成一群理财专家，能够用各种手段帮助皇帝找钱。

徽宗的父亲神宗试图对官制进行改革（元丰三年，公元 1080 年），限制官员人数，落实事权。但在宋神宗死后的元祐年间（公元 1086 年—公元 1094 年），人们就又开始抱怨官员人数太多——不仅在改制后的几年增加了，还比改制前增加了很多。[1] 到了徽宗时期，在短短的 20 年里，官员数目比元祐时期又增加了数倍。[2] 宣和元年（公元 1119 年），政府官员人数已经达到了 4.6 万人，[3] 比起宋仁宗时期扩大了三倍。

在这种巨大的压力下，户部的财政收入根本没有办法满足支出，几乎年年都有赤字出现，甚至收入只能满足支出的四分之三。[4]

但就在户部仰仗皇帝解决问题时，皇帝花钱的能力却更加强大。宋徽宗本人的奢侈居于宋代皇帝之首，他爱好广泛，品位高雅，琴棋书画无不精通，声色犬马，全都涉猎。除此之外，他还是个建筑和园林专家，建设了不少亭台楼阁，让各地进献珍稀的花草树木、奇峰怪石、鱼虫鸟兽（统称为花石纲）。他的任何一个小爱好都足以让巨富之家倾家荡产，当这么多的爱好聚集到一个人身上，就是一个国家也难以承受了。

在所有的大臣中，只有蔡京的理财能力与宋徽宗的胃口匹配。于是，皇帝越来越陷入对蔡京的宠爱无法自拔，至于旧党的道德楷模们，由于没有实务能

---

[1] 苏辙《元祐会计录·收支叙》对皇祐和元祐年间（两者相差三十几年）的官员情况做了对比——臣请历举其数：宗室之众，皇祐节度使三人，今为九人矣；两使留后一人，今为八人矣；观察使一人，今为十五人矣；防御使四人，今为四十二人矣；百官之富，景德大夫三十九人（景德为诸曹郎中），今为二百三十人矣；朝奉郎以上一百六十五人（景德为员外郎），今为六百九十五人矣；承议郎一百二十七人（景德为博士），今为三百六十九人矣；奉议郎一百四十八人（景德为三丞），今为四百三十一人矣；诸司使二十七人，今为二百六十八人矣；副使六十三人，今为一千一百一十一人矣；供奉官一百九十三人，今为一千三百二十二人矣；侍禁三百一十六人，今为二千一百一十七人矣；三省之吏六十人，今为一百七十二人矣。其余可以类推，臣不敢遍举也。

[2] 《宋史·食货志下一》："克公抗言：'官冗者汰，奉厚者减，今官较之元祐已多十倍，国用安得不乏。'"

[3] 洪迈《容斋随笔·宣和冗官》："今吏部两选朝奉大夫至朝请大夫六百五十五员，横行、右武大夫至通侍二百二十九员，修武郎至武功大夫六千九百九十一员，小使臣二万三千七百馀员，选人一万六千五百馀员。"《长编纪事本末·官制》则记载，政和二年官吏共四万三千余人。

[4] 《宋史·食货志下一》："户部侍郎范坦言：'户部岁入有限，支用无穷，一岁之入，仅了三季，馀仰朝廷应付。'"

力，不仅不能提供帮助，反而总是给皇帝制造麻烦。

崇宁三年（从公元1104年）开始，蔡京进行了一系列的财政改革。改革的实质就是利用各种票据，从金融上帮助皇帝维持开支。北宋时期，由于雕版印刷的成熟，政府已经可以印刷数目众多的信用票据，最著名的就是交子和盐引，它们都可以被当作钞票使用。

所谓交子，就是以金属货币作为后盾的纸质凭证，每一张交子背后，都对应着一定数量的金属货币作为储备。理论上，一贯交子可以随时兑换一贯金属货币。

所谓盐引，是以盐作为后盾的纸质凭证。理论上，每石盐引也可以随时兑换一石盐。

在蔡京之前，交子只在四川使用，盐引只在北方使用，他扩大了交子和盐引的使用范围，将之变成全国发行，再利用政府的印钞机，将超过需求的交子和盐引注入实体经济之中。这时的交子和盐引已经无法兑换对应数量的金属货币和盐了，这就是通货膨胀。

蔡京的改革帮助皇帝获得了大量的收入，但给民间制造了剧烈的通货膨胀。

民间的怨声传到了皇帝的耳中，于是宋徽宗采取了一个历代王朝都会的方法：利用对外矛盾来化解民意，将人民的不满从国内引到国外去。

在宋代，整个社会的心中有一道伤疤迟迟不能愈合，那就是北方的辽国。不管是历代皇帝还是平民百姓，都记得契丹占据了汉人北方的燕云十六州。经过了上百年的和平，当年英勇的契丹国家也已经到了衰落期，于是，一场收复燕云十六州的策划在宋徽宗的主导下上演了……

第二章
北方游牧区：衰老与新兴

最成功的盟约

后晋出帝开运四年（公元947年）正月初五，中国历史上第一个北迁的君主正在收拾行装，开始他的动荡人生。[①]

这时，恰逢契丹大举南下，灭了五代的后晋王朝，后晋少帝石重贵（后世称他晋出帝）被辽国剥夺了皇帝称号，封为负义侯。

辽国太宗耶律德光下令，石重贵和他的家族、后宫必须北上，离开汉人的土地。与他同行的有皇后冯氏、弟弟石重睿、儿子石延煦和石延宝，以及宫女五十人、宦官三十人、东西班五十人、医官一人、控鹤官四人、厨师七人、茶酒司三人、仪鸾司三人、六军士二十人。后晋大臣中，赵莹、冯玉、李彦韬等人也跟随。

在跟随者中，还有一个人，即少帝的母亲——皇太后李氏。辽太宗考虑到山高路远，李氏年纪大了，本想把她留在汉地，但李氏拒绝了好意，要和儿子一同启程。

在游牧民族中，一个部落被征服后，部落首领就会被胜利者带走。带走他们只是为了防患于未然，消除未来的抵抗，但这并不意味着他们会被虐待。

在大多数时候，这些被带走的人只是换个地方生活。他们仍然被认为是血统高贵的人，甚至可以与胜利者家族通婚，在新地方还能担任高官，只是不允

[①] 参考《奉使辽金行程录》中《晋出帝北迁记》。《晋出帝北迁记》由后人根据《契丹国志》《资治通鉴》《新五代史》《旧五代史》《文献通考》等书整理而成。

许他们回到原来的部落罢了。

契丹对于晋出帝采取了同样的做法。他们上路后，经过数月的跋涉，经过幽州（现北京）向东，从现在的山海关附近北上，到达黄龙府（现吉林省农安县）。于黄龙府西北方的怀密州短暂停留之后，就被送到了南方的辽阳，那里是辽国气候最好的地方，也是辽国五京之中的东京。

契丹人还企图与晋出帝进行皇族联姻，辽世宗耶律兀欲的妻兄禅奴舍利看上了晋出帝的女儿，向晋出帝提亲。这在游牧民族中是很正常的事情，可汉人却总是看低游牧民族，认为这会污染自己纯洁的血液，晋出帝拒绝了。但辽世宗仍然强行征召了这位女子，送给了禅奴舍利。

中国皇族的血统就这样融入了北方的游牧民族之中，也可以作为一百多年后更大规模事件的预演。

事实上，辽国到了五代时期，已经不算是一个典型的游牧政权，它已经被汉化了。在五代的后唐时期，辽太祖耶律阿保机就采取了汉人的生活方式。但此时的契丹人还保持着对汉民族的警惕性，担心汉民族的软弱侵蚀了契丹人的善战基因。

一位后唐的使者姚坤曾经访问过契丹，当时恰好后唐发生了内乱，后唐庄宗在内乱中死去。阿保机感慨庄宗之死，表示失败是必然的，因为听说庄宗有宫婢两千人、乐官千人，放鹰走狗，嗜酒好色，任用不肖，不惜人民。庄宗死后，阿保机立刻全家戒酒，把鹰犬都放走，乐官遣散，避免陷入庄宗的局面。①

汉民族幸运的是，契丹不管如何防范，仍然是游牧民族中最温和的一支。

后晋是石重贵的养父石敬瑭所建。石敬瑭曾经是后唐大将。后唐末帝清泰三年（公元936年）由于后唐皇帝不信任他，石敬瑭向契丹求救，希望契丹帮助他对抗后唐。

辽太宗耶律德光立刻派遣五万骑兵，号称三十万大军前来帮助。② 契丹大军

---

① 参考《奉使辽金行程录》中《姚坤使辽》。《姚坤使辽》由后人根据《资治通鉴》《新五代史》《旧五代史》和《册府元龟》等书整理而成。
② 参考《通鉴纪事本末·石晋篡唐》。

从太行山以西（也就是现在的山西省地界）一路南下，但到了上党（现山西长治附近）之后，契丹军队就不再前进了，辽太宗对石敬瑭说："我远道而来只是为了帮助你，现在大功告成了。如果契丹军队继续南下，会让黄河以南的人民感到恐慌。你就自己率军南下吧。如果你怕自己应付不了战局，我会派五千骑兵把你送到黄河，至于是否让他们渡河，都随你了。一旦你进入洛阳，我就立刻撤军北返。"他又赠送给石敬瑭二十匹宝马和一千二百匹战马，发誓子子孙孙勿相忘。他还提醒石敬瑭不要辜负了功臣。

此刻的契丹表现得彬彬有礼，比起中原的一团乱局，仿佛是一股清流。

但契丹在帮助石敬瑭的过程中，也享受了实实在在的好处。比如，为了让契丹出兵，石敬瑭将卢龙道（也就是幽州地区）和山西的雁门关以北都割让给了契丹。同时还要每年向契丹进贡帛三十万匹，以臣礼见契丹皇帝，称他为父亲。

辽太宗免掉了石敬瑭的臣礼[1]，但进贡与土地却笑纳了。

归入契丹的土地主要集中在燕山以南的幽州地区，以及太行山以西和雁门关以北的云州地区。幽州地区的州县有幽州、蓟州、瀛洲、莫州、涿州、檀州、顺州，由于位于燕山以南，又称"山前诸州"。雁门关以北的州有新州、妫州、儒州、武州、云州、应州、寰州、朔州和蔚州，这些州又称为"山后诸州"。两地加起来一共十六州，这就是"燕云十六州"的来历。[2]

由于地理位置重要，十六州，特别是山前诸州，成了后来南方王朝的心病。

在中国华北地区有一条天然的防线叫燕山山脉，北方的游牧民族过了燕山，就一马平川可以直达中原腹地。所以历代王朝都把边界设在了幽州以北的燕山山脉。石敬瑭丢掉了山前诸州，意味着燕山已经成了契丹的境内山，契丹兵马从幽州出发，不经过任何险阻，就可以进攻南方王朝。

除了这十六州之外，在燕山以南还有营州（现河北昌黎）、平州（现河北卢龙）、滦州（现河北滦县），这三州是后唐同光初年（公元923年）契丹从幽州

---

[1] 臣礼免掉了，但石敬瑭仍然需要称辽太宗为"父皇帝"，自称"儿皇帝"。
[2] 燕云十六州对应于现在的地名，见本书插页图二。

军阀刘守光手中夺取的。①三州靠近渤海，与山海关相邻，位置也很重要。后来后唐灭掉了刘守光，夺得了幽州，却没有从契丹手中拿回营平滦三州。

当契丹获得了十六州之后，营平滦三州和十六州共同构成了辽国侵占的汉地疆土。但由于来源不同，到了宋金交涉时代，还引起了不小的外交纷争。

契丹和后晋最初各自遵守了约定，但当石敬瑭的养子石重贵决定抛弃父辈的约定时，契丹大举入侵，后晋灭亡。

灭了后晋之后，由于契丹无法管理如此庞大的疆域，在各地的反抗声中不得不退回北方的十六州界内。

与此同时，中国北方经过了后汉，进入了后周时期。雄心勃勃的周世宗意图组织北伐②，收复十六州，后周的军队向北收复了最南面的瀛洲和莫州③，但就在这时，周世宗死了。他死后，后周被赵匡胤利用陈桥兵变推翻，历史就进入了北宋时代。

在宋太祖赵匡胤时期，契丹与北宋维持了表面的和平。宋太祖死后，他的弟弟宋太宗并吞了位于太原的北汉，又想乘胜进攻契丹，夺回幽州，于是宋辽战争再起。

宋辽战争打了二十五年，双方各有输赢。④宋真宗景德元年（公元1004年），辽国再次大规模入侵，宋真宗在宰相寇准的逼迫下御驾亲征，在澶州与敌军遭遇。这时双方由于连绵的战争都已经打累了，于冬天签订了著名的澶渊之盟。⑤

澶渊之盟规定，双方约为兄弟之国，边境线不做变更，北宋每年支付给辽国岁币银十万两、绢二十万匹。

澶渊之盟是中国历史上最成功的盟约之一，维持了上百年的和平。北宋虽

---

① 参考《辽史·太祖纪》。
② 参考《新五代史·周世宗纪》。
③ 瀛洲和莫州回归后，到了宋代，人们口中的燕云十六州变成了幽州、顺州、檀州、蓟州、景州、涿州、易州（以上为山前七州）和云州、应州、蔚州、朔州、寰州、武州、新州、妫州、儒州。
④ 参考《宋史纪事本末·契丹和战》《宋史纪事本末·契丹盟好》。
⑤ 参考《宋史·寇准传》。

然出钱才购买到和平，但是岁币不到每年收入的百分之一，与打仗相比，仍然是最划算的做法。

契丹也是一个好邻居，由于地处北方，土地贫瘠，必须依靠北宋的岁币才能建立起更加强大的中央政府。契丹也很珍惜来之不易的岁币和燕云十六州，在百年的时间内，除了仁宗时代宋夏战争时试图趁火打劫之外，没有给北宋制造太多麻烦。即便那次趁火打劫，也被富弼化解，只是增加了十万两银和十万匹绢的岁币罢了。

正是因为双方长期的和平，北宋才得以安全地发展经济，保持了长久的繁荣。与此同时，契丹也获得了长足的发展。

宋辽之间的关系可以说构建了一种新的国际秩序。之前，中原王朝对外打交道必须以臣服为代价，可宋辽之间却是兄弟国家，双方地位是平等的。在这种平等地位的基础之上，发展出了一系列复杂的礼仪。

比如，每年双方都会互派两次使者，一次是在皇帝生辰的时候，另一次是在年初正旦时。除了这些例行的出使之外，皇帝驾崩、即位，等等，也都要互派使节吊唁、祝贺。

出使也有一系列的礼仪规定。[①]

以辽国来访为例。每年辽国国使一入北宋疆界，北宋一个外官和一个内官组成的搭档（称为接伴使）已经在等着他们了。内官负责提供帐篷、饮食，外官负责联络与沟通。在边境附近的白沟驿，要设宴款待使者。到了路上的贝州（现河北省清河县），需要赐给使者茶、药各一银盒。到了大名府（现河北省大名县），再次设宴。最后，当使者来到了京郊，开封府判官要亲自迎接。到这时，接伴使的任务完成，将使节交给馆伴使。

馆伴使是皇帝从台省官员或者诸司中选取的，负责辽使在京期间陪伴，直到辽使离开国都，踏上回程为止。

馆伴使在郊外一个叫作班荆馆的地方迎接使者，这里是专门为款待使者设立的国宾馆。而更加正式的国宾馆设在了城内的都亭驿。在都亭驿，发给使者

[①] 参考《契丹国志·宋朝劳契丹人使物件》。

金花、银灌器和锦被，供他们在首都期间使用。

到了朝见日，皇帝对各位使者更是大肆赏赐。给正使的赏赐有：金涂银冠、皂罗毡冠、衣八件、金默鞢带、乌皮靴、银器二百两、彩帛二百匹。给副使的赏赐有：皂纱折上巾、衣七件、金带、象笏、乌皮靴、银器一百两、彩帛二百匹、鞍勒马各一匹。其余的从人也各有赏赐，礼物的档次分成上节（十八人）、中节（二十人）、下节（八十五人），但整体而言都很丰富。

朝见完皇帝，回到馆舍，又要给正使粳、粟各十石，面二十石，羊五十头，法酒、糯米酒各十壶，副使秔、粟各七石，面十五石，羊三十头，法酒、糯米酒各十壶。

如果使者在出使期间碰到了节日，还另有封赏。

到了使节离开时，皇帝要在长春殿赐酒五行，再赐给正使盘裘晕锦窄袍及衣六件、银器二百两、彩帛一百匹。副使紫花罗窄袍及衣六件、银器一百两、綵帛一百匹，还有金束带、杂色罗、锦、绫、绢百匹。其余人士各有赏赐。

将要出发时，又赐给银瓶、合盆、纱罗、注椀等。近臣们在班荆馆送行，开封府推官继续送到郊外。到这时，馆伴使的责任就结束了，再派来时的接伴使充当送伴使，一直送到边境。

使者的礼物都这么丰富，皇帝之间的馈赠更是复杂。简单说，宋朝送给辽国的礼物以金银锦缎茶叶为主，辽国送来的礼物中也有大量的金银，但更多的却是北方产的毛皮制品和山货。①

双方每年两次，你来我往地维持着和平。他们的交往已经非常现代化，不像是古代两个国家的往来。

但这种交往对于契丹却有一个致命危害：随着汉文化的侵袭，契丹贵族逐渐南方化，辽国军队变得越来越不会打仗了。就在这时，一个更加强悍的民族却在更遥远的东北地区产生。

---

① 参考《契丹国志·南北朝馈献礼物》。

从肘腋之患到心腹大患

这个新兴民族诞生于辽国疆域的东北部。

在五代之前，契丹是一个典型的北方国家，占据了位于燕山和阴山以北的土地，这里大都是草原地区，只有在如今的辽宁辽阳一带，有部分耕地的存在。

在五代的后唐时期，契丹从辽阳出发，越过了松岭和黑山，进入了燕山以南，占据了营州、平州、滦州，这是他们第一次来到山前地区。

到了后晋，契丹又从石敬瑭手中得到了十六州，疆域推到了燕山以南的幽州地区。在现在的山西境内，则越过了阴山，推进到了雁门关以北，与南方宋王朝隔着雁门关对峙。

这时，游牧的契丹变成了定居的辽国。在它的疆域内也有了几大粮食产区，分别是最早的辽阳，后来获得的营平滦三州，以及最后得到却最富裕的幽州和云州。辽国之所以必须牢牢地把持燕云十六州，就是因为失去了这些土地，就失去了国家两个最大的粮仓。

但如果从地形上看，辽国的疆域又显得极其碎片化，很难称之为一个成熟的国家。一个国家的组成总是和地理相关，往往拥有一个核心的平原地带，再加上环绕着平原的山地和森林。但辽国却是个例外，几条山脉将它的领土分裂成互相隔绝的几个部分，这些部分之间缺乏连接，很难成为一个整体。

这些山脉包括：东西向的燕山、阴山，南北向的太行山、大兴安岭、努鲁尔虎山、医巫闾山、松岭、黑山。由于这些山脉的存在，一旦出现战争，各部分国土之间很难协防。为了管理这些破碎的领土，辽国不得不采取五京制，也就是在不同的碎片上一共设置了五个都城，这五个都城各自负责自己片区的防御。

北面的上京临潢府（内蒙古赤峰市巴林左旗林东镇南）位于大兴安岭山麓，是辽国的发源地，同时也负责防御北方的少数民族，比如蒙古人、奚人等。

中间的中京大定府（内蒙古宁城县西的大明镇）位于大兴安岭、燕山、努鲁尔虎山、松岭四大山脉中间的空地上，是连接所有土地的交通要道，这里负责沟通四方领土。

位于东面的东京辽阳府（辽宁省辽阳市）是一个富裕的地带，这里主要防御的是高丽地区的少数民族，后来又防御东北的女真人。

至于幽州，就成了辽国的南京析津府（北京西南），它的防御主要针对南方的北宋，同时也是主要的产粮地，更是皇帝最常驻扎的地方。

同属于十六州的大同府（云州）则成了辽国的西京，主要防御西方的西夏，同时也和北宋的山西部分接壤。

辽国虽然已经成了集权国家，但它的集权程度远远达不到汉人的标准。比如，北宋也有五京，可是北宋的官僚系统都设在了东京汴梁。辽国的官僚机构却设在了不同的都城，燕京是负责财政收入的三司所在地，因为这里最富裕，离北宋也近，便于接收岁币。西京是转运司所在地，也是因为与北宋接壤。中京由于位于中间，是负责财政开支的度支部所在地。上京由于自然资源丰富，设置了盐铁司。东京是契丹较早的粮仓，也是辽国赖以发展的大本营，这里设立了户部和钱铁司。①

这样的五京制度在大部分时间里是没有问题的，共同组成了辽国的防御体系。但是，当一个新兴民族崛起时，人们却发现，辽国的防御体系实际上有一个巨大的漏洞，那就是它的东北边境。

中国的东北有一个巨大的平原，我们现在称之为东北平原。辽国的东京辽阳府位于东北平原的南部，从辽阳府往北上千公里，都没有大的山脉阻隔。在现在的黑龙江省境内，北宋时期还是森林密布、河流纵横，这里是东北平原的北部，属于辽国的边地。但在这里，却有一支叫作女真的部族生活着。

日后，这个部族会在他们的发祥地附近建立属于他们自己的上京会宁府（黑龙江省哈尔滨市阿城区白城），在会宁府旁是一条叫作按出虎水（现在叫阿什河）的小河，这条河向北流淌，汇入著名的松花江。与按出虎水平行，在西面的还有涞流水（拉林河）和混同江（松花江二段）两条河流，它们最终都汇入松花江。

女真最早时就在这些河流附近活动。这里已经属于辽国的边地，辽国设立了黄龙府（现吉林省农安县）对该地进行管辖。一部分女真人已经被驯服了，

---

① 参考《契丹国志·州县载记》。

并被移到了东北平原南端的辽阳以南,称为熟女真,可以视为辽国的子民。但还有一部分女真人没有被同化,他们虽然也臣服于辽国,但领导权其实还在部落首领手中,在仪式上臣服但实际上并不服从,他们仍然居住在女真故地,被称为生女真。①

虽然汉人习惯于将契丹和女真都称为北方的蛮人,但事实上,两者从人种到地域上都是有区别的。辽国起源的区域在中国的正北方,与早期的匈奴、柔然和后期的蒙古重合,契丹人与这些民族的亲缘关系也更近一些。②女真人则起源于中国东北方的东北平原,从人种上与前面几个种族是有区别的。这也解释了为什么蒙古人对契丹人比较友好,却对女真人充满了仇恨。

女真人最早的祖先可能是周代的肃慎氏③,到了北魏,称之为勿吉,唐代称之为靺鞨。④靺鞨一开始有七支,经过合并成为两支,分别叫作粟末靺鞨与黑水靺鞨。粟末靺鞨居住在东北平原的南方,黑水靺鞨居住地更加靠北。

后来,粟末靺鞨率先崛起,在唐代建立了一个叫作渤海国的国家,而黑水靺鞨成了渤海国的附属部落。

五代时期,契丹人征服了渤海国,将渤海国所在的辽东地区变成了东京管辖区,黑水靺鞨也就变成了辽国的附庸。此刻,他们已经改称女真,熟女真与生女真的分野也形成了。

辽庆二年(公元1112年)二月,辽国皇帝天祚帝到北方的春州(长春州的简称,现吉林省乾安县北)游猎,之后继续向东行,到了混同江去钓鱼。⑤这里已经接近生女真的地界,按照规矩,皇帝到来,方圆千里的部落首领都要来朝拜。

在东北的某些地区至今保留着头鱼宴的风俗,每年春季捕获的第一条鱼都被赋予了特殊的意义,需要祭祀祖先,请客吃饭。当部落首领们赶来时,恰好赶上了这一年的头鱼宴。皇帝请客时,要请各个部落首领表演节目。首领们纷

---

① 《女真传》,见《三朝北盟会编》卷三引。
② 参考勒内·格鲁塞《草原帝国》和《蒙古帝国史》。
③ 《竹书纪年》称之为息慎,《史记·五帝本纪》同。《金史纪事本末》有考异。
④ 女真起源参考《金史纪事本末·帝基肇造》《大金国志·金国初兴本末》。
⑤ 以下战事根据《金史纪事本末》《辽史纪事本末》与《宋史纪事本末》。

纷上台献技，但轮到一位中年的女真人时，他却拒绝了，表示自己不会表演，只是笔直地站立着望着前方。

天祚帝劝了他几次，但这人都不服从。皇帝打听了一下，他是生女真完颜部首领乌雅束的弟弟阿骨打。皇帝有心杀掉阿骨打，但被北院枢密使萧奉先劝住了。后来阿骨打和兄弟们陪伴皇帝打猎，由于精通猎术，获得了皇帝的欢心，这件事告一段落。

日后，天祚帝一定会后悔没有杀掉阿骨打。因为这有可能是辽国控制女真的最后机会。这时女真部落的士兵只有千人上下，还无力与辽国对抗。阿骨打虽然只是首领的弟弟，但一年多以后，乌雅束死了，继承女真首领职位的就是阿骨打。

女真部落实行勃极烈制度。① 所谓勃极烈，就是女真领袖的称号。阿骨打即位后称都勃极烈，也就是后来的皇帝，在都勃极烈之下，还有谙班勃极烈，可以理解为皇储。之下又有国论勃极烈，汉语称之为国相。此外还有阿买勃极烈、昃勃极烈等。最大的几个勃极烈组成类似于国务会议的委员会，负责商讨国家大事。

在勃极烈之下的民事官员叫勃堇，如果统辖范围更大，就叫忽鲁，意为大勃堇。军事官员称为猛安和谋克②，猛安相当于千夫长，谋克相当于百夫长。谋克的副手叫作蒲里衍，之下又有阿里喜。

阿骨打成为都勃极烈后，由于他即位前与辽国的矛盾，加上辽国皇帝喜欢打猎，不断地要求女真部落贡献一种极其罕见的鸟——海东青，一种猛隼类的鸟，擅长抓兔子。人类想抓住它，非常困难。辽国的不断索求，让女真人苦不堪言。此外，辽国与女真之间常常因为接纳对方的叛徒问题而争吵。阿骨打以此为借口，发动了战争。

此刻的女真还只是蜷缩在涞流水流域的一个小部落联盟，阿骨打清点了人数，他本部的兵马加上盟友的一共只有二千五百人。以这样的兵力，只够攻打

---

① 参考《金史·百官志》。
② 参考《金史·兵志》。

辽国的一个边城。在涞流水和东面的混同江之间，有一个小城宁江州，这里成了辽金战争爆发的地点。

阿骨打首先把兵力集中在涞流水西岸的小城廖晦城，集结完毕，渡河进入辽境。他们遇到一支由渤海人（也是女真人的近亲）组成的部队，将这支部队击败。这场小胜让女真人信心大增，于是杀向宁江州。

辽国天祚帝正在大兴安岭地区的庆州（现内蒙古巴林右旗西北白塔子）打猎，听说了这件事，以为是一个微不足道的小部落的造反，不以为意，只派少量的人去增援，但增援部队并没有起到作用。政和四年（公元1114年）十月，阿骨打攻克了宁江州。虽然这只是女真的一次小胜利，却因其是金辽战争的第一场战役，被赋予了特殊的意义。

对女真来说，这场战役把他们的疆域从涞流水东岸扩张到了混同江东岸，但是如果把这小片土地放到辽国的整个疆域中，就会发现这片地方还是太小了。

女真的战斗力已经让天祚帝开始重视他们。只是，辽国的君臣还没有充分意识到问题的严重性，天祚帝虽然准备集结十万人对付女真，可由于集结过程太拖拉，前期的兵力只有一万人到达现场。这一万人驻扎在黑龙江北岸的出河店（现黑龙江省肇源县），与阿骨打隔着黑龙江相望。

辽军由于是契丹人、奚人组成的联军，且来自不同的地方，士气并不高。与之相比，阿骨打的军队由于刚打了胜仗，显得生龙活虎。他一鼓作气，率军乘黎明渡江，将辽军击溃。

这次战役让阿骨打控制了黑龙江以北地区，后来，女真在这里设立了肇州，也就是肇兴之地。之后，阿骨打转战黑龙江南岸，在斡邻泺（现吉林省大安市南查干湖）再次击败辽军。此时，女真的军队达到了万人之众，成为一支劲旅。

与女真迅速崛起的声势相比，辽国却继续走在下坡路上。战争中由于皇帝的赏罚不明，辽军士气低落到了极致，这年十二月，辽国位于东北地区的宾州（现吉林省农安县靠山镇广元店古城）、祥州（现吉林省农安县万金塔乡）和咸州（现辽宁省开原市东北）都背叛了契丹，归顺了女真。

这三个州的归顺，让阿骨打实力大增。宾州和祥州还在混同江附近，但咸州却已经达到了现在辽宁境内，处于东北平原的中心地带，这意味着女真人第一次走出了混同江流域,来到了辽国在东北地区的腹心,从肘腋之患变成了心腹大患。阿骨打也乘机于公元1115年初称帝,国号大金。①

但是,阿骨打此时控制的地域还是有问题的,他的主要控制区仍然在北方,咸州虽然已经靠南,但属于孤城一座,在咸州和混同江根据地之间,还有许多辽国的城池并没有被征服,而其中最著名的就是黄龙府。

称帝后的阿骨打立刻率军进攻黄龙府。但这一次,辽国却改变了做法,决定对黄龙府进行全力支援,避免像以前那样分散兵力,被各个击破。

天祚帝派来二十万骑兵和七万步卒前来增援黄龙府。为了稳扎稳打,辽军企图采取链式封锁,利用持久战将阿骨打绞杀。辽军试图在东北边境发展屯田,设立一系列的军屯,与金军长久对峙。只有这样,才能降低金军的冲击力,这也可以看出,经过一百多年的和平,辽国已经丧失了冲击力,必须依靠中原式的防守来遏制对手。

当二十多万辽军带着大量的屯田农具赶到时,也就到了阿骨打的一个关键时刻。到底是女真的冲击力取胜,还是辽军的链式绞杀战成功?这不仅影响一场战役的成败,还决定了未来的战争形式。

最终,阿骨打的冲击力展现得淋漓尽致。他乘辽军立足未稳,立刻发动进攻。首先被击溃的是辽军的步兵,当骑兵看到步兵失败了,立刻选择了逃走。结果辽军屯田未成,反而将农具都丢给了阿骨打。日后,金人从渔牧民族变成农耕民族,就是从这一刻开始的。

到了九月,阿骨打终于攻克了黄龙府,这意味着整个东北平原的北部都已经掌握在了女真人手中,辽国已经丢失了东京辖区的一半土地。

不过辽国仍然有机会限制金国的发展。由于刚刚获得了大片土地,金国对于新征服地区的控制力并不强。辽国天祚帝此刻已经完全惊醒,意识到如果不加重视,善战的女真人将可能成为帝国的终结者。他决定御驾亲征,向金国进攻。

从辽国剩余的领土到达金国控制区,一般有两条路可以走,一条是从西面的上京出发,另一条是从南面的东京出发。天祚帝的军事部署分成两个方向,

---

① 参考《金史·太祖纪》。

天祚帝亲自率军七十万从东京向北进攻，驻扎在黄龙府以南一个叫作驼门（现吉林省农安县南五十里）的地方；他的驸马萧特末、林牙萧察剌等率领五万骑兵、四十万步兵从上京向东进攻，驻扎在斡邻泺。

如果这双面夹击的战略成功，那么即便无法歼灭阿骨打，至少可以将他们赶回到混同江以东去，收复前期丢失的黄龙府、宾州、祥州、咸州等地。

但这一次的战略却被辽国内部的叛乱打碎了，辽国大将章奴认为现在的皇帝无能，希望另立一个更加贤明的皇帝，他选择了越王耶律淳。耶律淳是辽兴宗的孙子，天祚帝是辽兴宗的重孙子，本来是亲戚。耶律淳本人也并没有篡位之心，却被章奴推向了前台。

章奴一谋反，在前线的天祚帝立刻偷偷回师，去解决内部问题。阿骨打抓住机会追击辽军，赢得了这次皇帝与皇帝的对决。

到这时，金国的后方基地正式成型，阿骨打占领了东北平原的北部，向南可以进军辽国的东京辽阳府，向西可以进军辽国的上京和中京。更重要的是，金军的士气要比辽军旺盛得多，两国交战中，金军几乎没有打过败仗，辽军则是屡战屡败。

金国叛乱对辽国的影响还反映在经济上。辽国本身就不是一个经济特别发达的国家，这样的国家想要保持战斗力，必须让士兵自带粮食，亦农亦兵。可是随着辽国的汉化，养兵的成本越来越高，战斗力却在下降。一旦开战，军事花费的大增，将反过来影响社会经济，人们的生活迅速变糟。在接下来几年，辽国饥荒和叛乱不断，进入了解体的节奏。

与此同时，新兴的金国却处于一个养兵成本很低的时期，士兵们不需要兵饷，依靠抢劫来获得食物和财富，①他们唯一的冲动就是打更多的仗，抢更多的财富。此消彼长之间，国运已经变换。

在两国的对峙中，南边的北宋又采取了什么样的态度呢？不幸的是，北宋此时掌权的恰好是主战派。

---

① 金国在熙宗时代才开始尝试给士兵报酬，向职业化转变，见《金史·兵志》。

统兵的宦官与主战的叛徒

对于北宋来说，选择只有两种：要么选辽国做邻居，要么选女真做邻居。

辽国已经与北宋交好了上百年，军事实力已经减弱，更希望维持和平，从形势上来看，是个更好的邻居。女真作为新兴民族，性格是不可控的，一旦成为邻居，更加危险。不过，以辽国自己的力量已经很难抵御女真了，如果要让辽国挺住，北宋必须给予辽国帮助——不仅是物资上的，还包括军事上的。

但北宋君臣和民间却迟迟不忘所谓的十六州之耻。事实上，从北宋建立的那一天开始，十六州就没有属于过宋朝，但自认为继承了正统的北宋君臣却一直将十六州当成是自己的疆域，憧憬着有一天拿回来。如果要拿回十六州，现在的确是个好时候。更何况，辽国已经腐朽了，即便帮助它，也不一定能够抵御住女真。

到最后，是支持辽国还是进攻辽国，成了主战派和主和派争论的焦点。

此刻，掌握北宋军事大权的是一个名叫童贯的宦官。[①] 与宋辽之间的长期和平不同，北宋与西夏却总是处于时断时续的战争状态，除了宋仁宗时期失败的宋夏战争之外，在英宗、神宗、哲宗时代，双方都发动过战争。西夏成了北宋主战派的主要宣泄口，一旦主战派上台，必然爆发或大或小的冲突。

宋徽宗上台后，也恢复了对西夏的用兵。童贯由于与蔡京交好，被皇帝派到西北去监军。北宋和唐朝一样，有用宦官做使职的习惯。所谓使职，就是不属于正常的官僚系统，只是临时派去帮助皇帝做事的。童贯在做监军时，帮助北宋在西北打了几个胜仗，皇帝一高兴，授予他实职，各种头衔突然间如同雪花一样飘落到他的头顶：领枢密院事，掌管武信、武宁、护国、河东、山南东道、剑南、东川等九镇；为太傅、泾国公……于是，一个宦官就成了北宋军队的掌门人。

童贯一直不忘自己是靠武力获得如此众多的荣耀，他成了北宋朝野最大的主战派。政和元年（公元1111年）九月，北宋派遣一个使团前往辽国，正使是

---

① 参考《宋史·宦者传》。

端明殿学士郑允中，童贯自请担任副使，去勘察辽国的军事情况，看有没有机会对辽采取行动。

在这次出使过程中，一位叫作马植的人在卢沟附近要求见童贯。[①] 马植本是辽国的世家，当过光禄卿，却由于犯了错误，受到了国人的排斥。他决定帮助北宋颠覆辽国，夺回十六州。

此时，女真人和辽国之间虽然有了小摩擦，却还没有公开决裂。马植却敏锐地观察到女真人的崛起，认为北宋如果联合女真人，是有可能灭掉辽国的。

童贯听了马植的策略，大喜过望，让他改名李良嗣，躲过了辽国接伴使的耳目，带回了北宋。

宋徽宗对马植的策略也很感兴趣，赐他姓赵，于是马植的本名已经很少人提及，反而是以赵良嗣的名字被历史铭记。[②] 赵良嗣告诉皇帝，即便经过了一百多年契丹的统治，幽州地区的百姓还在热切地盼着被北宋收复，王师一到，百姓立刻会欢欣鼓舞，帮助赶走契丹人。

对于童贯和赵良嗣的策略，并不是没有反对声音。最典型的意见认为，辽国是北宋的屏障。北方游牧民族众多，经常冲击南方，有辽国在，北宋就不用担心他们。一旦没有了辽国，北宋就必须直接面对这些游牧民族，很可能陷入战乱不断的境地。更何况女真比起辽国来更加不可控。

但这时女真和辽国之间的战争还没有开始，北宋与金国之间也没有直接通路。赵良嗣的建议是从北宋的莱州乘船渡过渤海，再从辽东半岛登陆，前往女真。这条路以前曾经畅通过，女真曾带着马匹乘船到北宋境内来贩卖。不过在赵良嗣提建议时，路已经封闭了。辽东半岛处于辽国的占领之下，就算从山东半岛浮海过去，还是辽国的地盘，无法与女真人直接联系。

由于缺乏可操作性，联合女真的战略被暂时搁置了起来。赵良嗣就这样被冷落了五年……

---

① 参考《宋史纪事本末·复燕云》。
② 参考《宋史·赵良嗣传》。

第三章
最危险的和约

和战之争

政和六年（公元1116年），是金国和阿骨打收获最大的一年。

这一年正月，辽国发生了内乱，由于不满东京辽阳府留守萧保先的苛政，一位叫作高永昌的渤海人发动了一场出其不意的叛乱。[①]东京辽阳府原来属于渤海故地，是辽太祖阿保机用了二十多年才攻克的。虽然贵为五京之一，但契丹人和渤海人之间的矛盾仍然不时激化。

正月初一夜里，高永昌和十几个同伙喝醉了酒，带着刀翻过了府衙的围墙，来到了大厅。他们借口外面有人造反，前来汇报，直接向侍从询问东京留守的居处。高永昌找到东京留守，将他刺杀，然后逃走。

萧保先死后，当时恰好在辽阳府的户部使大公鼎和东京副守高清臣控制了局势，四处搜查作乱的渤海人，查到了数十人，将他们杀死。不幸的是，这些被杀的并不都有罪，有的只是在恐慌中被枉杀的。这件事传开后，更多的人加入了造反的队伍，附近的州县也出现了乱局。

初三这天，造反的人们从四面八方赶来，聚集在东京辽阳城外，大公鼎叫他们离开，但没有人听从。

初五时，城里终于乱了，有人乘风放火，有的偷开城门，大公鼎等人只好率领残部逃走。辽阳府落入了叛军之手。高永昌成了叛军的头目，自称大渤海皇帝，他乘机占领了辽东地区的五十多个州。

[①] 参考《契丹国志·天祚皇帝上》。

第一部 伟大的胜利

在中国的东北地区,生女真活动的范围在东北平原的北部,也就是现在的吉林和黑龙江一带,而南部的辽宁是经济最发达的地区,阿骨打和他的大金国还无法染指。女真没有得到的土地,却被高永昌一次出其不意的叛乱拿到了手中。

高永昌唯一没有得到的地区,是位于现在辽宁沈阳的沈州。这里是辽国宰相张琳的家乡,皇帝派遣张琳亲自部署防守,才防止了高永昌得手。

五月份,就在张琳与高永昌鏖战时,突然传来消息,女真人应高永昌之请,于五月二十一前来助战,率领女真的是女真西南路都统阇母。

渤海人本来就是女真人的远亲,高永昌寻找帮手也是可以理解的。但张琳却以为这只是高永昌释放的假消息。

到了五月二十一那一天,女真人果真出现了。张琳被这出乎意料的帮手吓住了,只好逃走,沈州被女真人占领。

不过女真并没有把沈州交给高永昌,而是自己占领了。不仅这样,女真人击退了辽国燕王耶律淳的进攻后,还对高永昌发起了进攻,将他击败杀死。女真人的野心到这时展现无遗,他们不仅想要东北平原北部,还想获得整个东北平原,从而向辽国全境扩张。

经过辽国的这次叛乱,女真人乘人之危成了最终的胜利者。

女真的胜利曲折地传入了北宋的耳中,于是,主战派又开始跃跃欲试了。第二年(政和七年,公元1117年)初,边将不断地上报,说在宋辽边界处的易州(现河北省易县)出现了频繁的军事调动。主战派将之认定为辽国将要对北宋有所行动。

童贯也被皇帝从西北调回,开始准备应对北方的事态。[1]

童贯准备军事行动时,恰逢北宋财政处于一个花钱的高峰时期。就在政和六年(公元1116年),宋徽宗答谢道士给自己带来儿子的上清宝箓宫刚刚修建完毕,皇帝雄心勃勃地开始准备他一生中巨大工程的顶点——艮岳。

由于钱不够花,蔡京等人也在不断地给他开辟新的财源。就在公元1116年,在另一个宦官杨戬的帮助下,宋徽宗开始建立一个叫作公田所的机构。所谓公

---

[1] 参考《皇朝编年纲目备要》。

田,原本是指属于皇帝的田庄。在北宋初年,有不少田地是没有主的,但到了末年时,所有这些无主的田都已经被人耕种。宋徽宗时期,皇帝和大臣们突然开始打这些土地的主意,将它们化为公田,要求农民必须缴纳租金,也就是公田钱,才准予耕种。

不仅是公田钱,在丈量土地时也做了手脚。大观四年(公元1110年),宋徽宗为了多收钱,做过一次变革,将长度单位做了变更。之前人们使用普通的"尺",但皇帝以符合礼仪为借口,将尺的单位缩小,推行"乐尺"。所谓乐尺,是根据礼乐的要求重新设计的长度单位,一乐尺比普通的尺稍小,结果按照普通尺计算出来的一亩,换算成乐尺的亩,就变成了1.08~1.09亩。通过单位换算,北宋的土地亩数就可以多出来8%以上,由于每亩的税率不变,从理论上,皇帝的税收就可以增加8%。

在缴纳公田钱时,也必须按照乐尺的亩来缴纳,更加重农民的负担。[1]

童贯负责北方事务时,人们为了讨好童贯,不断地将辽国的消息传到朝廷。有人透漏燕山以南的易州和霸州都有军事调动。[2]

童贯不断地催促皇帝赶快起兵。他不仅通知了河北地区的将帅做好准备,还动用了中央禁军。到了二月中旬,先头部队已经出发北上。经过占卜师的占卜,三月上旬的某个黄道吉日,成了大部队出发的日期。

但在出发前,皇帝却犹豫了。在几个月前,皇帝派出了一个外交使团去往辽国,正使是一位名叫陶悦的人,他的职务是司封员外郎,出发前皇帝又给了他太常少卿的头衔;副使是来自霸州的李邈。按照约定日期,这个使团已经接近回来的时候,宋徽宗下令童贯暂时不要发兵,而是等着外交使团回来后,再根据情况做最后的判断。

二月二十五,使团回来了。刚进国门就碰到了童贯,童贯让陶悦第二天先到自己府中汇报一下,再去找皇帝。[3]

---

[1] 参考《皇朝编年纲目备要》。
[2] 《使北录》:"贯又云:'已有人据易州……今已围霸州……'"
[3] 《使北录》,由《奉使辽金行程录》从《三朝北盟会编》中辑出。

第二天，陶悦准时来到了童贯的府邸。童贯首先问陶悦："听说辽国已经准备入寇，对吗？"

陶悦对童贯的问题很吃惊，表示并没有看到辽国入侵的迹象。在路上，他们每天都按照计划行进，没有听说入侵，也没有被要求改变道路，一切都很正常。由于他们走的是宋辽之间的大道，如果辽国在做军事准备的话，他们在道上必然能看到。辽国如果不想让他们看见，会寻找借口请他们改走小路，免得和军队遇上。既然没有改道，在大道上也没有军事调动，就证明辽国并没有准备入侵。

童贯还不死心，说这只表明使者走的路上没有军事调动，其他地方也许已经调动了。

陶悦很不识趣，继续反驳，表示虽然听说女真和辽国在边境上有冲突，但燕山以南的内地一切正常，人们的耕作、生活都没有任何变化，也没有听说大批的军事行动。至于所谓霸州和易州的情况，也是子虚乌有的事情。总之，辽国是正常的。

如果按照陶悦的说法，辽国并没有针对北宋的军事行动，童贯就没有理由出兵。

童贯不死心，以威逼利诱的方式试图让陶悦改口，甚至侮辱他获得了辽国的好处。陶悦正色回答："像我这样的读书人，怎么会因为对方的厚礼隐匿敌情呢！"①

童贯碰了一鼻子灰，只好作罢。第二天，使臣上奏皇帝，宋徽宗下诏，将已经出发的禁军召回，北伐之事暂时搁置了。

这一搁置就是好几年，直到五年后陶悦死了，北伐还没有踪影。

但北宋与女真的联系却在这段时间建立了起来。

三国的外交大竞争

政和七年（公元1117年），在苏州（现在辽宁大连金州）附近的海域，有

---

① 《使北录》："悦辈士人，岂以礼数稍厚，遂隐虏情也！"

两艘大船悄悄离岸，向着茫茫大海漂去。它们的目的地是高丽（今朝鲜），却由于海流的原因，漂到了北宋境内登州（山东半岛北端）附近的驰基岛，这里有宋军士兵驻扎。

从两艘船上下来二百多个人，为首的叫作高药师、曹孝才，以及僧人郎荣，其余的都是他们的亲属。

士兵们将来人送到了登州知州王师中处。由于朝廷主战派占了多数，皇帝将北方各地的官员都换成了主战派，王师中就是其中之一。

根据高药师的供述，他们来自辽国的苏州。那里已经被金兵占领，除了金兵之外，高永昌死后的溃军也退到了海岸上，北方已经一片大乱。

如今，苏、复（现辽宁瓦房店西北）、兴（现河北承德）、潘（现黑龙江省牡丹江市林口县）、同（现辽宁省开原市中固镇）、咸（现辽宁省开原市）诸州都已经被女真攻克了。这就意味着，从北宋到女真之间除了隔着大海，已经没有了辽国的阻碍。①

在更早的时候，女真人曾横穿渤海海峡，从苏州到登州（现山东半岛蓬莱）登岸，用马匹换取汉地的生活物资。但女真人这么走，大都是在辽国控制辽东半岛之前，随着辽国灭了渤海国，这条路就断绝了。高药师等人的到来，是海路重开之后的第一批。

七月初四，王师中将消息上奏给皇帝。皇帝与蔡京、童贯等人讨论后，令王师中派遣人手，由高药师带领，再次渡海，以买马的名义去见女真的头目，看有没有和女真联合攻打辽国的可能性。

王师中奉命逼迫高药师回辽东。不想到了八月初十②，高药师的船又回来了。原来，他们坐船远远地看到了北面的海岸，岸上站了很多士兵，他们不敢上岸，只好掉头回来，报告说女真不让他们北上，还差点杀了他们。

王师中将事情报告给皇帝，宋徽宗大怒，将高药师等人贬斥到边远之地。

---

① 参考《三朝北盟会编》。
② 《续资治通鉴长编拾补·徽宗·政和七年》："丁丑，高药师等兵船至海北，适遇女真逻者，不敢前，复回青州，称已入蓟州界，女真不纳，几为逻者所杀。"该书同时指出，另有记载高药师第二年正月初三回。

但与金人联系的念头一旦唤醒，就不会再轻易消失。

重和元年（公元1118年），宋徽宗终于派出第一个正式使团前往女真的地界。

由于上一次的失败，宋徽宗命令童贯一定选择更加勇敢的人前往，童贯将任务再次派给了王师中，王师中选择了一位叫作马政的人。马政官封武义大夫，与他同行的还有平海指挥军员呼庆[①]，呼庆之所以入选，是因为他会说北方语言。和他们同去的有将校七人、兵员八十人，[②] 带路的仍然是高药师和曹孝才。

同行的还有马政的儿子马扩。马扩在当年春天的春试中，刚刚通过了武科的殿试，被授予承节郎、京西北路武士教谕。

他们接受命令的时间是二月十八，[③] 下海出发的日期是闰九月初六。[④] 使团刚到渤海北岸，就被巡逻的人抓住。金兵由于从来没有听说过北宋使节，将物品全都夺走，数次想要杀害他们，马政和呼庆不停地解释，才让士兵相信他们是使节。金兵将他们绑起来，押送着走了十几个州，才到了阿骨打所在地阿芝川的来流河畔，这里距离他们的出发地已经三千里了。

阿骨打的助手是他的侄子粘罕（汉名完颜宗翰，金名粘没喝，但宋朝人习惯于称他为粘罕，或者称国相）和兀室，以及长子斡本。

在马政与儿子出使金国时，另一场外交竞争也在平行地进行。事实上，除了北宋与女真取得联系之外，女真的敌人辽国也在与它议和。

女真与辽国的议和始于金太祖收国三年（公元1117年），此时女真已经获得了辽国的东京辽阳，占据了东北的大片江山。一位叫作杨朴[⑤]的人给阿骨打出主意，说自古英雄开国，必须首先获得大国的册封。阿骨打派遣使者去辽国请求册封。辽国本来就损失了大片的土地，加上又出现了大规模饥荒，正想与女真议和，见对方使者来请求册封，立刻派遣了议和使前往。

重和元年（公元1118年），阿骨打接见马政前后，与辽国的谈判也处于紧

[①] 《三朝北盟会编》等书记为呼延庆。
[②] 参考《三朝北盟会编》。
[③] 根据《续资治通鉴长编拾补》。《三朝北盟会编》记载为四月二十七。
[④] 根据《续资治通鉴长编拾补》。《三朝北盟会编》记载为九月初九。
[⑤] 参考《契丹国志》《三朝北盟会编》《皇朝编年纲目备要》。

锣密鼓之中。最初辽国派遣耶律奴哥作为议和使节，还没敢提册封。但此时耶律奴哥已经知道所谓"册封"并不是臣子向君主请求封赏，而是一个新君主让另一个老君主给自己加冕，承认他的优势地位。这可以从阿骨打提出的要求中看出来，阿骨打要求：辽国皇帝必须称阿骨打为兄长，同时，将辽国的上京、中京和兴中府都交给金国，再派遣亲王、公主、驸马、大臣子孙作为人质，并把之前的信符、往来信件等带有等级特征的物品都还给金国，方才能够谈议和。①

且不提其他的要求，只看金国对于土地的要求。如果辽国真的把上京、中京和兴中府（现辽宁省朝阳市）割让，就意味着辽国丧失了东北全境、北方草原地带，剩下的只有燕云十六州和西北方的沙漠地区，变成一个夹在宋金之间的小国家，随时会被灭亡。这样的条件等同于辽国向金国彻底投降。

耶律奴哥往返于辽金两地，又把金国使节胡突衮带到了辽国。阿骨打又提出了新条件：这一次不需要人质，也不再要上京和兴中府两个地方，同时还削减了辽国向女真的供奉。但是，辽国皇帝必须称呼阿骨打为兄长，并且用汉人的礼仪册封金国皇帝。

对于辽国天祚帝而言，这样的条件仍然是太苛刻了，双方因此处于僵持之中。

与辽国的坚持不同，北宋使者却似乎更加好说话。

马政使团的首要目的是建立联系，并没有制订具体的目标。阿骨打答应联合攻辽，使团的目的就达到了。接着是双方互派使者，制订具体的合作条款。

金太祖收国四年底，阿骨打留下了马政使团的六个人（史书留下了其中两人的名字：王美、刘亮）作为人质，又派遣了渤海人李善庆、熟女真散都、生女真勃达三人，带着礼物，与马政使团一道返程。

十二月初三，使团到达了登州。宣和元年（公元1119年）春正月，他们回到了京城。金国使臣待了十余日，宋徽宗和蔡京等人商议，决定与金国联合进攻辽国。

不过仍然有许多问题有待解决。比如，用什么礼节对待阿骨打？这个问题

---

① 参考《宋史纪事本末》。另据汪藻《裔夷谋夏录》，阿骨打提出了十大要求，从礼制到割地，到要求得到北宋岁币的一半。

让皇帝和大臣们有些犯难。按照规矩，如果是平等的两国之间的交往，皇帝的书信应该称之为"国书"；如果是对下级，皇帝应该使用诏书。皇帝派遣马政和金国使臣一道回去，同去的还有副使赵有开，以及王师中的儿子忠训郎王瑰。赵有开建议，女真的体量只相当于中国的节度使，他们既然接受了契丹的封爵，自然也更加愿意接受大宋的封赏，所以用诏书就可以了。

皇帝征询金国使臣李善庆的意见，由于不懂礼仪，李善庆表示尊重皇帝的意思。于是，在给阿骨打的信中，皇帝用了诏书的格式。

使团出发后，赵有开到达登州后就得病死去了。恰好在这时，传来了金国与辽国议和的消息。这一年，辽国封金国国王阿骨打为东怀国皇帝。

当宋徽宗听说了这件事，就派人追上使团，让马政不要去了。只派呼庆将女真使者护送回国。

但北宋得到的消息是有误的，实际上，辽国虽然愿意封赏，但阿骨打未必愿意接受。一方面，他感觉这个称号太低了；另一方面，与北宋联合伐辽显然是更好的决策。

正当北宋使臣前往登州时，经过漫长的拉锯和七次出使，辽国终于答应了阿骨打的条件，于宣和元年（公元1119年）三月派使者来到了阿骨打所在，同意册封阿骨打为东怀国皇帝。

阿骨打派遣受封使乌林答赞谟去辽国迎来了册表。但他随即发现，辽国的册封文件中并没有称他为兄长，在使用金国的名称时，没有加上"大"字，显得很轻慢。同时，东怀国的名号也让他感到很不舒服，因为"东怀"，就是"偏远的东部小国感怀大国的圣德"的意思。他拒绝了册封，还差一点腰斩了提议请求册封的杨朴。[①]

双方再次开始扯皮，辽国使节萧习泥烈和金国使节乌林答赞谟恢复了来回奔波。双方又因为各种小问题扯皮了一年，关系最终破裂。

从请求册封，到彻底拒绝，从金太祖收国三年到金太祖收国五年，这三年是阿骨打的关键期。起初，他还没有信心成为一代霸主，还想与辽国共存。正

---

① 参考《裔夷谋夏录》。

是马政等人的出使让阿骨打看到了彻底消灭辽国的希望,从此以灭辽为己任。

阿骨打与辽国扯皮时,还在等待着北宋使节回来,却只收到了金国使节归来而北宋使节未到的消息。阿骨打将一腔怒气发在了护送使节的呼庆头上。呼庆告诉阿骨打,一方面北宋使者意外病死,另一方面也是听说了辽金议和,宋徽宗才放弃了遣使。

阿骨打不听他的辩解,将他留置了六个月,才放他回去。[①]

送呼庆回去时,阿骨打告诉他:首先要求结盟的不是女真,而是北宋;女真已经获得了辽国的数州,本不需要联合北宋,之所以接受邀请,只是为了交朋友;但北宋不再遣使,只派一个低级官员来,不写国书,反而送了份诏书来,已经表明北宋在反悔了;反而是女真一直在遵守约定,甚至不惜拒绝了辽国的封赏。

阿骨打还安慰了呼庆:毁约的责任并不在呼庆,他也只是接受派遣来的;他希望呼庆回去后见到皇帝,转告宋徽宗如果想要继续结好,就尽早派人持国书前来谈判;如果只是带一份给臣下的诏书过来,那就不用谈了。

他还给宋徽宗写了一份简单的书信:契丹修好不成,请别遣使人。

海上之盟

阿骨打不知道的是,在北宋,主战派与主和派也在进行着激烈的交锋,到底谁占上风还不一定。几乎在同一时间,女真东面的高丽国派人来求医,宋徽宗派了两名医生去提供帮助。医生带回来的消息却是:高丽全国都在为战争做准备,他们认为女真是虎狼之国,必须赶快做准备。他们建议北宋皇帝千万不要和女真交往。

与此同时,一位叫作安尧臣的官员(他是前工部侍郎、兵部尚书、同知枢密院安惇的族子)上书表示反对与女真联合进攻辽国。他认为,一个国家的祸端,往往是从和平走向战争的那一刹那。北宋之所以不和契丹争燕云十六州,也是考虑用土地换和平。既然已经维持了上百年和平,一旦重启战端,往往会得不

[①] 参考《续资治通鉴长编拾补》。

偿失，让原本已经疲惫的民间更加无法承受。

另外，辽国已经是一个开化、爱好和平的国家，与北宋是唇亡齿寒的关系，一旦辽国没有了，换成更加野蛮和勇猛的女真，那么北方就再也没有和平可言了。

宋徽宗最初同意了安尧臣的看法，还封了他一个承务郎的小官。但随后，在蔡京、童贯等人的主导下，皇帝再次偏向了战争。

宣和元年（公元1119年）十二月二十六，呼庆离开了阿骨打营地，日夜兼程赶回宋境，从行之人甚至有冻掉手指的。第二年正月，呼庆赶回了京师，将阿骨打的书信传到。

宣和二年（公元1120年）二月初四，宋徽宗再次向女真派去了使节。[①] 这次派出的，就是当年童贯从辽国带回来的赵良嗣。赵良嗣的职务是中奉大夫、右文殿修撰，在宋朝已经待了快十年，当选择出使人选时，童贯再次想到了他。他的副使还是忠训郎王瑰。赵良嗣没有带任何皇帝的文书，但皇帝让他便宜行事，一定要签订有效力的和约。

马政的第一次出使主要是为了建立联系，赵良嗣出使的目的却更加明确，他显然更了解女真需要什么，事情的关节在哪里，他的出使也成了整个事件的转折点，也是宋金夹攻辽国的起始点。

三月二十六，赵良嗣从登州出海，经过了几个小岛，在四月十四到达苏州关下。他去的时候，恰好是女真兵分三路进攻辽国上京之时。赵良嗣从咸州出发，和阿骨打会于上京城外的青牛山，与女真大部队一起观看了进攻上京的经过。同他们在一起的还有辽国使臣萧习泥烈。

辽国天祚帝正在北方的胡图白山狩猎，听说后，派遣耶律白斯不等人率领三千兵马驰援。但阿骨打并没有把这当作大事，他对两位使臣说："你们先看我怎么打仗，再决定该做什么。"

五月十三，女真的进攻从黎明开始，到了巳时（上午九点到十一点之间）就已经结束了，大将阇母首先攻克了外城，内城守将挞不野一看大事不好，立刻投降了。

---

① 参考《续资治通鉴长编拾补》。

女真的强悍给赵良嗣留下了深刻的印象，双方再次在龙冈相见时，赵良嗣立刻和阿骨打谈起了联合出兵的问题。

根据赵良嗣本人的回忆，他首先提出双方夹攻辽国，由于燕云等地是汉人的旧地，灭辽之后，双方分配辽国土地时，应当遵循的原则是：辽国的上京、中京和东京这些在燕山以外的土地都归金国，而南京析津府和西京大同府，以及附属的州县，应当归属于北宋。[①]

阿骨打同意了赵良嗣的要求。但他仍然摆了个架子，表示辽国已经被金国击败，原则上，辽国的土地都是金国的，但为了感谢南朝皇帝的好意，且燕州又本是汉地，所以同意把燕云交给宋朝。

不过，由于攻打城池时不免首先要占领，对于应该交割给南朝的土地，金国可能会先占领一段时间，一旦完成灭辽任务，就引兵离去。

双方进一步确认，在联合灭辽时，北宋的兵马先攻打南京析津府，而金国则从北方绕道去攻打西京大同府。

由于上次宋徽宗听说女真要和辽国议和，就把马政召回去了。为了防止类似事件再次发生，赵良嗣专门要求，金国和北宋都不得单独与辽国议和。他这样做，实际上是防备金国的做法，但到后来，却由于宋徽宗试图联合辽国残部，反而成了金国进攻北宋的借口之一。

在谈判的空隙，双方吃过饭一起游览了上京府，参观了辽国的宫殿。阿骨打与宋使骑马并肩从西偏门入，经过各大殿，最后在延河楼饮酒作乐。心潮澎湃的赵良嗣感到上百年的耻辱正在自己的手中消解，他写了一首诗来纪念这次议和："建国旧碑胡日暗，兴王故地（契丹起家之地）野风干。回头笑谓王公子（指他的副手王瑰），骑马随军上五銮。"

作完诗，双方继续谈判，这就遇到了一个关键点：北宋到底要出多少钱，才能获得这个合作伙伴？

赵良嗣最早提出，给金国三十万岁币，换取与金国的和平共处。阿骨打却说：辽国没有割让燕云之地，北宋每年还要支付五十万给他们；金国把燕云还给北宋，

---

① 参考《燕云奉使录》。

只能获得三十万，这很不公平。经过讨价还价，最终决定每年也给女真五十万（其中银二十万两，绢三十万匹），相当于把给辽国的岁币转给金国。

谈判快结束时，赵良嗣特意强调了几个问题：第一，西京云州（大同）也是汉地，必须和燕州一起交付给北宋。阿骨打同意了，表示金国出兵西京，只是为了擒获辽国皇帝，只要擒拿了阿适（辽帝小名），就把西京给宋朝。

接下来赵良嗣要争取的是一块土地。在现在北京以东的河北地区，有三个州，分别叫作营州、平州、滦州，这三个州和其他州不同，不是在后晋时期石敬瑭割让给契丹的，而是在更早期就已经归属了契丹。赵良嗣想把这三个州也争取过来。但这一次，他失败了。女真大臣高庆裔告诉他，他们讨论的是燕地，这几个州都自成一路，不在讨论范围内。

即便没有争取到营平滦三州，但作为一个使臣，赵良嗣已经做得非常完美。

在他离开之前，与阿骨打约定：女真军队在当年八月初九开始进攻西京，北宋也在同时进攻南京；如果北宋需要金国帮助夹攻南京，那么金国应该选择从平州松林前往南京东北的古北口的路线，而北宋选择从宋辽边界附近的雄州前往白沟的进攻路线。

双方还约定：只有宋军按时抵达，并配合夹攻，和约才成立，否则和约就作废。这一点，也成了日后金国在交割中刁难宋朝的借口之一。

阿骨打派遣二百骑兵护送宋使离开，但当赵良嗣过了铁州，阿骨打突然又派兵把他们追了回去。原来金国内部发生了牛瘟，影响到了军事规划，很难按照约定在八月初九发起进攻，因此改到第二年再发动进攻。从阿骨打如此周折地改期，也可以看出他们对于此次约定是非常重视的。这一点与之后宋朝屡次玩弄协议内容形成鲜明的对比。

第二次离开时，赵良嗣再次强调了几点：第一，南北夹攻时，金军主要进攻西京，在南京方面，为了避免两军误伤，北兵先不要过松亭、古北、榆关（也就是燕山山脉）之南；第二，这个界限到时也可调整，但必须双方同意之后再调；第三，不准单独与契丹讲和；第四，西京主要由女真负责进攻，但距离北宋更近的蔚州、应州、朔州，北宋可以进攻（女真并没有答应这一条，只说有待讨论）；第五，交割城池时不得收取赎地费；第六，完成交割后，在榆关以东设立市场，满足双方的商品交流。

在送宋使回去之前，女真还专门把俘虏的一位辽国官员（盐铁使苏寿吉）交给了赵良嗣，因为苏寿吉是燕地人，既然燕地要交还给宋朝，苏寿吉就应该送给宋朝处理。马政出使时留下的六个人质也被准许回去。

历史甚至留下了两国往来的文字。阿骨打让使臣带给宋徽宗的信件，经过简化，大意为：

大金皇帝谨致书于大宋皇帝阙下：盖缘素昧，未致礼容，酌以权宜，交驰使传。赵良嗣等言，燕京（注意，国书上只写了燕京，没有写西京）本是汉地，若许复旧，将自来与契丹银绢转交。虽无国信，谅不妄言。若将来贵朝不为夹攻，即不依得已许为定，具形弊幅，冀谅鄙悰。①

另外，阿骨打还特意提出，虽然转交燕地，但如果是因为最近打仗从其他地区跑到燕地避难的人民，并不能归属北宋，必须送还给金国。

女真由于人口稀少，一直对人口问题给予最高级别的重视，打仗的目的除了掠夺财物之外，就是掠夺人口。他们很明白，只有人口迅速增加，才能带来更强的国力。

宋朝皇帝后来的回信大略是：

大宋皇帝谨致书于大金皇帝：远承信介，特示函书，致讨契丹，逖闻为慰。确示同心之好，共图问罪之师。诚意不渝，义当如约。已差童贯勒兵相应，彼此兵不得过关。岁币依与契丹旧数，仍约毋听契丹讲和。②

另外，宋徽宗也确认了女真拥有索回逃亡人民的权力。

赵良嗣此次任务完成得非常圆满，但随着时间的迁移，许多形势已经发生了

---

① 《续资治通鉴长编拾补》引《续宋编年资治通鉴》。
② 以上两篇文章都是简版，更完整的版本在《三朝北盟会编》中有记载。

巨大的变化，这个和约也成了北宋的紧箍咒和女真人不断指责北宋违约的依据。

另外，双方对于和约的关注焦点也是不同的。阿骨打关注的焦点有两个：第一，北宋给辽国的岁币必须转移给金国；第二，双方约定夹攻辽国，但如果北宋没有按照约定完成夹攻，那么所有的协议都作废。

北宋关注的焦点却是另外两点：第一，金国不得与辽国讲和；第二，金国在夹攻辽国燕京时，不得越界，以免抢了北宋的果实。

两者关注的焦点又是有矛盾的。比如，如果在攻打燕京时，金国兵马先到了，按照北宋的观点，金国必须等待在边界之外，不能单独进攻燕京。等北宋的兵马从南面逼近之后，才能相约夹攻。可是按照女真的观点，一旦北宋兵马没有赶到，就是没有按照约定完成夹攻，那么所有的条约作废，女真可以单独进攻燕京，也不用将战果移交给北宋。

这样的理解在另一份文件中看得更加清楚。在以金朝观点记录的文献集《大金吊伐录》里，第一篇文字就载明了阿骨打当初谈判合约时的看法。其中写到，按照金人的理解，双方的和约意思是：夹攻燕西二京（现在的北京和大同，当时的燕云地区），随得者取地。[1] 意思就是，只要有实力，就一起夹攻，如果没有实力攻克，也就没有资格获得土地。

女真人的看法更符合人之常情，相约夹攻并不保证北宋获得土地，只有能够打胜仗才可以。日后，双方的焦点就放在了谁更有资格获得土地，以及北宋要出多少补偿上。

赵良嗣离开时，金人还专门叮嘱他，这一次不要再耍花招，不要搞小动作，双方都必须遵守约定，回去后请北宋皇帝早日批准和约。

宣和二年（公元1120年）七月初六，赵良嗣返程。与他一同的还有金国大使锡剌曷鲁勃堇，以及副使大迪乌高随。两位使者带着国书，与赵良嗣于九月初四来到了北宋首都的国门。皇帝将他们当作新罗人接见，以掩人耳目。

九月十八，皇帝写好了回信，请金国使者启程，与金使同行的是北宋使者马政和他的儿子马扩。

---

[1] 参考《大金吊伐录校补》。

皇帝给阿骨打的信比较简单，其大意在上面已经引用。但由于双方的信件都过于简单，有许多细节没有说清楚，宋徽宗又专门写了一个事目（备忘录）交给马政，在事目中，他列举了一些没有在双方国书上写明，却必须弄清的事。比如，赵良嗣虽然与阿骨打口头约定，所谓的燕地也包括了西京的大同一带，但国书上写的只是燕地，是否包括西京，需要再次找阿骨打确认。

日后来看，这个事目的重要性远远高于国书，将双方关注的焦点都摆了出来。

宋徽宗的事目一共列举了三件事，如下：①

第一，燕京一带必须包括西京在内。因为阿骨打曾经口头上告诉赵良嗣，他对西京不感兴趣，攻打西京只是为了抓住辽国皇帝。一旦抓到了，西京就没用了，到时北宋愿意拿去就拿去吧。

北宋所谓的燕云十六州从地理上说，包含三个部分，第一部分是燕京及其从属的州，这些州都位于燕山以南和太行山以东②，是和北宋联系最紧密的州，也称山前诸州。阿骨打在国书里已经毫无疑义地许诺，只要北宋夹攻，女真不会与北宋争夺山前诸州。山前诸州包括燕州、涿州、易州、檀州、顺州。

第二部分是西京以及从属的州，这些州位于燕山以北或者太行山以西，也称山后诸州。包括云州、寰州、应州、朔州、蔚州、妫州、儒州、新州、武州。这些州是由金人负责进攻。按照赵良嗣的说法，阿骨打已经在口头上许诺给北宋了，只要拿到了辽国皇帝，就还给北宋。这些州里又有三个州距离北宋更近，分别是蔚州、应州、朔州。赵良嗣希望由北宋来进攻三州，金人没有表示可否，只说可以进一步讨论。宋徽宗希望马政能够和女真落实这三个州由北宋攻打。

第三部分是单独的，早期丢掉的营州、平州、滦州三个州。这三个州女真从头到尾都没有答应。宋徽宗也忘了谈三州的事，或者想当然地认为它们应该包括在燕地这个概念里。这一点，也成了后来双方争论的焦点之一。

宋徽宗备忘录里的第二条，是声明一下，之所以同意给金国这么多岁币（与

---

① 《三朝北盟会编》，根据《大金吊伐录校释》引用。
② 燕山和太行山是中原和北边的天然分界线，如果北宋越过这道界限，就更有利于保护中原，甚至对北方民族形成威胁，所以宋金的争论焦点会在这里。

辽国等价），必然是将西京及从属州包括在内，才能给到这么高。如果不包括，自然也不会给这么多。

第三条，宋徽宗怕女真人耍滑，专门提到所谓夹攻，必须是北宋出兵燕京和蔚州、应州和朔州的同时，金军也攻打西京。如果金军耍赖没有攻打，或者没有赶到，北宋没有义务遵守条约。他要求马政此行带回双方夹攻的确切日期，双方好做准备。

皇帝的备忘录已经将所有的模糊点都一一列出（除了忘列营平滦三州），如果马政此去能够将所有这些细节敲定，双方就可以放心大胆地夹攻辽国了。

但在这时，事情起了变化。这不是一方出了问题，而是双方都感觉无法守约了……

第四章
各怀鬼胎

渔猎民族的生活与外交

关于女真人的生活，最生动的记述来自马政的儿子马扩的记载。[①]

宣和二年（公元1120年）十月末，马政使团来到了金太祖阿骨打的营地。他们停留了大约一个月，正是这时，马扩给我们留下了关于女真最生动的记载。出身武学的马扩也让女真人大开眼界。

之前，渔猎的女真人对文人治国的北宋怀有很深的偏见，认为南朝（即北宋）只会文章，不会武艺。马扩反驳说，宋朝也有会武功的人，文武只是分工不同而已。

阿骨打让人拿来弓箭，想试一试马扩的身手。他指着一处积雪给马扩当目标，马扩立刻张弓搭箭，连续两发，全都射中。金人对这个武学出身的青年开始有了好感。

接下来，宾主双方上马打猎。在打猎途中，阿骨打传令，如果有野兽出没，女真人不得射第一箭，这个权力必须留给北宋使者。

当他们来到森林时，从林子里跳出来一只黄獐，马扩毫不犹豫一箭毙命，阿骨打拍手叫好。马扩由此获得了一个称号"也立麻力"，翻译成汉文，就是"善射之人"。

获得了女真人尊重的马扩也有机会与他们同甘共苦，深入观察他们的生活。

[①]《茅斋自叙》，原出于《三朝北盟会编》，但现在《奉使辽金行程录》做了一个很好的辑本，本书首先参考该书的记录。

女真人的生活非常简单，就连金太祖也居住在帐篷中，只是偶尔有一两间简陋的屋子，可供皇帝暂时休息。行军时，阿骨打就坐在一张虎皮上。

女真人最喜欢的活动是围猎。他们分成部落，通过抽签决定出发顺序，两骑之间相距五步到七步，整个队伍有一二十里长。作为皇帝，阿骨打总是在队尾殿后的位置。

这条线状的队伍将一片地区围拢起来，逐渐收缩，直到首尾相接组成一个圆圈。在围拢之前，如果有野兽从圈内窜出来，人人都可以争相射杀，但如果有野兽从外面向里面窜，则必须请金太祖先射。

队伍首尾相接后，如同蛇一样继续穿插着形成一条螺旋线，直至密密匝匝二三十圈，随着内部区域的缩小，里面的野兽四散逃窜，被金人射杀。

马扩敏锐地观察到，金人在战场上的排兵布阵也大都是从围猎演化而来[①]，这个马上民族之所以善战，在于马背就是他们生活的一部分。

猎获完毕，阿骨打铺开虎皮坐下，众人将猎物做熟了，开始吃饭。金人的餐食除了粳饭之外，还有盐渍的韭菜、野蒜、长瓜，剩下的都是各种肉食，煮熟的、烤的、生吃的，如猪、羊、鸡、鹿、兔、狼、獐、麂、狐狸、牛、驴、犬、马、鹅、雁、鱼、鸭、蛤蟆等。金人用随身携带的刀子边割肉边吃，显得极其原始。

马扩同时还注意到，虽然阿骨打还保持着极端的朴素作风，女真的子弟们却已经开始追求奢华生活。阿骨打不盖宫殿，不要人伺候，但他已经从辽国上京俘虏了不少乐工，在屋外演奏音乐助兴，那些贵族子弟学着玩乐，阿骨打也不以为意，装作看不见。

阿骨打的最重要的谋臣，就是后来大名鼎鼎的粘没喝。粘没喝的汉名叫作完颜宗翰，而北宋的人们习惯上称他为粘罕。粘罕是国相撒改的儿子，他在金国侵宋的过程中，是最坚决也是功劳最大的，但在接见北宋使节时，他们父子也对马扩赞赏不已，"善射之人"的名号就是撒改提议的。

从马扩的记载来看，金人和宋使打成一片，仿佛是一家人那么亲近。但事

[①] 《茅斋自叙》："其行军布阵，大概出此。"

实却总是让人惊诧。

实际上，马政出使的任务完全没有完成。

马政一行来到金国，他们发现宋徽宗备忘录中列在首要位置的事件都被金人否定了。

比如，阿骨打承认燕地数州已经许诺给北宋，由北宋进行收复。但当马政谈到西京和山后诸州时，阿骨打却表示没有这回事。

阿骨打的否认也让这件事成了千古之谜——女真到底有没有将西京所代表的山后诸州许诺给北宋呢？

如今，支持正方观点的原始文件只有赵良嗣本人所写的《燕云奉使录》，其中记载，当赵良嗣提出燕地也包括了西京和山后诸州时，阿骨打声称只要捉拿了辽国皇帝，就把西京交给北宋。① 其余的文献都是引用他的回忆录，不能算是一手资料。

关于山后诸州，金国与北宋的国书上并没有记载。之后，金国也从来没有承认这一点。那么，当初阿骨打到底是否许诺了西京呢？

最大的可能是双方的确讨论了西京的问题，但由于是非正式场合，阿骨打说完之后并没有当回事，忘记了。赵良嗣反而将这句话记住，写入了回忆录。阿骨打的本意是只还燕京和山前诸州。另外，当时女真刚刚获得了辽国的上京，还没有时机考虑更多的地理问题，也没有理解西京的重要意义。

宋徽宗反而更加注重西京，听赵良嗣汇报后，一定要澄清西京问题。当马政再带着这个问题回到阿骨打处，阿骨打已经更加了解了西京的重要性，加之这个问题并没有写入国书，即便在非正式场合提到过，也可不作数。

阿骨打甚至跟他的手下谈到，女真要想强大，必须占据山后诸州，以及获得燕地的人民。否则怎么制衡北宋？如果达不成协议，连山前诸州也一并拿过来，大兵压境，北宋又有什么办法？

反而是粘罕劝说阿骨打，宋朝之所以疆域如此广阔，一定有足够的军事实

---

① 《燕云奉使录》："良嗣问阿骨打：'燕京一带旧汉地汉州，则并西京是也？'阿骨打云：'西京地本不要，止为去拿阿适，须索一到，若拿了阿适，也待与南朝。'"原注：阿适，天祚小字。

力，还是要和它搞好关系为上。

在马扩所写的吃肉饮酒背后，实际上是刀刀见血的国际关系较量。而之所以送他们去打猎，也是不和他们谈实务，只是吃喝玩乐罢了。

这里就有一个国际上的外交问题：在谈判中双方都会做无数的许诺，到底哪些许诺可以当真？哪些许诺说过就需要忘记？

答案是：只有写入正式文件的，才是双方必须遵守的。口头承诺的，随着时间的推移都可能被赖掉。更何况许多许诺都只是说一下，甚至说的时候都是无意识的。

除了西京和山后诸州，马政的另一个问题是营平滦三州，阿骨打也一口否决了。这样，宋金的协议就变成了只针对燕京和山前诸州。

关于夹攻的日期也没有定下，由于有太多的事情没有定论，金国再次派出原来的使者与马政一并去往北宋，继续谈判。

但这时，不仅金国内部对和谈出现了疑虑，就连北宋也出现了新的问题，夹攻辽国已经不是宋徽宗需要处理的最重要的事情了。两场突如其来的起义震撼了北宋朝廷。宋徽宗一直重用朱勔等声色犬马之人，看上去并没有什么太大恶果。但在最关键的时刻，报应来到了。

主动权拱手相让

宣和二年十月，也就在马政到达金国营地时，在东南方的睦州（现浙江淳安），一个叫作方腊的人决定起兵对抗北宋政府。

睦州坐落于山谷之中，物华天宝，是个富裕之地。方腊是当地一个家境不错的商人，拥有自己的漆园，这样的人本来是北宋社会的中流砥柱，却由于朱勔的花石纲受到了骚扰。

由于皇帝将搜刮东南方物的特权授予了朱勔，他的造作局不断地从各地获取皇帝喜爱的东西。从一块石头到一棵树、一个盘子，任何他看上眼的东西都不惜一切代价拿到。不好运输的，就把人家的院墙、大门拆掉，将院子刨空。所谓送给皇帝也只是借口，这些东西只有少部分真的运到了汴京，其余大部分都落入了朱勔父子的腰包。人们送朱勔一个称号：东南小朝廷。[①]

除了自己受到骚扰，方腊发现周围的受害者也越来越多，对花石纲充满了怨气，于是决定联合民众一同起兵。他自号圣公，建元永乐，带有很强的道教色彩。[②]

一个多月后，起义军已经占领了杭州，郡守赵霆弃城逃走，制置使陈建、廉访使赵约被杀，起义军纵火六日。由于有着明确的仇恨目标，方腊的军队将所有能抓住的官吏都折磨致死，要么乱箭齐射，要么肢解、掏出肥肠，要么将人熬油。第二年春天，又攻陷了婺州、衢州、处州，骚扰了秀州。

北宋为了镇压方腊，已经无力进行北伐，于是，联金攻辽的事情退居二线了。皇帝原本派出童贯准备北伐事宜，从西北与西夏接壤的环庆路和鄜延路（现陕西和甘肃一带）调来了更加善战的士兵。但这些士兵来到中原，并没有北上，而是突然被调到了南方，在童贯的率领下去镇压方腊了。

方腊起义，一共破了六个州、五十二个县，平民死亡二百万以上。

宣和三年（公元1121年）四月，方腊事件终于平息。抓住方腊的就是后来的名将韩世忠。他当时只是参与镇压的将军王渊的一名裨将。但方腊事件中获益最多的，却是宦官童贯，他的名声更加响亮了。

在宣和三年二月，北方的宋江也起兵反对朝廷，在海州（现江苏连云港）被张叔夜击败。

这两次起义的时间都不长，却由于发生的时间太敏感，直接打乱了宋朝的经济计划。本来北宋的财政就捉襟见肘，不断靠加税筹集北伐资金。皇帝却不得不把钱重新分配到镇压起义上，影响了北伐。另外，北宋灭亡后，当南宋高宗逃到东南，那儿正是方腊曾经起兵的地方，原本储存着大量的粮草，却由于镇压方腊耗光了，让原本孱弱的新政权更是举步维艰。

同样是宣和三年二月，在二月二十七这一天，金国使臣锡剌曷鲁与大迪乌高随，随着出使金国的使节马政等人，在登州登陆，准备前往汴京去完成外交

---

① 参考《宋史·佞幸传》。
② 参考《宋史纪事本末·方腊之乱》。

使命。但在登州，他们却被守将滞留了下来。原来，守将知道掌管与金人和议事宜的童贯已经调往了南方，如果这时将金使送往京城，只会让他们看到朝廷的一片混乱景象，不如等童贯结束了征讨，再安排他们进京。

金使并不知道北宋的情况有了变化，对他们来说，滞留使臣就意味着对和约的背叛，他们非常愤怒，甚至想不经过守将的安排，徒步到京师去。

宋徽宗迫不得已，才下诏让马政等人引金使到京师等待。

五月初一，金使到了京师国门，由于童贯还没回来，接待金使的是国子司业权邦彦，以及观察使童师礼。对于如何处理金使，大家意见也不一致。由于北伐与谈判已经不是最重要的事了，童师礼认为应该以辽国知道了他们的和约为借口，将金使打发回去，不再理睬。但权邦彦却认为这样是北宋违背了和约，给金国留下了把柄。既然事情由童贯负责，不如就等童贯回来再做决定。于是，金使又在京师等了三个多月。①

八月份，童贯终于回来了，但童贯的意见又和当时的宰相王黼不合。经过一番争议之后，宋徽宗终于采纳了宰相的意见，用一封模棱两可的信将金使打发了。这封信充分体现了汉语的博大精深，它几乎什么都没说，但也没有否定和约，等于将皮球踢回了女真一方。②

不过，这招看似不错的棋，却留了一个死穴。宋徽宗含糊地应承说同意最初的讨论，而没有指出双方的矛盾之处。在女真人看来，就是大宋皇帝同意了阿骨打的意见，即北宋只谋求燕京和山前数州。如果和约从此失效，宋金再也不联系了，倒也无所谓。可一旦和约重启，北宋有求于金国，就意味着自己已经理亏了八分，再想争取利益就难了。

另外，宋廷也没有再派使者，只是将皇帝的书信交给金使，就把他们打发

---

① 《三朝北盟会编》引《北征纪实》："时童贯捕方腊，宣抚东南未归，而女真使人同马政等复至。时上深悔前举，意欲罢结约，有旨谕女真使人可复回也。"

② 《三朝北盟会编》："八月，大宋皇帝致书于大金皇帝阙下：远勤专使，荐示华缄，具承契好之修，深悉封疆之谕。惟夙惇于大信，已备载于前书。所有汉地等事，并如初议。俟闻举兵到西京之期，以凭夹攻。顺履清秋，倍膺纯福。今孛堇曷鲁、大迪乌回，有少礼物，具诸别幅。专奉书陈谢，不宣。谨白。"

走了，这让女真人感到北宋的悠忽不定，不像是诚实的人该做的。

八月二十，金使离开了京城，宋徽宗可以松一口气了。但他不知道，就在他忙于镇压方腊起义时，战争的天平已经再次倒向了阿骨打。

突然加速的灭辽竞赛

天祚帝保大元年二月，辽国的宫廷斗争达到了高峰。辽国天祚帝一共有四个儿子，长子习泥烈是昭容所生，次子晋王敖卢斡出自文妃，剩下两子（秦王定和许王宁）出自元妃。

在四个儿子中，最贤能的是次子晋王，文妃也深受爱戴。这引起了更受宠的元妃的猜忌。元妃和哥哥枢密使萧奉先污蔑文妃和姐夫达曷里、妹夫耶律余睹谋反，天祚帝于是杀死了文妃和达曷里，一年后又赐死了亲生儿子晋王。只有耶律余睹逃走了。

耶律余睹逃到了金国，受到了皇帝阿骨打的重用，成了金国重要的谋臣。在耶律余睹的帮助下，金国进攻辽国的计划更加清晰。

但即便到了这时，金国仍然没有发起进攻。阿骨打等待的是北宋的消息。他没有违背与北宋夹击辽国的誓言。

十一月，出使北宋的使臣终于回来了，他们带来了宋徽宗的信件，却没有带来新的使臣。阿骨打一看就明白：北宋又爽约了。

他立刻下令对辽国的中京发动进攻。在耶律余睹的引路下，由阿骨打的弟弟国论勃极烈吴乞买（后来的金太宗），以及将军粘罕、兀室率领，进攻中京。第二年正月十三，辽中京陷落。[①] 到这时，金国已经占领了辽的上京、东京和中京，掘了辽国皇帝的祖坟，接下来，就是向辽国仅剩的两京，也是燕云十六州的核心区——南京和西京——前进了。

对于金国更有利的是，辽国的天祚帝并不是一个雄才大略的皇帝，就在失去中京的同时，天祚帝首先想到的是逃跑。如果他留在南京（燕京），等阿骨打

[①] 参考《续资治通鉴长编拾补·徽宗·宣和三年》。

打过来，他连逃跑的地方都没有，辽国的疆域本来就是一块疆界不甚清晰的区域，只有西北方才有更广阔的部落区域供他隐藏。于是，天祚帝将南京事务交给了燕王耶律淳，宰相张琳、李处温，自己则逃往了燕山以北的鸳鸯泺（现河北省张北县西北安固里淖）。听说耶律余睹成了带路人，他杀掉了亲儿子晋王，随后在白水泺（现内蒙古察哈尔右翼前旗东北黄旗海）被金人击溃，又逃往了西北部的云中地区（即大同附近），又从云中逃往一个叫作夹山的地方（内蒙古萨拉齐西北大青山）。金人一直尾随他，将云中、朔州、蔚州等地都拿下，西京也在四月份被拿下，金国获得了辽国的西部地区。

在燕京留守的李处温见天祚帝只知道逃跑，与诸位大臣商量另立皇帝，参与的人有都统萧幹，以及大臣耶律大石（后来西辽的建立者）、左企弓、虞仲文、曹勇义、康公弼等人，他们一同来到耶律淳的府邸，请耶律淳即位。

耶律淳并不情愿当皇帝，但在众人的哀求下，勉为其难登上了宝座，号称天锡皇帝，将远方的天祚帝降为湘阴王。

此时的辽国实际上分裂为两部分，分别是天锡帝控制的燕云地区，以及天祚帝名义上控制的西部、西北、西南，但这些地区主要是各个蕃部，并不是直属领地。至于上京、中京和东京地区，大都已经陷入女真之手。

四月，即天锡帝即位一个月后，首先想到要和北宋搞好关系，毕竟宋辽已经维持了百年的和平，他们也并不知道宋金的外交情况。天锡帝派出宣徽南院事萧挞勃也、枢密副承旨王居元，到宋辽边界的白沟，希望得到北宋的承认。但北宋以天祚帝还活着为由，拒绝承认天锡帝的政权，将辽使赶了回去。①

宋徽宗之所以不承认天锡帝，是因为他也在准备进攻辽国。金国迅速进攻时，宋徽宗首要的任务是润色他的御制《艮岳记》。随着艮岳接近完工，需要一篇特别的文章来纪念它。就在辽中京即将陷落时，即宣和四年（公元1122年）正月初一，宋徽宗完成了《艮岳记》，将这片皇家园林吹嘘得天花乱坠。②

十三天后，辽中京陷落，宋徽宗才想起来，必须尽快出兵燕京，才能避免

---

① 参考《契丹国志·天祚皇帝中》。
② 参考《续资治通鉴长编拾补·徽宗·宣和四年》。

落在金国后面。一旦金国首先攻克了燕京，北宋想要拿回来就困难了。

三月十七，金国从西北方给北宋代州的守军发来了军牒，声称金国已经占据了山后地区。由于辽国的居民纷纷从金国占领地区逃往北宋境内，金军发牒，要求北宋边境守军不得收留难民，否则后果自负。①

军牒传到皇帝处，更增加了出兵的急迫性。

四月，就在天锡帝派遣使臣前来时，宋徽宗却派遣童贯任宣抚使，率领十五万兵马北上收复燕京。这一仗，是北宋能否收复燕云十六州的关键。

大军定于十四出兵。宋徽宗从斋宫的端圣园中出来观看出兵仪式，他给童贯的命令分为上中下三策。所谓上策，指的是如果燕京人民列队欢迎北宋的军队，宋军就乘机顺利拿下，恢复旧疆土；中策是，如果辽国天锡帝再识趣一点，向大宋称臣，就保留他的藩王地位，这等于是收复了旧土，但燕京还是交给契丹人统治，只是恢复了名义统治权；所谓下策，就是燕京人民不想回来，天锡帝也不想称臣，那很可能就陷入僵持局面了。②

四月二十三，童贯驻军前线的高阳关。

五月初九，宋徽宗任命蔡京的儿子蔡攸作为童贯副手。蔡攸显然是去分功的，因为他认为这次战役只是一次走过场，大宋必胜无疑。五月十二，在辞别皇帝时，正好有两个貌美的侍女站在皇帝身边，蔡攸请求说："等臣得胜归来，希望陛下将她们赏赐给我。"如果在平时，索要皇帝的女人是死罪，但宋徽宗却笑了起来，没有责备的意思。③

五月十三，童贯将前线大军分成了两路，东路军的中心在雄州，由名将种师道指挥，屯扎在前线附近的白沟；西路军的中心在广信军（现河北保定徐水区西），由另一位著名将领辛兴宗指挥，屯扎在范村。

在所有的将领中，最著名也最有经验的是老将种师道。④ 种师道长期在西北

---

① 参考《三朝北盟会编》《大金吊伐录校补》。金国清楚人口的价值，战胜之后首先要的是人口，其次才是土地。

② 参考《契丹国志·天祚皇帝中》《三朝北盟会编》。

③ 参考《宋史纪事本末》。

④ 参考《宋史·种师道传》。

方与西夏对峙，积累了丰富的作战经验。他并不赞成与辽国作战，认为宋辽已经息兵上百年，不应该挑起战端。但他仍然遵从了童贯的调遣，率兵上阵。他名义上是指挥官，却处处受到童贯的节制，无法按照自己的意图指挥军队作战。

雄州知州和诜向童贯献策，他认为燕京人民早就欢迎宋军驾到了，应该以攻心为原则，降下黄榜和大旗，告诉人们攻打辽国是不得已，并严明军纪，不准抢杀，如果辽国守军能够率城投降，就授予节度使的官职。

童贯听后大喜。为了贯彻这条计策，童贯派了张宝[①]、赵忠两位使臣前往燕京，劝说天锡帝投降。天锡帝将两人砍了头。另一位使臣赵翊被派往了易州，希望劝说那儿的守军史成投降，被史成抓起来送往燕京，随后也被砍了头。

既然天锡帝不识趣，就只有兵戎相见了。

五月，童贯派遣名将种师道率兵逼近。辽国开始感到恐慌。但童贯仍然没有做好出兵的心理准备，宋军也没有越过两国边界。童贯还是希望通过压迫，让天锡帝投降。他再次派遣了一位使臣前往燕京。童贯选择了数次出使金国的马扩，希望借助他的视野劝说辽国服从。鉴于前面几位使臣刚刚被斩杀，使臣已经成了高危职业，但马扩还是欣然前往。

马扩这次出使充满了惊险。在离开前，他已经预感到了危险，对童贯请求了三件事：第一，严肃军纪，不要让士兵抢财物，也不要接受下属的供奉；第二，不要杀降，攻心为上；第三，该出手时就出手，不要在乎使者的安危。

五月十八，马扩过了宋辽分界的白沟，到了新城（现河北高碑店），辽国派接伴使迎接。也是在同一天，辽国大将耶律大石率领两千骑兵屯驻新城。

马扩出使的路上有上百燕京父老询问他情况，其中有一个人叫作刘宗吉。

刘宗吉夜间求见马扩，告诉他辽国看似嚣张，但其实军力有限。比如这次出军，号称两千骑兵，实际上只有四军大王（统帅契丹、渤海、奚、汉四军）萧斡的三百多骑兵是经过战争考验的，其余还有六七百军马，但都是纨绔子弟，没有打过仗。这些军队都在白沟北岸结营，士兵很懒散，马也是散放的。如果宋军得到消息，能够迅速掩杀过来，就能把这部分辽军精锐打败。

[①] 《茅斋自叙》作张宪。

刘宗吉希望马扩给他写几个字,好到宋军阵营将消息传递过去,立一大功。马扩立刻照办,不仅写了字,还将童贯送的新鞋分出一只来交给刘宗吉做信物。

由于刘宗吉的情报,马扩更有了底气,前往燕京也更加理直气壮。他在燕京城内和辽国大臣们激烈地辩论着,甚至告诉他们,大军压境,只在旦夕,一定要认清形势。

但这种说法最初还管用,后来似乎辽国人不在乎他的恐吓了。马扩这才听说,原来宋军已经吃了败仗,刘宗吉已经死了。

回溯到五月二十六,种师道的部队遭到了耶律大石的袭击。之前,他在白沟之南驻扎,当童贯得到了刘宗吉的情报,听说辽军非常弱小之后,逼迫种师道赶快过河侵入辽国的领土。

种师道迫不得已,只好在蓝沟甸过河。但他的军队刚刚过了一小部分,就遭到了耶律大石的袭击。裨将杨可世的部队是损失最严重的,其余的部队只好回到了白沟之南。刘宗吉就是在这次战斗中被杀的。①

五月二十九,耶律大石和萧幹派遣使者责备种师道毁约。种师道自知理亏,便向童贯请示该怎么办。童贯慌了神不做指示,北军越过边界杀来,南军向雄州且战且退,由于风雨大作,士卒惊走,互相践踏死者也不少。②另外,西路军在范村方向也吃了败仗。

这两场败仗,将宋军的无能展现给了辽军。

马扩在燕京恰逢种师道(杨可世部)的第一次失败,他感到了性命之忧。他立刻强词夺理告诉辽人:我是为了和平目的来的,刘宗吉找我,是想投降大宋,作为大宋的使臣,我自应该为他牵线搭桥写封信,有什么错?杨可世的军队是来纳降的,不是来打仗的,在渡河过国界之时就已经领受了不可作战的命令,所以才会被不明就里的辽军打败。辽军自以为得胜,实际上是杀了不少为和平目的而来的宋人。

马扩自以为必死,他在忐忑中等了三天。五月二十九,突然来了一位叫作

---

① 根据马扩的记载,这次战斗可能发生在更早的三天前。
② 参考《独醒杂志》。

王介儒的官员，宣布将他放回，并一路陪同他前往宋境。

在路上，王介儒和马扩的谈话成了解读边境地区人民心理的一把钥匙。[①]

王介儒看到路边村庄一片兵荒马乱，感慨说："两国太平了上百年，白发老人都没有见过战争，一旦兵戈再起，能不悲伤?! 你们总是说燕京父老都在怀念大宋，殊不知自从契丹获得了燕云十六州，已经过去了近两百年，燕京父老对辽国难道没有感情？"

马扩争论说："大宋之所以夺燕京，是因为金人打过来了，皇帝为了救燕京父老，不得不收复它。"他把大宋比作燕人的亲爹，大辽比作燕人的养父，责备燕人不能只看养父，不顾亲爹。

虽然离开了燕京，但马扩的危险还没有过去。当晚在新城住下，王介儒突然告诉马扩，在白沟的四军大王萧幹突然要求见他。于是，马扩最危险的时候来到了。萧幹已经知道了是马扩推荐刘宗吉来攻打自己的，这下报仇的时候到了。

幸运的是，萧幹为了准备与种师道的战事，抽不出时间来，只好让耶律大石代替他见了见马扩。耶律大石也指责宋军不守信义，但没有加害马扩，将他放走了。

马扩一路上最想不通的地方就是，根据观察，辽国的军事力量并不强，宋军又有十几万大军，只要掩杀过来就势如破竹直捣燕京。但为什么宋军的军事行动一直犹犹豫豫，没有全力而上呢？到了童贯处，他发现了真相。

在童贯处，当马扩向他汇报时，他的属下都站在周围咬牙切齿，恨不能立刻杀了马扩，比契丹人都激动。

原来，当种师道遇到抵抗之后，童贯及其属下立刻害怕了，责怪马扩传递了错误情报，才死了这么多人。他们以为辽军还很强大，不敢出兵攻击，只一味采取拖延战术。又为了推卸责任，向皇帝上报，说契丹人很强大，所以才吃了败仗。

替罪羊也都找好了。根据童贯命令，种师道于六月初三退守雄州。他是一位合格的将军，虽然吃了败仗，却尽量保持了军队的完整，不至于大败。所谓

[①] 参考《茅斋自叙》。

败仗也只是因为受到了童贯的干扰,无法按照自己意图作战导致的。但种师道成了替罪羊,被迫退休。受到处罚的还有雄州知州和诜,以及高阳关守侯益,因为他们不断地宣称辽军很弱小。这和童贯的论调正好相反,童贯吃了败仗之后一直宣称辽军很强大。

在一片汹汹声中,马扩保全了性命。童贯没有指责他,反而偷偷安慰他,但让他保持沉默,不要再拿辽军弱小的说辞来迷惑人。

六月初六,童贯将辽使王介儒送回。临走前王介儒还耿耿于怀指责北宋出尔反尔,燕京人民已经习惯了在大辽生活。

六月十二,皇帝下令班师。宋军第一次收复燕京之战在一片乱糟糟中落幕。这场战争没有达到收复燕京的目的,反而产生了两个后果。第一,宋徽宗的财政又不够用了,只好加了酒税和买卖田宅的契税,[1] 北宋人民的负担加重了。

第二个更加危险。当宋军出征的消息传到了女真耳中时,皇帝阿骨打已经占领了西京。在燕京的问题上,阿骨打却犹豫不决。由于宋徽宗送回了他的使者,却并没有指定夹攻的日期,那么,金军是否应该进攻燕京呢?

如果不进攻燕京,一旦北宋军队拿下了燕京,就有可能以燕京是他们自己打下来的,金军没有提供帮助为借口,不再支付岁币。如果金军抢先攻下了燕京,把宋军排除在外,就占领了整个辽国。阿骨打的眼中看到的是北宋的岁币,他更愿意用燕京去换取众多的金银、布帛和奢侈品。

他决定再派一个使团到北宋询问情况。这个使团于五月十八从金军营地出发,使团成员包括徒孤旦乌歇、高庆裔等人。[2] 阿骨打给宋朝皇帝的书信中专门强调了大金的武功,并说明燕京的天锡帝耶律淳已经派人去请和,大金只是碍于与北宋的和约在先,才没有同意,他希望北宋皇帝告诉夹攻的日期。

使臣需要先到高阳关去见童贯,再去京师见皇帝。也因为这样,路上行程花了更长的时间,直到九月初三,他们才进入国门见到了宋徽宗。

就在女真使团在路上时,传来了另一个消息:大辽天锡帝耶律淳在南京去世了。

---

[1] 参考《续资治通鉴长编拾补·徽宗·宣和四年》。

[2] 参考《三朝北盟会编》。

天锡帝即位不久，在六月就得了病。①恰好这时，天祚帝在西北方突然决定召集人马返攻燕京，他收复了朔州、应州等西北州县，天锡帝听说后，病情加重。但天祚帝的攻势并没有维持太久，金军就夺回了朔州和应州，将他再次打回了西北的夹山。不过天祚帝再次远离并没有给天锡帝帮上忙，他六月二十四就去世了。

天锡帝死后，燕京政权发生了剧烈的变动。宰相李处温想投降北宋，并事先做了准备，但另一个权臣萧幹捷足先登，抢先立了天锡帝的皇后萧氏为皇太后，天祚帝的次子秦王为皇帝，权力掌握在萧后和萧幹之手。他们杀掉了李处温，继续与北宋对抗。

萧后和萧幹对汉人不信任，这让辽国上下更加离心离德。宋朝也乘机让童贯和蔡攸重新治兵，由于种师道已经辞退，这次带兵的是河阳三城节度使刘延庆。②

虽然天锡帝去世带来了好机会。可是，宋朝国内却弥漫着浓厚的机会主义色彩。比如，刘延庆虽然接受了带兵的命令，可是他私下以为，最好稳重一点，不要进军，干脆让女真的兵马进入居庸关，攻克了燕京，我们再用岁币把燕京买回来，这样不费一兵一卒就可以收复失地，才是万全之策。③

在这种论调的笼罩下，宋徽宗和大臣们与金国使臣相周旋，他们达成了互不追究以前失约的共识，决定将和约继续推行下去。皇帝和大臣们对金国使节大献殷勤，允许他们在皇帝的宫殿里享宴。九月十八，宋徽宗下令由赵良嗣担任正使，马扩担任副使，从登州海道出发，与女真使者一道启程，履行最后的约定。

宋徽宗在国书中仍然采用了模糊战术，继续表示一切都依照前约。但在事目中，却有了不少变化。首先，他仍然强调要燕云所有州县（包括山前、山后诸州）都一并收复；其次，他解释道，宋军已经打了不少胜仗，只是为了守约，才没有占据燕京；最后，宋徽宗又在进军次序上让了一步，以前是让金军必须在

---

① 参考《契丹国志》。
② 参考《宋史·徽宗纪》。
③ 《茅斋自叙》："仆时随宣抚司在河间，窃闻刘延庆与幕府议：'持重不可进兵，使女真军马先入居庸关，收下燕京，然后多以岁币赎之，此为万全。'"

关外等待宋军收复燕京，不准入关，但现在表示只要是双方夹攻，谁先进攻燕京都可以，不管谁攻下来，北宋都照样会向金国缴纳岁币，隐藏的意思是，哪怕金国收复了燕京，也必须卖给北宋。

这些观点放在一起是矛盾的，一方面宣称自己大胜，另一方面又指望金军收复燕京。马扩看完大吃一惊，大叫大事去矣。

宋徽宗更画蛇添足的是，在事目中还尽力诋毁西夏，说西夏帮助了辽国的天祚帝对抗金国，希望将战火引到西夏去。这种做法没有达到目的，反而让金国更看不起。

不管怎么说，皇帝这次看上去是想尊重和约精神。但实际上，九月十八，皇帝刚把金使和宋使送上路，几天之后他又改变主意，决定依靠宋军自己的力量完成收复。促使皇帝做出改变的，是另一件事：九月二十三，也就是使臣出发五天后，突然传来了辽国大将郭药师投降北宋的消息。①

---

① 《宋史·徽宗纪》："甲戌，遣赵良嗣报聘于金国。己卯，辽将郭药师等以涿、易二州来降。"

第五章
买来的胜利

摇摆的军事与外交

政和六年（公元1116年），辽国发生高永昌内乱，金国乘机将辽国东京一带收入囊中。辽国为了报仇，成立了一支特殊的部队，号称"怨军"。怨军的士兵来自辽东地区，名称是向金国报仇的意思。郭药师是怨军的一名统帅。

在与女真的战斗中，怨军并没有展示出作战素质，反而在宣和二年（公元1120年）发动了叛乱。在这场叛乱中，郭药师和辽国朝廷站在了一起，将同伴镇压。

在辽国君臣讨论中，到底如何处理怨军也成了一个大问题。当时的两位大臣耶律余睹和萧幹采取了截然不同的主张。耶律余睹担心怨军以后还会闹事，提议将怨军解散，乘机杀光，他的意见没有被采纳；萧幹建议保留怨军，只是将它拆为四个营，分别由四人统领，郭药师是其中之一。

天锡帝耶律淳即位时，怨军改名为常胜军，郭药师部也调到了与宋军对垒的涿州。随着萧太后掌权，对汉人和非契丹人越来越不信任，作为汉人的郭药师决定投降宋朝。[①]

九月，萧幹从燕京来到了涿州，郭药师害怕他是来处理自己的。于是和同伴们商量投诚。他们在宴会上甚至劝说萧幹也投诚。萧幹知道了他们的意图，连忙逃走了。郭药师觉得事不宜迟，率领精兵八千、铁骑五百，与易州（易州

[①] 参考《燕云奉使录》。

有五千人马）守将高凤[①]一起投降了宋朝。

经过屡次败仗之后，北宋不费一兵一卒，突然获得了涿州和易州，这对宋徽宗来说，简直是天大的喜讯。

大喜的同时，皇帝立刻宣布发兵燕京，依靠北宋自己的力量消灭残辽。郭药师这支生力军也被编入了刘延庆的部队，他们从雄州出发，前往新城。

鉴于宋军实力增强，皇帝确信不靠金军也一样可以获胜。到底要不要金国出兵，又成了问题。

恰好在这时，有消息传来，阿骨打已经不在东北地区，而是到了北方的奉圣州（即新州，现河北省涿鹿县涿鹿镇，距离北京已经不远），出使的人就不用渡过渤海去找他了。宋徽宗连忙下命令，让使者改道。

赵良嗣和马扩已经到了距离渤海湾不远的青州，得到新的指示，重新折回去，从济南渡过黄河，经过河北地区的邢州、洺州，通过井陉进入山西，抵达代州的朝谷寨。

除了命令使者改道之外，宋徽宗还留了个心眼，请赵良嗣注意战争形势的变化，如果宋军已经占领了燕京，就不要让金兵入关；如果还没有占领，说明仅仅靠宋军对付不了辽国，就请金兵入关夹击。

十月二十一，使者过了宋金边界。十月二十二，在应州之南见到了元帅粘罕。十月二十三，粘罕只准两人各带一个从人，骑马赶往奉圣州，路上经过蔚州时，基本上已经没有了人烟。由于战争爆发，加上金国时常在边境掳掠人口，当地人基本都已经逃走了。

十月二十六，宋朝使者见到了阿骨打，将国书交给了金国皇帝。

十月二十七，金国派出皇叔蒲结奴和二太子斡离不（他的汉语名字是完颜宗望，但当时宋人的记载往往称他的金文名字斡离不，或者直呼二太子），与宋朝使者展开谈判。谈判的场地在一个毡帐之中，气氛显得剑拔弩张。金国首先谴责宋徽宗几次三番抵赖，拖延和约，最后亮出了底牌。这次，他们同意将已经拿下的西京交割给北宋，但同时，金国决定出兵燕京，亲自将燕京拿下，至

[①] 参考《契丹国志》。

于是否将燕京交给北宋，还要看情况再说。

赵良嗣听了顿时错愕不已，他据理力争痛斥金国反悔协约，并表示，如果不给燕京，北宋是不会接受西京的。与燕京比起来，西京由于地处雁门关外，已经比较偏僻，地位自然要差很多。

谈判不欢而散。根据马扩的猜测，金国之所以提出归还西京却不归还燕京，是因为他们听说北宋大军已经到达了燕京城下，准备进攻了。金国不想让北宋得到燕京，于是利用西京转移北宋的视线，好出兵迅速占领燕京。

到底金国的计策能不能得逞，就要看北宋能不能迅速占领燕京了。

十月二十八，宋金继续谈判。令人惊讶的是，金国突然又撤回了前一天的提议，改为：西京和山后诸州不再归还，只归还燕京和山前六州二十四县。所谓燕京六州，指的是蓟州、景州、檀州、顺州、涿州、易州。其中涿州、易州已经在北宋手里，所以，金人实际上只给燕京和其他四州。

为什么一天之内会有这么大的变化？原因是：郭药师和他的常胜军已经打进了燕京城。消息传来，金国知道燕京已经到了北宋之手，他们已经没有了进军理由，只好决定将附近六州割给北宋，但西京却不会再给了。

同时，金国提出要求，即便得到六州，北宋也必须交足岁币，并把所有的难民都遣返回金国界内，所有的物资都必须归属金国。

虽然谈判仍然很艰难，但知道宋军打进燕京城，赵良嗣还是兴奋不已，他作诗一首：

朔风吹雪下鸡山，烛暗穹庐夜色寒。闻道燕然好消息，晓来驿骑报平安。

马扩则劝他冷静一下，毕竟使命还没有完成。

事实证明，郭药师的常胜军战斗力比起宋军来强了很多。这个刚投诚的人一心想要立功表现，从来没有意识到，也不参与宋军的钩心斗角，一切只从战争的逻辑去考虑问题，也只有这样，才有足够的精力去夺取燕京。

就在两位使者与金人周旋时，刘延庆、郭药师部队已经从新城出发前往涿州，另一支部队由刘光世（刘延庆之子）、杨可世率领，从安肃军出易州，与前军在涿州会合。

宋军一共动用了五十万兵力，他们来到了燕京南面的卢沟河畔。辽军统帅萧干在距离燕京城十里外扎营，与宋军对峙。[1]

刘延庆并不愿意打仗，一心指望从金军手中赎买。他的军纪很差，在良乡遭到了萧干的袭击，躲入军营避战。

这时，郭药师看到了辽军的问题：辽军一共不过万人，倾巢而出与宋军对垒，这说明燕京城必然已经空了。他大胆提议亲率五千精兵，奇袭燕京城，同时请刘延庆的儿子刘光世作为后继。

刘延庆同意了这个作战方案，派郭药师和大将高世宣、杨可世一同率领六千兵马，趁半夜渡过了卢沟河。到了天明，军马已经赶到了燕京城外，常胜军统帅甄五臣率领五千骑兵从迎春门夺门而入，郭药师也跟着进入燕京。他一边指挥巷战，一边派人找萧太后，让她投降。到这时，燕京城已经成了宋军的囊中之物。

探马把消息带到了北方的奉圣州，让阿骨打和他的大臣们感到沮丧的同时，也让宋使高兴。

但宋使不知道的是，也是在同一天，由于刘光世的后继部队没有赶到，郭药师等人差点在燕京全军覆没。萧太后并没有投降，而是赶快找人通知良乡的萧干，萧干立刻派三千精兵赶回增援。高世宣死难，郭药师在损失了一大半人马后，与杨可世从城墙上吊绳逃走。第二天，萧干又故意泄露消息给俘获的宋军士兵，说辽军有数倍于宋军的援军赶到，举火为号进攻。

萧干故意让这个宋军俘虏逃走，把消息传给刘延庆。这位宋军的最高统帅相信了。当看到火起，立刻烧营逃走，在百余里的逃亡之路上布满了宋军的尸体和盔甲。辽军追到涿水才退回，宋军一直退到了雄州。从宋神宗以来，北宋就在边境上储存了大量的军用物资，以为战备之需，这一次丢失殆尽，即便宋军想再组织一次进攻，都没有能力了。[2]

---

[1] 参考《契丹国志·天祚皇帝中》。

[2] 参考《宋史纪事本末·复燕云》。

在这次战争中，唯一问心无愧的是郭药师，他的一腔热情被宋军内部复杂的关系牵制，最终变成了泡影。就算是输了，他还是在尽心尽力地保卫北宋江山。萧幹击败了宋军后，再接再厉，于十一月二十七攻陷了属于涿州的安次、固安两个县。十二月初三，郭药师击败了萧幹，收复了两个县。[①] 如果没有郭药师，宋军将崩溃得更加彻底。

攻克燕京，漫天要价

宋军吃败仗的消息并没有马上传到金军大营。他们还在写国书并送回北宋使者。按照金军规划，由于之前宋朝屡屡违约，西京和山后诸州都不准备还给宋朝。营平滦三州是更早的刘仁恭父子交给契丹的，也不会交还。北宋为了山前六州，必须每年付给金国岁币五十万。金军从山西回北方时，北宋必须提供方便，借给金军道路。山前六州的汉人归属于北宋，其余各族人以及所有物资都属于金国。

这些条件被写在国书里，交给金国使者撒卢母、李靖、王度剌，与北宋使节一同送回。

但就在北宋使节准备离境时，金军提出了最后一个要求：北宋使节只能回去一个，另一个必须留在金军大营作为人质，以防止宋军占领燕京之后，守住各个关口将金军拒之门外。

马扩请求留下做人质，赵良嗣与金国使者一同回去。马扩成了金军进入燕京城的最佳见证人。

事实上，偷偷请金军进攻燕京的，还是宋朝的童贯和蔡攸。由于知道靠自己的力量无法夺回燕京，他们秘密派遣一个叫王环的人从太行山的飞狐陉去往金军营地，请求阿骨打出兵攻燕京。

阿骨打即将出兵时，也恰是金国使臣到达宋廷的时刻。于是，在军事和外交两条线上，宋金都在做着激烈的争夺。

---

① 参考《三朝北盟会编》。

在外交上，赵良嗣与金国使者于十一月初三从金军营地出发，十一月二十一到了汴京。十一月二十五，宋徽宗接见了金使。之所以推迟接见，很可能是因为金国的要求让北宋难堪，皇帝在商量对策。

金使已经和宰相王黼吵了起来，王黼还想争取一下，将西京和营平滦三州拿回，但金使说这样简直没法谈，双方分歧太大，只是白白地往返。

王黼认为，当初宋朝认定要获得燕云十六州所有土地，才答应给金国那么多岁币。如果无法获得全部州县，岁币也应当相应减少。

到后来，宋徽宗比王黼开通一些，决定将西京问题搁置，也不减少岁币，但希望金国也能退让一步，把营平滦三州还给北宋。西京至少还有个雁门关可以对峙，营平滦三州就在华北腹地、燕山之南，显然更加危险。

但金使强调，这三个州金国要用来做关口，不可能让出来。

到最后，金国没有再做出任何退让，宋徽宗却在国书中做了如下让步：第一，西京和山后诸州别做讨论，意味着已经无法收回了；第二，燕京的非汉人、各种物资，金军可以取用，北宋只要土地，但具体怎么执行，还需要讨论；第三，岁币不减，照常支付。但宋徽宗仍然希望获得营平滦三州，既然这超出了使者的许诺范围，就请送给金国皇帝定夺。

在国书上，宋徽宗又耍了小花样，声称辽国再次派人来投降，但北宋为了与金国的信誉没有应允。但这样的花样恐怕只能增加讽刺色彩而已。事实上，辽国的确到金国去递降书了，九月二十七，萧太后就曾派人去金国投降，被拒绝了。赵良嗣上一次出使，在金国的营地还碰到了辽国的使者，国相蒲结奴当着赵良嗣的面对辽国使者说：我们已经把你们的南京许给了北宋，回去告诉你们的太后，不要再和北宋打仗了，免得百姓涂炭。①

十二月初三，宋徽宗叫赵良嗣、周武仲担任使者，与金使一并离开。出发前，他还念念不忘营平滦三州，告诉赵良嗣要跟金国算经济账，这三个州物产不丰富，但防御开支大，就算拿在手里也是入不敷出。三州的产出无非是一些桑麻之类，如果金国看重，不妨在岁币上再加五万匹绢、五万两银，算是给金国的

---

① 参考《燕云出使录》。

补偿。①

使者离开汴京三天后，即十二月初六，金国占领燕京。留在金国军营的马扩做下了最生动的记载。②

金军是在十二月初一经过妫州和儒州的，初五到达居庸关时，辽军已经弃关逃走，留下了空空如也的关口。

马扩与阿骨打一起行军，阿骨打在路上还不忘调侃宋人。他对马扩说："契丹国土我已经取走了十分之九，剩下燕京的一分土地，我已经让兵马从三面都围困住了，只留下一面让宋军进攻。可北宋怎么就拿不下来？一开始听说你们已经过了卢沟河，进了燕京，我还挺高兴。燕京是南国故地，你们拿回去，分界完毕，我们就回去享受太平。不想都统刘延庆一夜之间就跑了，这到底是怎么回事？"

马扩只能回答，由于留在金军营地，他对后来的事并不清楚。不过兵家进退是常事，就算一时失败，后面还有胜算。

阿骨打很好奇北宋皇帝对刘延庆会怎么处理。马扩认为如果刘延庆真的失败，就算官再大，也要军法处置。

但可惜的是，马扩说错了。刘延庆虽然暂时贬官，但随后仍然担任镇海军节度使，并没有受到什么军法处置。

十二月初六，金军进入居庸关，摆好军阵。阿骨打与完颜宗干的兵马面向南方，其余军马在其他三面竖起大旗。粘罕以下将官穿着盔甲分列两行，东西向相对而立。阿骨打把马扩找到跟前，问他："燕京是许给北宋的，城内的汉人归北宋，其余的归金国。我现在差人入城招降，你敢一起去劝降汉人吗？"

马扩跃跃欲试。但到了晚上，萧太后在萧幹的护送下逃走了。与此同时，有消息传来，宋军听说萧太后逃走，又开始行动起来想攻城。阿骨打大怒，马扩反而劝他，这座城反正是要还给北宋的，谁先谁后并不影响。阿骨打才又消了气。事后，宋军也没有进一步行动。

---

① 参考《续资治通鉴长编拾补》。
② 参考《茅斋自叙》。

第二天金军进兵时，辽国还想抵抗，但阿骨打宣谕城内，只要投降，不杀一人。城内抵抗的决心就随风而散了。

辽国大臣们集体走出丹凤门，来到城外的一座足球场（球场）内，阿骨打穿着军服接受了朝拜，众人高呼万岁。[①]辽臣等待着他的降罪，但他却说："我看到城头上大炮的遮盖都没有解开，这表明辽国无意抵抗。"于是赦免了所有的辽国官员。[②]

从马扩的记述中可以看出，虽然宋金双方由于沟通不畅，误解不断，加上各自防范之心很强，但阿骨打基本上遵守了宋金的海上之盟，一心想将燕京还给北宋。同时，阿骨打也不是嗜杀之人，对辽国的降将懂得宽大处理。

就在进入燕京的当天，阿骨打把马扩放回，派了五百骑兵护送，还把辽国抓获的北宋将官胡德章送还。在临出发时，粘罕元帅还派人捎来口信，请马扩转达，童贯曾许诺给他数头水牛，现在是时候找十头水牛送过来了。马扩是在友好的气氛中与金国人分手的。

金人对马扩的友好，源自他们对一个勇士的尊重，但对赵良嗣他们就没有那么客气了。马扩虽然表现得像个勇士，但与金人谈判时却没有发挥多大的作用。反而是赵良嗣每一次都兢兢业业据理力争，试图为北宋多争取一些利益。

赵良嗣十二月初三离开汴京，由于路途已经大幅缩短，他十二月十五就到达了金军的营帐。这一次，他的任务是争取营平滦三州。另外，既然是金人打下了燕京，如何移交，如何保证金人得到燕京的物资和非汉族居民，都是需要具体商讨的。

赵良嗣还没有到达，就注定要扮演恶人的角色，只是这个恶人毫无权力，不仅要受到金人的指责，还会受到北宋皇帝的埋怨。

在会见时，赵良嗣刚刚提到希望金国将营平滦三州交给北宋，阿骨打就愀然作色表示："如果你们非要谈营平滦三州，那就连燕京都不给你们了！"

谈判不欢而散，赵良嗣想谈其余问题，都找不到人了。四天后，阿骨打叫

[①] 参考《契丹国志》。
[②] 《续资治通鉴长编拾补》引史愿《亡辽录》。

人把已经写好的国书交给赵良嗣，派人和他一同回去。赵良嗣这才看到金人已经做了安排，对于取燕京的补偿是这样的：既然北宋无力靠自己的力量夺回燕京，那么土地可以收回，但燕京土地产生的租税却必须留给金国。

至此，北宋想依靠金人收复燕京，所付出的代价已经显而易见了。最初双方约定的是夹攻，但是金人不过燕山界，由宋军收复；后来宋军吃了败仗，金人收复了燕京，这已经不是夹攻了，金军已经不需要遵守协定。在这种局势下，金国仍然愿意交还燕京，这已经占据了道德优势。但力气不是白出的，自然需要犒劳一下。

只是这个犒劳太大了，所谓燕京的租税，类似于金人收取赎城费。不过赎城费是一次性支付的，但租税却要一直支付，直到宋朝灭亡。

由于无法与金人谈判，赵良嗣与金国使者李靖、王度刺等回到北宋。这次出使显得极其屈辱，不仅西京丢了，营平滦三州也无法拿回，还多了一项燕京的租税。

宣和五年（公元1123年）正月初一，赵良嗣和金使回到了国门。与赵良嗣一起来的，还有被金人释放的马扩。马扩在童贯处做了停留，等赵良嗣回来后，被童贯一并送回了首都汴京。

赵良嗣带回的消息让宋徽宗君臣感到意外。我们可以看一下宋金和议的流变，最初，宋徽宗指望金人归还燕云十六州（包括营平滦三州），北宋支付的代价是把辽国的岁币转给金国，这的确是好事。但随后发现金国只愿意交还燕京六州，不包括西京，更不包括营平滦三州。宋徽宗经过思想斗争，逐渐接受了这个现实，但金国突然之间又加码了，要求燕京六州的财产、非汉族人口都必须交给金国。宋徽宗试图接受这个条件，但请求金国将营平滦三州作为补偿赐给北宋。金人不仅不给营平滦三州，又提出新要求，要北宋把燕京的租税都给金国。

这层层加码，让宋徽宗感到不舒服。

但如果站在金国的立场上看，这也不是不可理解。金国始终没有答应将营平滦三州交给北宋，金国到底有没有答应交还西京，也是值得怀疑的。可能只是双方信息沟通的误会，让宋徽宗误以为包括了西京。按照约定，燕京应该由北宋自己拿回，可实际上北宋没有能力，只好由金国代劳。如果当初金国不与北宋结盟，那么所有这一切都毫无争议地属于金国。既然结盟给金国带来了这么多麻烦，那么多收一点酬劳费也是无可厚非的。

赵良嗣原本指望立大功，却把北宋拖入了越来越深的泥潭。不过，与赵良嗣一同出使的马扩却得出了不同的结论，他在与宰相王黼谈话时，将这种不断退让答应金国要求的做法称为"无策"，连"下策"都算不上。这样下去会让金国越来越看不起，层层加码，即便求来了土地也守不住。更好的做法是，哪怕少拿回一些土地，也要厉兵秣马，把土地守住。因为未来金国一定会进攻北宋的，现在已经不是获得土地的问题，而是守住国家的危急时刻。[①]

宋徽宗与大臣谈过之后，仍然决定答应金人的要求，把燕京的租税交给金国。但是，他提议，把每年的租税变成固定金额的岁币，也就是在原来议定的五十万之外，再增加一定的比例。到底增加多少合适？宋徽宗心目中合适的数字是每年十万，最多二十万。[②] 加上原来的五十万，北宋向金国的进贡每年将为六十万到七十万。

金国使臣李靖一看宋徽宗这么好说话，立刻要求北宋先把去年的岁币付掉。王黼认为去年北宋还没有获得土地，不应该付岁币。但皇帝禁不住使臣的请求，松口同意了。[③] 于是，北宋又增加了一笔五十万的支出。

金国使臣大获全胜后，宋徽宗派遣赵良嗣、周武仲、马扩三人再次前往金国，这一次要商议的是具体的租税额度。

正月初五，使者们离开汴京。正月二十五[④]，赵良嗣、马扩等人来到了燕京西南一处废寺中。金国的将领们在城南纷纷占据了最好的馆舍，却把宋使放在了废寺里，架个帐篷给他们住。[⑤]

---

① 参考《茅斋自叙》。
② 宋徽宗的筹码详细为：只许银五万两、绢五万匹；如不允应，便添十万，仍议西京在内；更或不许，西京别作一段；犹不允从，添绫二万，入二十万数；更或不允，绫在二十万数外。根据《三朝北盟会编》。
③ 参考《续资治通鉴长编拾补》。
④ 根据《三朝北盟会编》。马扩《茅斋自叙》记载为初八，日期不对，不采纳。
⑤ 参考《大金国志校正》。

与赵良嗣谈判的主要是兀室。兀室告诉赵良嗣等人，宋徽宗提议以每年十万作为燕京租税是不可能的，因为这连一个大县都赎不回去。

兀室拿出准备好的两张纸，一张上写着两百年前的租税总额，每年四十万贯铜钱，但两百年后，燕京的租税已经增加到了四百万贯。另一张上写着除了正规税赋之外的其他杂税，为六百万贯。就算只按照六百万贯计算，宋徽宗许诺的十万银绢也过于渺小了。

这里需要注意的是，辽国的岁币是以银和绢来支付的，每年二十万两银和三十万匹绢，而老百姓的税是以铜钱支付，合六百万贯铜钱。在宋代，一两银大约相当于一贯铜钱，因此，六百万贯大约相当于六百万两。

兀室的说法让赵良嗣和马扩大吃一惊，他们据理力争。第二天，兀室传来阿骨打最后的定夺：每年增加岁币一百万贯铜钱（西京问题不谈）。这一百万贯可以折纳成其他物资支付，但价值上不应低于一百万贯。同时，金国虽然将燕京归还，但是从关外到关内的两个关口榆关（今山海关）和松亭关（燕京通往辽中京的要道）必须保留在金国手中。这意味着宋徽宗原来以为只需要每年二十万两银加三十万匹绢就可以买回燕京，现在要多花一百万贯铜钱，相当于增加了一百万两白银！让金人帮助攻打燕京的代价太大了！

赵良嗣不敢决定，只能再次要求请示宋徽宗。第二天，阿骨打送别宋使时，强调一百万贯不可更改，哪怕想变一点，就不要再派使臣来了。

从赵良嗣和马扩的经历，似乎可以判断，索要租税上最积极的是急于表现的兀室。阿骨打最初可能并没有想到能够从北宋要到这么多钱，但宋徽宗的一次次软弱，让他意识到，只要继续强硬，就能够获得更多的好处。兀室的算计、宋使的配合，让阿骨打也变得越来越强硬，也让北宋变得越来越尴尬。

由于阿骨打要在二月初十离开燕京，北宋使节只有十几天时间回去与宋徽宗商量。赵良嗣和马扩决定留在雄州，派快马将金国的国书送给宋徽宗。他们就在雄州等待回信。

二月初六，皇帝的回信到了：听从金国的要求。

但皇帝在给赵良嗣的信中，仍然想争取一下山后诸州和西京，如果争取不到，就别做一段商议（即让步）。

峰回路转的西京问题

二月十一①,见到了兀室后,马扩提醒赵良嗣,是时候提对山后诸州的要求了。赵良嗣怪马扩多事,认为现在不应该提山后诸州的事,而是应该把燕京和山前诸州的事情敲定。至于如何应对皇帝,可以在汇报上写已经力争过了,但没有结果即可。②

马扩不赞同赵良嗣的说法,还是对兀室提出了西京问题。兀室消失了三天,让宋使们战战兢兢。但随后他带来了好消息:阿骨打同意将山后诸州还给北宋。并告诉宋使,需要再增加一些答谢,但只限于当年,不是每年都要。

这是北宋收复疆土最接近成功的时刻。如果能够顺利交接,意味着北宋将燕云十六州(除了营平滦三州)都收复了。由于阿骨打答应得太痛快,甚至有人感觉这是不真实的。

比如,《续宋编年资治通鉴》里就说,所谓金人想归还西京,只不过是赵良嗣说谎。可以设想一下,如果金人不归还西京,赵良嗣历次出使换来的结果是:只得到了燕京六州,丢失了西京、山后诸州和营平滦三州,甚至得不到榆关和松亭关(这意味着金人可以随时打回来),阿骨打还要带走燕京大部分的人口,只留下空城,支付的岁币却翻了三倍。如果是这样,赵良嗣简直可以称为北宋的罪人。

可是如果加上西京就不同了,虽然代价高昂,能够收复大部分土地,他仍然不失为一个英雄。

从这个思路出发,赵良嗣有造假的动机。

另一个证据是,金国皇帝给大宋皇帝的国书中并没有提到西京。如果他的确应允了,应该会在国书中有所提及;如果没有提,就意味着金国皇帝并没有许诺。

---

① 参考《燕云奉使录》。
② 参考《茅斋自叙》。

但另一方面的证据又表明赵良嗣并没有撒谎。不仅他本人所写的回忆录（《燕云奉使录》）上记载了这件事，就连马扩的回忆录（《茅斋自叙》）中也谈到了金人要还回西京，并认为是由于西京距离金人起家的东北地区太远，无法远程控制，还不如做个人情送给北宋。

另外，在另一本书《大金吊伐录》中，也收录了金人的国书。虽然在正式的国书中，并没有写明归还西京，但国书往往还有附件，当时人称为"白劄子"，皇帝在国书中没有言明的话，往往会在白劄子中写明。

在一个白劄子中，阿骨打明确提到了西京问题，将西京、武州、应州、朔州、蔚州、奉圣州、归化、儒州、妫州，以及诸州的人民，都归还北宋。[①] 由于这本书是金人整理的，宋人造假的可能性比较小，因此可以视为赵良嗣和马扩果真争取到金人承诺的证据。

金人之所以愿意归还西京和山后诸州，除了地远不易控制之外，还有两个原因。第一，阿骨打可能最初并没有想到能够从北宋得到如此多的岁币，既然北宋答应得很爽快，他也决定做出更大方的举动。他是一个单纯的人，如果对方慷慨，他也会投桃报李，如果对方斤斤计较，他也会锱铢必较。第二，作为第一代领袖，阿骨打在骨子里还有一种乡愁，他不愿意离开东北地界。消灭了辽国，已经使他心理上得到满足的极限，由于西京太远，他也不知道西京有什么用处，与其留一块不知做什么的土地，不如做个人情送给盟友。

阿骨打既然答应了归还燕京和山后地区，接下来就是所谓的交割与誓书问题了。由于辽帝还没有抓到，山后诸州的问题暂时搁置，燕京是首先要交付的。

在接收燕京之前，宋徽宗就已经任命了宋朝管理燕京的官员。他将燕京改名为燕山府，最初想任命蔡攸担任燕山府长官，但蔡攸知道燕京比汴京危险得多，宁肯待在首都，并向宋徽宗举荐了另一位官员尚书左丞王安中，让其担任燕山府路宣抚使。同时，宋徽宗任命资政殿学士詹度为燕山府安抚使，作为王安中的副手。燕京的实际权力掌握在拥有兵权的郭药师手中。

---

① 参考《大金吊伐录校补》。

燕京行政权力的实际分工是：王安中担任文职长官，郭药师和詹度作为副手，但由于郭药师掌握了兵权，地位在詹度之上。

在送王安中前往燕山府时，宋徽宗从大内拿出了大量的珍宝古玩金玉，交给詹度，要他在官府中布置，用奢华装饰来震慑女真人的嚣张气焰。①

所谓誓书，就是和约文本。古代的和约上有一个条款，签约的双方必须发毒誓，即必须说出如果己方破坏合约，将遭受何等天谴。对于誓书中诅咒部分，女真的要求是：由于誓书是万年遵守的条约，双方在发誓时一定要拣重要的说。②

二月二十八，为了展现对交割燕京的重视，阿骨打派出了最亲密的大臣宁术割去汴京安排最后的流程。宁术割在当时正受重用，知军国之事，又是西路都统使。在金国进攻辽国过程中，辽国曾经向西夏求助，西夏派兵支援辽国，被金国打败，指挥战役的就是宁术割。

与宁术割同行的除了宋朝使者，还有前几次出使宋朝的王度剌和撒卢母。金人对北宋的礼仪已经很熟悉，高庆裔对赵良嗣千叮万嘱，一定要让宋廷照顾好宁术割。宁术割对宋朝的皇帝宴会很感兴趣，希望宋廷能用最高礼仪的春宴招待他。③

三月初五，宁术割来到汴京。他不仅享受了皇帝的春宴，还以归还西京为借口继续请求赏赐。于是，宋朝又许诺了两千栲栳绿矾，并给他二十万的赏金。宁术割还嫌少，继续请求，但被宋徽宗拒绝了。

在背后，宋徽宗埋怨说：金人这样不断地索要赏赐，还要强起人户，要到什么时候才算结束啊！

三位北宋使臣给出了不同的回答。赵良嗣表示女真人就是有些唯利是图，其他的还好，请皇帝暂时忍耐；马扩表示这是因为本朝的军事太弱，兵不立威，只能任人宰割，暗示皇帝需要加强武备；周武仲则认为，只有靠宋徽宗的宽大仁慈，让阿骨打心服，才能以德服人，减少边患。

---

① 参考《三朝北盟会编》。
② 参考《燕云奉使录》。
③ 春宴是皇帝花宴的最高礼遇，也是辽国当年无法享受的礼遇。见《铁围山丛谈》。

不管怎么说，金人对宋徽宗的勒索已经到了后者所能忍受的极限。

三月初六，宋徽宗派特使吏部侍郎卢益，与常使马扩、赵良嗣，随宁术割等人回访金国，完成最后的手续。他们带着宋徽宗的国书、誓书等，等待金国的批准。

在誓书的最后，宋徽宗对于违约责任进行了三方面的界定，分为自身、子孙和社稷：苟违此约，天地鉴察，神明速殃，子孙不绍，社稷倾危。① 这已经是对于一个皇帝而言最恶毒的诅咒。

在国书中宋徽宗对金国皇帝也已经改了称呼，以前的国书都写"大宋皇帝致书于大金皇帝阙下"，这次改为"大宋皇帝致书于大金大圣皇帝阙下"②，"大圣"两个字是金国皇帝给自己加的尊号，宋徽宗这样写，表示对这个尊号的承认。但为了挽回面子，宋徽宗还在国书中夹了个白劄子，表示这是为了两国交欢，等宋朝皇帝也自上尊号时，金国也应该这么办。但对方是否会遵守，宋方能否得到同等对待，显然都是尚不可知的。

三月十八③，卢益、赵良嗣、马扩等人到达涿州。但金人只允许宁术割等金国使节回去，却把北宋使节阻挡在涿州。

金国另派兀室、高庆裔等人在这里等待，要求先看北宋的誓书。他们不断地挑拣誓书上的小毛病，又指出誓书写得不工整。④卢益等人只好说，这是宋徽宗皇帝亲手所写，就是为了对女真表达尊重。但他们仍被要求将誓书送回重写。这样折腾了三四次，金人才放行，进入下一关。

三月二十六⑤，北宋使节到达燕京，金国派遣李靖、刘嗣卿负责接待。这一次最大的改变，则是金国对于礼仪的重视。

我们可以做一下对比，没有消灭辽国时，阿骨打仍然是一个游牧民族的首领，连固定的居所都没有，居住在帐篷中，对使者的接待也非常粗放。但自从

---

① 参考《三朝北盟会编》。
② 参考《大金吊伐录校补》。
③ 根据马扩的记载，也可能发生在三月十六。
④ 参考《续资治通鉴长编拾补》。
⑤ 根据马扩记载确定日期。

进了燕京，他们在辽国投降官员的帮助下，已经建立了非常完备的礼仪系统，从游牧王朝迅速转变为带有汉文化色彩的礼仪王朝。

宋使到达后，首先持着笏板跪下，捧着国书，进入寨门。[①] 到了阿骨打帐前，朝北站立。阁门官传旨，首先请的是国书，将手持国书的使者引入帐内。使者跪下奏事，向大金皇帝请安。奏毕，先拜谢，再站起来，听大金皇帝向大宋皇帝问好，接着又是跪谢，站起来之后，由阁门官带出大帐，到帐南面朝西站立。

接着请的才是大宋的使者。阁门官将卢益和赵良嗣等引入。使者们向北站立，先持着笏板跪拜五下，对皇帝祝福，再拜两下。由首席使者卢益发表讲话，讲完后又拜五下。大金皇帝慰问使者，慰问完后继续拜五下。

然后是礼物展示阶段，使者将北宋的礼物自西向东一一拿进来请大金皇帝过目，再将礼物拿出到第二重门外，北向站立。阁门官接着让使者再拜两下，然后宣布皇帝对使者的赏赐。使者跪谢完毕，又被带回到大金皇帝面前，北向站立。阁门官发出指示，又是五拜谢恩。皇帝赐茶酒，使者再五拜，然后由阁门官引到帐西等待。

接着进入了酒宴阶段，金国国内的官员分别礼拜，请大金皇帝饮酒。皇帝一共饮五杯酒，每饮一杯，所有的人（包括宋使）都必须拜谢。

饮酒完毕，又是各五拜谢恩。

这套复杂的礼仪背后是非常危险的信号。北宋皇帝和官员总是期待着金人灭辽之后，会回到东北地区继续游猎生活，但随着汉化的影响，金人已经迷恋上了汉人的礼仪和生活，他们可能永远回不去了。

礼仪完毕，接下来仍然是复杂的外交活动。北宋已经将当年的犒军钱都交给了金人，也按照阿骨打的意思修改了誓书，这两方面再也找不出毛病。但还有一条：誓书中规定，双方不得将对方的叛将叛民留下。

金人拿出了一个名单，上面列着的是出身于燕京地界逃往北宋的辽国官员，金人认为这些人都应该属于金国所有，请北宋归还之后，才肯交还燕京。这份

[①] 关于这段礼仪，参见赵良嗣《燕云奉使录》。

名单上,列着辽国名臣赵温信、李处能、王硕儒、韩昉等人。

这个要求让宋使非常为难,按道理,北宋有责任保护这些投降官员的人身安全,如果将他们交出去,会失了人心。但如果不交,金人就拖着不肯交割。

马扩等人的意思是不交。金人回师的日子已经临近,归心似箭的金人也在燕京留不长了,不如拖延等待。但一心想立功的赵良嗣却主张将这些人交还。

在赵良嗣的坚持下,北宋将赵温信抓住交给了金国。四月初五,赵温信被移送金国,在移送之前,他在北宋使臣面前长跪不起。赵良嗣只能去安慰他:大丈夫生死皆有道,生亦为民,死亦为民,借你一身息两国的兵灾,你是做了大好事。[1] 金国并没有将赵温信治罪,而是授他官职为金国服务。但其他人由于没有被掌握在北宋朝廷手中,暂时无法抓获。

另外,由于双方约定,除了燕京等地的原住民之外,其余在战乱时期从北方逃来的人,都必须移交给金国。因此北宋必须制订一个户口册,将所有移交人员列入。但由于甄别困难,这个户口册迟迟无法编好,也引起了金人的不满。[2] 金人表示,如果无法按时移交逃亡者,可以让宋朝将郭药师和他的常胜军交给金国,以代替逃亡者。

这个方案更不可能,因为郭药师已经成了北宋最重要的防御力量,如果没有他的常胜军,宋军根本不可能守住疆土。北宋官员典检文字李宗振[3]提到了一个替代方案:用燕京的老百姓来代替常胜军。他认为,这样既保住了军队,在燕京父老被赶走后,又可以拿他们的土地来供养军队,可谓一举两得。[4]

金人立刻同意了,他们最看重的就是人口。他们将燕京地区的富裕人家(家业一百五十贯以上的)三万户都集中起来带走。这次事件,几乎将燕京地区的社会中坚尽数拔走,留给北宋的是一座座难民聚集的空城,所有的社会秩序都被打乱。更麻烦的是,金人告诉那些被带走的人,他们之所以背井离乡,是因为北宋政府将他们抛弃了,以交换郭药师的军队。北宋政府虽然获得了土地,

---

[1] 参考《三朝北盟会编》。
[2] 参考《续资治通鉴长编拾补》。
[3] 也有人说是参议宇文虚中。
[4] 《续资治通鉴长编拾补》引《茅斋自叙》,《奉使辽金行程录》未见这段文字。

却彻底丧失了人心。

将燕京父老带走后，金人利用最后的机会要求从北宋借粮二十万石，获得了赵良嗣的口头应允后，交割终于开始了。①

燕京的回归

按照双方约定，四月十一，北宋官员先到燕京，军队来到卢沟河南岸下寨等待。

同样是四月十一，赵良嗣、马扩离开燕京南下。四月十三使节到达雄州时，北宋的军队仍然不敢相信这样的好事，为了防止突发意外，他们将马扩留下，让赵良嗣等人回京都汇报。马扩将和宋军一道进入燕京。

赵良嗣也就是在这时退出了宋金政治的中心。他和马扩两个人几乎见证了收复燕京的整个过程，从最初渡过渤海去与金人联盟，到最后接受金人的种种刁难，想尽办法完成一个使者的使命。

在两人中，马扩属于相对超脱的角色，他由于出身武学世家，更加受到阿骨打等人的尊重。他认定只有坚强的军事后盾才能保证北宋获得足够的利益，一旦没有军事，仅仅靠使节的周旋，虽然也能争取一些利益，但更多的恐怕还是让步。

他虽然更强调对金人不要过多退让，但在实际的谈判过程中，马扩起到的作用却不大，因为北宋军队实在无法成为使节的后盾，金人的步步紧逼、北宋皇帝的退让，让他的理想付诸东流。

在使团中，主要的决定者和负责谈判的反而是赵良嗣。赵良嗣由于是与金人结盟的首倡者，不得不承担更多的责任。他对军事并不知情，只知道通过外交手段来为北宋争取利益。他全心全意为北宋服务，争取哪怕一点一滴的利益。

马扩从最初就没有对燕云十六州的整体形势形成概念，反而是赵良嗣每一

---

① 这次许诺记载得非常不详细：赵良嗣是否答应；如果答应了，是否报告给了皇帝；皇帝如果知道，是否告诉了地方官员；到底许了多少，都存在疑问。但又有证据表明确实存在这样的口头约定。比如，《大金吊伐录校补》第二十六篇，宋徽宗就提到了十万石的粮食，准备从内地腾挪五万，河北路准备二万，河东路准备三万，一共十万，七月初一前备齐。这十万应该属于赵良嗣许诺的范围。

次与金人谈判，都将燕京和西京，以及营平滦三州提出来，希望帮助北宋收复全部疆土。

也正因为这样，金人对超脱的马扩更加尊重，对兢兢业业的赵良嗣却充斥着不满。这从反面也说明了赵良嗣的成功。

但同样由于没有军事力量做后盾，赵良嗣的长袖善舞虽然为北宋争取到了燕京，却付出了极大的代价，这注定了他这一生的悲剧。

一旦收复燕京完毕，赵良嗣也基本上退出了政治舞台的中心位置。皇帝为他加官光禄大夫。同时他也遭受了所有官员的唾弃，直到今天仍然被人咒骂。

虽然宋军在战争中没有表现出夺人的气势，但在进入燕京时，却是威风凛凛的，足以压过金国的嚣张气焰。

四月十四，马扩与北宋统制官姚平仲、康随①等人率领所部兵马一同进入燕京，在他们之后则是北宋的大部队。大部队打前阵的是李嗣本率领的五万来自河东地区的兵马，其次则是种师中、杨可世率领的陕西兵马，郭药师率领的常胜军从新城方向进入燕京，童贯、蔡攸率领的大军则敲锣打鼓跟在后面。殿后的军队是马公直率领的河北、京畿兵马。

北宋兵马之多，甚至差一点引起了内乱，②当郭药师率领常胜军赶到时，李嗣本的河东兵已经进了城。常胜军大都是东北人，带着蛮族的特征，河东兵在城墙上一看到常胜军，以为是金人打回来了，立刻乱了套，逃走的逃走，骚乱的骚乱，郭药师连忙前往安抚，这才避免了误会。

但就是这支宋军，在金人面前却表现出了极大的勇气。就在李嗣本还在卢沟河驻扎时，首先进城的姚平仲已经和金人对上了。由于金人在和使节打交道时尝到了好处，继续用傲慢的语气对待宋军。姚平仲和康随见到阿骨打时，粘罕还想表现一下，质问最初商定的交接日期是四月十一，宋兵为什么晚来了几天。

姚平仲回答："晚来几天，是礼仪之道，请元帅不要再生事端。"

当时种师中也已经到了料石岗，杨可世也厉兵秣马，准备一战，号召士兵

---

① 《续资治通鉴长编拾补》引王安中《入燕录》。但该书提到，赵良嗣也一同进入燕京，存疑。

② 参考《茅斋自叙》。

们为国战死。

粘罕环顾四周,发现两百里范围内全是宋军,只好收起了气焰。阿骨打也命令金军退避三十里,让各路宋军进城。

燕京城残余的百姓们纷纷上街,欢迎宋军。他们感慨:"契丹即灭,大金归国,王师入城,重见天日。"

入城的宋军看到的却是满目疮痍。按照攻城的惯例,城池攻下,即便饶恕百姓的性命,也要允许胜利者对城市进行劫掠。此刻的金军还是一支没有军饷的部队,士兵们的收入就来自于胜利之后的劫掠。

对于财富的渴望,是士兵激励自己的最佳手段。金军已经将所有能够搬动的东西全都洗劫一空,城市中布满了丘墟,狐狸的身影处处可见。宋军获得的,只是一座空城而已。

四月十七,宋军正副元帅,太师、剑南东川节度使、领枢密院事、陕西河东河北路宣抚司童贯,少傅、镇海节度使、河北河东路宣抚副司蔡攸率领大军前来,王师收复燕京达到了高潮。

然而,金军仿佛还想找麻烦。四月十九,金人使者将燕京等地的地图送来。由于使者携带了金国皇帝的圣旨,按照规矩,童贯和蔡攸应该跪拜接受。金使撒卢母直接要求童贯跪下。这个要求让童贯和蔡攸大吃一惊,他们怎么也想不到,作为堂堂的宋军元帅,刚刚到达收复的国土,首先要做的竟然是跪拜。

仓促之间马扩出面打了圆场,向撒卢母表示,按照道理的确需要跪拜,但出于灵活的需要,请免了这道礼节。比如,大宋皇帝如果给金国元帅粘罕写信,按照道理粘罕也应该跪拜,但出于人情则必须免掉。依靠马扩的灵活,童贯才避免受到羞辱。

幕间
另一个版本的收复燕京

北宋收复燕京可以视为一次外交的胜利，虽然付出了极大的代价，但在几乎没有军事支持的情况下，依靠几名外交人员，就让蛮族的女真人将打下的燕京交还给北宋，这已经是一件极其了不起的事情。

但在北宋官场，却长期流传着另一个版本的收复燕京的故事。这个版本因为四月二十二童贯的一篇奏章而广泛流传。我们根据这个奏章，可以整理出完全是另一个面目的燕京之战。[①]

政和八年（公元1118年），由于预感到辽国即将败亡，宋徽宗派遣使者前往金国通好，相约共同灭辽。

宣和四年（公元1122年），辽国天祚帝逃窜，耶律淳篡位。燕京人民伸长脖子等待着归附北宋。宋徽宗顺应民心，下诏童贯出兵招抚。童贯派遣使者晓谕耶律淳投降。

由于耶律淳首先破坏了宋辽百年和约，童贯兵分两路，东路由雄州，西路由安肃、广信，进兵讨伐。

宣和四年五月二十二，宋军大胜。

宣和四年五月二十五，宋军大胜。

宣和四年五月二十九，宋军大胜。

宣和四年八月十四，宋军大胜。

宣和四年八月二十一，宋军大胜。

宣和四年八月二十九，宋军大胜。

[①]《续资治通鉴长编拾补》引《宣和录》。

宣和四年九月初一，宋军大胜。

宣和四年九月初九，宋军大胜。

在这一系列的大胜期间，还乘势展开了心理攻势，广贴文榜，招纳降将。

宣和四年九月二十三，在童贯的感召下，辽国大将郭药师起义，率领涿州投降。

宣和四年九月二十七，宋军发兵易州，几乎杀尽了城内的所有契丹人，将易州占领。

宣和四年十月初四，宋军攻克牛龙、玉田等县，以及景州、蓟州等州，只有燕京还有待收复。辽国萧太后请降，宋军没有接受。

宣和四年十月十八，宋军到达燕京城南的良乡，杀退辽军。

宣和四年十月二十三，童贯遣奇兵攻入燕京，杀死敌人上万，燕京老百姓欢欣鼓舞。辽国四军大王萧干连忙救助，才避免了灭亡的命运。

宣和四年十月二十五，宋辽大战于卢沟河，辽军逃回燕京城保命。

宣和四年十二月初二，契丹倾尽全部人马来犯永清一带，宋军大获全胜，辽军尸横遍野，再也无力对抗宋军了。萧太后乘机逃走。

宣和四年十二月初五，金国乘燕京空虚之时，经过居庸关，与宋朝大军夹攻，收复了燕京。

宣和五年四月十七，童贯率领大军接管燕京。

如果没有后来的靖康之战，那么宋朝的正史上将按照童贯的叙述，在一片胜利声中记录下宋徽宗的丰功伟绩。童贯在叙述完历史之后，不忘将宋徽宗与历代的武功做了对比。周代时攻打蛮族猃狁，只打到了太原；汉代击匈奴，只是在渭河上做文章。显然，宋徽宗打到燕京的功业已经超越了历代。

除了童贯的贺表，几乎所有的宋朝官员都忙着祝贺。太宰王黼也上表称贺，多为奉承文言。①

当然童贯也知道燕京并不太平，他们只在燕京象征性地驻扎了不到半个月就离开了。四月二十八，童贯、蔡攸撤离，将燕京防务留给了詹度。郭药师的

---

① 朱胜非《秀水闲居录》。

常胜军和河北兵守护着松亭、古北与居庸等关口。阁门宣赞舍人刘逸担任景州知州，惠州团练使杨可升担任檀州知州，忠州防御使任完晓担任蓟州知州。

在送别童贯时，詹度特别作了一首《平雁诗》送给他：[1]

长亭春色送英雄，满目江山映日红。剑戟夜摇杨柳月，旌旗晓拂杏花风。行时一决平戎策，到后须成济世功。为报燕山诸将吏，太平取在笑谈中。

这首诗的第二句似乎预示着后来岳飞那首著名的词。

童贯撤回后，宋徽宗更是大肆封功。童贯晋封为徐豫国公，[2]蔡攸晋封少师。宰相王黼晋封为太傅，总治三省事，赐玉带。在收复燕京中功劳最大的赵良嗣也没有被忘记，晋封为延康殿学士。没有记录表明赵良嗣是否预见到君臣的狂欢，但他私下里比较悲观，预测这次收复，大概只能保持三年的和平。[3]他上书表示希望隐退，买一点田地过日子就足够了。他还指望有人见到正在耕地的他，能在背后偷偷议论一句："这就是平燕的首谋之人，现在不图富贵，在家种田，这是天下多大的美事啊！"但皇帝没有给他这样的机会，坚决不许他引退。[4]

马扩担任了武功大夫兼和州防御使。[5]他还在不断提议，要加强防御，必须修缮城池，招抚流民，训练军士，流转无主田地。据马扩计算，燕京地区是足够富裕的，只要四十万缗费用和一个月时间，就可以建起比较牢固的防御系统，再通过招兵、种田，解决军费问题，燕京就稳固了。[6]但他的建议并没有受到重视，因为所有的人都在狂欢。

在一片狂欢中，有一个人是清醒的，他叫郑居中，曾经反对过对辽作战，由于他身居高位，也被封赏为太保，但他立刻上书表示自己没有功劳，不接受

---

[1] 参考《三朝北盟会编》。
[2] 宋徽宗虽然封赏了童贯，但对他的作为却是极为不满。因此，在当年七月初八，就让他退休了。
[3] 参考《续资治通鉴长编拾补》。
[4] 参考《宋史·赵良嗣传》。
[5] 参考《续资治通鉴》。
[6] 参考《茅斋自叙》。

晋封。

在受封赏的人中，也包括了将石头"盘固侯"送到汴京的工程师朱勔，他被封为宁远军节度使、醴泉观史。

就在宋朝君臣狂欢时，他们没有料到，撤退的金国正在经历一场巨大的变化。在金国，那些恋家的老人正在退出权力中心，而更加野心勃勃的下一代正成长为中坚力量。他们经历了战争的考验，也见到了南方的繁华。

在这些人中，粘罕是最重要的一位。粘罕原来一直主张与北宋保持和平，但随着北宋越来越软弱，他更加倾向于强硬。在交割燕京和山前六州的问题上，他就主张只承认北宋对涿州和易州的占领权，因为这两个州是郭药师投降时就带给北宋的，其余地方一概不交给北宋。

阿骨打否定了粘罕的提议，认为海上之盟既然已经答应了，就不要违背。但他同时留下了一句话："我死了，就随便你们了。"

在三月二十六，阿骨打向北宋使节展示那复杂的礼仪时，敏锐的马扩已经发现阿骨打病得不轻。到了当年（公元1123年）五月[①]，阿骨打就去世了。

阿骨打在世时，金国向北宋移交山后诸州的工作虽然面临着重重波折，但仍然在进行之中。六月十一，金国按照计划，要将朔州、武州和蔚州交给北宋。但由于阿骨打的去世，移交工作骤然中止。[②]

阿骨打的去世，为宋金和约画上了一个休止符。鹰派上台了。

[①] 根据《大金国志》《宋史》。《金史》作八月戊申。从后来张觉叛变的日期来看，应该是五月份。
[②] 参考《三朝北盟会编》。

第二部
战争与和议

第六章
从和平到战争

一位降将带来的艰难抉择

谁也没有想到，对宋金和议的考验竟然来得这么快。

宣和五年（公元 1123 年）四月，北宋刚刚从金国手中获得了燕京，五月底，一件让人难以抉择的事情出现了。这和一位叫作张觉[①]的将领有关。

张觉是辽国时期的平州人[②]，中过进士，在金国进攻辽国前后，担任辽兴军（即平州）节度副使。恰逢有人发动叛乱杀掉了节度使，作为节度副使的张觉被推举出来继任为节度使。天锡帝耶律淳死时，张觉已经预感到辽国必败，所以准备起后路来。他召集了五万人和上千匹马，暗地里训练着。萧太后占据燕京时期曾经派一个叫作时立爱的人来替代他，被他拒之门外。

金国拿下了燕京。由于燕京要还给北宋，只有张觉所在的平州，以及附近的营州和滦州是金人一直不肯放弃的。这三个州还在辽国将领手中，而平州又是三州中最重要的一个，金国人决定招降张觉。

当时，辽国的大臣左企弓、康公弼等人都已经投降了金人，他们都认识张觉。阿骨打询问张觉的状况，康公弼认为张觉虽然狂妄，但缺乏智谋，不如首先把他稳住，然后慢慢处理。如果直接对他用兵，是逼迫他立刻造反。于是金国任命张觉继续担任平州节度使。

[①] 关于张觉的名字，有两种说法，《三朝北盟会编》《宋史》等写作张觉，《续资治通鉴长编拾补》写作张毂。但两者读音相同。

[②] 参考《续资治通鉴长编拾补》。

康公弼亲自前往平州劝说，张觉决定投靠金国。

在辽国尚存时，燕京是国家的南京。但后来燕京还给了北宋，所以金国就将平州设为南京，张觉作为南京主官，也被授予了象征宰相的同中书门下平章事的职衔。

宣和五年（公元1123年）五月，大金皇帝完颜阿骨打去世，继承帝位的是他的弟弟完颜吴乞买。吴乞买即位后，将辽国的大臣都送回到原辽国境内的南京（平州），其中有四位最主要的大臣分别是左企弓、曹勇义、虞仲文和康公弼。

张觉却已经决定叛离金国。在当时，残辽势力的发展恰好进入一个小高潮期。残辽势力主要分布在西北和东北两个方向。在西北，天祚帝又在大漠之南聚集力量开始进行军事骚扰，而在东北，辽国大将萧幹跑到了奚人的地盘上自称皇帝，随时想打回燕山以南。五月十四，张觉试图与残辽势力联合，于是将四位大臣抓起来，宣判十大罪状后将他们杀掉，举起了叛乱的大旗。营平滦三州纷纷脱离了金国的控制。[1]

张觉的叛乱给刚刚生效的宋金和约带来了两大麻烦。第一个麻烦是，当初金国将许多燕京地区的老百姓带走，重新安置在了平州地区，张觉下令这些老百姓可以根据个人意愿回到他们的家乡。百姓们于是拖家带口重新踏上了归家之路，回到燕京的家后却发现，他们的土地都已经分配给了郭药师的常胜军，成了军屯土地。没有了土地，老百姓有的就近安置，有的跑到了更远处，脱离了官方的户籍。

老百姓不知道，宋金和约有关于追踪因战争逃散的难民的协议，不管是哪一方的人民逃到对方的领地，对方都有义务将其送回。按照协议，这些从平州逃回的百姓都必须送还给金国，可困难的是，由于缺乏必要的统计方法，北宋政府并不知道有多少人回来了，也不知道他们在哪儿。

第二个麻烦是关于张觉本人的。张觉叛离金国后发现，残辽势力并没有像他想象的那么强大，如果不想被金国击败，必须投靠更大的靠山。张觉派出了几位说客前往燕京长官王安中处，试图说服北宋接纳他。

如果北宋接纳张觉，就意味着彻底背离了宋金和约。和约中规定，双方的

---

[1] 参考《三朝北盟会编》。

疆界不得变更，也不得接纳对方的叛将。

可如果不接纳张觉，问题也很严重。因为他有着近十万兵马，处于山南的腹心之地，如果和北方的萧干联合，就成了北宋的一大隐患。即便金国最终击败了张觉，那么平州依然是插入北宋腹地的一把尖刀，金国随时可以从这里进攻北宋。当初赵良嗣苦苦哀求阿骨打，就是为了获得营平滦三州，现在三州竟然摆在了眼前，可谓机不可失。

王安中不敢私自做决定，只好将张觉派来的李安弼和高党送往了汴京。在汴京，李安弼和高党作为说客，与原来辽国宰相李俨的儿子李处能（已经改名为赵敏修，在宋朝担任延康殿学士）一起劝说宰相王黼，王黼又告诉了宋徽宗。于是，皇帝心动了。

在北宋官场内并非没有反对意见。反对最激烈的是出使金国最多的赵良嗣。[1]虽然赵良嗣在谈判时很想得到三州，但现在他认为，朝廷刚刚与金国签订协议，不应该立刻背信弃约，而应该首先处理好内部问题，等实力足够强大了再说。

对于反对意见，宋徽宗并没有听进去。他给燕京副守詹度写了信，[2]谈到最好的策略是坐山观虎斗，先让金军与张觉斗一场再说。但随后他写了第二封信，让詹度偷偷地招纳张觉，但表面上必须装出不与张觉勾结。

六月初五，张觉秘密派人投降。与此同时，金国也在行动。金国虽然不知道张觉已经投降北宋，却派来了军队准备镇压。率军的是金国大将阇母。六月二十一，阇母的军队到达平州一带。

由于平州的防卫最坚固，阇母首先率领两千人马到达营州城外。不过随后他发现营州城也做了很好的防卫，守军人马众多，准备充分。反而是金军的士兵太少，很难获胜。阇母于是在城门上写下"今冬复来"几个字，就撤退了。

金人的主动撤退被张觉渲染成一次大捷，派他的弟弟上报给宋徽宗。宋徽宗大喜，立刻授予张觉泰宁军节度使，并且是世袭的。

---

[1] 参考《宋史·赵良嗣传》。
[2] 《三朝北盟会编》记为六月初二。

皇帝的诏书由李安弼带回给张觉，另外，宋徽宗还用金花笺御笔写了一封信，交给张觉的弟弟，让他亲自转交张觉。

宋徽宗做这些事，并没有与他的大臣商议。外廷大多数官员都不知道，只有少数人听说了。赵良嗣此时又站出来反对，坚持不应该毁掉盟约，甚至请求斩了李安弼。这个请求给他招来了祸水，他被贬官了。

不幸的是，赵良嗣的说法是正确的。七月初十①，当李安弼返回时，满面春风的张觉率领官员来到城外迎接。他没有想到，金军已经打听到了他今天要出城，乘他接旨的工夫发动了袭击，将张觉和平州城隔开了。张觉虽然没有被金军抓住，却无法返回城内，只好向燕京方向逃窜。

逃窜过程的慌乱之中，宋徽宗的圣旨不巧被金军得到。日后，这道文书就成了皇帝违反和约的铁证。

金军虽然将张觉赶走，围困了平州，却暂时无法攻克。他们转而攻打营州，这次得手了。张觉的母亲、妻子等家属都在营州城内，被金人全部抓获。②张觉的弟弟原本跟着他逃往了燕京，听说母亲被抓，立刻回了营州，被金人抓住。他不仅没有救下家人，甚至连宋徽宗的亲笔信也被金人得到了。

金人围困平州达半年之久，才将其攻克下来。在这半年里，北宋的军队如坐针毡。他们本不应该对平州城兄弟部队的困境熟视无睹，可是又得装作不违背宋金和约，无法对平州城内守军提供帮助。更有甚者，当金军缺乏粮食，他们还得帮助金军解决后勤问题。

直到第二年初，金军将营平滦三州都拿下，才向北宋发来通牒，要求北宋将张觉等降将送还。③

北宋一开始送了个假首级给金军，被识破了，你来我往又拖了数月，才在九月份④将张觉杀死，把首级用水银泡起来，送给了金国。

---

① 根据《三朝北盟会编》。
② 蔡絛《北征纪实》。
③ 《大金吊伐录校补》第二十七篇。
④ 根据《东都事略》。

张觉事件影响最大的，是郭药师和他的常胜军的士气。

张觉被金军驱赶时，是郭药师收留了他，给他改名为赵秀才，藏在了常胜军之中。

宣和五年（公元1123年）八月十五，郭药师收留张觉不久，就打了一个大胜仗。解决了辽国对北宋最后的威胁：自称大奚皇帝的萧干。四军大王萧干在保卫燕京的战争中，是让宋军吃苦头最多的人。自从逃往东北后，他一直想打回来，不断地对内地发起进攻。六月时，他曾经从卢龙岭方向越过燕山，攻破景州，杀掉了守将刘滋、杨伯荣，又在雁门镇打败了常胜军，攻陷了蓟州。[①]萧干眼看就要进攻燕京，但八月十五，郭药师率军在峰山大败萧干，斩首三千人，俘虏数千人，将他逐回了卢龙岭，守住了山前地区。

由于损失了大半兵力，从此以后，萧干一蹶不振，于第二年初被部下所杀。正月初六，河间府知府詹度获得了萧干的首级，确认他已经死亡。

常胜军几乎是宋军之中唯一能够打仗的部队，却因张觉之死而人心涣散。

王安中接受皇帝密旨，逼迫张觉自杀。张觉不肯屈服，王安中不得不将他行刑，整个过程都被常胜军将校看在眼里。郭药师甚至悲愤地说："如果他们要的是我的头，又该怎样！"

此后常胜军也变得懒散了。

宋朝方面也知道常胜军不再可靠，宣和六年（公元1124年）三月，在山西方向的宋军建立了另一支部队——义胜军，是为了防御常胜军而组建的。[②]由于义胜军待遇更好，许多常胜军的士兵偷偷跑到义胜军去入伍。郭药师为了防止士兵逃跑，开始用墨汁在士兵面上刺青，这让常胜军内部更加乱套了。

张觉的死亡也并没有将所有麻烦消除。由于他放走了大量的民众，金军以索要难民的名义继续向北宋施压。不仅在燕京地区，就连山后地区，也有许多民众从金人控制区逃往北宋区域。他们无孔不入，即便想遣返，也不可能找到。

到后来，北宋突然发现，宋金协议是一个根本无法完全执行的协议，只能

---

① 参考《契丹国志》。
② 根据《三朝北盟会编》。

靠双方的谅解来维持。一旦打破了谅解，就必然会产生纠纷。张觉事件已经打破了互信的基础，冲突也就不可避免了。

张觉事件的另一个影响，是让宋金之间的山后诸州交割成了泡影。

宣和五年七月初七，宋军在山西方向的统帅换了人。之前山西一直是童贯的地盘，由于童贯在收复两京的战争中让宋徽宗很失望，皇帝在燕京派王师中取代了童贯。等燕京稳住后，又在童贯的大本营动手，派遣一位叫作谭稹的人取代了他在山西的职务。

谭稹来到山西时，这里的情况也很复杂。首先，金人已经许诺将西京和山后诸州还给宋朝，但在阿骨打活着的时候比较积极，阿骨打一死，事情就拖了下来。随着张觉事件的发生，金人更是借口北宋首先破坏了协议，不再移交山后诸州。

但山后诸州也并不是铁板一块，而是分成了几个区域。第一个区域是西京，也是整个山后地区的中心，是金人最不愿意交还的地方。第二个区域是西京以北的诸州，这些州大都位于现在河北省张家口一带，已经靠近草原，金人容易控制。但在第一、第二个区域之外，还有第三个区域，这个地区更加靠南，与北宋接壤，却距离金国的东北本土非常遥远，不容易控制。第三个区域的代表就是朔州、应州和蔚州这三个州。

事实上，金国最初攻克西京时，这些州都选择了投降。但金人从西面调兵去攻打燕京时，已经没有精力控制它们，这三州已经具备了独立的地位。

谭稹到任后，对三州进行了招降，它们都归顺了北宋。河东地区的大将李嗣本乘机进驻三州，并运送物资防守。

可惜的是，在李嗣本还没有准备好的时候，金国负责西部事务的元帅粘罕突然来到了西京，金军大举进攻击败了李嗣本，三州又都被金军占领了。

张觉事件之后，北宋收复山后诸州的希望更是彻底破灭了。

按下葫芦起来瓢

从结果上论，宋徽宗收留张觉已然违背了和约；从技术上论，金国境内老百姓不断逃亡，也让北宋无法遵守和约。

但双方的外交活动仍然在杂音不断的背景下继续进行。

宣和五年十二月二十六，金国的贺正旦使来到汴京，向北宋皇帝庆祝新年。几乎同时，向北宋宣告金太祖死亡的告哀使也到了。金国使节于宣和六年正月初六离开。[①] 作为两国往来的礼仪，宋徽宗为阿骨打的去世穿上丧服，停朝五日，同时派出贺正旦使和吊慰使前往金国。[②]

在双方友好的表象下却暗流不断。除了双方你来我往地为了张觉事件拉锯之外，宣和六年三月，另一个冲突又起来了，这一次是因为一笔模棱两可的粮草问题。

在一年前燕京交割的最后关头，金国突然又让北宋提供二十万石的粮草，为了不节外生枝，赵良嗣被迫答应下来。

虽然这次约定可能是口头约定，没有写入文件，但有证据表明宋徽宗是知道这件事，也同意了的。粮食也可能已经完成了部分交割，也可能拖延下来。[③] 但即便宋徽宗知道这件事，却并没有告诉后来的山西统帅谭稹。

现在，金国派使者到山西找到谭稹，要求将去年的许诺兑现。此时的山西正在为军需不足而发愁。恰好此时在山西、陕西、河南一带又发生了一次地震，加之朝廷为了解决财政问题，从其他地方大刮免夫钱（代役钱），连自身问题都控制不好。听到金国的要求，谭稹毫不犹豫地拒绝了。

金人告诉谭稹，这是当初赵良嗣许诺的，谭稹反问，赵良嗣的口头许诺算是凭证吗？[④]

但谭稹的强硬缺乏必要的军事后盾，也就在这时，金人开始进攻朔、应、蔚三州，同时将飞狐、灵丘两个县夺走。飞狐是连接山西与河北的主要通道之一，丢失了飞狐县，意味着宋军在防御上又一次丢失了重要阵地。

鉴于谭稹的失败，宋徽宗再次决定更换山西的统帅。这次被起用的，就是上次被放弃的童贯。

---

① 日期根据《续资治通鉴长编拾补》，《三朝北盟会编》将金使的离开定为正月二十九，相差甚远。
② 校书郎连达夫为正使，武略大夫张抎为副使。
③ 见《大金吊伐录校补》第二十六篇。
④ 参考《续宋编年资治通鉴》。

八月初九①，童贯重新上台，肩负着一个重要使命：招降辽国天祚帝。在与金兵的斗争中，宋徽宗并没有吸取教训，加强本身防御，反而醉心于外交活动。他重新想起逃亡中的辽国天祚帝。此时，天祚帝还在西北一带活动，在游牧部落中依然拥有一定的影响力，如果结交了天祚帝，就能从侧面对金国施压，减轻北宋的压力。

宋徽宗写了一封亲笔信，交给一位西域僧人带给天祚帝，获得回信后，又下了诏书，对天祚帝待以皇弟之礼，还赐予宅邸千间、女乐三百人。②

宋徽宗醉心于宋辽联盟，却没有意识到，辽国现在已经是强弩之末，联合辽国只能引起金国的进一步愤怒。

十一月三十③，由于双方矛盾的积累，童贯派遣保州广胜安肃顺安军廉访使马扩、知保州辛兴宗两人前往云中府拜见元帅粘罕，试图解决山后诸州归属及战争难民去向等诸多问题。④

马扩此时已经成长为一个坚定的军事主义者，他屡次呼吁朝廷加强防卫，打造一条坚固的防线，以抵御金军的入侵。

到了金军营帐，粘罕却并不在云中，接待他们的是代理元帅兀室。双方在极不友好的气氛中见面。兀室为了压制宋使的威风，首先要求他们按照参拜皇帝的礼仪拜见元帅，马扩与他据理力争，结果兀室拂袖而去，将使者留给了高庆裔。

高庆裔告诉马扩，金军重新攻克山后几个州，是为了防止叛乱。交割问题也已经搁置，只要难民问题不解决，北宋违约风险仍在，金军就不可能继续交接。

马扩回到太原，立刻向童贯报告，请求赶快进行军事准备，因为金军已经加强了飞狐、灵丘等战略要地的防务，同时开始训练军队。但童贯却对他的建议置若罔闻。

马扩是从军事角度考虑问题，但童贯所要应付的局面却复杂得多。事实上，北宋的财政在交割完山前诸州之后，已经出现了崩溃的征兆。

---

① 根据《三朝北盟会编》。《宋史》记载是八月十一。
② 参考《续宋编年资治通鉴》。
③ 根据《三朝北盟会编》。
④ 参考《茅斋自叙》。

在中国历史上，一旦一个王朝将要崩溃，首先归咎的是天灾。人们总会在史书上发现，战乱年份的天灾人祸特别多。事实上，任何时候都有天灾，只是在繁荣时期，一次天灾不会对整个社会产生毁灭性打击，皇帝放些粮食，亲戚救助一下，不知不觉间就把天灾应付过去了。只要天灾没有产生巨大影响，史书就可能不去记载。

但如果一个王朝政权正处于下降期，那么天灾发生后，可能社会力量不足以救助灾民，就会产生更多的次生灾害，造成重大损失，这时史书才会记载下来。

从最初组织军事行动（虽然惨败收场，但钱没少花），到赎买燕京，加上金人留下的近乎空旷的城市，要想发展必须首先投入财政支持。由于花费了太多的财力，北宋提高了税收，结果，民间抵抗天灾的能力大幅度下降。

宣和六年记载的灾祸有如下几种：京师、陕西和河东地区发生了大地震；两河、京畿、浙西地区发大水；西北的环庆、邠宁、泾原出现了大量的流民；更大规模的则是山东、河北地区的盗贼肆虐。所谓盗贼，其实是因为搜刮粮草过甚，加上连年凶荒，引发饥荒，榆皮野菜吃光后无以为继，饥民只能落草为寇。其中最大的几起寇乱：山东的张仙聚集了十万众；河北的张迪聚集了十万，高托山更是号称有三十万人；其余一两万的更是不可胜计。[①]

大大小小的寇乱让北宋无暇顾及北方问题，也让北宋对金国的防御系统迟迟无法建立，于是，宣和七年（公元1125年）就成了北宋政府迈向败亡门槛的一年。

许亢宗使团观察记

宣和七年（公元1125年）正月二十六[②]，一个大型使团从汴京出发，前往金国皇帝的行营，去祝贺金太宗吴乞买的登位。

其实，吴乞买登位已经是一年多以前的事情，宣和六年五月[③]就已经派人来

---

① 参考《续资治通鉴长编拾补》。
② 许亢宗《宣和乙巳奉使金国行程录》。
③ 根据《续宋编年资治通鉴》。

宣告登基。六月时，宋徽宗就决定派遣一位叫作许亢宗的官员（他的职位是奉议郎、尚书司封员外郎）担任国信使，去金国祝贺吴乞买登基。许亢宗的副手是武义大夫、广南西路廉访使童绪。

除了道贺的使命之外，在恰逢宋金冲突激化之前，他的出使也带有查看金国是否有出兵的意图。这次出使的文献记载被保留了下来，其中不仅翔实记录了古代外交出使规则，还着重描绘了金国早期社会市民生活景况。

除了正副使节之外，这个庞大的出使团队还有八十人，其中士兵三十五人，其余是各种杂官使役，包括一名医生和两名翻译。

人员之外，是庞大的车马队，包括载杂物的车三辆、载杂物的骆驼十匹、大小马匹十二匹。礼物则有御马三匹，用涂有金银的鞍辔装饰；象牙、玳瑁鞭子各一条；涂金半钑八角饮酒斛（带勺和盖）两只；涂金半钑八角银瓶（带盖）十个；涂金大浑银香狮（带座）三只；着色绣衣三袋；果子十笼；蜜煎十瓮；芽茶三斤。

使团从正月二十六离开汴京，到八月初五回到京城，一共用了七个多月，单程四千二百七十里。其中在原来宋辽边境以内一共一千一百五十里，行走了二十二程。使团到达宋辽旧土白沟之后，在新得到的燕京地区和金国境内又走了三千一百二十里，一共三十九程，最终到达位于金国上京（现黑龙江阿城）附近的冒离捺钵，见到了金国新皇帝吴乞买。即便中间不休息，使团也需要六十一天才能到上京，计算来回，在路上就需要四个月时间。

许亢宗离开了白沟之后，经过新城、涿州，在第三程到达良乡。良乡的老房子曾因战火蔓延损失殆尽，但已经有数千户人家重新回来建设家园，又有了繁荣景象。

第四程，许亢宗渡过卢沟河进入燕京。当时还没有著名的卢沟桥，只有一座浮桥连接两岸。燕京城内早已恢复了繁华，市场里百货丰富，庙宇繁盛，欣欣向荣。

但是，从第五程（当天到达潞县，位于现在的北京通州）开始，许亢宗看到的则是另一番景象。由于当年燕山大饥荒，竟然有人在死人身上插杆签，当作可以吃的肉来售卖。郭药师的常胜军吃得还不错，但是其他杂牌军（牙兵）就形销骨立了，按照许亢宗夸张的说法，戍兵已经死了十分之八左右。由于上下互相欺骗，皇帝无从知晓这里的惨状。

不过，许亢宗也提到，朝廷已经开始想办法利用漕运解决当地的饥荒问题。回程时，饥荒问题已经得到缓解。

第六、第七、第八程，经过三河市、蓟州到达玉田县。玉田县刚刚在四个月内遭受了三次劫掠，军民被屠杀，守燕山的王安中只好建了一座新城。

到第十程时，许亢宗已经经过了韩城镇向北到了清州。宋金的边境就在韩城以东十余里的地方。金人在这里立的边界并不在沟堑上，只有高两三尺的两个小土坎。两界中间有一里宽的空地，不准人耕种。金人的接伴使就在边界上等待，宋使先投牒过去，接伴使再投牒回来，然后请宋使过界，必须邀请三次才上马。上马之后，立于界上，两个使者互相换牒，拿着鞭子作揖，这才算结束礼节。

中国古代从关内前往辽东地区向来走的是燕山山脉上的各个关口，如古北口、松亭关、居庸关等，很少经过山海关（榆关）这个靠海的关口。其原因是山海关的形成时间比较晚，一直是海边泥泞的滩涂，并不适合行军。但到了宋金时期，交通要塞山海关已经成型。

金代山海关称为榆关。到第十四程时，许亢宗使团从营州出发，经过六十里行程，到了榆关，再从榆关北行四十里到达润州（今秦皇岛海阳镇）。在榆关许亢宗感慨万分，他感慨的是，从关外进入关内一共有五条路，其中居庸关可以通大车，松亭（通往辽中京）、金坡（应该为易县以西的紫荆关）、古北口只能通马，榆关畅通后已经可以通车。其余还有十八条小道只能走人，因此利用价值不大。

要想限制北方士兵进攻北宋，必须将所有的关口都占据，但实际上，北宋只占据了西面的三个，东面两关丢失，特别是山南的营平滦三州丢失，几乎注定了宋朝的悲剧。

从榆关过境，只十几里就是一片塞外风光，表明已经出了汉文化区。山内五谷百草森林水果，无所不有，山外则是黄云白草山黑水浊。

经过了三十九程，终于到达了位于黑龙江阿城境内的捺钵，许亢宗使团住在了国宾馆。这个国宾馆只是三十几间的大茅舍，土炕上铺着锦绣貂皮被子。

许亢宗待了两天，才获准朝见。

皇帝的行宫距离国宾馆还有十里路，中间是一望无际的平原，只有数十家居民散落其间。接伴使说快到了，许亢宗竟然什么也看不到。又向北走了百余步，才发现一个土城堡，城堡高丈余（三四米），围了三四顷地，大约合二十万平方米。这就是皇城了。

土城堡里帐篷和房舍错落其间，房舍都是新建的，有的还没有盖好。中间的大殿叫乾元殿，是木头盖成的七间房，连屋顶都没有建好，只是盖上了瓦片，用泥补上缝隙。不过大殿已经有了象征皇家威仪的鸱吻（木头做的）。大殿的台阶高四尺多，台阶前一个方阔数丈的土坛，叫作龙墀。

要想到达大殿，必须经过一个叫作山棚的建筑群，山棚是用各种石头垒砌的园林建筑，做成了仙佛龙象的形状，种有松柏，还弄了几个会口技的人在附近学鸟叫。如果将山棚与宋徽宗的艮岳做个对比，会让人对金人的简陋感到吃惊。虽然山棚简陋，却起了很不错的名字，左面叫桃源洞，右面叫紫极洞，中间叫翠微宫。

这是金人学习汉文化的早期阶段。金国人之所以要招揽燕京地区的人，就是为了寻找工匠。许亢宗在时，每天都有数千人在兴修这个建筑群。另外，金人对于礼节的痴迷简直让人感动，皇帝不断请许亢宗大吃大喝。第一天请吃饭时使用了各种金银酒器象牙玳瑁，也有从各地掠夺的教坊人士演奏作乐。第二天赐酒果锦帛。第三天是花宴，吃喝时夹杂着各种杂技表演助兴。第四天是王公大臣们请客。第五天终于到了辞行时，但还是要吃喝赏赐。

第六天，宋使回程，仍然按照来时的路返回。

但是，回程时许亢宗却发现了一个非常危险的迹象：金人似乎正在进行大规模的军事调动，他们在向南部边境转运粮草，调拨兵马。他找到汉人出身的居民询问情况，对方也毫不隐瞒地告诉他，金人就要入侵宋朝了。

回到汴京，他想立刻将这个最具军事价值的情报上奏给皇帝，却听说皇帝已经下达了命令：凡是敢妄言边疆事务的，流徙三千里，罚款三千贯，遇到皇帝的大赦也不赦免。于是许亢宗的消息并没有送到宋徽宗耳中。[①]

---

① 参考《宣和乙巳奉使金国行程录》。

他八月初五回到汴京时，距离金国后来发兵已经不足四个月了。

在许亢宗去往金国的宣和七年（公元1125年）初，发生了一件大事，也预示着宋金两国向战争更靠近了一步。

二月初，金国终于把辽国的末代皇帝天祚帝抓住了。关于抓捕过程，有不同的说法，但最典型的说法认为，天祚帝之所以被抓，和北宋的乌龙助攻有关。①

之前，天祚帝躲到西北的夹山之中不肯出来，由于山高水远，金人也拿他没有办法。但宋徽宗接受了童贯的建议，决定招抚天祚帝，一开始只是写信，后来改成了诏书，把天祚帝当成弟弟对待。天祚帝虽然愿意投靠北宋，但在夹山与北宋边境之间，横亘着金国的疆土。金国在西北的元帅是粘罕，善于用兵，只要他在，天祚帝就躲在夹山不敢出来。

宣和七年（公元1125年）正月，粘罕突然回东北述职去了，代理元帅是兀室。天祚帝认为这是好时机，于是带领他的契丹、鞑靼人马，以及后妃和两个儿子秦王、赵王，大摇大摆，如入无人之境，向宋境赶来。

他们刚从夹山出来，来到云中（大同附近），兀室立刻率军断掉了他们的归路。天祚帝才知道这只是金人布的一个局。粘罕也突然回来了，率军堵住前路，再追袭天祚帝，将他的大部队截住俘获。只有少数人跟随天祚帝逃到了一个叫作小斛禄的部族之中。小斛禄在去往西夏的路上，所以，天祚帝最终的目的地可能是西夏。

另一种说法则认为天祚帝被抓与北宋没有关系，是天祚帝想趁粘罕不在，率领三万到五万人马发动一次突袭，失败了逃亡到小斛禄。②

不管哪种说法，天祚帝最后都来到了小斛禄这个部族中。

在小斛禄，天祚帝的命运又有不同说法。有的说，小斛禄非常忠诚于辽国，因为儿子和妃子都被金人抓住，为了保护天祚帝不被金人俘获，天祚帝率领少数人马继续逃亡。③另一种说法则认为是小斛禄出卖了天祚帝，将他的行踪报告

---

① 参考《续资治通鉴长编拾补》。
② 参考《茅斋自叙》。
③ 蔡絛《北征纪实》。

给了金军。[1]

天祚帝离开小斛禄之后，继续向西夏逃亡。为了防止他向北宋逃，金军在宋金边境地区驻扎大军，每三十里设一百骑，防止他穿过火线。[2] 同时，金军派人到童贯处，威胁说，知道宋军和天祚帝是勾结的，如果天祚帝去了北宋，两国和约立刻失效。童贯当初是招抚天祚帝的推手，现在害怕了，只好偷偷下令，一旦有契丹人过境，不管是皇帝还是士兵，立刻杀死，再送给金国。[3] 所幸的是天祚帝没有进入宋境，否则连命都保不住了。

天祚帝想投奔西夏，但西夏却不敢收留他。[4] 他最后被金军娄宿的部队追上。

关于抓住天祚帝的场景也有不同的说法，有人说他已经形单影只，骑着一匹马，带着两匹轮替马，单身逃亡，被金军围住，只好下马说："我就是辽国皇帝！"金军将他捆起来时，他还呵斥说："你们竟敢捆绑皇帝！"[5] 另一种说法是娄宿骑马来到天祚帝面前，跪下请求皇帝原谅，请他喝酒，让他以为不会被杀，这才投降。[6]

不管哪种说法符合真相，天祚帝的被俘都意味着残辽势力的彻底瓦解，也让金国腾出手来面对北宋问题。[7]

由于获得了天祚帝的残余地盘，金国的国境已经遍布中国北方，它已经不像当初那样只是一个东北的小部族了，看待问题也不再站在东北本位上，云州也不再被看作是遥远的地方。到这时，北宋就危险了。

风雨前夜

在北宋，最着急的人是马扩，他不断呼吁要重视金国问题，赶快建立强大的防御体系，以应付金国的进攻。

---

[1] 参考《契丹国志》。
[2] 参考《北征纪实》。
[3] 参考《续资治通鉴长编拾补》。
[4] 参考《松漠纪闻》。
[5] 参考《北征纪实》。
[6] 参考《契丹国志》。
[7] 天祚帝被封为海滨王，送长白山，一年后死亡。

作为北方防线负责人，童贯也并非不着急。他的苦恼比马扩知道的还多得多。除了金人问题，郭药师的常胜军也成了隐患。自从张觉死后，郭药师总是担心自己也会被北宋朝廷出卖，他也变得不可靠了。常胜军作为一支特殊部队，花费的钱财比普通部队高得多，他们骄横跋扈看不起其他军队，也看不起朝廷。可是北宋又必须依赖这支军队，因为它几乎是北宋唯一能够打仗的部队。山西虽然建立了义胜军，但在与金人的对抗中并没有显出能力。

前一年十一月时，童贯询问马扩应该怎样对付常胜军，马扩回答，在河北方面，只有常胜军能打仗，一旦朝廷离开常胜军，河北就守不住了。可常胜军却不再可靠，万一造反，没有其他军队能够反制它。考虑到常胜军只有三万人，现在唯一的办法，就是在陕西、山西、河北地区挑选十万人，由三个骁勇善战的将领率领，分别驻扎在河北地区的燕京、广信军（或中山府）和雄州（或河间府）。打仗时，四军（三军加常胜军）一起行动可以增加战斗力，平常又可以用三倍的兵力防范郭药师叛乱。[①]

童贯认为这是好办法，但是十万人太难找了。

他最终还是采纳了马扩的提议。宣和七年三月二十九，童贯从山西地区前往河北地区，名义上是犒劳常胜军，实际却将河北地区分成了四大战区，中山府由辛兴宗负责，真定府（现河北正定）交给了任元，河中府杨惟忠负责，大名府王育负责。但在士兵上，只能招募逃兵和流民，其战斗力仍然不可知。

童贯犒劳常胜军时，郭药师也恩威并施。童贯还没有进入燕京界，郭药师已经率领数骑在易州边界等待，见到童贯，倒头就拜。童贯连忙说："你现在的官职也是太尉，和我的官职平级，不用拜。"郭药师却回答："太师如父，我只是在拜父亲。"

虽然对童贯很敬重，郭药师却想让童贯知道只有他的军队才是有战斗力的。他们骑马来到一片荒地，童贯正在迟疑，郭药师一挥大旗，突然从漫山遍野间冒出许多士兵，铁甲反射着日光，不知到底有多少。这件事让童贯清楚，以后

[①] 参考《茅斋自叙》。

还是必须依靠郭药师的部队。①

整个下半年北宋境内都弥漫着一种山雨欲来的感觉，不管是马扩、童贯，还是其他人都预感金人还会再来，又无可奈何地做着注定不够充分的准备，自欺欺人地希望还有时间。

九月二十四，一个好消息传来：金人又派出了一个使团来到汴京，这个使团名义上是向大宋皇帝汇报，辽国天祚帝已经被抓住了。虽然天祚帝在二月份被俘，但由于准备出使需要时间，现在才来告捷也并不算晚。也许，只要对方还愿意派使节来，就不算坏事。②

这个使团从六月份③出发，九月底才到汴京，速度并不快。皇帝还是好好地招待了使团，直到十一月初八，才将使团送回。

北宋君臣松了一口气，却不知道，这已经是金国在和平时期最后的使团，目的就是在刺探情报的同时，稳住北宋君臣的心。

与此同时，金军的大调动仍然在进行中。在北宋的边境地区，已经可以看到金人的军队。警报接连不断地传来：九月二十四，位于山西的河东地区奏报，粘罕军队正在调动南下；十月初五，位于河北的中山府探报，金国国相粘罕与副都统耶律余睹带兵来到蔚州柳甸，在这里举行了阅兵仪式；十月十八，金国军马一万五千人，加上从河东、辽东选派的其他民族士兵一万人，来到平州和云中府两地驻扎，这两地在宋金边界的最东端和最西端；十月二十一，中山府继续奏报，除了在云中府等处，在更近的蔚州和飞狐县等地，也出现了女真军队在征集粮草。④关于金人入寇的奏章一共一百七十余通，却都没有引起重视。⑤

一切都表明，一场大规模的入侵一触即发。

但此时的宋徽宗一面接待着金国的使者，一面在准备十一月十九盛大的南

---

① 参考《北征纪实》。
② 根据《续宋编年资治通鉴》，为了迷惑北宋，金军在前后还派出了两个使团（一共三个），第一个是报谢通好使团，第二个是告庆得天祚帝使团，第三个是贺天宁节（宋徽宗生日）使团。三个使团一撤，战争随即开始。
③ 参考《大金吊伐录校补》。
④ 参考《三朝北盟会编》。
⑤ 参考《续资治通鉴长编拾补》。

郊祭祀活动，没有人敢告诉皇帝正在发生什么。[1]

最后关头，童贯仍然吃不准金人的意图，十一月十一[2]，他派马扩和辛兴宗两人前往云中去见金国元帅粘罕，探查一下金人是否有意南侵。作为掩护，两位使者名义上是去协商山后诸州的归还，童贯建议金国只用归还蔚州和应州，其余的州县北宋就不要了。

当时山西隆德府的义胜军有三千多人投降了金军，还有不少人逃亡。北宋花了很大的力气培养的这支队伍，曾以为可以与常胜军匹敌，实际却没什么用处，甚至还给北宋制造麻烦。马扩等人一路上逆行于义胜军的溃军之中，于十一月二十一到达边境，又待了几天，才被允许见粘罕。

当马扩等人提出童贯的建议时，粘罕笑着说："山前山后都是我家的地盘，不仅不会归还，你们还需要再割几座城池才能赎罪。"

此时，粘罕已经下决心入侵北宋了。马扩猜测，在擒拿了天祚帝之后，粘罕还在犹豫不决。但义胜军的叛变，以及常胜军中的几个叛徒让金国看清了北宋的底细。[3] 除了隆德府的义胜军之外，在易州，有一个常胜军首领叫韩民义，由于和上级搞不好关系，率领五百人投靠了金国。韩民义告诉粘罕，在常胜军中，只有最大的首领郭药师还忠于宋朝，其余的人由于张觉事件的影响，已经对北宋离心离德了。

在宋军的部队里，金军最忌惮的就是常胜军。得到了这个情报，加上部下的劝说，粘罕终于下定了决心。

另外，在金国还有一个庞大的辽国降臣群体，他们是劝说金国皇帝征宋的死硬派。由于女真长期地处偏远，对中原地区还不够了解，地理知识很多要靠辽国人（包括契丹人和汉人）给他们补充。辽国自从被征服之后，降臣竟然迅速地上升为金国的另一个贵族群体，他们以统治者的心态看待北宋，他们曾经的土地、庄园等也已经并入北宋，只有攻宋才能拿回属于自己的东西。

---

[1] 参考《文献通考》卷三百一十。
[2] 参考《续资治通鉴长编拾补》。
[3] 参考《茅斋自叙》。

在这些人中,最突出的是早期投降女真的契丹人耶律余睹,其次则是两位在金国担任了宰相的汉人高官刘彦宗和时立爱。再次是低一级的官员缔里、槁里、特离不、王芮、铎剌、乙信、特可、九哥、马五、耶律晖、毛曷鲁、三宝奴、杨天吉、萧庭珪等。

在游牧民族的文化观念中,将被征服者的妻女抢去当老婆也不是什么见不得人的事情,还被当作一种快速实现血缘融合的最好办法,也是消除敌对的手段。辽国天祚帝被俘后,金人的两大元帅(他们兵分两路进攻北宋)都用这种方法和天祚帝结了亲。东路元帅斡离不娶了天祚帝的女儿金辇公主,西路元帅粘罕娶了天祚帝的妃子元妃。

当两大民族在血缘、君臣关系上都在融合时,辽国的降将们就成了金人攻宋的最佳推手和帮手。①

马扩应该感到幸运,由于他与金国将领的关系不错,粘罕派人将他护送回宋境。而另几位北宋的使者就没有那么幸运了。就在马扩出使的同时,还有两拨宋朝使者在去往金国的路上。一拨是北宋派去的接伴使傅察和蒋噩,他们本来是去接金国的贺正旦使的。每年春节,两国都要互派的使者叫作贺正旦使,对方使节一入境,就必须派本方使节去接待,这就是接伴使。在宋金战争没开始时,傅察等人按照规矩早早地在边境地区的蓟州玉田县韩成镇等待对方的贺正旦使。但对方使节并没有来,反而是十一月二十八,从河北进攻的金军元帅斡离不攻破蓟州时,将使团抓获。蒋噩投降了金军,傅察却由于不肯向金人参拜而被杀。

另一拨宋使是回庆使贺允中和武汉英。当金军告擒天祚帝的使节离开时,宋徽宗派人前往祝贺,就是回庆使。金军使节完成了任务之后,于十一月初八离开汴京,恰好在金军入侵之前出境了。但与他们同行的回庆使却在十一月二十八被斡离不抓住,那时斡离不刚好攻下蓟州。贺允中被关了起来,而武汉英则干脆投降。

马扩等人回去时,粘罕连书信都没有给他,而是告诉马扩,金军给童贯写

---

① 参考《大金国志》。

的信已经在路上了。

粘罕给童贯的信写于宣和七年十一月三十，语气非常不逊，直言不讳地说："两朝之事，若不互相融会，须至战争。"①

在另一封给北宋宣抚司的信中，更是列举了北宋多次违背誓言的事实，拖延下去讲道理已经没有意义，只有动用军队一条路。②

在另一封出兵檄文中，更是直截了当地提出，当初北宋迎接平州的张觉，是图金国的土地，而现在金国伐宋，是以其人之道还治其人之身，图北宋的土地。宋徽宗如果想讲和，只有一条路，就是以黄河为界重新划定领土。③ 如果北宋接受这个条件，相当于不仅没有得到所谓的燕云十六州，就连整个河北、山西地区也会失去，只留下无法守卫的黄河南岸广大平原。

这些信件由使者王介儒与撒卢母带给童贯。在金使到达之前，马扩已经回到了太原，他告诉童贯，应该放弃幻想，准备战斗了。就算到了这时，童贯仍然不肯相信战争已经打响。直到第二天金国使者到来，他还要好好地招待金国使者。

看完信之后，他问使者："为什么不早点告诉我啊！"

使者撒卢母回答："军已兴，何告为？"④

宋金之战就在北宋君臣的手忙脚乱和金国将领的精心准备中打响了。

---

① 《大金吊伐录校补》第二十九篇。
② 《大金吊伐录校补》第三十篇。
③ 《大金吊伐录校补》第三十一篇："昔彼纳平山，是图我疆，今伐汴宋，是图彼地。兹所谓出乎尔，反乎尔者也。若赵佶深悔前非，听命不违，则虽云无外，且未深图，止以黄河为界，聊报纳叛之由。是知自黄河以来，皆系我民。"
④ 参考《茅斋自叙》。

第七章
闪击战

钳形攻势与制敌之道

宋金边境从山西延伸到河北，大致以燕山划界，分别称为山前和山后地区。另外，在河北地区，由于金军占领了营平滦三州，已经进入了山前的地界。

在宋代，从山后进入中原，一般有两条路可以走。第一条路（西线）是从塞外经过山西的大同（云州，云中）南下，从雁门关穿越句注山之后进入太原盆地，然后从太原盆地继续南下，穿越太岳山的南北关，进入上党地区，如今的上党地区最著名的城市叫长治，在宋代称为隆德府。再从上党经过现在的晋城以南的天井关翻越太行山余脉，到达黄河北岸的济源、沁阳（宋代称怀州）一带，然后渡过黄河，向汴京进攻。这条路需要翻越一系列的山脉和高地，行军并不容易，对于防守方非常有利。[1]

第二条路（东线）则是从河北地区南下，经过华北平原，渡过黄河，向汴京进攻。这条路对于金人更加容易，因为它主要在一望无际的大平原上。宋军的防线主要靠平原上一个个城市之间互相支援，缺乏地理上的防御屏障。不过，金人如果想要从这条路进攻，必须首先翻越燕山山脉占领燕京，才能进入华北平原。另外，营平滦三州也给金人提供了另一条出兵线路。不管是占领燕京，还是从营州出兵，难度都比第一条线路低很多。

两条线路之间隔着巨大的太行山脉。太行山脉之间有八条孔道，称为太行八陉，其中主要有三条孔道可以沟通两条进攻线路。

---

[1] 马扩曾经谈到两条路的优缺点，参见下文他的建议。

金人的进攻策略也是围绕着这两条线路展开。具体安排是：

金太祖完颜阿骨打的次子斡离不掌管东路军。攻克燕京后，斡离不把枢密院建在了燕京，由一个辽国的投降官员刘彦宗担任书记官，刘彦宗对北宋非常了解，是金国内部最强力的主战派之一。

金国元帅粘罕掌管西路军，枢密院设在了云中府（金人占领西京后设立云中府），由一位叫作时立爱的官员掌管书记事务。①

当时金人内部称这两个分别位于燕京和云中的枢密院为"东朝廷"和"西朝廷"。

负责东路的二太子是晚辈，军事经验相对不足，性格也较为和善，又很好色，与西路的国相比起来更好打交道。国相在和辽国作战时积累了丰富的战争经验，他曾经对北宋也比较友善，但在和北宋打交道的过程中，却逐渐变成了强硬派，同时，他对地理非常熟悉，知道金国必须控制哪些地理枢纽，才更加有利于未来的扩张。

在进攻线路上，友善的二太子选择了容易进军的东路，而经验丰富的国相要啃西路的硬骨头。这对于宋军是一种幸运，他们只要借助地理优势抵御老辣的国相，就容易对付二太子的兵马。因此，宋军在战争中并非毫无胜算。

另外，既然东路是宋军地理战略上的薄弱环节，就应该加强东路的防御，避免被金军利用。在战争刚打响时，还在童贯营中的马扩就提出了一个策略。

他的策略强调：河东（即西路，山西通道）路险，地多关隘，士兵熟悉战斗，金军很难长驱直入。但河北（东路）就不同了，在雄州、霸州旁边还有水塘保护侧翼，在广信军、中山、保州（现河北保定）一带，全是平原坦途，金人最怕的是位于燕京的常胜军，可一旦常胜军出了意外，金人一定顺着大平原长驱直入，直达黄河，并与西路形成策应。

在兵法中，进攻的最佳策略就是形成多路协同的钳形攻势。进攻方很少会选择单路冒进，总是选择两条或者多条通路，齐头并进，如同一个钳子的两条或多条腿，将目标紧紧夹住。但要做到钳形攻势，必须两个钳腿形成策应，互相减轻压力，又共同打击敌人。如果没有策应，这样的钳形攻势就是死的。

---

① 参考《续宋编年资治通鉴》。

金人进攻的东西两路就是钳形攻势的典型应用，而太行山上的通道，就是两个钳腿的策应点。马扩意识到，在河北的真定存在一个关键点，真定距离太行山道的紫荆关通道和井陉通道都不算远，这里城池坚固粮草充足，只要长期坚守，就可以防止金人的两路取得联系，又可以牵制敌人的东路军。敌人只要占领不了真定，就不敢轻易南下，即便南下，也要面临被侧翼袭击的风险。①

马扩的意思是，请童贯一方面死守山西（西线），另一方面将主战场放在河北（东线），以真定为基地防止敌人东路军的推进，并乘机决战。

事实上，不见得一定是真定，只要宋军能够进行有效组织，实施守土抗战，不轻易放弃一城一池，那么敌人虽然可以占领一部分城池，但总会有城池没有被攻克。金军必须绕过这些坚固据点继续前进，当他们的战线拉得足够长时，后勤就必然会出问题。另外，金军要守住已经占领的城池，也需要花费兵力，经过一段时间后，金军的兵力必然不够用了。后勤出问题，兵力又不足，到时宋军反击，金军必败无疑。

对于宋军来说，要想熬到反击，最关键的是下定抗战的决心。

童贯虽然赞同马扩的计谋，却并不打算由他本人亲自实施。身在太原的他想的唯一事情就是尽快回到汴京。他认为汴京才是安全的地方。

于是，北宋就在童贯的心猿意马中迎来了金军的进攻。

长驱直入

宣和七年十二月初一②，金军的东路军攻破檀州。檀州位于现北京密云一带，已经到了北京盆地，越过了燕山。

十二月初二③，金人东路军攻克蓟州。

十二月初五，西路军金国使者到达太原，向童贯下战书。

---

① 参考《茅斋自叙》。
② 根据《续资治通鉴长编拾补》，《三朝北盟会编》、许采《陷燕录》记载为十一月二十六。
③ 根据《续资治通鉴长编拾补》，《三朝北盟会编》认为是十一月二十八。

第二部 战争与和议

十二月初七，宋军统帅童贯决定从太原回汴京。童贯是宋徽宗防御金国最依赖的人，之前几乎所有的策略都和他有关，如果他留在山西或者河北指挥抵抗，北宋的军心会很快稳定下来，但他决定离开，军心涣散就一发不可收了。在他走之前，太原守卫张孝纯和儿子张浃曾经劝说他留下，他回答："我只是受命宣抚，不负有守土的责任，如果要宣抚司守土，还要你们干什么？"

他鼓励张孝纯好好坚守，等他到了京城，会立刻派兵马来策应。言外之意是如果他童贯留在这里，反而对整个战局是没有好处的。[①]

张孝纯只好感叹童贯平常耀武扬威，关键时期却胆小如鼠。他对儿子说："罢了罢了，咱们父子死守吧！"

就在童贯决定南逃的当天，东路的郭药师却和金人打了一场生死大战。由于金军已经获得了檀州和蓟州，距离燕京已经很近，郭药师屯兵燕京东郊已经二十余天。他在十二月初二准备出战，可宋军中有人对他不放心，让他不要单兵突进，等待另两位将军张令徽和刘舜仁，然后三军一起出击。

十二月初六，三路军马集结完毕，并进到燕京东面的三河一带，三河附近有一条河叫白河，宋军在西岸，金军在东岸。郭药师的兵马戈甲铿亮，队伍整肃，连金军都感到有些发怵。

半夜里，郭药师率军渡过白河。金军立刻迎上，阻止他们继续前进。第二天一早宋军与金军摆开了战阵。宋军在西面，北翼是张令徽和刘舜仁的军队，南翼是郭药师。金军在东面，北翼是二太子斡离不，南翼是其他人的部队。

郭药师的军队不愧为常胜军，鏖战三十余里，将面前的金军击退，他们到达了金军的寨子，却发现没有带火种无法将对方的营垒烧毁。

就在这时，传来了宋军北翼败退的消息。张令徽首先被击败逃走，接着刘舜仁也被击退了。郭药师听说后，只好率军撤回，失去了全胜的机会。

双方战斗的烟尘远在燕京城都可以看到，白河距离燕京大约有八十里，据当时在城上的许采[②]记载，站在城东城墙上，向着白河方向望去，尘埃如同云气

---

① 参考《三朝北盟会编》。

② 参考《陷燕录》。

遮蔽天空。很久之后，张令徽首先逃回，过了一会儿，刘舜仁也到了。直到晚上，郭药师才回到了城内，三人互相诋毁，争吵不休。根据统计，郭药师最核心的所谓"硬军"三百人，只剩下一百二十人活着回来。

但不管怎么说，金军也损失惨重。这场战斗以双方势均力敌，各遭遇损失而告终。这至少表明，宋军的战斗力并不比金军差，只要组织得当，燕京是可以保住的。接下来就看双方怎样部署了。

十二月初八，童贯按计划离开太原南逃。与他一同离开的还有参议宇文虚中，机宜范讷、王云、宋彦通等人。

同日，马扩离开太原，前往真定参与防守。他从童贯处要来了一个命令，允许他在中山、真定一带招纳三万人，在真定参与防守。[①]

到这时为止，事情还都在意料之中。但突然之间，传来了令人震惊的消息：郭药师投降了！

不过，回头复盘，会发现整个事件中，郭药师可以被人指责的地方并不多。反而是如果他不投降，就摆脱不了死于非命的命运，而且很可能不是死于敌人之手，而是死于己方叛徒之手。

就在战斗结束后的当天夜里，驻守燕京城东北门的守将决定投降。他想拿郭药师当作见面礼，还专门询问："你们是要活的郭药师，还是死的郭药师？"[②]

这件事被郭药师发现了，他随后还发现，事情并不是一个小小的城门官投降这么简单，背后的大头目实际上是当天吃了败仗的张令徽和刘舜仁。也就是说，当天的败仗是已经注定的，不管常胜军死多少人，花多少力气，都不可能取得胜利。

宋军中复杂的关系让这个只懂打仗的汉子感到无助。他的性格的确有很多问题，比如过于纵容他的军队；与别人无法相处；虽然投降北宋，却保留了很多辽国的习俗，不肯被宋军同化；等等。但他在投降之前，至少打仗从来没有懈怠，可是从北宋的皇帝到将军，却无一不对他充满了防范，还不断地预言他会惹麻

---

① 参考《茅斋自叙》。
② 参考《陷燕录》。

烦，或者搞叛乱。即便这样，他还是在尽全力与金人打仗。

当宋军内的叛军要将他的人头送给金人时，事情终于起了变化。郭药师决定，与其让别人将自己的人头送过去，不如自己将个人和整支军队都送过去。

他给金人写了降表，又召集燕京城的官员蔡靖、吕颐浩、李兴权、沈琯在家开会，人来后，他宣布投降，将众人软禁。蔡靖想要自杀，被人拦下。郭药师表示投降实在是迫不得已，不能和在座之人一样保全节操了，说完痛哭流涕。

当晚，燕京四处起火，士兵们开始劫掠。这座以巨大代价换回的城池，在宋军手中只保留了两年，就再次，也是永久性易主了。

第三天，金军进入燕京城，在休息四日后，斡离不离开燕京，继续南进。蔡靖被留在了燕京，帮助维持燕京秩序，其余官员中吕颐浩、李兴权、沈琯、杜时亮、陈杰五人被带在军中，以便随时起用。郭药师也率军跟随斡离不离开，成了金军入侵的帮手。

由于燕京失守，整个河北地区一片乱象。① 泾州② 守将郁中正被金人囚禁，景州守将吴震从海道逃走，蓟州守将高公干率领卫队南逃，檀州守将徐杰也在逃窜之中，顺州守将林良肱还在向燕京方向移动，涿州守将葛逢更是在这之前就逃亡了。易州守将黄烈在逃出城时，从城墙坠下摔断了左脚，人们就把他的右脚也折断，死了。

就在河北地区乱套时，山西地区形势也变得严峻起来。童贯逃走前后，金军已经开始针对北宋边境地区展开了行动。

北宋山西地区的中心在太原，金国的西部中心在云中（大同）。太原和云中之间分布着北宋的北方防线，而又以四个州最为重要，它们是朔州、武州、代州和忻州。朔州与大同在同一个盆地之中，是对云中最好的牵制，武州位于朔州的西南山区之中，地理位置居高临下，构成朔州防线必不可少的高地。过了朔州，就到了中国历史上一道著名的关口——雁门关。雁门关之南是代州和忻州，这两个州也是太原的北方门户，一旦北方入侵者占领了这两个州，顺着一条谷地就可以

---

① 以下记述根据《陷燕录》。
② 根据《陷燕录》，泾州在西北地区，不知为什么窜入此处。

到达太原城的最后一个防守点石岭关。过了石岭关，就是太原城了。

这四个州中除了宋朝的军队之外，还有一支特殊的部队——义胜军，是当初谭稹驻守山西时，利用原来辽国地区的汉人建立的部队。这支部队本来应该战斗力更强，其装备好到甚至让常胜军的统领郭药师都羡慕。但随着时间推移，土著汉人与宋朝官军之间的矛盾越来越深，义胜军除了消耗大量物资，找了不少麻烦之外，并没有帮上忙，甚至还成了祸害。

金军首先进攻的是距离大同最近的朔州，朔州守将孙翊是一位既忠诚又有勇气的官员，但当他出战时，城内的义胜军立刻开城投降，朔州失守。随后，武州也因为义胜军的投诚而丢失。[①]

拿到了朔州和武州之后，金军通过雁门关，于十二月初七来到了代州城下。与代州同时被围困的还有代州南边位于代州与忻州之间的崞县。

代州守将李嗣本和崞县守将李翼都选择了死守。这一次，就连金军也认为不会再像前两次那么顺利，一定会有一场大战。但不想三天后，代州城内的义胜军故技重施，将李嗣本抓获，举城投降。

十二月十一，金军派遣李嗣本到崞县劝降，被李翼射走。金军意识到暂时无法攻克崞县，率兵绕过崞县，继续南下。

宋军方面，随着金军南下，也开始准备加强防守。

宋军的防御策略是这样的：在崞县以南的盆地中，还有一个重要城市忻州，忻州南面有一座小山，山上有通往太原的最后一个关口——石岭关。整个太原以北的防御由位于太原的大元帅张孝纯负责。张孝纯决定让各个城市各自为战，但首先必须保卫住石岭关，只有这样，太原才不会受冲击。一旦石岭关安全了，再派兵北上，寻找合适的机会与金军决战。

十二月初九，宋金两军在代州和崞县还没有决出胜负时，张孝纯就已经布置好了石岭关附近的人马。把守关口的守将叫王宗尹，张孝纯一面让王宗尹死守，一面派人去增援他，并做好反击的准备。

张孝纯派去增援石岭关的将军叫冀景，但冀景担心危险，不愿意北上。张

[①] 河东战斗过程见《三朝北盟会编》。

孝纯为了让冀景同意，又派遣了八千义胜军增援。义胜军的首领叫耿守忠。张孝纯以为这样冀景就会同意了，不想冀景还是拒绝。但这一次，张孝纯强迫他动身了。

冀景心不甘情不愿地到了石岭关，他信不过耿守忠的义胜军，于是将义胜军继续派往石岭关以北，去与金军决战。他的策略是：自己的部队必须处在义胜军的后方，否则，义胜军万一投降金军，自己就被包围了。

耿守忠率领义胜军来到了忻州以北的忻口，寻找与金军的作战机会。但这时，他又回头来找冀景，表示自己的部队都是步兵，希望冀景拨出一部分骑兵给自己。冀景虽然不情愿，但还是拨了一半骑兵给他，不敢把另一半也交出去。

耿守忠获得了骑兵之后，并没有继续向北寻找金军，这个缺乏纪律的部队已经失控了，人马乱七八糟向石岭关赶来。冀景一看大事不好，立刻弃关逃走了。耿守忠占领了关口，随即投降了金军。石岭关失守了。①

金兵长驱直入，赶去抢占石岭关。经过忻州时，忻州守将贺权一看大事不好，立刻大开城门，奏乐欢迎金军的到来。金军大喜，决定不进城，继续赶路到了石岭关。

十二月十七，石岭关以北的最后一个北宋据点崞县也失守了。这一次，仍然是义胜军干的，义胜军在崞县的首领崔忠发动叛乱，引贼入城，李翼被俘殉节。金军长驱直入，来到了太原城下。太原以北的土地永久性失守了。

石岭关失守时，北宋汴京的大臣们竟然还不知道金兵入寇的消息。至于消息后来如何传到汴京，也是很值得研究的问题。

最初，燕京的蔡靖曾经发了一百七十多篇告警，但这些告警传入宋徽宗手中就断掉了，皇帝并没有把它们拿给外廷官员去讨论。他这么做，一是对郭药师和守卫部队有足够的信心，二是害怕影响了盛大的南郊祭祀活动。

活动结束后，宋徽宗继续将所有的警报消息捂住。但随着金人入寇，零零星星的消息终于开始在汴京的官场和民间散布开来。

十二月初九，北宋的两位宰相白时中和李邦彦终于坐不住了，他们面见皇

---

① 根据《三朝北盟会编》《续宋编年资治通鉴》。

帝，请求皇帝将报警信交给外朝讨论。① 两位宰相拿到报警信，都倒吸一口凉气，但随即决定不能告诉外人，而是在高级官员中先讨论出个结果，再通报其他官员。人们每天看着高级官员心事重重地去开会，到了夜里才回来，都知道出了大事，猜测纷纷，又没有确定的消息。

十二月十二，中山府知府詹度接连发了三封报警信，传入汴京后，人心惶惶，朝野大惊失色。② 可是，皇帝和宰相们仍然没有正式通报，继续每天开会讨论。

十二月十六，童贯从太原归来，事情终于捂不住了。可是朝廷仍然没有拿出像样的决策。到底应该怎么办？是痛击，还是服软？郭药师投降的消息传来，甚至没有人敢于相信，官员们都顺从皇帝的意思，继续讨论封郭药师为燕王，拥有世袭的权力，③ 仿佛这样掩耳盗铃，就可以抵御金人的入侵了。

不管北宋君臣如何慌乱，金军的入侵步伐并没有停止。斡离不的军队最初的目标是收复燕京地区，并入侵河北地区。可自从郭药师投降后，这位降将为了证明自己的价值，立刻将北宋的虚实都告诉了二太子，于是从这时开始，金军就变得更加危险了。

十二月十四，斡离不决定以汴京为目标，发动长途奔袭，郭药师率领两千人马为先锋。同时规定，途中路过的州县一律不得随便杀戮。

在前期，金军的攻击是面状的，也就是一路扫过所有的州县，以夺取土地为原则。从这时开始，金军开始了线状攻击，如果某个州县暂时拿不下来，就绕过去继续前进，以最快的速度赶往北宋首都。

十二月十八，斡离不的军队已经到达保州、安肃军，但没有攻克。十二月二十一，金军兵围中山府，中山府守将詹度进行了防御，保住了这个重要据点。

临阵换帅

在与群臣商量对策的日子里，宋徽宗确实想出了一个办法，这个办法也是

---

① 参考《北征纪实》。

② 参考《续资治通鉴长编拾补》。

③ 参考《北征纪实》。

取经自辽国的末代皇帝天祚帝,那就是——逃跑。

十二月二十,宋徽宗封他二十六岁的太子赵桓为开封牧。在宋代,开封牧是一个不常封的职位①,宋代早期的太宗、真宗都曾经当过开封牧,之后就长期空缺了。首都行政职能归于一个叫作开封知府的职位,即便是知府,也必须加一个"权"字,称为开封权知府,也就是暂且充任知府的意思。

宋徽宗这次拾起开封牧的职位,实际上是想让他的儿子赵桓守卫汴京,自己已经做好了溜走的准备。

如果皇帝溜走,把守卫首都的重任留给太子,肯定会引起巨大的恐慌,也向人们表明朝廷并没有信心守住这里。这等于是在金军没有到来之前就扰乱了军心。

此时,一位叫李纲的人出场了。

李纲在汴京保卫战之前并不出名,由于性格原因长期得不到重用,还曾因言论被贬七年。宋徽宗封儿子为开封牧时,李纲的职位是太常少卿。②他在十二月二十二③夜晚去拜访给事中吴敏,询问吴敏接下来的情况。他忧心忡忡地表示:"如果皇帝走了,事情就麻烦了。当然,皇帝要走,别人是拦不住的,唯一的机会就是他离开前将皇位禅让给太子,而不仅仅是让太子当开封牧。这就像当年唐明皇被安禄山逼到了四川,太子却北上灵武继续抗战。唐明皇退位给太子,让他有了足够的号召力,否则,仅仅以太子的身份,是不足以让天下感到安心的。"

吴敏同意李纲的看法,第二天立刻求见宋徽宗。

就在吴敏求见宋徽宗之前,皇帝本人似乎也觉察到了问题所在,已经走出了第二步。十二月二十一,皇太子入朝时,宋徽宗将只有皇帝能够使用的排方玉带送给了太子,这可以视为他要让太子负全责的标志。④

十二月二十二,宋徽宗发出了著名的罪己诏。在中国历史上,从汉代就形成的儒教哲学是建立在"皇帝是天之子"的基础上的。作为天之子,皇帝不会

---

① 参考《文献通考》。
② 参考《靖康传信录》。
③ 根据《靖康传信录》推知,因李纲自述吴敏见皇帝为二十三日。
④ 参考《续资治通鉴长编拾补》。

轻易承认自己犯错了，因为一旦承认，就意味着天罚，甚至改朝换代。但在历史上又有几次著名的罪己诏，比如汉武帝末年对自己滥用兵戈的罪己诏[①]，以及唐德宗在泾原兵变中被赶出长安后发出的令人心酸的罪己诏[②]。宋徽宗的罪己诏和唐德宗的一样，将自己说得一无是处，请求人民原谅，并恳求各地赶快来勤王，以免社稷不保。

罪己诏并非宋徽宗本人所写，而是一位叫作宇文虚中的大臣写的。宇文虚中当初是海上之盟的重要反对者，当初主推海上之盟的是宰相王黼和枢密使童贯，反对的人数众多，宇文虚中是其中反对声音最大的一个。他因此惹怒了王黼，从中书舍人被降为集英殿修撰。后来童贯选择宇文虚中当参议官，跟随他前往太原。这次童贯逃回，又把宇文虚中带了回来。

此时，宋徽宗向宇文虚中道歉，后悔没有听他的话，并询问应该怎么办。宇文虚中表示，首先应该发罪己诏，将所有弊端革除，等人心回转，才能胜得了金军。宋徽宗连忙叫他去写罪己诏。宇文虚中从袖中抽出早已经准备好的草稿，原来他没有等皇帝的命令，就私下里先写了个草稿。[③] 皇帝也来不及提出质疑，立刻叫人在京城四处张挂。

在罪己诏中，宇文虚中将皇帝骂得淋漓尽致，似乎将几十年的积怨都发泄了出来。其中将皇帝形容为：

言路壅蔽，导谀日闻；恩倖持权，贪饕得志。缙绅贤能，陷于党籍；政事兴废，拘于纪年。赋敛竭生民之财，戍役困军伍之力，多作无益，靡侈成风。利源酤榷已尽，而谋利者尚肆诛求；诸军衣粮不时，而冗食者坐享富贵。灾异谪见而朕不悟，众庶怨怼而朕不知。追惟己愆，悔之何及！[④]

另外，罪己诏中提出了十项整改措施，大多是减少奢侈的做法，并没有涉

---

① 征和四年（公元前 89 年）。
② 建中四年（公元 783 年）。
③ 《续资治通鉴长编拾补》引宇文粹中《承训录》。
④ 参考《三朝北盟会编》。

第二部　战争与和议

及具体如何抵御金人。只是希望大家广开言路，献计献策，同时号召天下方镇都赶往京师，勤王驱敌，皇帝给大家准备了赏赐和职位。

十二月二十三，火上浇油的是，群臣此时才把金国的伐宋檄文给皇帝过目。檄文是金国使臣交给童贯的，但童贯一直不敢给皇帝看。直到这一天，宰相李邦彦才决定给皇帝过目。

这时人们也想起来，金人在发兵之后，派了两位使臣前来宣战，大臣们却不敢引见给皇帝。宋徽宗知道使者来了，也不敢见，只好让大臣们接待。使者见到大臣，立刻表示金军已经兵分两路前来讨伐，宰相白时中、李邦彦，以及大臣蔡攸等都目瞪口呆不敢发话。当他们问，北宋应该怎样做，金国才肯息兵时，使者答道只有割地称臣一条路。大臣们不敢做主，好言好语将使者劝走。[①]

皇帝看过檄文，又联想起使者的宣战，终于决定退位。他派遣陕西转运判官李邺出使金军，将自己退位的消息带过去，向金军求和。李邺要求带三万两黄金前往，朝廷已经拿不出这么多钱来，只好将祖传的两个金瓮（各五千两）熔化掉，制成金牌让李邺带走。[②]

就在十二月二十三当天，宋徽宗在一片乱哄哄中完成了传位。宋徽宗由于积劳成疾，突然间病倒，于是把太子召到了病榻之前，命人给毫无准备的太子穿上御衣。太子吓得连忙躲避，哭着不敢接受。宋徽宗表示，如果他不接受，就是不孝。太子反驳说如果接受了更是不孝。

就连皇后也来劝说，太子还是不干。众人挟持着太子前往福宁殿即位，一路上太子抗拒着不肯走，几至气绝，于是人们连忙找太医来，等他醒了又拖着他走。太子来到了福宁殿，宰相高官们都已经在等候，将他强拉入殿完成了即位仪式。[③]

人们将这个二十多岁的年轻人强拉上大位时，整个帝国大厦正处于危机之中。他的父亲随时准备逃走，大臣们议论纷纷，不知道怎么办。更麻烦的是，一次思

[①] 参考《续资治通鉴长编拾补》。
[②] 参考《三朝北盟会编》。
[③] 《续资治通鉴长编拾补》引《靖康要录》，以及《北征纪实》，综合之。

想危机正在首都上空盘旋。宋徽宗时期，指导皇帝思想的是变了味的主战派，比如童贯决定与辽国开战，收复燕云十六州，只是由于战斗力不强，这些主战派不得不采取了坑蒙拐骗的手段，以赎买方式从金国手中收复了燕京。反对童贯等人的大都是主和派，认为不应该与辽国为敌，而应该遵守长期的和平协议。

现在，随着宋徽宗的倒台，主战派已经失势了。事实证明，当初主和派的建议更加可靠。可宋徽宗下台时已经是大敌当前，又如何才能恢复和平呢？

到底是靠战争将金人赶走，还是通过议和祈求新的和平？事实上，皇帝的班子里一直不乏祈求和平的人。比如，宋徽宗最后派去的使节李邺就是个典型的例子。靖康元年（公元1126年）正月初七，李邺归来并对金军的战斗力赞不绝口，表示金军"入水如蛟，入山如虎，登城如猿，不可敌也"。[①] 可是如果不抵御金人的进攻，和平已经不可能了，经过形势的转换，更加积极的主战派反而更能拯救北宋。

让一个刚上位的青年人决定是战争还是和平，恐怕已经超出了他的能力。唯一能够依靠的，就是他的大臣班子了。

幸运的是，在宋徽宗下台前任命的几个官员都主张抵抗。宇文虚中虽然当初批评朝廷不该破坏与辽国的和约，但此刻却主张抵抗。在他的坚持下，皇帝下令召集西北方向熙河路经略使姚古，以及秦凤路经略使种师中前来勤王。西北的士兵由于长期与西夏对峙，是宋军之中最有战斗经验的，如果北宋还有人能够抵御金兵，必然出自西北。[②]

皇帝还任命了吴敏担任门下侍郎，让他和宇文虚中共同负责召集勤王军队。吴敏立刻行动，召集被贬斥但是经验丰富的种师道前来勤王，同时还召集了一位叫何灌的将领。又由于吴敏与李纲的关系较好，他向皇帝推荐了李纲。这就给后来李纲的上台打下了基础。

北宋更换皇帝时，金军的进攻仍然在持续。十二月二十五，金军攻占庆源府（现河北省赵县）。

十二月二十七，金军占领信德府（现河北省邢台市）。在两次进攻中，郭药

---

① 参考《三朝北盟会编》。

② 参考《宋史纪事本末》。

师的常胜军都起到了非常重要的作用。

金军是传统部落制的，每一次打完，都要进行一番劫掠，士兵们要靠抢劫战败者获得生活资料。郭药师的军队却已经职业化，他们纪律严明，不滥杀无辜，最多只是稍微取点财物。

郭药师对平民仁慈，对他的前主子却足够心狠。十二月二十九，更换皇帝的消息传到了金军营中，二太子斡离不听说后，担心宋朝有了防备，犹豫不决。郭药师却劝说二太子继续进军，表示南朝未必有防备。①

在西路，金军也于十二月二十七完成了对太原的包围。北宋对西路的防御错漏百出。不仅前期朔州、武州、代州、忻州和石岭关迅速丢失，到了金军合围太原后，又错失两路救援人马，分别是朔州守将孙翊，以及府州守将折可求的兵马。②

孙翊前来太原，是因为他所在的朔州已经投降，把他关在了城门外，他只好带领两千兵马前往太原。来到太原后，由于守将张孝纯不敢开门，孙翊在城外与金军鏖战两日，全军覆没。③折可求则是率领两万兵马从与西夏接壤的麟州、府州赶来，在交城被金军击败。

如果北宋有一个好的将领统筹全局，在粘罕进军太原时，守将折可求和孙翊等人的部队集中起来，直捣粘罕在云中的老巢，采用围魏救赵的计策，是有可能逼迫粘罕回军的。

虽然没有击退粘罕，但幸运的是，张孝纯守住了太原，并没有让粘罕的西路军更进一步。这也减轻了汴京的压力，在京城的宋军只需要对付河北的金军东路军就可以了。

宋钦宗上台后，首先要做的是改元，徽宗的年号宣和已经用了七年，钦宗与大臣们经过商议，取"日靖四方，永康兆民"的意思，定年号为"靖康"。④于是，中国历史上短暂而激烈的靖康之年到来了。

---

① 参考《三朝北盟会编》。
② 《续资治通鉴长编拾补》引张汇《金房节要》。
③ 参考《续宋编年资治通鉴》。
④ 参考《铁围山丛谈》。另《三朝北盟会编》载诏书中有"发施仁政，怀日靖四方之志；经文纬武，图永康兆民之功"语。

逃亡的皇帝

靖康元年（公元1126年）正月初一，金兵来到了黄河北岸的浚州。在几天前的十二月二十六，皇帝曾派威武军节度使梁方平率领七千兵马守卫浚州，步军都指挥使何灌率军三万守卫黄河。[①] 当时何灌就想尽办法留在后方，他劝说宰相白时中，汴京才是更需要他的地方，不要把他派往前线。但白时中还是让他出发了。[②]

正月初一[③]，金军在郭药师的先导下到达浚州城外，梁方平并没有想抵抗，而是率军向黄河南岸撤去。一旦过了桥，他立刻下令将黄河上的浮桥烧掉。由于仓促放火，数千宋军没有来得及过桥就淹没在了河中。

在黄河南岸陈军三万的何灌一看梁方平逃走，也立刻开始逃窜，黄河南岸的宋军也逃得一个不剩。

正月初三[④]，在没有宋军抵抗的情况下，金军开始从容不迫地用找到的十几艘小船渡过黄河，到初六才渡河完毕。[⑤] 在此期间，如果南岸有宋军把守，完全可以击败渡河的金军。何灌的逃跑，让宋军丢失了最佳获胜的时机。这和宋徽宗长期不设防政策有关，他把燕京交给郭药师的常胜军、山西交给童贯后，在首都地区找不到一个有作战经验的将领，贪生怕死的人占据了高位，导致了黄河失守。

黄河失守的消息传到了京城，就在当天夜里（初三），宋徽宗开始了他的逃亡之旅。夜间二更左右，宋徽宗的车驾从通津门水路出城，跟随他的有皇后、皇子、帝妃等人，护驾的士兵由平凉军节度使范讷掌管。

最初皇帝乘船，后来感觉船太慢，改乘肩舆，又嫌肩舆太慢，临时征用了

---

① 参考《三朝北盟会编》。
② 参考《宋史·何灌传》。
③ 根据《续资治通鉴长编拾补》，《三朝北盟会编》定于正月初二。
④ 参考《金史·太宗纪》。
⑤ 《续资治通鉴长编拾补》引沈琯《南归录》。

第二部 战争与和议

几艘搬运砖瓦的快船由皇帝乘坐。① 路上饿了,只好跟开船的要个饼,分着充饥。一夜行走了上百里,到了南京(现河南省商丘市),才进州府休息,找到了被子,换来了驴骡。

从南京到符离后,宋徽宗再次坐船顺泗水而下。在这里,宋徽宗碰到了也跟着逃亡的宇文粹中(宇文虚中的哥哥)、童贯、高俅等人,这才有了伴。童贯率领三千兵马护驾,一路到了扬州,各种皇子皇孙在路上被安置了一批,并没有都跟着他到扬州。

高俅以三千兵马扼守淮河,防止金兵赶来。扬州父老们恳求宋徽宗不要渡过长江,可是太上皇早已被吓破了胆,将皇后留在了扬州,自己渡江到了镇江。

宋徽宗逃亡之后,北宋首都汴京上下已经成了惊弓之鸟。主张海上之盟的前宰相王黼也暗地里载上家产老婆孩子开始了逃亡。文武百官中也有很多人偷偷地逃走。此时,年轻的新皇帝的动向成了人们关注的焦点。许多人劝说皇帝也学他的父亲,逃到江南去避难,有的建议他去往关中,② 而新皇帝想的则是到底如何稳定人心,惩罚那些逃亡的大臣。

在新皇帝刚即位时,他的确做了两件大快人心的事情,让人们看到了希望。第一,惩罚之前的那些主政者,也就是所谓的"六贼";第二,任命主战派开始防卫。

在宋徽宗时代是不可能惩罚官员的。由于一切政策最终都出自皇帝,如果惩罚当时的大臣,就是否认皇帝自己,所以,宋徽宗即便知道他的大臣不好,也不可能惩罚他们。但他一下台,他的儿子却并没有这样的包袱。除了父亲本人不能惩罚之外,其余的人都是可以追究责任的。

宣和七年十二月二十七,就在钦宗皇帝刚上台不久,一位叫作陈东的太学生就已经开始发难。③ 他将宋徽宗时期的宠臣蔡京、王黼、童贯、梁师成、李彦、朱勔等六人称为"六贼",上书请求皇帝将"六贼"诛杀。

---

① 李纲《靖康传信录》。
② 《续资治通鉴长编拾补》引封有功《编年》。
③ 参考《宋史·忠义传》。

在陈东所列的六人中，地位和作用各不相同。其中蔡京执政最长，曾经数次出任宰相。他最大的功劳是帮助皇帝解决财政问题，由于北宋财政花费很高，政府常常缺钱，别人都无法帮助皇帝找到足够的钱，只有蔡京能够完成任务。他在任上进行了许多财政和金融改革，直到现代，各级政府仍然在学习这些经验。蔡京最令人愤恨之处是他遵从皇帝的意思，迫害那些元祐派（旧党）的大臣。加上执政时间太长，党争不断，蔡京成了皇帝要处理的首要目标。

王黼和大宦官童贯被列入"六贼"，主要是因为与金人结盟的政策失误。

朱勔是一个典型的宠臣，以运送和搜刮花石纲出名，从而导致整个东南方的疲敝，造成了方腊起义，让北宋的财政更加捉襟见肘。

大宦官李彦以在西北地区搜刮田产出名。事实上，这也是宋徽宗的财政需要，要将更多的土地从民间搜刮出来，好收税。

另一个大宦官梁师成并没有做太多的恶，他自称是苏东坡的儿子，因为他的母亲曾经是苏东坡的侍婢，送给别人后生下了他。[①]作为宋徽宗的宠臣，他的地位很高，蔡京尊重他，童贯和他互为攻守，王黼当初被提拔也多亏了他，他自然被列入了"六贼"之中。

陈东在上书中痛斥"六贼"，实际上是要将宋徽宗所有的恶政都归咎于他们。[②]除掉他们，会产生人心大快的感觉，从而把大家都团结在新皇帝周围。

陈东上书时，宋徽宗还在汴京，大家心里有数，却并没有附和。可宋徽宗一上路，陈东再次上书，就到处理"六贼"的时候了。

首先倒霉的是逃跑的王黼，他被剥夺了家产，搜出了数万亿的宝贝，最后贬斥永州，在路上被杀死。其次是李彦，由于背景不深，也被抄没家产赐死。梁师成因为立太子有功，暂时被钦宗保护，但没出一个月，也被赐死了。

帮助皇帝运送花石纲的朱勔被放归田里。蔡京和童贯撑得时间久一些，但

[①] 参考《续宋编年资治通鉴》。另一个大臣高俅则自称苏东坡的小史，见王明清《挥尘录》。

[②] 《续资治通鉴长编拾补》卷五十一，徽宗宣和七年："今日之事，蔡京坏乱于前，梁师成阴败于内，李彦结怨于西北，朱勔结怨于东南，王黼、童贯又从而结怨于二房，败祖宗之盟，失中国之信，创开边隙，使天下势危如丝发。此六贼者，异名同罪。"

这一年没有过完,"六贼"就都已经死了,算是给群臣一个交代。[①]

陈东这样的太学生义气方刚,年轻气盛,放在现代的政治分野中可以算是年轻左派。这样的人可以去摧毁,却无法去创建。在靖康元年正月,最现实的问题是,怎样组织防御才能够击退金军的入侵?这个问题就不能靠太学生去完成了。

所幸的是,宋徽宗临走前留给宋钦宗一个优秀的大臣。到李纲登场的时候了。

[①] 参考《宋史纪事本末·群奸之窜》。

第八章
遗患无穷

孤城守将

宣和七年十二月二十八，宋钦宗在吴敏的推荐下见到了李纲。在奏对中，李纲总结了金军出兵的五大欲求，认为他们的军事行动要达到的目的是：第一，称尊号，获得北宋的尊重；第二，索还逃亡者，加强人口；第三，要求增加岁币，获得更多收入；第四，要求犒师，即一次性的物资赔偿；第五，割地。

他认为第一、第二项，对于北宋并没有什么实质性影响，应该满足对方；第四项一次性赔偿，对北宋来说只是一次性支出，也可以尽量满足对方。

但第三项，由于宋徽宗许诺的岁币已经很高，加上是持续性支出，每年都要交，所以不能轻易许诺再增加岁币。至于第五项，更是万万不可，这不仅是土地丢失的问题，而是意味着北宋将失去屏障，未来守不住。

李纲建议皇帝在这个指导原则下与金军展开较量，同时不要懈怠军事上的准备。[1]

第二天，宋钦宗任命李纲为兵部侍郎。这是李纲第一次跻身于北宋重要官僚行列，但仍然不算是最高的宰执级官员，没有资格参加国务会议。宋代官阶最高的几位官员称宰相，还有几个副宰相称为执政，共同组成最高官员群体。

正月初四，金军正在渡河的消息传到京城，宋徽宗已经离开，宰执级的官员都在劝说宋钦宗赶快逃走。他们大都认为[2]，宋钦宗离京之后的第一选择应该

---

[1] 参考《靖康传信录》。
[2] 以张邦昌与白时中为首。《续资治通鉴长编拾补》引《靖康前录》。

第二部 战争与和议

在襄阳一带。

为什么是襄阳？这就要从中国的地理结构谈起。在中国，秦岭—淮河将国家分成了南北两部分，沟通这南北两部分的道路主要有三条，分别是从陕西入四川的西路（也叫蜀道），从淮河到长江流域的东道（宋徽宗逃亡时所走的道路，运河也修建在这条路上），以及从河南中部经过南阳、襄阳到达湖北、湖南的中路。中路位于三条路中间，而襄阳又在中路的中间，所以被认为是中华的地理中心，也是历代兵家的必争之地。如果宋钦宗逃到这里，比起宋徽宗逃到江南要好看一些，同时也可以说是为反攻做准备。①

除了襄阳，也有人建议西去长安组织反攻②，也就是选择西路。

如果能进行有序组织，皇帝撤离首都也不算是错误的选择。在全局性战争中，首先要保证的是皇帝的安全，因为皇帝就是指挥系统的最高首脑。其次，等皇帝撤离了，还要对整个首都的平民进行有组织的疏散。平民撤离完毕，军队再入驻，展开顽强的防守，守住都城，并在合适的时机进行反攻。

由于金军兵马并不算多，只要组织得当，是可以利用上述策略将他们击败的。

但这样的策略只存在于人们的理想之中，现实却是，由于金军来得太快，朝廷仓促准备，一旦皇帝出走，不仅无法组织有效的平民撤离和军事防御，反而会导致后方的大混乱和战线的崩溃。可以想象，只要皇帝一离开，溃兵立刻就会逃离，把平民丢下不管，而平民由于缺乏有效组织，很可能会出现一次踩踏式的大悲剧。溃军和难民还会冲击其他区域，北宋的军事将彻底瘫痪。

因此，考虑到实际情况，要想组织有效反击，皇帝不仅不能离开首都，还必须负起责任，鼓励士兵，防止哗变。

李纲作为兵部侍郎，在宰执们开会时并没有资格参加。但他越级来到了开会现场与宰执们辩论。他慷慨激昂地表示，如果皇帝逃走，哪怕是去襄阳，整个大宋江山也就完蛋了。在他的鼓励下，皇帝终于决定留下。

为了让李纲在未来可以参加国务会议，皇帝问下属，宰执级官员中是否还

---

① 关于襄阳的地理位置，可以参考本书作者的另一本书《中央帝国的军事密码》。
② 指蔡絛。见《北征纪实》。

有空缺？恰好尚书右丞有缺，皇帝就现场任命李纲为尚书右丞。尚书右丞虽是执政级官员的最低一档，却让李纲有权参加国务会议了。

直到正月初五，皇帝仍然处于摇摆之中。他的日常用品甚至都已经装车。李纲煽动了禁卫军，让他们表示坚决不走，再以此胁迫皇帝，让他明白即便上了路，也有可能被军队抛弃。皇帝决定不走之后，李纲又用皇帝的名义去强迫大臣留下。① 他几乎是凭借个人的力量威逼利诱，才将整个朝廷留在了京城。

当天，皇帝在李纲的半强迫半说服下来到了宣德门慰问士兵。皇帝只是象征性地露一下面，李纲与吴敏却借机大做文章。他们在士兵面前大声朗读着事先准备的檄文，每读一句，下面都激动地应和着，直到所有人感慨泪下。

汴京被弃城的危险暂时过去了，但接下来，是怎么守城的问题。由于承平日久，人们不仅忘记了怎么守城，甚至连守城的工具都没有了。我们不妨看一下李纲时代的北宋汴京城是什么样子的。

北宋汴京城包括内城和外城两座城墙，内城（也称旧城），周长二十里一百五十五步，修建于唐朝建中二年（公元781年）；外城（也称新城，罗城）修建于五代时期的后周世宗显德二年（公元955年）四月，周长四十八里二百二十三步。②

根据传说，宋太祖赵匡胤决定定都汴京时，曾经对城墙进行过一次改造。这次改造的图纸最初是由宰相赵普设计，设计方案颇有唐代风范，城市街道横平竖直，坊市俨然，但宋太祖看了大怒，立刻让赵普重新画了一张图，图上曲曲弯弯，到处是不合几何学的地方。于是，北宋的首都看上去如同一个委屈的古怪城市，一直持续了一百多年。

到了宋神宗时期，曾经试图对城市进行改造，但最后也没有改成，只是增加了一圈女墙作为保护。

宋徽宗大建宫室的时期，终于有机会将首都美化一番。政和六年（公元1116年），改造工程开始，将原来不平的地方都拉直，并扩大了一部分，于是首都外城的周长扩大到了五十里一百六十五步。重修之后，首都的确漂亮了很多，

---

① 参考《靖康传信录》。
② 赵德麟《侯鲭录》。

但由于城墙过于笔直，反而容易受到攻击。金人的大炮在四面轰击时，会引起大规模倒塌。①

汴京城墙的内城墙一共开了十二个门，东城墙三门：靠北的叫望春门（旧曹门），往南分别是丽景门（旧宋门）、角门子；南城墙三门：中间的叫朱雀门，东面的叫保康门，西面崇明门（新门）；西城墙三门：从南往北分别是宜秋门（旧郑门）、角门子、阊阖门（梁门）；北城墙三门：中间景龙门，西面天波门（也叫金水门，传说中的杨家将的府邸号称天波杨府，就在这个门旁），东面安远门（旧封丘门）。

汴京城的外城墙更加复杂，一共十二个陆城门和八个水门，陆门分别是：东城墙两门，南朝阳门（新宋门），北含辉门（新曹门）；西城墙三门，南顺天门（新郑门），中开远门（万胜门），北金耀门（固子门）；南城墙三门，中南薰门，东宣化门（陈州门），西安上门（戴楼门）；北城墙四门，从东往西分别是长景门（陈桥门）、永泰门（新封丘门）、通天门（新酸枣门）、安肃门（卫州门）。

外城由于有三条大的河流贯穿，又形成了八个水门，供货物进出，每个水门里都有铁闸，随时可以放下，防止外面的敌人偷袭。其中汴河上水门分成南北两个，称为大通门和宣泽门，下水门南北分别称为上善门和通津门，惠民河上水门叫普济门，下水门叫广利门，广济河上水门叫咸丰门，下水门叫善利门。②

为了御敌，外城的城门大都带有三层瓮城，扭头开门。所谓瓮城，指的是一个城门不是一道单门，而是在城门位置修建一个与城墙同高的围子（即瓮城），围子上开两个门，一个门对着城内街道，一个门对着城外，人们要从城内出到城外，要先经过内门进入围子里，再从围子经过外门到达城外。敌人来进攻，即便攻破了外门，也只是进入围子里，反而更容易被守军从瓮城城墙上瓮中捉鳖发动攻击。汴京的瓮城是三层，意味着有三个门，更加稳固。

所谓扭头开门，是指瓮城的内外门不是正对着的，人们从城内的街道先经过内门进入瓮城，瓮城里的路要转一个九十度的弯，再通向外门。这种扭头门的设计是为了避免攻城方的大炮直射，也是增加攻城方的难度，加强守卫实力。

---

① 岳珂《桯史》。
② 根据《宋史·地理志》《汴京遗迹志》《东京梦华录》综合。

不过，御道上的四个门——南薰门、新郑门、新宋门、封丘门，由于皇帝经常使用，都修的是直门两重，这四个门就成了防守方最薄弱的环节。

在城墙外，有一条宽十余丈的护城河，名叫护龙河。河两岸遍植杨柳，粉墙朱户，禁止行人往来。① 城墙上每隔百步就设一个马面，所谓马面，就是比城墙更宽，向城外突出的墙体，由于更厚，不仅可以抵御炮火的攻击，也更容易对付城下的敌人，避免形成死角。马面上有战棚，以及躲避弓箭的女墙。城墙内有专门的牙道种植了树木，每两百步有一个武器库。在首都有一个机构叫京城所，专门负责武器与城墙的维修。

这种看似非常专业的设置，还是只存在于理想之中，现实却是另一副模样。当李纲和宰执们争吵时，京城所负责人陈良弼立刻跑了过来，向皇帝报告首都是守不住的。② 因为宋徽宗修筑城墙时只考虑了美观，没有想到京城会遭受攻击，因此将城墙的防御功能减弱了。

改造时拆掉了用于防御的木制塔楼（楼橹）③，考虑到天下太平的局面，楼橹迟迟没有修复，就是有一些旧楼橹，也由于改造工程采取了新式墙面，和旧楼橹的制式已经不合拍了。旧楼橹比较大，在城墙上无法放置，可如果截成两个，又太小了。虽然京城还存着不少木料，但需要五千木匠一个月才能建好。④

更麻烦的是，在城东的新宋门外，有一个叫作樊家冈的地方，这里由于接近皇家禁地，在开挖护城河时深度不够，成了防守的最大薄弱点，再补挖已经来不及了。

京城所的人都没有信心，李纲又该如何处理呢？

短兵相接

从正月初五皇帝决定留守，到正月初八金军到来的这几天，成了李纲唯一能

---

① 参考《东京梦华录》。
② 参考《靖康传信录》。
③ 这里所谓的楼橹，应该就是战棚，即放置在城墙马面上的塔楼，可以覆盖更远，并抵御敌人的木制塔楼的攻击。
④ 参考《续资治通鉴长编拾补》。

利用的空档期。他立刻将全城动员起来，由于汴京已经一百多年没有遇到过战争，市民早已适应了和平的生活，动员起来可以，但要教会他们干什么，却并不容易。

在人员上，李纲给每一面城墙配备了一万两千名正规军，同时有大量的保甲、居民和厢兵来为正规军服务。正规军按照每百步配置在城墙上。为了避免人多杂乱，他还专门安排了宗室、武臣、从官等为提举官，负责协调指挥，避免混乱。由于城门是最难防守的地方，就由中贵、大小使臣分别领兵把守。

由于防御器械缺乏，制造器械也成了重要工作，汴京城准备的器械包括多种，除了马面上的战棚之外，还有保护城墙的毯子，重新给城墙装上大炮和弓弩，运送大量的砖石做炮弹，砖石也可以用于修补城墙缺口。当敌人爬墙时，必须放下檑木将他们滚下地面，同时还要预备火油和火炬烧他们的云梯。

除了城墙防御系统，李纲又准备了四万兵马分成前后左右中五个军，每军八千人。军队内部设立大小官员（统制、统领、将领、步队将），层层负责，抓好部队的训练工作。

在城外，也有两个战略性地点必须加以防御，它们是位于城东新宋门外的樊家冈，以及同样在城东的东水门外的延丰仓。

樊家冈之所以重要，是因为它是城外的一片高地，同时又是护城河最窄的地方，李纲派遣了五军中的后军驻扎在樊家冈，防止敌人靠近。

延丰仓是汴河边的一个大仓库。汴河上的漕船从南方来到，首先经过东水门，所以东水门一带就成了仓库最密集地所在。从南方来的漕粮许多就储存在这些仓库中。比如城外的延丰仓[①]、顺成仓，东水门内的广济仓、富国仓、广盈仓、万盈仓、永丰仓、济远仓。除了东水门内外，在整个汴京城的仓库一共有五十多处。[②]

作为城外最重要的仓库之一，延丰仓里存粮（粟豆）还有四十万石，考虑到四处勤王的军队正在赶来，当他们来到城外时，要从这里获取粮食，所以必

[①] 《东京梦华录》记为元丰仓，应该就是李纲所记的延丰仓。城外还有一个大仓库顺成仓，顺成仓桥就是以这个仓库命名。

[②] 参考《东京梦华录》。

须派兵把守。[1] 李纲派遣了五军中的前军专门把守延丰仓。剩下的三支军马则放在城中，作为机动部队使用。

正月初七，金人已经来到了汴京城外，他们首先向着城西北方的牟驼冈扑去。

牟驼冈是城西北角一片如同沙堆的高地，三面环水，靠着一个叫作雾泽陂的水塘。[2] 牟驼冈之所以重要，是因为这里是皇家御用马匹的马厩，养着两万多匹马。[3] 当年郭药师曾经受邀在牟驼冈打过球，知道位置的重要性。一旦获得了牟驼冈，不仅解决了马匹问题，还解决了饲料问题。正是在郭药师的带领下，金军才将北宋的皇家马匹一网打尽。斡离不兴奋地对带路的宋降臣沈琯说："南朝真是没有人，如果他们有一两千人守卫黄河，都不可能放我们过来。"

从这一天傍晚开始，金军发动了对汴京城的攻击。由于他们占领的牟驼冈位于京城西北部，因此城墙的西面和北面成了最主要的进攻区域。

首先被进攻的是位于西面的水门宣泽门，俗称西水门。这道门建在汴河的上水方向。在一个城市里，除了陆路城门之外，水城门往往是防御最薄弱的环节。陆门大都有瓮城和几道门，但水城门只有一个水闸，平常将水闸拉起，就可以通船，到了夜里（或者需要防御时）将水闸放下来。

如果外面进攻的人能将水闸破坏掉，就可以通过水道入城了。

当然，守城者知道水门比较薄弱，也会采取反制手段。比如，为了给水门提供额外的保护，在水门两侧建了两条与城墙垂直的墙，将河岸夹住，这就是所谓的拐子城。需要时，守城的士兵可以站在拐子城上向下射箭，这样就扩大了防御纵深，不用等到对方攻到城下再防御了。

针对宣泽门，金军派出了数十艘小船，顺着汴河水而下，在船上放火，试图将闸门烧毁。李纲听说后，立刻派遣了两千人的敢死队，登上拐子城，一旦火船顺流来到拐子城区域，士兵就用长钩把火船钩到岸上，再用石头将船砸毁，避免它们靠近水闸。

---

[1] 参考《靖康传信录》。
[2] 参考《靖康传信录》。
[3] 参考《续资治通鉴长编拾补》。

为了进一步减缓火船的速度,他们还在水中安置了杈木,火船受杈木阻挡,就失去了前进的动力。如果火船能够突破杈木,又避开了长钩,阻拦它们的最后一道关卡是——蔡京家的假山。由于缺乏石头,李纲下令将蔡京家的假山都搬来,扔在水门前的水里,作为最后的阻挡。火船撞到假山上,就无法靠近闸门了。①

经过李纲的固守,金军损失了百余人,却无法攻克水门。

但敌人的撤退只是暂时的。正月初九那一天,李纲去向宋钦宗汇报时,突然又传来金军进攻北面四门的消息。汴京北面四门从东往西俗称陈桥门、封丘门、酸枣门和卫州门。由于距离牟驼冈最近,成了下一个袭击目标。

当天早上六七点钟,敌人就开始集结,发动进攻,其中酸枣门受到的攻击是最多的。

李纲立刻向皇帝请求再派一些禁卫军中的神射手,跟随他一同去守城。由于汴京太庞大,从大内到酸枣门,竟然有近二十里,路上街巷纵横,李纲生怕自己还没有赶到,城门就已经失陷。所幸当他赶到时,金军刚渡过护城河,用云梯攻城。李纲立刻命令援军上城,用弓弩射杀攻城者。

当他在酸枣门内时,突然发生了一幕令人恐慌的情景。从城门楼上突然间扔下了六七颗人头,这些人头都是宋军的,不是进攻的金军的。

李纲立刻询问这是怎么回事,得到的回答是:这些人都是奸细。

如果是没有经验的指挥官,会认为杀得好,但李纲却敏锐地意识到坏事了。城内的守军开始滥杀,往往不是真的有奸细,而是恐慌的表现。战争中,士兵们往往也非常害怕,他们担心自己的生命,开始防范一切人,由于过分疑神疑鬼,到最后会对身边的人都信不过,将杀戮扩大化。

如果不制止这种行为,谣言很快就会散布开来,人们会以为处处都是奸细,那时就要开始逃跑了。到了这一步,事情就必然失控,也意味着城池无法守住。

幸亏李纲知道这个道理,他上了城门,将几个杀人的士兵抓住斩首,并下令:

---

① 参考《靖康传信录》。

凡是声称抓到奸细的，必须亲自带着人到长官处，说清楚为什么指证他是奸细。如果不经过程序，擅自杀人，就是滥杀无辜，要立刻斩首。

控制住了守城者的恐慌，李纲率领官属登城督战，激励将士。此时宋军士兵的士气已经扭转，越战越勇。针对攻城者的不同手段，守军也采取了不同的防御层次，分成远、中、近三个层次。对远方的金军，用威力巨大的床子弩和坐炮对付；对中间的金军，用神臂弓和强弩射击；已经开始登城的，用普通的手炮和檑木将他们滚下。

由于登城最需要的是云梯，李纲针对对方的云梯也做了安排，派了敢死队缒城而下，将对方的云梯烧毁了十几座，又斩杀了负责指挥的十几个金军将领。

宋军分辨金军到底是士兵还是将领是通过对方耳朵上的装饰来区分的：将领大都有金耳环，而普通士兵没有。

进攻持续到下午五点多，金军死亡数千人，才陆续撤了回去。酸枣门已经被射成了刺猬，守城的士兵也有伤亡。

最大的伤亡是何灌，这位将军从黄河南岸逃回后，参与了汴京守城，死在城下。

经过这次战斗，防守一方的信心大大增强。金军号称三十万人[①]，但根据宋军的估计，最多也就六万人，其中一半左右还是其他部族的友军，女真军队不超过三万。[②]按照这样的消耗，对方是不可能支撑长久的。同时，各地勤王的部队迟早会赶来，也就是说，只要再支撑一两个月，金军就必然要撤退。

当晚，皇帝大行犒赏，从内库中送来酒、绢、银等物品，受伤的人赏赐更加丰厚。守城者的士气已经达到了最高。

但就在这时，战争却戛然而止，正月之内再也没有进行过一次像样的攻防战，士兵们再次懈怠了下来。原来，战争只是让金军感到了困难，却让宋钦宗感到了恐慌。他决定不惜一切代价进行议和，于是，汴京围城战变成了一场外交运动……

[①] 郑望之《靖康城下奉使录》。

[②] 参考《靖康传信录》。

外交大溃败

就在金军刚到城下的那一天，正月初七，李纲率领军民守卫水门时，城内的宰相李邦彦和少宰张邦昌也没有闲着，他们准备派使节去见斡离不元帅，名义上是去犒军，实际上是打探消息。

他们选择了一个叫作郑望之的人，郑望之担任尚书驾部员外郎，正在去选马的路上，突然被人叫住。原来是兵部尚书路允迪派人来找他，让他到开国务会议的都堂去商议事情。

都堂里一片混乱，郑望之径直走到宰相李邦彦的办公室，发现除了李邦彦，其他的阁僚也在。当场，李邦彦任命郑望之为出使金军的大使，副使则由一位叫作高世则的人担任。

郑望之还想推辞，但众人不由分说将他们推上马，送到西面的开远门[①]，把他们放在筐子里缒下城墙。城外，何灌的军队正在布阵，听说使者来了，立刻找了个嗓门大的，渡过护城河，对着金军阵营大喊，让对方也派人来谈判。

很快金军阵营里走出一个紫袍人、一个白袍人。紫袍自称太师，名叫吴孝民，是个北方汉人；白袍自称防御，是个金人。于是谈判在阵前进行了一夜。

原来斡离不也在等待着谈判的机会。自从宋徽宗刚退位时派李邺前往金军，在邯郸遇上斡离不之后，北宋再也没有派过其他使节。与西路的粘罕不同，斡离不在军事经验上不足，一路上还曾经犹豫是否要回师。幸运的是他碰上了郭药师，才在对方的劝说下一直来到了北宋首都。但到底能不能打下来，还是个未知数，一旦打不下来，孤军深入就可能遭受最严峻的惩罚。最好的办法是不战而屈人之兵，逼迫北宋皇帝签一个新和约。

正是在这种形势下，斡离不到达城外的第一天就派出了吴孝民使团，不想却正好和北宋的郑望之使团遇上。

[①]《靖康城下奉使录》为安远门，安远门是内城的城门，在北墙东侧，使节出的应该是外城门，酌情改为外城西面的正门开远门。

吴孝民与郑望之谈判时，首先安慰对手，表示斡离不听说宋徽宗退位了，就已经做好要和平的打算，就当是双方做一场买卖，之后就各自回家。

经过郑望之询问，吴孝民说出了买卖的实质：北宋割让河北和山西，以黄河为界，并支付一定的犒军金帛。

郑望之答道这哪是买卖。他举了个例子：有人想卖一匹绢，要价三贯，买家愿意出两贯五六百文，卖家让再加一两百文，最后成交。这叫买卖。金军又要金帛，又要割地，却没有任何回报给北宋，这不叫买卖，叫强取。[①]

双方争来争去没有结果，只好进城再谈。吴孝民等人住进城内接待外国使团的都亭驿，已经是四更天。

第二天，皇帝见到了吴孝民使团。吴孝民表达了金军的主张，并请求派使臣前往金军军营逐条谈判。李纲担心派去的人太软弱，立刻表示他愿意前往，[②]但皇帝拒绝了，派遣了同知枢密院卿李棁担任正使，郑望之和高世则担任副使，与吴孝民一道前往金军营地。

临行前，皇帝嘱咐连连，又派人带了一万两黄金和酒果，吴孝民不断地催促启程，但上马时，已经日落多时，从开远门（万胜门）出去走了一两里就天黑了，到金军营地已经是一更多。斡离不短暂地接见了使者，使者跪地膝行到了他的面前。[③]他只是不断地指责宋人败盟，没有谈正事就让使者先休息，第二天再说。

正月初九，谈判与战斗同时进行，李纲在战场上击退了金军，但使团却在谈判桌上沦陷了。

当初，李纲想要亲自出使的意思是：他知道由于勤王军队没有来到，必须与金人谈判，但他希望使者知道什么地方可以让步，什么地方不要轻易让步。比如，上尊号、一次性赔偿、边民问题都可以让，但领土与岁币问题都是千秋万代的大事，不能随便吐口。金人正处于虚张声势的讹诈期，如果全部满足他们的要求，只会让他们更加看不起，在未来变本加厉，也不利于勤王军队到来之后的行动。

---

① 参考《靖康城下奉使录》。
② 李纲的回忆录和其余的书有矛盾，他记述金人使者前来发生在初九的战事之后，但其余书记载发生在初七战事之后，初九战事之前。
③ 李纲语。

皇帝不让李纲出使也是有理由的，他认为李纲过于刚烈，担心他出事。① 但李纲又担心李棁过于软弱，会吃大亏。

皇帝与李棁等人谈时，也给出了自己的底线。在他所列的事目中，包括了如下的建议：第一，金国境内过来的人口一律返还金国；第二，金军撤兵；第三，不能以黄河为界，但可以考虑给金人一定的租税，也就是增加岁币，在与郑望之等人商量时，他认为可以增加三五百万（之前的规模是一百五十万，包括钱一百万贯、银二十万两、绢三十万匹，而辽国时期的岁币是五十万），但在列事目时，他写的是最多可以增加七百万；第四，一次性的赏军钱银五百万两（岁银的二十五倍），绢五百万匹，金五十万两（与大臣商量时他提的也是三五百万银，事目上实际已经提高了很多，也已经接近他能够筹措的极限）。②

事实证明，李纲的担心是正确的，李棁果然过于软弱了。

正月初九，金军参与谈判的是契丹人萧三宝奴、耶律忠和汉人张愿恭。双方引经据典，打了半天嘴仗。最后，萧三宝奴提出了要求：金军士兵不像宋军，平常是没有工资的，他们还采取部族制的做法，金国皇帝需要打仗，就从部族征兵，部族的兵都是义务的。但是，他们可以在战争中依靠合法的抢劫，来获得收入。如果要息兵，必须让所有的士兵获得一份犒赏，才有可能。

到底犒赏多少呢？萧三宝奴计算：粘罕的西路军一共动用了二十万人，斡离不的东路军三十万人，一共五十万人。每个人两锭银、一锭金才能打发。他们都听说汴京是世界上最富有的城市，钱多得花不完，认为这点钱算不了什么。

但如果换算一下就知道这个数目是多么庞大，五十万锭金、一百万锭银，换算成两则是五百万两金、五千万两银（相当于岁银的二百五十倍），也就是宋钦宗设立上限的十倍。宋钦宗的上限，已经是能够搜刮的极限，提高十倍，基本上是不可能完成的任务了。

作为副使的郑望之还敢与金人争论几句，而作为正使的李棁却唯唯诺诺，

---

① 参考《靖康传信录》。
② 《大金吊伐录校补》第三十六篇。

不敢说话，被金人嘲笑为女人。①

当天，金人再派使节②与郑望之、李棁等人回到汴京城内。他们带回来的要求有好有坏：第一，不再要求以黄河为界，改为只割河北、山西地区的三个镇——太原、中山、河间（当然，除了三镇，更北方的燕京地区已经被金军占领，也不会还给宋朝）。第二，宋钦宗许诺加岁币七百万贯，金军只要求加两百万贯（含之前宋金和约中规定的一百万贯，也就是此次增加的只是一百万贯）。第三，释放了一批燕山等地被俘的将领。这是金军让步的三个条目。但同时，第四，犒军物品却大大增加，除了金五百万两、银五千万两之外，还包括马牛骡各一万头，骆驼一千头，杂色表缎一百万匹，里绢一百万匹，书五监。③第五，由于宋朝在以往的和约中信用不良，要求提供亲王作抵押，跟随金军过了黄河就放回，再要求提供一名宰相执政级（宰执）官员，等三镇交割完毕再放回。

正月初十，萧三宝奴等使节见到了宋钦宗，将书信交给皇帝。皇帝读罢，看了一眼身边的吴敏，问道："如何？"吴敏回答："事无可奈何，再商量吧。"④

在除了李纲之外的宰执的要求下，宋钦宗答应了所有条件。但几乎所有的人都没有意识到，金人所要求的金银是无法完成的任务。

由于交割需要时间，政府首先要做的是将金军要求的人质送往金军营地。宋钦宗的弟弟康王赵构自告奋勇，愿意去金军大营做押，同时选派了少宰张邦昌作为宰执级别的官员做押。

在北宋君臣一丝不苟地执行金人的要求时，只有一个人质疑是否有必要这么做。李纲反对说，金人要的金银根本就没办法凑齐，更重要的是，失去了燕云地区后，太原、中山、河间三镇是中原地区的门户，虽然叫三镇，但大小实际上已经是十几个郡，只要三镇丢失，就意味着整个河北、山西地区不可守了。一旦山西、河北丢失，整个中原就不复存在。割掉三镇，等于是间接地灭了国家。

---

① 参考《靖康传信录》。
② 《宋史》记载为萧三宝奴、耶律忠、王汭，《三朝北盟会编》记载为高永、张愿恭、萧三宝奴，《大金吊伐录》记载为高永义、张愿恭、伯哩（应当是萧三宝奴）。
③ 《大金吊伐录校补》第三十八篇。
④ 参考《靖康城下奉使录》。

这一点，那些宰相难道看不到吗？不是看不到，是不在乎了，他们只在乎这几天的危险，想不管付出什么代价先把眼前的事对付过去，没有一个人有更远的打算。

李纲的建议是：不要着急凑钱，割让三镇的诏书也不要着急发，先和金军拖延，不要留把柄。再拖个十几天，等勤王大军一到，不管是否凑齐，三镇是否割让，金军从自己的安危出发都会撤离。

但宋钦宗已经听不进去了，他只想快点摆脱出来。他也不让李纲辞职，但又只让李纲负责守城事务，更重要的和谈则交给了几位主和派的大臣。

正月十二①，康王赵构和少宰张邦昌等人在正午时分离开首都，前往金军大营。他们是去做人质的，赵构是亲王，张邦昌的少宰已经属于宰相级，符合金军的要求。随从有北宋使节李邺、高世则，他们持皇帝的新和约（誓书）前往。

康王作为人质期间表现得不卑不亢，金人对他也以礼相待，斡离不表示如同见到兄弟一般。②

斡离不经验不够丰富，也不够凶狠，年轻且有些好色，当北宋几乎完全答应了他的条件，他也立刻做出了一定的让步。他对立刻能到手的财富更加看重，对所谓岁币倒不是那么在乎，于是决定将北宋的岁币减去一百万贯，恢复到出兵之前的银二十万两、绢三十万匹、钱一百万贯。③这相当于北宋岁币这一块就减去了，剩下的只是高额的一次性赔偿费用，以及割让三镇。

但这两条都不容易完成。

首先，在三镇交割上，皇帝催促中书省向山西、河北地区下令，由三镇的官员向金军交割，不得延误。李纲数次争辩，但皇帝和其他大臣一心想着让金军赶快撤离，希望尽快完成。

直到皇帝的誓书发出，李纲才确信无法挽回了。不过他最后还是留了一手，

---

① 《三朝北盟会编》等书记载为正月十四。但根据《大金吊伐录校补》中的记载，正月十二是更加可能的日期。
② 《大金吊伐录校补》第四十二篇。
③ 《大金吊伐录校补》第四十一篇。

利用手中的军权，将发往三镇的交割命令扣下了。只要接不到命令，三镇不知道自己已经被皇帝卖了，就会继续抵抗下去，只要抵抗，就有希望。①

官家议和，百姓遭殃

宋钦宗与金国的东路军谈判时，金国的西路军还在围困太原，甚至越过太原南下，希望打通西线。

宋钦宗给西路军统帅粘罕写了信，请求他停止进军。皇帝派出使者宋彦通和郝抃，让他们带着给粘罕的信，首先前往斡离不的营地，请求斡离不派人跟随他们一同去往山西，把书信交给粘罕。

斡离不同意了，在信使往来间，又免去了北宋赔偿的一万头牛。②作为回报，宋钦宗写信敦促太原守军不要抵抗。因此，虽然李纲按住了交割三镇的命令，但交割太原的诏令还是通过金人发出了，其余两镇被搁置了起来。

金人最看重的仍然是战争赔偿问题。虽然免去了一部分岁币和一万头牛，但剩下的还是要尽快交割。由于金人军队都是义务兵，需要靠北宋的赔偿作为工资，他们规定了高昂的军事费用，不说其他小项，最大的两项是金五百万两和银五千万两。

就在宋钦宗决定答应金人要求的当天（正月初十），皇帝先下了一道诏书，表示要卧薪尝胆，避正殿，减常膳，做出表率。接着第二封诏书就是针对官员和人民的了，皇帝表示为了凑够给金军的犒军钱，已经连宗庙里的器具都拿出来了，为此，王侯和官员也必须以皇帝为榜样，将家里的金银器皿交出来。如果仍然不够，就号召普通民众上交国家，帮助皇帝渡过难关。

第二封诏书还只是号召性的，第三封诏书就是强迫性和事务性的了，其中进行了详细规定，要求诸王的金银绢帛，各种内官（道官、乐官、伎术、五司）的金银，都必须尽快缴纳到元丰库。元丰库是平常放置帝国闲钱和杂钱的仓库，

---

① 参考《靖康传信录》。
② 《大金吊伐录校补》第四十六篇到第五十三篇。

如果皇帝有一些非常性的项目，就从这里开支。①其余的机构，包括各种宫观寺庙、负责皇帝吃喝的六尚局，以及开封府的公用金银都送到日常开支的左藏库。②如果有隐藏或者转移的，都要受到相应的制裁。等两库的金银收集完成后，再一并转交给金军。

到这时，皇帝对人民还算客气。宫廷机构、内官上缴金银是强迫性的，而对人民只是号召性的，并没有强迫性质。

随着官方金银的上缴，宋钦宗立刻意识到他犯了个多大的错误。关于这个错误有多大，在几天后的数据中会有反映，这里先设一个疑问。

当皇帝和官员的金银上缴后，宫廷第一次发出了强迫民间缴纳银两的诏书。③诏书中表示，朝廷议和，只是为了让金军不烧杀掳掠，为此需要付出大笔的金银。在皇帝和官员上缴后，数额差距仍然较大，因此，皇帝权且"借用"京城内所有金银。城内持有金银的人，限于当日将金银缴纳入左藏库，如有隐瞒，朝廷可没收家产。人民可以互相告发，并获得告发财产的一半。

另外，卖官措施也出台了。在汉代，中国卖官鬻爵是一种皇帝增收的正常手段，但自从科举制成了主流，卖官已经逐渐退出了市场。但为了解决财政问题，皇帝不得不祭出了法宝，表示缴纳金银多的人，可以酌情安排成为官员。

正月十二，由于金银相差太多，宋钦宗开始定点定目标处理。首先进入目标的仍然是皇帝的内官，内官作为一个群体承担的额度是金一百万两、银五百万两，由专人负责监管。

其次是对贪官开刀。宋钦宗继任后，一直对如何处理父亲留下的大批宠臣犹豫不决，找出各种理由敷衍，但在财政的压力下，终于不得不动手了。皇帝下令将蔡京、童贯、何执中、郑伸、高俅、王宪、彭端、刘宗元等人抄家，将各家储藏的金银全部拿走，缴入元丰库。敢于隐藏的军法处置，勇于告发的获得一半财产。

---

① 参考《宋史·食货志》。
② 参考《续资治通鉴长编拾补》。
③ 本篇及下面几篇诏书出自《靖康要录》。

在皇帝的政策下，从官府到民间都掀起了一波反腐热潮。这些官员当政时，人们不敢二话，但打死老虎的人却总是不乏其人。

除了内官和贪官之外，在社会上也有一些金银大户，他们也成了皇帝定点处理的目标。在汴京有着大量的声色场所，皇宫大内的东北角，就是妓女云集的鸡儿巷，皇帝在寝宫里甚至都能听见外面卖唱卖笑的嘈杂声。在整个汴京城还分布着几十处红灯区。红灯区的老鸨和头牌们都积攒了不少金银，因此也成了皇帝的目标。

在这些人中，最大的目标就是与宋徽宗传出绯闻（很可能只是后人的杜撰）的李师师，其次则是数位同等规模的经营户。她们的财产也一并被抄收，充当了金人的犒军钱。

除了红灯区，另一个传统上的金银大户是金银匠群体，以及曾经为皇帝服务、得过赏赐的僧道医药群体，皇帝也下令将他们的财产全部充公（正月十五更是要求所有得过金玉赏赐的人都返还，不限于僧道医药群体）。

正月十七，由于担心民间缴纳不够踊跃，皇帝特别任命了一批踊跃缴纳金银的民间人士为官员。

经过了多日的搜刮，到了正月二十，缴纳的金银终于有了一个数目。到这一天为止，北宋政府总共得到金三十余万两、银一千二百余万两。金人要求是金五百万两、银五千万两。也就是说，经过多日劳动，北宋大大小小官员和民间一共完成了黄金任务的百分之六、白银任务的百分之二十四。[①]

由于缺乏经济统计，也许在制定目标时，金军对于北宋首都有多少黄金根本没有概念，宋钦宗也不知道到底能获得多少黄金，双方达成的协议已经完全脱离了实际，是不可能完成的任务。

这就好像一个人让邻居（他的家产只有十万）给他十亿，邻居居然毫不犹豫答应了，还签了保证书，但到最后自然执行不了。这怪谁呢？

宋钦宗和大臣们慌成一团。他们把这次失误怪罪于那些商谈和约的大臣，

---

① 参考《靖康要录》。李纲记载为金三十万两、银八百万两，可能有误。

第二部 战争与和议

当初出使金军营地的是李梲和郑望之,于是两人成了替罪羊,被罢了官。① 但替罪羊可以找,事情还是要做,皇帝唯一能做的,是出台更加苛刻的搜刮令。

当民间的富裕团体被搜刮一空,剩下的就是普通民众。正月二十,宋钦宗下诏,这篇"著名"的诏书首先描绘了民众凑不够金银的可悲下场:如果凑不够数,金兵必然攻城,将男人全都杀光,女人全都抓走,房子全都烧光,金银财物全都拿走。② 很难想象一个皇帝竟然会在自己的首都这样吓唬老百姓,这也说明皇帝实在没有办法了。

接着,皇帝提出要求,为了避免进入诏书中描绘的地狱场景,大家必须把金银全都贡献出来,如果有隐瞒,就抄家、惩罚;如果上缴,可以当官;如果告发,就获得财产的三分之一;如果知情不告,按照隐瞒一并处罚。

正月二十二,皇帝又想出一招:派出使节前往金营说明情况,由于金银数量不足,希望用其他宝物折纳,交给金军。但是前面的使节已经被罢官了,谁还敢步他们后尘?不得已,皇帝在时隔五天后,再次找来李梲、郑望之,让他们出使金军营地。

郑望之等人进了金军营地,两天后才被送到了牟驼冈。斡离不由于打球着了凉,不肯见他们,是王汭接待了他们。在和王汭的谈判中,郑望之提出金银是凑不够了,只能用宝物充数。王汭觉得可以,让北宋去准备各种宫廷宝贝。③ 但这并不是来自斡离不的答复,只是王汭的个人决定。

斡离不虽然没有见宋使,但还是给了个回答,他并没有提是否可以用宝物折纳,但表示可以减少一定的犒军钱。减少量是:金减少五十万两(总数五百万两减少到四百五十万两),银减少五十万两(总数五千万两减少到四千九百五十万两),表缎和里绢一共减少十万匹(总数二百万匹减少到一百九十万匹)。④

宋钦宗只能在一片模糊之中,一面搜刮民间金银,另一面准备宫廷财宝。

---

① 使节被罢官发生在正月十七。
② 大金为见其数未足,复遣使臣谕意,难为退军,兼恐兵众犒赏不均,必至怨怒,却来攻城,男子尽杀,妇人驱虏,屋宇焚烧,金银钱物,竭底将去。
③ 参考《靖康城下奉使录》。
④ 正月二十四,见《大金吊伐录校补》《三朝北盟会编》。

经过这一轮的催缴，皇帝终于又凑了金二十余万两、银二百余万两。到正月二十八时，一共搜刮到金五十一万七千余两，银一千四百三十万二千余两，表缎等四十余万匹。① 到这时，皇帝已经确定不可能再完成金银任务了，就只有依靠那些其他的宝物充数。在李纲的劝说下，皇帝也将搜刮金银的诏书撤了下来。②

正月二十九，皇帝带领郑望之等人于宣和殿查看宝物。所有的珠玉都已经放在了笼匣中。作为"六贼"之一的梁师成还没有被赐死，留在皇帝的身边，举着一个螭龙玉杯感慨："这一个玉杯工价就是几千缗！"皇帝回答："这种东西不知有什么用，留不得了。"

二月初一，皇帝派遣李梲和郑望之押着宝贝前往金军营地。这些罕见的珠玉、犀角、象牙平时深藏于深宫之中，现在都被摆在了野地里。金军太师耶律忠前来交割。他们在野地里拿出账册，有人将珠宝一件一件抬过来，一一核对。

耶律忠询问每一件宝贝的价格。郑望之回答："这都是无价之宝，没法估价。"

一位辽国降官提醒郑望之，价格是折纳金银的基础，现在就应该尽量往高里估价。于是郑望之尽量将价格估高，报告给金人。估价完毕，耶律忠回去与斡离不商量后，斡离不决定第二天接见北宋使节，并宣布新的优惠政策。③

李梲和郑望之等人住了一晚，他们与在金军营地做人质的康王和张邦昌住在了一起。

但突然间，事情又起了重大变化：就在当天晚上，宋军突然向金军营地发动了袭击，这场袭击，也标志着宋营中的另一股力量正在做最后的努力。

但他们的努力却可能产生两种结果：如果成功，将金人全歼于黄河南岸；如果失败，让皇帝的宝贝一去不复返的同时，宋金和约也毁于一旦。

但宋军的进攻将走向哪个结局呢？

---

① 《大金吊伐录校补》第五十五篇。
② 参考《靖康传信录》。
③ 参考《靖康城下奉使录》。

第九章
战争无厘头

主战派得势

就在宋钦宗拼命搜刮金银,试图满足金人要求时,各地勤王兵马陆续赶来。

正月十五之后,就已经有小股兵马来到汴京,每天到达万人以上。作为汴京城防主官的李纲每天都要派遣统制官召集队伍,划分营地,拨给粮草兵器。一方面文官敛财敛得精疲力竭,另一方面武将也忙忙碌碌地应付援军问题。

正月十六①来了一支规模大一些的部队,统制官马忠从京西招募的士兵赶到了。他们在西城墙最南侧的顺天门(新郑门)外②遇到了一支金军,将他们杀败。与此同时,北宋将军范琼也从京东方向过来,驻扎在了距离金军大营不远的地方。

在援军到来之前,金军四处掳掠,肆无忌惮。自从吃了马忠的败仗,才开始收敛一些,不敢单独行动了。

正月二十一③,最重要的援军到了。这一日到了几位经历过战阵的将军:检校少保、静难军节度使、河北河东路制置使种师道,以及武安军承宣使姚平仲。他们率领着西北地区泾原路、秦凤路的军队赶到。除此之外,陆续到来的还有鄜延路的张俊、韩时中,环庆路的汪洋、马迁,以及折彦质、折可求等。熙河路的姚古、秦凤路的种师中也在赶来。

---

① 根据《续资治通鉴长编拾补》。《靖康传信录》记为正月十七八到达。《皇宋十朝纲要》《宋史》记为正月十八。《三朝北盟会编》记在正月二十。
② 根据《续资治通鉴长编拾补》。《靖康传信录》作郑州南门外。
③ 根据《续资治通鉴长编拾补》。《靖康传信录》作正月二十。

援军兵马号称达到了二十万。[①]这时的军事形势也就起了变化。金军主要驻扎在城西北方向的牟驼冈,而勤王军马大都也驻扎在城外,各个方位都有,最近的就在金军营寨的不远处。

大批兵马到来后,宋军首先面对的是指挥问题。之前的防御指挥权交给了城内的李纲,既然大部分军马在城外驻扎,那么到底如何统御这些人马,谁来负总责?

李纲的意思是,应该由原来的指挥机构,即他指挥的行营使来统一管理,种师道是将军中经验最丰富也最能打仗的,就让他当行营副使,掌管城外兵马。这样,一旦战争发生,决策和信息传递的顺序是:从皇帝到李纲,从李纲到种师道,从种师道再到城外其余将领。

但由于李纲升迁太快,宰执们大都不服他,于是皇帝与众位大臣商量过后,决定另立一个宣抚司,叫京畿河北河东路宣抚司,所有城外兵马都交给这个宣抚司领导。由种师道担任宣抚使,姚平仲充任副手(都统制)。不仅新来的勤王军队由这个宣抚司领导,就连李纲在城外的部队也划归宣抚司统领。李纲曾经设立了前后左右中五军,其中前军和后军驻扎在城外的东面,这两军归属宣抚司节制之后,李纲的行营司所能指挥的就只有左中右三军而已。

这样的做法,好处是给了城外的宣抚司以足够的灵活性,但坏处是由于指挥权的不集中,在战争中容易出现混乱。事实上,李纲已经被架空了,在未来的战争中所起的作用微不足道。但城外宣抚司也并非是铁板一块,各个将领时常各自为政,给指挥带来麻烦。

不谈指挥问题,援兵一到,首先展现的还是强大的震慑力。种师道决定对金军形成压迫态势,他将勤王军主要驻扎在城市东北面和西南面的两个军寨中,对位于西北的金军形成围堵之势。

由于两寨的修建,汴京的东南角成了最安全的角落。有了军队的保护,种师道命令将东城墙南侧的新宋门和南城墙东侧的陈州门打开,作为军事和民用的通道。从此首都不再是封闭的,恢复了与外界的联系,这是生活正常化的表现。

---

① 参考《续宋编年资治通鉴》。

虽然皇帝已经祈求和平，但对金军的军事行动并没有停止。种师道在后两天（正月二十三）①，立刻在板桥组织了一次战斗，将金军击败，并乘夜间焚毁了马监的东廊，接近了金军营地。这次战斗让金军更加忧心，西路军迟迟打不通通道，孤军深入的东路军如果坚持下去，会不会被宋军的勤王部队消灭？

显然，如果长期驻扎，一定会有新的军事冲突。李纲曾经估计金军不过六万人，而勤王军队人数已经达到了二十多万，到最后，金军会淹没在宋军的人海战术之中。最好的策略，莫过于见好就收，金军已经获得了大量的赔偿，又签署了极其有利的和约，只要能够安全退回北方就是胜利。

从这时开始，金军对金银和宝物的移交越来越重视。

在北宋的朝廷内，随着勤王军队的到来，那些求和的大臣也在加紧行动。如果金军最终被勤王军击溃，就意味着他们主张求和工作是错误的，这些大臣很可能被愤怒的群众撕成碎片。只有让金军尽早离开，才能证明他们的求和是正确的，不需要承担责任。因此，北宋君臣也越来越配合金军的赔款移交工作。

于是产生了奇怪的一幕，一方面，军事将领们变得越来越高调，另一方面，北宋的搜刮工作也在加速，皇帝由于参与了求和，甚至眼都不眨就将祖宗传下的财宝尽数献出，换取金军赶快离开。皇帝舍弃的东西越多，求和的大臣们越赞赏皇帝的大公无私。接下来皇帝更是将各种美食、珍禽、驯象送给金军，甚至女人都送过去为金军服务。在一封信里，斡离不甚至感谢皇帝送了百余个歌舞伎给他，并表示不忍心让这些人离开父母之邦，等用过后，离开时会还回来的。②

但皇帝又和大臣不一样。江山是皇帝的，大臣永远只是职员，不管送什么，大臣都不会眨一下眼。可皇帝虽然接受了大臣的恭维，却会偷偷地心疼丢失了那么多珍宝和土地。

与此同时，金军犯了一个最不可原谅的错误：他们对于金银的渴求过于强烈，将位于城外的后妃、皇子和帝姬（公主）的墓葬都刨开，把殉葬品洗劫一

---

① 参考《东都事略》。
② 《大金吊伐录校补》第五十四篇。

空。①这终于触怒了皇帝，加上勤王军队给了他勇气，他变得偏向鹰派了。

主战派的看法也逐渐左右了皇帝。种师道一到京城，就感到出乎意料。他说，京城周长八十余里，金军怎么能围得住？城高数十丈，粮食可以支撑数年，哪能攻下来？只要城内扎寨，城外严兵据守，勤王之师都来了之后，几个月就让金军困顿了。到时候只要他退，就和他打，和议干什么？三镇和燕京都不用割让。

主和派的李邦彦反驳说，当初讲和不是因为没有兵吗？

种师道说，"战"和"守"是两种概念，"战"需要真正的士兵，但"守"就不一样了。京师有数百万老百姓，他们不能"战"，却可以参与"守"，从这个意义上说，他们都是兵，怎么说没有兵？②

正月二十七是一个大雾天，这一天宋钦宗召集了李邦彦、吴敏、种师道、折彦质、李纲等人开会。李纲更是提出了完整的战略，他认为现在宋军与金军数量的比例已经是十比三。金军孤军深入，应该采取当年周亚夫平定七国之乱的办法，将黄河渡口等要道守住，再断绝敌人的粮道，用重兵把敌人围起来。宋军甚至不用主动出击，金军如果有游骑出来，就袭击一下，但如果他们大部队出来求战，宋军就坚壁不战。在都城坚壁不战时，宋军却可以分兵去收复河北地区丢失的土地，断绝金军的归路。等金军主力疲惫了，粮草殆尽，再逼迫金军将三镇和誓书归还，给他们留一条活路北归。等他们渡黄河到中途时，再动用所有力量给予毁灭性打击。③

李纲的说法得到了大家的认同，但由于还有两路兵马姚古和种师中没有到，决定再等一等他们。综合考虑，宋军决定选择一个吉日——二月初六——发起行动。

虽然大计已定，但到了二月初一晚上，突然一支宋军出现在了金军营地前。难道进攻提前了吗？这要从一位叫作姚平仲的将领说起。

---

① 参考《靖康传信录》。
② 参考《三朝北盟会编》与《续资治通鉴长编拾补》。
③ 参考《靖康传信录》。

劫营

宣抚司都统制姚平仲是北宋著名将领姚古的养子。从西北出发的姚古也响应了勤王号召，但由于路途遥远，当时还没有赶到。

姚平仲曾经跟随童贯参与了平定方腊起义的战争，他自认为功劳很大，却被童贯压制。这次到京后他又提起了当年的战功，宋钦宗对他刮目相看，屡次单独找他谈话，并许诺他一旦立功，立刻给予重重赏赐。[1]

当众人定下二月初六发动进攻的策略，姚平仲却担心自己在众人的行动中显现不出来，如果能够提早单独行动，擒获了斡离不，那么他就成了稳定北宋的最大功臣。

姚平仲与步将杨可胜两人将想法告诉了宋钦宗，竟然得到了皇帝的支持。于是他们议定，于二月初一夜间率先发动进攻。这件事不仅瞒着李纲，就连城外的指挥官种师道也并不知晓。

虽然指挥官不知晓，但民间却早就知道了。

劫营的日期是由一位术士楚天觉通过占卜决定的，占卜时消息就已经泄露。京城家家户户都知道皇帝要在二月初一打仗了。另外，皇帝还在开宝寺竖立了三面大旗，上面写有御前报捷的字样，这是为了胜利后庆功准备的。外城北面的正门是封丘门，这里距离金军营地最近，门上提前搭建了皇帝驾临的阁楼，是为了检阅俘虏用的。这些准备让京城的人们充满了期待，人们纷纷等待着胜利的消息。[2]

到了晚上，劫营开始，姚平仲和杨可胜率领七千兵马，向着六万金军的大营冲去。到了大寨，却发现寨子大半是空的。金军从寨外将宋军包围，于是劫营变成了突围。姚平仲比较幸运，突围而去，杨可胜却被俘了。

姚平仲劫营时，在金军做人质的康王、张邦昌，以及出使未回的李梲、郑

---

[1] 参考《靖康传信录》。
[2] 赵甡之《中兴遗史》。

望之等人正在寨子的某处睡觉，突然间外面人嘶马鸣，四处火起，有人来报宋军劫营。康王立刻意识到自己的死期到了，金人会将人质杀掉以报复宋军。

在旁边的郑望之反而劝说康王不要紧，不须恐慌。如果宋军赢了，金人不敢随便杀人质；如果宋军败了，康王作为人质已经半个多月，自然不可能知道劫营的事儿。康王听他说得有道理，才放心一些。[①]

当天晚上，镇守城内的李纲正好有病，请假在行营司休息。到了半夜，皇帝的亲笔信突然到了，信里说，姚平仲已经起事，大功就要告成，请李纲率兵到封丘门策应。李纲吃惊的同时写了个札子，表示自己在生病，况且大家都在按照原定日期做准备，现在突然发生战斗，都措手不及，拿不出兵来。

不想短短一会儿，皇帝的传令官竟然来了三次，越来越急。李纲才意识到大事不好，连忙带着他仅剩的三个军出城。此时，参与了劫营的范琼、王师古等人正被围困在北门外，李纲连忙加入战团，在幕天坡鏖战，击退了金军。当金军再次进攻时，他又用神臂弓将金军击退。[②]

第二天早上，斡离不紧急召见康王等人质。在召见地放了数百面宋军旗帜，都是劫营者留下的，还有被俘的数十名宋军。张邦昌赶快声明，这可能是某一支勤王的军队，为了向皇帝邀功才这么做的，皇帝可能并不知情。

恰好，被俘的杨可胜在准备劫营时，与皇帝商量做了安排，他写了一封给皇帝的信揣在身上，信上表示他瞒着皇帝出击是为了立大功，等胜利后请求皇帝给予封赏。如果他死了或者被俘，金人从他身上搜到信，会以为皇帝是不知情的。现在这封信与张邦昌的说法吻合，竟然真起到了作用。

康王和张邦昌摆脱了嫌疑，但出使的郑望之却没有这么容易了。斡离不不接见他们后，将郑望之单独留下，送去了一位叫作"都统国主"的将领处。康王和张邦昌都意识到再也见不到他了，纷纷向他告尘世最后一别。

郑望之跟随着向导在金军大营的营栅里穿梭，营地里的道路曲曲弯弯，直线距离十几里，曲线距离却走了六七十里。

[①] 参考《靖康城下奉使录》。

[②] 参考《靖康传信录》。

第二部 战争与和议

郑望之到了都统的营地，穿过两边卫士的刀枪丛林，才见到了都统。将军直截了当地说："北宋求和，你是首来谈判之人，既然今天以兵相加，你也免不了一死。"他以为郑望之参与了劫营阴谋，强迫他将整个策划过程说出来。

郑望之竭力辩白，表示自己不会自寻死路，如果事先知道，又怎么会在劫营当天还留下？既然他没有参与阴谋，又能说出什么？

都统将郑望之留了一夜，第二天才放了回去。郑望之重新见到康王和张邦昌，才知道康王为他流了不少泪，以为他死了。即便在金军内部也传言，都统叫他过去不是善意。①

击退了金军的进攻，李纲回到行营司，才知道自己已经被罢官了。皇帝下令，将李纲尚书右丞、亲征行营使的职位罢免，甚至连行营司都撤销了。任命蔡懋担任守御的职位，接收李纲的军队。

怂恿皇帝罢免李纲的是宰相李邦彦。主和派将姚平仲全军覆没的消息带给皇帝，李邦彦乘机向皇帝表示，现在只有一个办法，就是推说皇帝并不知情，是主战派的李纲和种师道等人擅自行动。他甚至提议将李纲和种师道等人绑了送给金军。②

皇帝也慌了神，虽然他否决了将李纲和种师道送给金人的提议，但还是罢免了李纲。③

二月初三，李纲正要进崇政殿见皇帝，在殿门口听说自己被罢免了，于是来到浴室院等待自己的处罚。对李纲进行讯问的是他的后继者蔡懋。经过讯问，蔡懋才知道原来姚平仲并没有全军覆没，劫营的士兵一共损失了千把人，而李纲的救援部队损失更小，只有百余人。姚平仲本人也并没有死亡，而是突围后担心种师道治他偷偷行动的罪，所以溜走了。所谓全军覆没的消息是不准确的，皇帝由于被吓破了胆，没有加以核实就相信了，匆匆做出了免职李纲的决定。

---

① 参考《续资治通鉴长编拾补》。
② 参考《靖康传信录》。
③ 李纲被罢免时，种师道有没有被罢免却有争议。《三朝北盟会编》《靖康传信录》等书记载，种师道也遭到了罢免，但《靖康要录》《种师道行状》《宋史》等书记载种师道没有被罢免。现取后者。但外界传闻种师道也一同被罢免，因此才有后来汴京人民要求李纲和种师道复职事件。

蔡懋把消息带给皇帝，皇帝也觉得是自己对不起李纲。毕竟皇帝对姚平仲劫营是知情、鼓励甚至参与的，李纲和种师道等人反而不知道。现在出了事，还必须由他们承担责任。

于是皇帝赏赐了李纲白银五百两、钱五十贯。能够赏赐这么多，在缺金少银的时代已属不易。按照皇帝的意思，先让李纲下野一段时间避避风头，等金军一走再重新用他。①

除了面对大臣的压力之外，宋钦宗要处理的还有金人的愤怒。

二月初三，出使金营的使者郑望之等人被放回来了。跟他们一起来的，还有金国的使臣张恭礼，他带来了一封充斥着嘲笑口吻的信，信中故作不知情地谈到遭到一支情况不明的军队的袭击，这支军队气势汹汹前来，战败后又灰溜溜逃走，金军请求宋钦宗解释这到底是怎么回事。②

宋钦宗接待金国使节之外，还会见了郑望之。他听了郑望之的叙述，不断地说"错了，错了"。③

主战派和主和派之间，就如何处理这件事也有不同的看法。按照种师道的意见，姚平仲劫营的确是错误的做法，但这个错不是选择了军事对抗，而是没有做好准备就仓促行动。既然前面错了，金军以为宋钦宗会服软，那么继续进攻就成了另一种出其不意。再说姚平仲的损失也不大，宋军实力并没有被削弱，所以不如发动兵马对金开战，将他们打服再说。

而另一种意见，也是大多数主和派的意见，认为既然已经与金军讲和，花了这么大力气，就不好再反悔。不然，即便不说实力上，面子上也是过不去。

当金人使节质问时，宋钦宗一是磨不开面子，二是吓破了胆，立刻选择了和谈，他屈服了，停止了一切军事行动，全力讲和。他回书承认了姚平仲事件，并声称自己毫不知情，是姚平仲本人以及一些与他关系不错的宰执（暗指李纲）发动的，姚平仲已经逃走，宰执已经被免，事情过去了。

---

① 参考《靖康传信录》。
② 《大金吊伐录校补》第五十八篇。
③ 参考《靖康城下奉使录》。

皇帝写好了回信,却发现找不到人当使者了。由于出了这么多事儿,担心去往金军营地遇到危险,北宋的大臣们都不愿意当使者。

此刻,资政殿大学士宇文虚中正在城外的汴河边带兵,由于勤王之师太多,有许多小分队无法安置,特别是东南来的兵。由于太上皇的干扰,东南兵没有大规模集结,只有一些小部队零零星星到来。宇文虚中出城集合了两万左右的东南兵。他听说朝廷有难,将军队交给别人带领,自己坐在筐里吊入城内,接受了前往金军营地出使的任务。[①]

宇文虚中到达金军营地后,发现这里的气氛剑拔弩张,他在金兵的包围下坐了四个时辰才见到了康王等人,第二天才见到斡离不。他来回于宋金两营达三次之多,金人一定要北宋割让三镇才肯退兵,宇文虚中甚至痛哭流涕,都没有争回三镇。[②]

在他最后一次出访金军营地时,除了携带常规文书之外,还带上了割让三镇的诏书和地图。这些诏书曾经被李纲扣押,但由于李纲已经离职,没有人能阻止这些诏书发出了。[③]当初李纲扣留它们,是希望等勤王大军到来后,逼迫金人同意不要交割三镇。现在勤王大军已经到达,但割让诏书和地图不仅无法扣下,反而更加轻易地送了出去。

到这时,意味着金军所有目标都已达成。他们需要三镇,现在已经拿到了割地诏书和地图;他们需要大量的赔偿,汴京城已经被搜刮一空,不可能获得更多的财物了。现在唯一需要的就是安全地撤离。

宋钦宗不知道的是,他一直害怕强大的金军,但金军却对宋军的勤王部队感到忌惮。如果继续驻扎下去,即便双方再有诚意和谈,宋金军队之间早晚还是会有冲突。只要金军失败一次,就可能再无翻身机会。姚平仲的劫营是给金军提了个醒,让他们意识到该离开了。

但问题是,即便要离开,也必须防范宋军的袭击。事实证明,康王和张邦

---

① 参考《宋史纪事本末》。
② 参考《靖康要录》。
③ 《大金吊伐录校补》第五十九篇,《靖康传信录》。

昌并不足以让宋军放弃抵抗，需要有更大的抵押品，才能让宋军不敢行动。

在二月初五的回书中，金军元帅要求宋军更换抵押品。把康王和张邦昌领回，换成皇帝的亲叔叔越王，并在太宰李邦彦和枢密吴敏中选一人来抵押。李邦彦是最高文官，吴敏是最高武官，以前抵押的张邦昌只是少宰，显然级别还不够。① 金人认为，以越王和最高级别的官员作保，金军可以安然渡河回军，不至于被掩杀。

李邦彦是最大的主和派，如果他能被抵押出去，也算是得偿所愿。但就在斡离不写文书时，李邦彦还是宰相，当文书送达宋廷时，李邦彦已经不是宰相了。

群体事件

北宋朝廷本来已经焦头烂额，二月初五，汴京城内又发动了一场底层士大夫和民众的动乱，让宋钦宗更加手足无措。

这场动乱的原因是李纲被罢职。虽然种师道可能没有被罢职，但当时都城内的传言大都指种师道和李纲一块儿被罢免，主战派已经全部下台。

就在几天前，人们还盼着皇家军队打胜仗，但突然之间就变成了这样的局面。加上之前皇帝对民间搜刮金银的做法已经引起了民愤，而劝说皇帝停止搜刮的恰巧是李纲，这给他积累了足够的口碑。

动乱的导火索是一名太学生的上书。这名太学生叫陈东，当初也是他不断地上书要求惩治"六贼"，导致宋徽宗的亲近大臣下台。陈东的做法很有宋朝士大夫的特点，由于宋朝皇帝不杀谏官，于是士人们对多大的官都没有敬畏之心，该骂就骂。从政治谱系上说，他们属于实务经验不足的年轻左派，在当权者看来，是找麻烦的，但在某些关键时刻，他们的理想主义又的确能够逼迫皇帝做出某种程度的改变，避免社会彻底板结。

二月初五，陈东联合在京城的数百位学生来到了宣德门外，跪在地上，要求将一封信传给宋钦宗。② 信中的要点是：第一，他们把皇帝的大臣分成社稷之

---

① 《大金吊伐录校补》第六十一篇。

② 参考《三朝北盟会编》。

臣和社稷之贼两类，社稷之臣主要指的是李纲，而社稷之贼则包括了当时大部分宰辅，比如李邦彦、白时中、张邦昌、赵野、王孝迪、蔡懋、李棁等人。第二，指出一场小败说明不了什么。虽然败仗与李纲无关，但在当时的宣传下，大都认为是李纲的策略导致败仗，太学生显然也是这么认为的。但太学生已经意识到李纲是受人陷害，更何况，像童贯等人闯的惊天巨祸，皇帝都还没有完全追究，反而对李纲痛贬，这说不过去。第三，希望皇帝重新起用李纲、种师道等人，贬斥李邦彦等人。让李纲继续守卫京城，让种师道率兵进攻金军，获得完全的胜利。

太学生上书的消息惊动了京城，于是更多的人来到宣德门外。当天，在皇帝宫前已经聚集了数万人，他们鼓噪着不肯离开，表示除非见到李纲和种师道复职，否则不走。

群体事件正在进行中，大臣们散朝的时间到了。群臣从东华门恰好走到了群体事件现场，李邦彦也在内。众人立刻围了上去，对着他大骂，直斥他的罪过，更有人冲上去脱掉了他的靴子。眼看自己就要挨揍，李邦彦吓得赶快逃走了。

皇帝命人将陈东等人的上书收进去，过了一会儿传来旨意，表示众人的话很好，一定会施行的。

既然皇帝答应了，有的人就准备散伙。但另外的人立刻意识到，政府的许诺除非当场办，否则一定做不到。他们鼓动大家留下，要亲眼见到李纲和种师道，确信他们已经复职了再走。一会儿，掌管军事的吴敏走了出来，告诉大家，李纲因为用兵失利，暂时罢免。但这只是非常时期，等金兵一走就立刻复职。

从朝廷的安排也看出来，宰执们已经倾向于不折不扣地接受金军的要求，先把金军糊弄走了再说。在金军走之前，李纲是不能复职的。

这种回答让众人不满意。天色渐晚，人们把开封府的登闻鼓也搬来了，放在东华门外不断地敲，鼓敲坏了，就用声音代替，山呼震地。

开封府尹王时雍是负责首都治安的官员，也来劝说太学生们，说他们这么做是胁迫天子。太学生回答，以忠义胁迫天子，比用奸佞胁迫不是好多了？

众人想揍王时雍，他只好也逃走了。

守卫宫殿的殿帅王宗濋只好向皇帝汇报，告诉他如果不听从民众的呼声，今天就要发生民变了。

签书枢密院事耿南仲来了，太学生和民众拉住他不让走，除非他去向皇帝汇报给李纲复职。耿南仲只好答应下来，众人怕他说假话，便围住他，只给他留出一条路，就是进宫廷去的路。① 耿南仲见到皇帝，皇帝让他传旨召李纲来。

李纲在浴室院，一千多人前去迎接他。皇帝不得已，只好写诏书给李纲复职。

李纲还没有赶到，皇帝派遣了一位内官朱拱之前去宣谕。由于诏书还没有写好，就让朱拱之人先走，诏书随后送去。但朱拱之刚刚到民众前，有人立刻将他围住撕了碎片，他成了民变的第一个受害者。②

这时情况更乱了，有人已经大声喊"杀死内臣无罪"。于是人们不知道从哪里拉来了十几个人，将他们杀死，肝肠取出，脑袋砍掉挂在竿子上。到这时，民变已经到了最危险的阶段，一旦见了血，人们就会失去理智，事情也很难用和平方法收场了。

这时，李纲已经赶到了皇帝面前，向皇帝请罪。宋钦宗已经顾不上许多，连忙给他复职，担任尚书右丞，兼京西四壁守御使。李纲立刻前往东华门至右掖门一带安抚民众，这才平息了一场民变。③

李纲上台之后，立刻改变了前任（只在任了几天）蔡懋的做法。因为金军又在这个门附近集结，准备攻城器械，他当晚便睡在了西面的水门咸丰门上。城内虽然也有炮和床子弩，但蔡懋下令，谁敢开炮就惩罚谁，军队的士气十分低落。李纲反其道而行，规定将士们自行决定开炮，只要打中就是重赏。

将士们的积极性一下子提了起来。第二天，金军来试探攻城，被将士们击退。

由于民变，除了对外不利，京城内部关系也变得越来越脆弱。比如，那些在民变中杀死内官的并不是普通民众，本来就是当地的流氓头目，在社会混乱中，这些流氓变得更加猖獗，杀人、抢劫层出不穷。士兵们也不好好守城，反而借机报复平常对他们不好的官长，甚至杀死他们。军队纪律也不好，士兵偷

---

① 参考《靖康要录》。
② 参考《续资治通鉴长编拾补》。
③ 参考《靖康传信录》。

拿老百姓东西，看哪个平民不顺眼就当奸细滥杀。这些罪行中有的是不可原谅的，有的却是乱世时期的自然表现，但如果不及时处理，迟早会酿成大祸。

李纲也毫不手软，以诛首恶的方法将社会上的流氓头子干掉，对军队的不法现象更加严厉，一旦发现立刻处理。① 在李纲的努力下，汴京的社会秩序开始恢复。

金人撤离

李纲重新得势，宋钦宗的心情却是无可奈何。这是北宋建政以来第一次民间将权力从皇帝和大臣手中抽走，由民众决定谁来做官。皇帝此时已经完全放弃了抵抗，只想表现得软一点，将金人哄走，却又不得不任命一批主战派的大臣上台。

他的矛盾心情，在给斡离不的书信中反映得淋漓尽致。② 由于金国索要李邦彦和吴敏两人之一，皇帝二月初六回信时顺便发了牢骚，他说，昨天城中数万军民闹事，痛骂宰执，杀了好几个宦官。许多宰执都离职了，太宰李邦彦请求退休，门下侍郎赵野请假不来上班了，中书侍郎王孝迪、左丞蔡懋都已经被罢免了执政的职位，枢密李纲贬到了大名府（这里他撒谎了）。现在大半官员都缺位，宰执之中只剩下枢密吴敏、新任左丞耿南仲、新任枢密宇文虚中，以及李梲四人还在任了。

一个皇帝对敌军将领承认民变，并将高官的任免和盘托出，这也可以看作宋钦宗一种别样的牢骚，表明这并非是他所愿，也表明他已经无计可施，请敌人原谅。

关于斡离不要求将宋钦宗的亲叔叔越王当作抵押品，宋钦宗表示这有违情理。他恳请用自己的同母弟弟肃王将康王替换回来。康王和皇帝虽然同父，却并非同母所生。肃王作为同母兄弟，显然与皇帝关系更加密切。但皇帝希望，肃王只送金军渡过黄河，一旦过河安全了，金军就遵守约定将他放回。

至此，金军的所有战略目的都已经达到，割让三镇的诏书和地图、大量的犒军钱，以及安全的回军通道。李纲和种师道虽然复职，却并没有起到任何作用。

---

① 参考《靖康传信录》。
② 《大金吊伐录校补》第六十二篇。

但又不能否定，主战派的威慑是金军退军的必要条件。姚平仲劫营虽然以失败告终，却加速了金军的撤离。之前的斡离不仍然慢条斯理地与北宋谈着条件，时不时免一点赔偿金作为恩惠。但劫营之后，斡离不已经不再纠缠于赔偿金了，北宋也没有交付给他更多的钱。二月份，斡离不最关注的是怎么安全地回去，因此人质问题成了最主要的谈判点。

姚平仲劫营八天后的二月初八，金军开始撤回。由于担心大军的安危，金军的撤离非常迅速，初八当日，斡离不写文书告别宋钦宗，二月初九便将康王送回，[①]二月初十就已经拔营离开。[②]原本以为他们在渡过黄河时会遇到困难，但金军早已做了准备——架好了浮桥，一天之内就渡河完毕了。

金军的离开也将宋军主战派与主和派之间的矛盾最大程度激化。在主和派看来，金军离开是他们充分斡旋的结果，也是一场重大的外交胜利，如果不是主和派坚持和平方针，也许汴京城就会血流成河，如果不是主战派从中作梗，事情还会顺利得多。

但在主战派看来，各地勤王军队已经二十多万人，这些军队只有少数人参与了一点点抗金作战，其余的人虽然满怀热情，却还没有动手，就听说皇帝选择了和平，付出了巨大的代价。他们认为，仅仅因为姚平仲的一次小小的失利，就彻底放弃武力解决，的确是太窝囊了。

持这种观点的不仅仅是李纲，还包括许多其他人。比如，在燕京被俘的沈琯被金人放回之后，在二月初十见到李纲，立刻提出建议。由于他在金军大营里待过，对金军的实力知根知底，他说，金军不过只有五万人（比李纲预计的还低），能打仗的只有万把人，其中二太子斡离不营只有两千骑兵，郭药师的常胜军有三千骑兵，诸营的步兵也只有三万多人。这些人还并没有都过河，只有一多半的人在河南地区。总体上金军与宋军相差悬殊，完全应该立刻袭击金军。[③]

李纲接纳了沈琯的提议，向皇帝报告。与此同时，种师道也要求在金军渡

[①] 参考《东都纪略》《宋史》等。
[②] 参考《三朝北盟会编》。
[③] 参考《南归录》。

河的时候发动袭击。① 但他们的建议都被主和派给挡了回来。

李纲还不甘心，又拐弯抹角提出了另一个建议：在北宋初期与辽国缔结澶渊之盟时，辽国侵入北宋的领土，虽然双方签订了和平协议，但在辽军离开时，北宋仍然用大部队"护送"他们离境。在宋军的护送下，辽军走得特别快，也没有办法进行掠夺。李纲提出应该按照澶渊之盟时期的规矩，派大军将金军护送出境。② 这次他的提议终于得到了答复。

李纲得到了皇帝的许可令，立刻派兵十余万，分数路出击，他下的命令不是防御性的，而是进攻性的，只要各路将帅找到时机，就毫不犹豫地进攻金军。宋军急不可待地行动了，他们在邢州和洺州之间追上了敌人，双方相差只有二十余里。

就在宋军摩拳擦掌准备扑向敌人时，事情突然又出现了变化。原来，金军的西路军有消息了。

粘罕率领的西路军在前期势同破竹，但到了太原就被张孝纯阻挡住了，迟迟不能南下，使得金军的钳形攻势难以形成，只有东路军到了汴京城下，西路军一直无法配合。但到了正月十九，一位义胜军的首领刘嗣初却投降了金军，帮助金军夺取了太原以南的平阳府（现山西省临汾市）。③ 粘罕决定绕过太原，先向南进军，攻陷了威胜军（现山西省沁县南），控制了重要关口南北关（现山西省灵石境内），进军并攻克了位于上党高原的隆德府（现山西省长治市），最后围攻了曾经发生过著名的长平之战的高平。一旦高平失陷，粘罕就可以冲过天井关关口，从山西高原下到黄河边的平原，有可能再次发动对汴京的攻击。④

被吓破了胆的宋钦宗立刻下令将那些围堵东路军的宋军召回，让他们赶快想办法对付粘罕。

但事实上，宋钦宗并不用担心粘罕的进攻。由于粘罕并没有攻破太原，太原就如同在他背后的一枚钉子，只要粘罕继续孤军深入，太原就可以在后面打击他的后勤、辎重和援军，切断他的归路。

---

① 参考《续宋编年资治通鉴》。
② 参考《靖康传信录》。
③ 《续资治通鉴长编拾补》引《靖康要录》。
④ 参考《靖康传信录》。

种师中还提到，其实并不用把军队召回到黄河边，而是从河北地区越过太行山，从侧翼包抄粘罕，将其包围起来进行全歼。①

指挥对东路军追击的李纲也大不以为然，他认为既然东路军已经撤退，西路军就不会冒险，必然会自动撤退，根本不用管。②

在众人的劝说下，宋钦宗终于决定不撤回追击东路军的宋军。但在这一来一回之间，金军已经走远了，宋军将士也明白了皇帝的意思，懒得继续卖命。

果然，不久之后，金军的西路军也撤退了。

皇帝任命种师道为河北河东宣抚使，驻扎在滑州；姚古为制置使，兵援太原；种师中为制置副使，驻军河北、山西之间，援助中山、河中地区。双方的对峙线回到了燕京以南的河北地区，以及太原以北的山西地区。

到这时，金军通过这次战争得到了太原以北的所有领土，以及河北地区的燕京地区。另外，二太子斡离不通过协议在名义上得到了太原、中山、河间三府。只是撤退时，这三个府还都掌握在北宋手中。如果北宋愿意遵守协议，就必须派人去把三镇交割给金军，这也意味着金国已经深入到河北平原和山西中部。

但是，既然金军已经撤退了，宋钦宗还真的愿意交割吗？到底是遵守和约，还是放弃和约准备战争，这位年轻的皇帝该怎么选择呢？

---

① 《续资治通鉴长编拾补》引《中兴姓氏录》。
② 参考《靖康传信录》。

第三部

汴京失陷

第十章
再起波澜

太上回銮

金军虽然撤离，却给宋钦宗留下了三个问题。其中两个和人相关，一个和地相关。

和人相关的第一个问题是作为人质的肃王赵枢的安全问题。肃王本来是替代康王前往金军营地做人质的，按照双方约定，一旦金军退兵，就会将肃王送回。

二月十二，当金军渡黄河时，皇帝派出使臣王俅前往金军营地迎接肃王，但考虑到当时情况危险，金军并没有答应。

金军在河北地区时，皇帝第二次试图要回肃王。[1]但由于李纲、种师道等人坚持军事打击，斡离不更不敢将肃王放回。于是，肃王就成了靖康年间第一个被金军带走的亲王，再也没有回到中原故土。

肃王最初被扣押在燕京的悯忠寺，[2]一年后，徽、钦二帝作为俘虏也开始了屈辱的北行，肃王在燕京加入了他们，被送到了五国城。

建炎四年（公元1130年）十月，肃王死在了五国城。

肃王北狩最大的受益者是康王。如果不是姚平仲劫营，很可能康王会作为人质被金军带走，也就没有了后来的南宋高宗。在肃王怆然离去时，康王却接受了一系列的荣誉，就在二月初十金军退兵的当天，康王被封为太傅、静江奉

---

[1] 根据《续资治通鉴长编拾补》，王俅在中山府望都县追上了肃王，但金军以还没有交割三镇为借口拒绝放回。

[2] 陆游《老学庵笔记》。

宁军节度使、桂州牧兼郑州牧、康王。①

肃王离开的同时，还有另一个更重量级的人物需要回来，他就是宋徽宗。②

金军来到时，满怀艺术天赋的宋徽宗躲到了南方。最初的恐慌驱散后，他将扬州作为自己的驻地安定下来。太上皇一到扬州，东南方立刻乱了套，援助汴京的勤王军大都来自西部，东南部的军队没有一支到达，其原因在于太上皇在扬州断掉了与首都的联系，截留了通往首都的租税，并阻止了东南的勤王之师。他的做派并不像一个退位的皇帝，竟有将北宋政权一分为二之势。

既然金军走了，按道理，他应该回来。但对宋徽宗来说却有一个亟待解决的问题：他的儿子到底会怎样对待他？

在历史上，太上皇都摆脱不了孤独的命运。在北魏时期献文帝拓跋弘（年仅十七岁）被文成文明太后逼迫退位，将皇位让给了他儿子元宏（孝文帝）。但由于年轻的太上皇不肯完全放弃权力，最后被太后毒杀了。唐太宗逼迫父亲唐高祖退位，因为他杀死了哥哥和弟弟，成了不二的接班人。唐高祖郁郁退位，度过了九年的孤独光景，但至少还是个善终。唐玄宗与宋徽宗的情况最像，都是在大敌当前时逃跑，将御敌的责任留给了儿子，唐玄宗退位后也脱离了社会中心，变成了寂寞老人。

宋徽宗意识到，回到首都汴京，等待他的一定不是鲜花和赞美，而是耻辱的指指点点和冷嘲热讽。他在是否回汴京的问题上犹豫不决。但他一天不回汴京，宋朝的权力中枢就会紊乱一天。首先，太上皇身边还跟着童贯、蔡京等大臣，如果太上皇不回来，皇帝甚至担心他会被这群人挟持在南方另立中央，北宋分裂成南北两部分。

其次，太上皇本人也不想回来，而是想到西京洛阳去，在那儿不受儿子的管制，可以继续自由自在，这也意味着北宋将分裂成东西两部分。

再次，哪怕太上皇回去，如果他不肯安分守己当一个无所事事的老头儿，总在背后对儿子的决策指指点点，那么北宋的朝廷同样是分裂的。

---

① 参考《续资治通鉴长编拾补》。
② 关于宋徽宗回銮的描写，最好的是李纲的《靖康传信录》，本部分就根据他的回忆录整理。

如何解决太上皇的问题，成了皇帝和大臣们关注的焦点。按照开封府尹聂昌的看法，不如带兵去把太上皇周围的奸臣都处理掉，太上皇就不能不回来了，这等于是强迫他回来。聂昌的提议被李纲阻止了。

李纲认为，给足太上皇面子，同时劝说他放弃权力，才是最优选项。于是，在北宋最需要加强防卫以免金人再来之时，作为主战派的李纲却首先被派去解决太上皇的问题。

李纲在与太上皇的商议中，提出让太上皇让出大内禁中，毕竟他已经不是皇帝，禁中是给现任皇帝居住的。但皇帝将皇家园林撷景园改为宁德宫，请太上皇居住。

为了让太上皇感到受尊重，皇帝还要时时请安，并允许太上皇和太后在必要的时候进入大内。

太上皇在李纲的劝说下，终于回到了京城，这让所有的人都松了一口气。这意味着北宋的朝政不会走向分裂，而是统一在年轻的皇帝手中。人们有理由期待皇帝能够励精图治，重振宋朝的威望。

太上皇回銮后，对宠臣的清理也到了最后阶段。如果要让太上皇彻底交出权力，必须将蔡京、童贯等太上皇的身边人都处理干净。只有太上皇失去了这个圈子，才真正失去对政治的干预能力。

太上皇的宠臣包括两类：第一类是满足宋徽宗私欲和财政需要的能臣，比如蔡京在筹措帝国财政方面用尽了全力，而朱勔则负责替宋徽宗运送花石纲；第二类是那些倡导联合金国打击辽国的人，比如童贯一直是主战派，却由于打不了仗，变成了赎买派，也就是用金钱换取金军帮助，这一派人可以称为变质了的主战派。

在前期的运动中，失势的官员都已经被清理了，比如王黼、梁师成等人；但跟随宋徽宗去往南方的宠臣群体，包括蔡京、童贯、朱勔等人还没有清理，这次就轮到了他们。蔡京、童贯、朱勔都是在这时被处理掉的，他们或者在流放时死亡，或者被杀。

在这些人中，有一个人是最冤枉的，那就是首先倡议联金攻辽的赵良嗣。

赵良嗣于三月二十七被诛杀。①本质上来说，如果宋军足够强大，那么赵良嗣的计策是可以成功的，北宋能够获得燕云十六州的控制权。但由于宋军过于软弱，作为使臣的赵良嗣只好一次又一次和金人周旋，才获得了燕京。如果没有他的努力，就不会有燕京的交割。

拿到燕京之后，如果宋军加强防御，也不至于再次丢失。赵良嗣曾经希望引退，不再参与政治，可是宋徽宗不同意，他只好留下来，不想风云突变，功臣瞬间变罪人。

斡离不退兵后，赵良嗣承受了无尽的谩骂，在铲除奸臣的声浪中被赐死。他还被《宋史》写入了奸臣传，留下了无尽的骂名。②近千年来，替赵良嗣说话的人不多，但也有人质疑他不仅不应该被列入奸臣传，反而应该正名。③

和约遭遇执行难

除了两个人事问题，最复杂的还是土地问题。直到金人离开，皇帝和大臣才意识到，他们为了赎买和平，到底付出了多大的代价！

金钱上的代价是巨大的，一下子给予过多的战争赔偿，必然会导致下一场战争。金军士兵薪酬是掠夺制的，他们拿不到固定薪水，到底有多少收获，全看战场上抢多少东西，获得对方多少赔偿。宋钦宗付给二太子斡离不的赔偿让金人开了眼界，自然会让另一路元帅，也就是粘罕和他的西路军眼红不已。就算斡离不已经满足了，粘罕也必然会煽动另一场战争，来满足自己的军队对于财富的渴求。

既然另一场战争必然到来，那么决定胜负的关键，就要看北宋能否防御得住。

不幸的是，宋钦宗发现，如果要防止敌人的下一次进攻，就必然要占有太原、中山、河间三镇。太原是山西的门户，粘罕之所以占领了更靠南的隆德府

---

① 参考《三朝北盟会编》。
② 参考《宋史·赵良嗣传》。
③ 如赵翼《廿二史札记》中就试图为赵良嗣正名。

和平阳府，却又不得不退回北方，就是因为太原还在宋军手里，可以随时袭击金军的后续部队。河间是东路上最重要的据点之一，而中山位于河北与山西之间，是沟通两地的要道，一旦中山丢失，也意味着金军的东西两路军可以方便地沟通协调，形成策应，到时就不像前一次那样东路军孤军冒进了。

宋钦宗虽然向金军许诺了三镇，但金军却遭遇了典型的执行难问题。皇帝的割地使到了三镇，请求他们配合交割，但三镇不仅不执行，反而加紧了抵抗。

比如中山、河间两镇，当斡离不回师时经过这两个地方，被抵押的肃王，以及割地使张邦昌等人亲自到城下宣读皇帝的诏书，请求他们遵守法令，但都被城上的士兵拒绝了，甚至他们用弓箭石块将说客逐回。[1]

金兵离开后，宋钦宗身边的大臣们也纷纷劝说他不要遵守条约。因为只要执行条约，就是宣判北宋王朝的死期将近；不执行，大不了是拼个你死我活。相比较而言，还是不执行更有好处。比如著名理学家、朱熹的祖师爷杨时就上书表示，三镇"一旦弃之北庭，使敌骑疾驱，贯吾腹心，不数日可至京城"[2]。这样的三镇必须固守，不可丢弃。

其实大家心里都明白，如果说问题出在哪儿，只能说皇帝由于被吓破了胆，答应了根本无法执行的条件，现在只好反悔了。

就在金军撤离不久的二月二十五，[3]皇帝派遣工部尚书王云等人出使金军，就提出了另外的建议：希望金军允许北宋保留三镇，但同时，北宋增加一定的岁币，作为三镇的租税交给金国。[4]

这件事金国没有回复。于是，北宋官员开始考虑另外的可能性：既然要违约，就必须首先证明是金人先违约的。斡离不回军时曾经在磁州、相州、大名一带掳掠，杨时认为金军没有和平撤离就是违约，他建议皇帝以此为借口不执行协议。杨时还认定，金军最初答应（是否答应是有疑问的）到黄河就释放肃王，

---

[1] 参考《续宋编年资治通鉴》。
[2] 参考《宋史·杨时传》。
[3] 参考《宋史·钦宗纪》。
[4] 《大金吊伐录校补》第七十篇。

但迟迟未放,也是违约。①

另外,皇帝还可以在西路军找借口。由于金军的两路存在协调问题,东路军已经撤退,西路军还在南下占领隆德、平阳等地,这也是违约。

如果仔细琢磨这些借口,不得不说,宋钦宗如果以此为借口,的确是有问题的。关于释放肃王问题,金军从来没有答应到黄河就释放他,只是宋廷的一厢情愿罢了;金军在河北的掳掠是战争中无法避免的混乱,即便统帅想制止,也无法完全避免;西路军南下更多是古代通信的时间差问题。粘罕向南进军时,并不知道协议已经签署,也就无法停止进军。当然,如果说金军将协议执行得不折不扣,也不确切。

如果宋金双方能相互谅解,这一切都不是大事。可一旦有一方不准备谅解,而是寻找机会推翻协议,那么利用这些细枝末节的问题也就成了唯一的途径。

三月十六,皇帝向三镇下发抵抗的诏书,他宣布由于金军首先摈弃盟约,宋军不得不抵抗。皇帝采取主战派的主张,首先罢黜那些参与了和谈的官员,在本书中一度占据了主要舞台的李邦彦、李棁、李邺、郑望之等人同时丢了官,与赵良嗣的区别只是他们没有被杀掉。可见,在宋朝从事外交工作也是危险的职业。

皇帝派遣种师道、姚古和种师中三员大将去支援三镇。这一次他显得信心十足,表示"祖宗之地,尺寸不可与人"②。

宋朝皇帝前后不同的态度首先给粘罕的西路军带来了混乱。粘罕占据了隆德、平阳,但无法拿下太原,正在进退两难之际,突然收到宋金议和的消息,协议中包括割让太原,宋朝甚至派来了一个叫作路允迪的割地使。粘罕意识到这次进攻不可能更进一步了,捞到太原也不错,于是下令退军,北归去接收太原。

到了太原城下,路允迪帮助金军招降太原,但太原守将却表示,他们收到了皇帝的最新诏书,与路允迪的说法恰恰相反,诏书不仅不是让他们交割太原,反而是要求更加坚决地抵抗。③粘罕什么便宜也没有捞到,一面命人继续围攻太

---

① 参考《宋史·杨时传》。
② 《大金吊伐录校补》第七十四篇。
③ 《大金吊伐录校补》第七十五、七十六篇。

原，一面率军北上休整。

四月，一个更好的机会似乎出现在了宋钦宗面前。这个机会是由一个金人的使团带来的。

由于北宋不想交割三镇，金国派遣了一个使团，由萧仲恭与赵伦带队前往宋廷，催促交割事宜。[①] 但宋钦宗并不想交割，将使团留置了下来，不放回金国了。

使团的首领萧仲恭是一位辽国的降将，与辽国另一员大将耶律余睹很熟悉。耶律余睹在金军中担任监军，是非常重要的武职官员。北宋的接待使了解到，萧仲恭似乎对金国并不满意，经过交谈，更进一步知道耶律余睹也过得不顺心，这两人对金国并没有太多忠心。

经过与萧仲恭等人的商讨，宋钦宗决定不再扣押萧仲恭，放他回去。皇帝亲笔在黄绢上写了一封信，封在蜡丸中，交给萧仲恭让他转交给耶律余睹，招降他反对金国。皇帝暗地将山西许诺给耶律余睹，只要他反金，他可以在山西建立一个与北宋友好的世袭政权，相当于宋金之间的一个屏障。[②]

北宋君臣满怀期待地将萧仲恭等人送走，等待耶律余睹的答复。如果这两个人决定反对金国，那么山西一带的压力就会降下来，北宋可以对付河北一带的金兵。

宋钦宗没有想到，他犯了一个和他父亲一样的错误。宋徽宗曾经试图招降辽国天祚帝，被金军截获了他的圣旨，成了金国攻宋的一个好借口，这已经是很大的教训。到了儿子宋钦宗，又试图招降耶律余睹，还同样留下了文字把柄。

在这之前，宋钦宗一直在金人面前与父亲撇清关系，表示以前的错误都是老皇帝犯的，老皇帝已经退位，新皇帝不应该承担以前的责任。但这件事之后，金人已经明白这父子两人秉性是多么相似，就连做事的风格都一样。

萧仲恭并没有想投靠北宋，他之所以答应，只是因为北宋不让他回去，他需要找个策略离开。[③] 耶律余睹更没有谋反的意图，他甚至不知道北宋皇帝会给

---

① 参考《三朝北盟会编》。
② 《大金吊伐录校补》第七十八篇。
③ 参考《金史·萧仲恭传》。

他写信。于是两人共同将宋钦宗的蜡丸绢书上交给了金人。从这时开始，金军基本上放弃了对北宋的指望，开始准备新的军事行动。

宋金之间的对决也就在这样的气氛中逼近了。

老将离去

既然宋钦宗也准备依靠军事解决，除了招降耶律余睹之外，在自身军事准备上又做了哪些工作呢？

四月时，针对金军可能再次南下的形势，李纲向皇帝上书提出了八项建议。这八项建议都是针对北方战备的，分别是：

第一，唐代藩镇虽然导致了安史之乱和后期的地方割据，但由于北宋的最大问题是指挥权不统一，军队战斗力不强，因此可以考虑在北方边境地区建立一批藩镇，让藩镇负责带兵，并征集军粮，给予世袭的权力，保卫边疆。

第二，王安石时代建立了保甲制度来训练民兵，但后来保甲制度时废时兴，名存实亡，作为非常时期，应该考虑恢复保甲制度，利用人民对家乡的忠贞来保卫国土。

第三，战争中以军队最为重要，军队中又以战马最为重要，由于金军几乎将马匹都掳掠一空，因此，养马乃当务之急，需要政策扶持和指导。

第四，河北地区自古以来就是池塘沼泽遍布，但到了北宋时期，由于人们开荒种地，将河北变成了一望无际的大华北平原。没有池塘沼泽，河北就彻底丧失了防御手段，因此，需要恢复一定的池塘沼泽，以备军事防御之需。

第五，河北、山西的城池坏了很多，需要大修。

第六，免除战乱区的租税，尽快恢复生产。

第七，尽快想办法吸引商贩，用市场经济的做法解决河北、山西地区的粮草问题。

第八，之前朝廷筹措军费，很大程度上依靠的是盐税和盐钞，北方地区的盐主要出自山西解州的解池，但宋徽宗初年解池被水冲了，朝廷规定从南方海边运盐代替解盐，从此北方军费受到了影响，现在应该恢复从解州供盐的制度，不要让南方盐运到北方来。①

这些措施有的是军事的，有的是经济的，但整体上都是为了战争服务。如果用现在的眼光看，第二、第三、第五、第六、第七条都是非常必要的措施，第一、第八条虽然看上去会让现代人产生抵触，但仍然是很必要的，第四条工程太大，恐怕很难实行。

宋钦宗表面上答应了大部分改革，却由于行政效率的低下，全都搁置了，没有对战争产生任何的帮助。

五月，对宋军的打击来到了。金军退师后，宋军在河北、山西地带的防御主要依靠三个人，分别是种师道、种师中与姚古。五月初七②，由于种师道过于年迈，向皇帝上书请求退休，在三位战将中，种师道经验最丰富，他的离职让宋军少了一员统帅级的人物。

剩下两员将领中，姚古负责山西地区的防务，粘罕退军后，姚古收复了太原以南的大部分地区，但宋军想要解围太原，却屡屡无法成功。

金军对于太原的封锁做得很好。太原虽然在张孝纯等人的坚守下固若金汤，但金军在城外却筑起了障碍，将整个城池困在了中央，彻底断绝了城内与城外的联系。在金军围困汴京时，虽然汴京防御力量不足，却一直是和外界保持联系的。金军在汴京城外的西北角，外界的物资和人员却利用东南角的城门进出。与汴京不同，太原完全和外界断绝了联系，物资彻底中断，粮草匮乏到了极点，这逼迫着宋军必须赶快援救太原。

姚古从太原的西南方出发，去解救太原危机，没有成功。宋军不得不考虑利用种师中在河北的军队。种师中率军护送斡离不离境之后，大军停留在河北地区的大名府附近，皇帝给他的新任务是从河北穿越太行山的井陉关进入山西境内，从东南方进军，与姚古的部队形成钳形攻势，夹攻太原外的金军，将他们赶走。

种师中穿越井陉后，到达了平定军（现山西省平定县），接着又克复了寿阳县（现山西省寿阳县）、榆次县（现山西省晋中市），距离太原已经是咫尺之遥了。

---

① 参考《靖康传信录》。

② 参考《皇宋十朝纲要》。

但种师中并没有急着进攻，而是选择了占领这些据点的同时，继续以太行山以东的真定（现河北省正定县）为基地驻扎。

种师中不急于进攻，北宋朝廷却等不及了。恰好这时，传来情报说金军大部队已经回北方度夏，只有一些散兵负责畜牧养马。按照宋代的指挥制度，虽然种师中与姚古都是一方大将，但制定战争决策的机构却是汴京的枢密院。当时负责枢密院的是知枢密院事许翰，他是个爱纸上谈兵的人，听说了这个消息之后，逼着种师中与姚古赶快进攻，如果不进攻，就治他们"逗挠"（怯阵不敢作战）之罪。①

"逗挠"之罪在军事上是严重的罪行，甚至可以判处死刑。种师中本来是希望稳扎稳打，既然已经接近了太原，就不妨停一停，制定一个更加可行的计划再上阵。否则不仅无法打败金军解放太原，反而连已经获得的城池都可能丢失。但在许翰的逼迫下，他不得不感慨着率兵前进。

按照许翰的策划，除了种师中一道，姚古也要从西路进军，形成夹击。②由于夹击讲求速度和时间，种师中不能带太多的辎重，尽量轻装向太原前进。

种师中先到了寿阳县境内一个叫作石坑的地方，遭到了金将完颜活女的袭击。事实证明，金军主力北归的消息是错误的，他们留了足够的人马在南方，只是隐藏了起来，好吸引宋军进攻，进行伏击。

种师中与完颜活女打了五仗，其中赢了三场，败了两场。他突破了金军，继续经过榆次来到了距离太原只有百里之遥的杀熊岭。

按照军事规划，当种师中来到榆次时，姚古也应该率领军队来到太原附近，双方建立联系后共同进攻太原。但姚古手下有一位叫作焦安杰的统制，宣称粘罕从北方回来了，进攻太原已经不可能了。听到这个消息，姚古选择了按兵不动，因此并没有与种师中合兵。到这时，就只剩下种师中孤军奋战了。

更麻烦的是，出于速度的需要，种师中并没有携带足够的粮草，队内已经发生了饥荒，每天每人只能分得一勺豆子，这样持续了三天。③五月十二④，金军

---

① 参考《靖康要录》。
② 《宋史纪事本末》，还有一路叫张灏的也同时出击。
③ 《续资治通鉴长编拾补》引《靖康小雅》。
④ 参考《续资治通鉴长编拾补》。

听说这个消息后，立刻展开了进攻。

金军首先进攻种师中右军，将其击溃，前军也跟着逃走。种师中率领中军奋战，用神臂弓将敌人击退。到这时，种师中还能稳住阵脚。

北宋的军队有一个习俗，打仗时为了让士兵卖命，必须当场给予丰厚的赏赐。弓箭手击退金军后，向种师中要赏赐。但库吏却告诉种师中，由于轻装上阵，没有带奖励士兵的物品，数来数去，只有十几个银碗，显然不够用。[①] 战士们听说这个消息，意识到宋军已经既无粮草，也无财富，继续打下去除了死亡什么也得不到。他们纷纷逃走，将种师中抛弃了。

战斗打了一上午，最后只有百人左右的团队跟随着种师中，直到战死。在死前，还有人劝说他突围而去，但他拒绝了，力战而死[②]，时年六十八岁。

种师中死后，金军继续进攻姚古的部队，将姚古击回了隆德府。

这场战役以北宋损失一员大将、太原解围失败告终。当失败的消息传回京都，汴京的官员虽然无力帮助前线打仗，在追责上却无比用力。瞎指挥的许翰被免了职[③]，谎报军情的统制焦安杰也被李纲砍了头。

作为山西一路统帅的姚古也承担责任，被免去了军职，送往广州安置。到此为止，原本防卫北方边界的三员大将最终以种师道辞职、种师中战死、姚古免职为结局。最有战争经验的三员大将都因为指挥系统的紊乱而去职，将防卫北方的重任留给了更加没有经验的人。

最无力的主战派

种师道、种师中、姚古之后，在首都，主和派突然间又成了主流。此刻主和派的代表人物是一位叫作耿南仲的大臣。他表示老将死的死退的退，朝廷已经没有能打仗的将军了，劝说皇帝交割三镇才是上策。

[①] 参考《续宋编年资治通鉴》。
[②] 参考《宋史纪事本末》。
[③] 参考《靖康要录》。

此时首都主战派的领袖是李纲。李纲是个典型的文臣，只是在汴京保卫战时期依靠满腔热血临时担任了指挥角色。按照他的本意，知道自己不善于带兵，一旦军人接手防务，自己就退出武职。

但耿南仲等人对皇帝的喋喋不休让李纲义愤填膺，他争论说三镇不能交割，必须守住。不想耿南仲立刻做了个顺水人情，请李纲担任武职，去北方帮助皇帝守住三镇。

宋钦宗也在为没有人能打仗感到发愁，听了耿南仲的建议，立刻下令，任命李纲担任两河宣抚使，接替种师道的角色；同时任命刘韐作为李纲的副手，接替种师中的角色；解潜担任制置副使，代替姚古的角色。

防卫北方的三驾马车换成了李纲、刘韐和解潜。后两者都是有战功的武将，只有李纲是个文臣。

李纲知道自己是政治斗争的牺牲品，这是政治对手要将他清洗出京都的策略，所以才想出这样的办法。在争辩无果的情况下，他只好选择上任。[①]

他上任时，宋军已经越来越混乱。种师道时期，由于老将军是武职出身，还有足够的威信保持军队的稳定。李纲作为文人在首都有很高的威望，但在军队中却说不上话。更复杂的是，宋钦宗曾经信誓旦旦要用武力解决问题，但种师中死后，皇帝在耿南仲等主和集团的劝说下，又没有那么坚决了。他让李纲上任，并不是信任李纲，而是让李纲尝试最后一次武力保卫三镇，如果还不行，就要彻底倒向主和派了。

朝廷中的主和派虽然暂时不敢完全反对武力，却三心二意，出工不出力。全军上下都知道朝廷的情况，对李纲等人更是阳奉阴违，使得军队指挥彻底失控了。

这一切，就注定了李纲只是一个过渡性的人物，他的任务就是战败并退出政治舞台，他的战败会被围绕在皇帝身边的主和派屡屡提及，成为必须寻求和平的证据。

但在七月初，皇帝还没有最终倒向主和派，还在尝试着采取强硬主张。一方面，他继续清理宋徽宗身边的大臣（蔡京、童贯等人都是在这个月死亡[②]），

---

① 参考《靖康传信录》。

② 参考《续资治通鉴长编拾补》。

另一方面，分别遣使前往金国皇帝、左副元帅粘罕（两次）、右副元帅斡离不处，坚决要求用租税代替割地，请求免于割让三镇。①

在战争准备方面，李纲进行得并不顺利。皇帝让他担任宣抚使，是想让他完成两个任务：第一，解太原之围；第二，守住北方防线。皇帝的目标明确，可是又给了李纲多少资源呢？

首先，在李纲没有离开汴京时，皇帝给他招募了两万兵，但由于金人已经将马匹掳掠殆尽，士兵没有马可以骑。李纲请求皇帝从民众手中买马，估计可以搞到几千匹，但刚发出文告，开封府就以骚扰民间为由请求终止了。

李纲将两万人分成五支军队，每军四千人，恰好河北发生了叛乱，于是派左军去镇压。右军又拨给了副使刘韐，给李纲剩下的只有一万两千人。出征前，李纲请求银、绢、钱各百万作为军费，朝廷最后总共只给了二十万。

原本定在六月二十二出发，但由于事情过于仓促，李纲请求延期。这被当作他害怕了的表现，于是，他只好仓促于六月二十五出发。出发前皇帝倒是做足了功课，在紫宸殿和琼林苑分别赐宴，期待这支一万两千人的兵马凯旋。

七月初，李纲来到了河阳。河阳是连接山西和洛阳的黄河渡口，也是西路防卫的最关键地点之一。他在河阳停留了十余日，为的是训练士兵，让这支仓促组建的队伍有战斗能力。另外，由于宋军军纪败坏，有逃跑的，有抢劫的，有偷窃的，李纲都采取严格的军法加以惩戒，从而提高了士气。

接着他进入怀州。怀州夹在太行山和黄河之间，战略地位更是无可置疑。在怀州，李纲要解决的是缺马问题。对于古代军队来说，再高的士气也无法代替马匹。这时有一个人叫张行忠，他提议说，整个国家都没有马了，但还有另一个办法：人怕马，但马怕车。他设计了一种战车来对抗金军的骑兵。每一辆车由二十五人操控，配备有弓弩、刺枪和盾牌，组成车阵可以抵御马匹的冲击。李纲非常感兴趣，叫人造了千余辆车，在怀州练兵。②

李纲造车之举是值得商榷的事件，这说明他知道宋军的弱点在哪里，也想

---

① 《大金吊伐录校补》第七十九到八十二篇。第八十三篇是粘罕拒绝的回书。
② 参考《靖康传信录》。

去解决，但他的做法是否能解决，却没有结论。在大敌当前时，大规模推广一个没有经过检验的笨重器械，并不是一个令人放心的方法。

李纲造车的行为引起了皇帝极大的不满，宋钦宗想要的是尽快解太原之围，而李纲反而在后方迟迟不进。皇帝下诏将招募的士兵全部解散了。也就是说，李纲花费的所有心血都归于流水。失去这支一万两千人的小军队后，他成了一个没有兵的统帅，实际上被架空了。

接着皇帝开始越级指挥，他不断地催促各地的将领集结，一同去解太原之围。这些将领包括：宣抚副使刘𬴐、制置宣抚副使解潜，查访使张灏（太原守将张孝纯的儿子），勾当公事折彦质，都统制王渊、折可求等。他们制定计划，于七月二十七从各路进军，其中刘𬴐、王渊负责平定军和辽州（现山西省左权县）两路，解潜和折彦质负责威胜军一路，张灏、折可求负责汾州（现山西省汾阳市）一路，范琼屯南北关。

皇帝的思路还是和上一次种师中、姚古联军一样，希望从不同方向同时进攻，压迫敌人直至太原城下。上一次种师中虽然到了，姚古却没有赶到，其背后深层的原因，是指挥权的不统一，两路军是并列关系，互不隶属，缺乏一个统领全局的统帅。这一次，宋钦宗自认为能够担当这个统帅，但由于距离遥远，所有的将领都听从皇帝的，就意味着所有的将领都自行其是，听不进去别人的意见。

出师之后，刘𬴐最先遇敌，被金人击溃。解潜是最积极的，他从山西南部向北到达南北关，与金军相遇，双方大战了四天，不分胜负。但由于其他所率部队各路都没有跟上，无法牵制金军，金军得以调来援军。解潜由于没有后援部队，所率部队最终崩溃了。[①]

作为名义主帅的李纲由于没有兵，也没有指挥权，只能眼睁睁地看着宋军失败。

八月份，张灏、张思正、折可求等与金人轮番相遇，发生战斗，均以失败告终。当宋军战败的消息传来，位于山西的威胜军、隆德府、汾州、晋州、泽

---

① 参考《靖康传信录》。

州（现山西省晋城市）、绛州的老百姓纷纷开始逃亡，他们不再信任宋军的保护，担心金人把黄河以北的土地和人民都割走，于是渡过了黄河，向南方撤离。①

这一系列失败也成了皇帝再次转向的节点，从这时开始，外交活动更加频繁，军事行动却又搁置了下来，皇帝下令不得轻易进兵，从湖南来的援军也被按下。

由于李纲无法指挥战争，他再次被免职，皇帝强迫已经退休的种师道出山接替他。

李纲走上了他漫漫的贬职之路。他先是被封为扬州知州，但随后又被安置到了建昌郡（现江西省南城县），还没有走到地方，又被发配到了更远的宁江（现重庆市奉节县）。当"靖康之耻"最后结局来临之时，他已经脱离了舞台的中央，无法起到鼓舞人心的作用了。

李纲是有一定优势的，他擅于鼓动士气，并有着坚决的信念，任何时候都不肯和金军妥协。他在第一次汴京围城中起到了关键作用，但这个作用又存在着一定的夸大。事实上，他只率军抵抗了两天，宋钦宗就和金军讲和了，并做出了无法挽回的巨大让步。李纲既没有机会继续与金军作战，也没有机会阻止皇帝让步。后期等种师道等勤王军到来后，李纲就被边缘化了，起到的作用更加有限。

李纲在人民中间有极高的威信，但在军人中间却一直被看成是外来的生手。在宋代的军事体制下，李纲不可能找到施展的舞台。更何况他坚决主战的态度也让许多主和派看不惯，于是，主和派和军人集团都不喜欢他，集体排斥他。他的离开是必然的，即便留下也会毫无作为。

接替李纲的种师道虽然是名将，但等他上任时，已经到了山穷水尽的地步。这个老"光杆司令"没有带一兵一卒前往河阳。在那儿，他碰到了金国使节王汭。他从使节的言辞判断，金军又要进攻了，于是立即上奏皇帝。此时北方的军队已经指望不上了，形势比前一年还要严峻，种师道上书请求皇帝移驾长安。长安位于关中的四塞之地，又是种师道的根据地，金军很难进攻那儿。当汴京没

---

① 参考《宋史纪事本末》。

有了皇帝，反而更加容易保卫。

但他的建议被斥为逃跑主义，没有被采纳。十月初，病重的种师道交出了兵权，由刘韐代替，刘韐还没有出发，又换成了范讷。[①] 在这一系列的换人过程中，老将军种师道撒手人寰，他享受了皇帝给予的最后哀荣，也不用再为风雨飘摇的北宋皇朝送葬了……

---

① 参考《续宋编年资治通鉴》。

第十一章
战端重启

太原失陷

宋钦宗还在为战和问题而感到头疼时，金人已经帮他做出了选择。由于皇帝不肯割让三镇，加之试图招降耶律余睹，被金人认定是比他父亲更加顽固的皇帝，且言而无信，和约对他如同废纸。

靖康元年（公元1126年）八月十四，金国两路元帅共同发出了问罪书，[①]随即兵分两路，向南方进攻。

此时的金国军事组织架构已经有了调整。在第一次进攻中，由于缺乏一个协调者的角色，两路元帅各自为政，缺乏沟通。这次，他们采纳了辽国降臣刘彦宗的建议，设立了一个叫作元帅府的机构，[②]元帅府中分为都元帅、左右副元帅、左右监军和左右都监，一共七人。

都元帅负责协调，而真正出兵的仍然是左右副元帅。左右之分，仍然以山西、河北两路划分。其中都元帅由谙班勃极烈（即太子）斜也担任，左副元帅粘罕，右副元帅斡离不，左监军达懒，右监军兀室，左都监阇母，右都监耶律余睹。

金军已经出发，在战场上屡吃败仗的宋钦宗却更加依赖外交手段了。

他派出了一系列的使臣前往金军各个大营继续谈判。在这些使臣中，著作佐郎刘岑临时封了太常少卿的官职，担任去往大金国皇帝处的国使，由阁门宣赞舍人马识远作为副手。宗正少卿宗泽前往右副元帅斡离不大营。秘书少监李若

[①] 《大金吊伐录校补》第八十四篇。
[②] 《三朝北盟会编》定于四月十五。

水前往左副元帅粘罕营地，相州观察使王履是他的副手。①

在这些使者中，李若水的记录被完整地保留了下来，让我们可以看到当时的情况。②

李若水于八月二十四出发，他经过河北，从井陉翻越太行山到达山西。在过井陉前，他先到了斡离不的营地。当时宋金之间的冲突有四方面：第一，三镇交割问题；第二，上次没有缴完的赔偿金问题；第三，辽金地区叛逃北宋的官员处理的问题；第四，岁币问题。

斡离不和李若水见面时，没有谈岁币问题（岁币缴给金国国库，跟他关系不大），就连三镇问题都表示可以再讨论，他关心的还是直接给他的钱，也就是没有缴完的赔偿金，另外对叛逃官员问题也有所关注。

到了九月初一，李若水等人翻过太行山，来到了粘罕所在的太原府榆次县，这里曾经是种师中收复过的地方，现在却成了金军西路军的临时大本营。李若水发现粘罕对于赔偿金和叛逃官员不感兴趣，对三镇问题却极其重视。

这也可以看出两个副元帅的经验，斡离不关注的是短平快的来钱项目，而粘罕却看重土地，知道只要有了土地，钱财是早晚的事情。

宋人一直分不清两个元帅到底谁是老大，谁是老二。李若水在出使时也想弄明白，他发现宋人由于和斡离不打交道多，往往以为斡离不在粘罕之上，但实际上，双方各有优势和劣势，又互相猜忌。斡离不在第一次进攻北宋中功劳更大，他担心这次进攻粘罕会获得更多的战功，因此倾向于和谈，但第一次没有获得足够战果的粘罕却更渴望战争。

李若水在粘罕营地停留了五天，获得了粘罕的四次接见。元帅对宋使的态度很好，赐酒赐肉，临行前还给了不少礼物。他们甚至谈起了粘罕的家庭，他的家人都被辽国害死了，现在只剩了一个小女儿。

在畅谈中，粘罕却拒绝了李若水的谈判请求。他不肯将三镇还给北宋，而是写了一封措辞严厉的信让李若水带回：他要的是战争。

---

① 参考《三朝北盟会编》。
② 李若水《山西军前和议奉使录》。

其实，李若水的遭遇是不难理解的。就在李若水到达金军营地的第三天，也就是他和粘罕第二次见面时，一件大事已经发生：粘罕攻克了太原，这座坚守了将近一年的城市陷落了。

太原之围从前一年十二月开始，持续了二百六十天。太原城墙长四十里，异常坚固，在守将张孝纯的带领下，做到了全民皆兵。十五岁以上、六十岁以下的男性都参与了守城；有的为了构筑工事，不惜把房舍拆掉。可以说太原是靖康之战中最顽强的城市。[1]

金人用木头构筑的工事环绕城墙一圈，将城市围住，断绝了内外的交通。如果仅仅攻城，太原几乎是牢不可破，可一旦缺粮，就成了大问题。从太原城内偶尔能跑出几个去往朝廷求援的信使，他们往往都瘦得皮包骨头。朝廷也接连两次派军队救太原，却都失败了。于是，宋朝大军只能眼睁睁看着太原一天天被围困下去。[2]

为了攻打太原，金人也想尽了办法，根据当时人们的回忆，金人动用了炮石、洞子、鹅车、编桥、云梯、火梯等攻城器械，整体数量达到数千，但是都一一被太原守将化解。[3]

所谓炮石，实际上是体格巨大的发石车，金人将三十个发石车并列，每块石头大如斗，在统一号令下齐发入城，摧毁能力惊人。城内总管王禀命人在重要建筑和楼橹上覆盖装着糠的布袋，减少石头的冲击力，即便被击破，由于损伤较小，修复起来也容易。

发石车不成，金人就改用另外的手段把城壕填平。金人也做了巨大的如同特洛伊木马的大架子车（叫洞子），上面覆盖着厚厚的生牛皮，外面再裹上铁叶，城上的弓弩不可能穿透。士兵躲在架子车里面，带上柴薪、土木等，推着架子车来到城壕边。他们先将大木板和柴薪放到城壕里，上面再铺草，最上面用土木填平，这样就把护城河解决了。可是，由于草、柴薪、木头都怕火，王禀就

---

[1] 参考《续宋编年资治通鉴》。
[2] 参考《靖康要录》。
[3] 《续资治通鉴长编拾补》引封有功《编年》。

用火攻的方法阻止金人填满城壕。

金人的鹅车是鹅形状的大车，比城墙都高，人藏在里面，推着车靠近城壕。由于鹅嘴是前倾的，正好可以越过城壕搭到城墙上。城内也做了类似的鹅状楼宇，与敌人接战。甚至把大石头放在对方的鹅嘴上，由于鹅车重心不稳，就会被压倒。

云梯、火梯等是用来爬城和焚烧城上设施的工具，下面都有轮子，可以推到城墙下。但王禀都一一想办法破解。

依靠这些工具，金人没有打进去。

真正让太原城防出现漏洞的是缺乏粮草。城内的人先杀牛马骡驴，其次把所有的皮制品都吃光，接着将所有能找到的草根树皮等都扒尽了。最后，人们开始吃人，先是吃死人，然后将羸弱老人吃掉。即便这样，太原城里的人还是损失了百分之八十。守城已经成了不可能完成的任务。

九月初三[①]，粘罕军攻破了外城，而守军早就在内部建了另一道内城城墙，于是守军都退到了内城。但遗憾的是，由于士兵们饿得实在没有力气了，他们拿着武器倚在城墙上，竟然无力抵抗，只能眼睁睁看着敌人将自己杀死。

王禀率兵抵抗，突围而出，金军紧追不舍，他只好带着太庙中的宋太宗画像投汾河而死。[②]

主帅张孝纯和他的另一个儿子张浃被俘后，金人要求他们投降，张孝纯拒绝了，等待被金人杀死。金人当着他们的面将三十多员副将杀掉，张孝纯父子依然面不改色，等待着自己的命运。粘罕佩服张孝纯是条汉子，没有杀他，叫人把他押往了北方。

太原作为北方屏障的意义不亚于燕京，它的失守，意味着山西一路已经开放了，金军随时可以南下黄河，不管是西进洛阳还是东袭汴京，都不会再有大的障碍。

更可怕的是，太原是在宋军的眼皮底下丢失的。宋军还有十几万大军在周围

[①] 参考《三朝北盟会编》。

[②] 参考《靖康要录》。

救援，却谁都过不去。如果说第一次汴京之围的失利是因为援军没有到，那么太原失守则意味着宋朝的军事体制彻底落后于金朝，即便有援军，也打不过金军。

宋朝的军事体制落后不在于将领的军事素养，因为他们也有很好的将军，如种师道、种师中、张孝纯、刘韐、折可求等，当年的郭药师也曾经全心全意帮助皇帝守卫燕京。但由于指挥系统的紊乱，将军们很难有权力调动起全局资源，来组织一场战争。

金军的行动指挥由两路元帅全权负责，他们可以调动一切资源为战争服务。但宋军调动资源要得到皇帝的允许，而皇帝又是受身边的宰执控制的，宰执还包括主战派和主和派，在一系列的扯皮中，几乎不可能做出及时的决策。

在战争中，每一位将军都只是一路兵马的将领，指挥不动其他的兵马。就算设立了一个更高级的统帅，几乎所有的下级将军也不把这个统帅当回事，因为他们除了受这个统帅领导之外，还有无数层级领导的节制。

一旦将军打了败仗，宋朝的言官立刻发动弹劾，不惜把他们逼上绝路。言官无罪，将军不赦。当将军打了胜仗，宋朝的宰执立刻考虑通过升官将他们的带兵权剥夺掉，到最后仍然是树大招风难以自保。

总之，宋太祖设计的这个系统曾经和平运行了一百多年，直到遇到了金军这个克星，其中隐藏的千疮百孔突然就暴露了出来。

太原丢失的连带效应直到一个多月后还能看出来。在太原丢失之前，宋朝还派遣了一位叫作王云的人到金国皇帝处谢过。① 王云十月十八才回到汴京，当时太原已经丢了一个半月。但王云带回来的却是好消息：金国皇帝似乎松动了，不要求三镇土地，只要三镇的赋税，并给金朝皇帝上尊号，表示臣服，再派康王前去议和，就可以了。②

这件事让宋钦宗激动了一番，讨论了半天如何上尊号。但事实上，金国皇帝许诺出自太原失陷之前，金国人也已经厌烦了战争，所以才会想拿一笔钱就算了。可是王云回来后，太原失陷的消息传到了金国皇帝耳中，他又改变了态度，

---

① 《大金吊伐录校补》第八十七篇。

② 参考《中兴遗史辑校》。

因为金国已经看到了胜利的曙光。

等宋钦宗再次将王云派遣去金国,金国人已经不认可前面的许诺,不可能再交还三镇了。

这件事的误会一直持续到十一月初,宋钦宗还真的要派康王去谈判。康王甚至出了国门上了路,只是后来路上出变故,中途折回,才没有白白地去当俘虏。①

另一件奇怪的事情是,太原失守半个月内,竟然没有人敢告诉宋钦宗。群臣再次进入了事不关己的状态,大家都装作什么也没发生,希望拖下去。② 金军正好利用这段时间快速进军。

金军攻克太原时,李若水恰好从河北到山西,再从山西南部返回北宋控制区,一路上经过了两个府,两个府级建制的军,七个县,四个镇或者塞。在这个区域内已经没有了北宋的兵马,金军的营地倒是看到了数十处,这意味着金军已经对山西北部地区实现了实质性控制。更让人伤心的是老百姓,一路上大部分地区的官舍民宅都已经被烧毁,家具窗户都没有完整的了。只有井陉、百井、寿阳、榆次、徐沟、太谷等地还能看见百姓的身影,但已经是蕃汉杂居。老百姓对金人的勒索和税赋疲于应付,如同乞丐一般。

还有一些人不甘心受奴役,他们上山扎寨,变成了山大王。但金军的镇压也是严酷的,只要抓住这些人,必定杀掉。③

长驱直入

半个月后,宋钦宗终于收到了太原失守的消息。群臣们不得不讨论下一步该怎么办,宋军失败的原因也在探讨议题之中。指挥权不统一,将军无法调动足够的资源,这个问题一再被提及,以宰相何㮊为首的官员们都在思考如何解决。

九月二十三,他们提出了一个解决办法。④ 这个办法是这样的:在之前,北

---

① 参考《三朝北盟会编》。
② 参考《续宋编年资治通鉴》。
③ 参考《山西军前和议奉使录》。
④ 参考《宋史·钦宗纪》。

宋以北京大名府、南京应天府（现河南省商丘市）、西京河南府（现河南省洛阳市），以及位于南襄盆地内的邓州为中心，设立了四个总管，这四个总管虽有职衔，但负责的事项并不清晰。

何㮦等人提出，给这四个总管加上元帅的头衔，将全国的领土都归入到四个总管的管理之下。所有在总管府辖区内的军队都受总管的节制，同时，总管还有征发物资、决定军事财政的权力。

这相当于将全国划成了四个节度使辖区，四大节度使既负责军事，也负责财政养兵。这是对北宋原有政治结构的一种颠覆。北宋一直采取对官僚制约和限制的态度，将军事、民政、财政等权力切割成小块，分配给各级官员，而现在四大总管在辖区内几乎拥有了一切权力，比当年安禄山在唐朝的权力还大（当然只是名义上）。

皇帝同意了何㮦的建议，在九月二十七下达诏书，任命总管。[①] 具体分配是这样的：位于北京大名府的北道总管负责河北东路、京东东路，总管由赵野担任，副总管是颜岐；位于南京应天府的东道总管负责京东西路、淮南东西路，总管是胡直孺，副总管是朱胜非；位于西京河南府的西道总管负责京西北路、陕西、京兆、秦凤、环庆等路，总管是王襄，副总管是张㦳；位于邓州的南道总管负责河南道、京西西南路、荆湖北路等，总管是张叔夜，副总管是高公纯。

我们可以把这个提议与李纲的提议做对比。在给皇帝上书时，李纲认为由于宋朝官僚权力太分散，根本没有办法抵抗金军，因此建议在北方边境地区设立世袭的节度使藩镇，让他们帮助北宋保卫边境。这个建议有着极大的副作用，一旦赶走了金军，节度使会尾大不掉，直至出现问题。当时皇帝觉得提议太极端，所以没有采纳。

但李纲被罢黜没有多久，在全国设立四大区的提议就通过了。这个提议也带有很大的副作用，因为这是在帝国内部（不是边境）建立"节度使"制度。宋朝一直防范官员尾大不掉，采取这种做法，也说明是无奈之举。

只可惜，这个制度实行太晚，人们还没有来得及适应。反而是南宋初期各

---

① 参考《续资治通鉴长编拾补》。

大将领们为了抵御金军,或多或少地借鉴了这个制度,才使得岳飞等将领有了足够的权力组织战斗,将金军赶离了南方地区。

这样看,这个制度是有威力的。当然,一旦金军撤走,宋高宗立刻想办法削弱将领们的权力,更不惜杀死岳飞求和,这也与宋朝一脉相承的对官僚制约、防止他们尾大不掉的政策有关。

北宋的制度变革正在进行中,金人的进攻也在继续。

十月初五,金军攻陷了真定府,吉州防御使、本路兵马都钤辖刘翊战死,[①]这是金军的东路军获得的第一个重大胜利。真定府位于河北平原的西端,接近太行山脉,距离太行山道的紫荆关通道和井陉通道都不算远,这里城池坚固,粮草众多,只要长期守卫住这里,就可以防止金人的两路取得联系,又可以牵制敌人的东路军。

当初马扩向童贯提出的意见,就是一定要守好真定。马扩离开童贯后,还跑到真定参与防守,却与真定的守将刘韐发生了矛盾,差一点被当作间谍杀死。[②]

刘韐虽与马扩有些矛盾,但在守城上却是一员悍将。刘韐手下有总管王渊、钤辖李质,三人的合作坚不可摧,将真定打造成了华北地区的坚固堡垒。[③]半年多以前斡离不第一次进攻时,就绕过了真定南下进攻汴京,如果宋钦宗不是那么渴望和谈,而是派遣勤王军进攻斡离不,真定一定会成为敌人后方的一枚钉子,起到极大的牵制作用。但宋钦宗的软弱最终让金人安然撤离。

到了太原围城时期,由于皇帝无将可用,任命李纲接替种师道的同时,也把刘韐调走担任李纲的副帅。刘韐把他的两个得力下属也带走了,真定交给了一个叫作李邈的人,李邈的副手就是刘翊。

金人第二次出兵时,斡离不首先攻打广信军和保州,都没有攻下。斡离不于是绕过了这两座城,继续南下,越过中山攻打真定。金军最初攻打北城墙,被刘翊击退,于是又移到东城墙攻打了两天,还是不能攻下。夜里,金军将军

---

① 参考《续资治通鉴长编拾补》。
② 参考《茅斋自叙》。
③ 参考《续宋编年资治通鉴》。

第三部　汴京失陷

队和攻城器械偷偷移回到北城墙，乘守军不注意，一拥而上。刘翊自杀身亡，李邈被捕。

斡离不抓住李邈后，并不打算杀他，金人有使用降将的传统。金人让他给斡离不下跪，他拒绝了，赐酒他也不喝。但斡离不一直对他很尊重。由于李邈拒绝跟随金军南下，斡离不把他送到了北方的燕京。[1] 负责燕京的辽国降将刘彦宗已经成了高官，刘彦宗劝说李邈顺从金国，又想给李邈按照金人的方式剃头发。李邈干脆剃了个光头表示要当和尚。刘彦宗见李邈不会投降，只好上报了另一位元帅粘罕，粘罕命令将李邈杀掉了。[2]

在斡离不攻克真定时，粘罕的西路军更是取得了重大突破。

得到太原后，接下来是汾州。[3] 汾州本来就粮食短缺，兵力疲弱，知州张克戬尽力守城。朝廷派遣了两支援军从隆德府和平阳府两个方向驰援汾州。但援兵还没有到，汾州就在十月初十陷落。[4] 张克戬南向焚香遥拜，引刀自杀，一家死者十八口。

汾州陷落后，金军继续沿着汾河谷地南下，接下来要攻打的就是平阳府了。按照估计，平阳府的北面有一道山岭，叫作回牛岭，这道岭将临汾盆地和太原盆地分开，如同一道墙壁一般笔直而上，是最佳防守据点。朝廷派遣了一位叫作刘琬的人防守回牛岭。但同样是因为军粮不足，回牛岭的守军每天只有两升豌豆或者陈麦，士兵们私下里抱怨说："就这两升麦子就想让我们卖命？"[5]

金军来到后，看到回牛岭的地势，感慨如果对方准备足够的弓箭和石头，这怎么能攻打下来。不想金军一到，回牛岭的宋军自动溃散，于是金军乘胜追击。

身在平阳府的刘琬一听回牛岭丢了，连忙逃走，平阳府也丢了。

金军除了向南进攻之外，还有一个重要任务，就是打通两路军队之间的联系。两路军之间隔着太行山，只有几条孔道可供交通之用。最好的孔道是位于

---

[1] 《续资治通鉴长编拾补》引赵子砥《燕云录》。
[2] 张汇《金房节要》。
[3] 参考《三朝北盟会编》。
[4] 参考《续宋编年资治通鉴》。
[5] 参考《续资治通鉴长编拾补》。

真定和太原之间的井陉，由于真定和太原都已经被金军占领，只要打通了井陉通道，两军之间就可以沟通，避免一年前那次进攻出现过的不协调。

为了打通井陉，粘罕从西面的太原首先进攻寿阳，在寿阳他受到了激烈的抵抗，暂时无法攻克，于是移兵到东面的平定军继续攻城，不想平定军也不投降，粘罕自己竟然打不下来，只好等东面的斡离不出兵，两方夹击才攻克了平定，打通了井陉。

这几个地方虽然看上去不大，却让金军遭受了重大损失。比如，金军在攻打寿阳时，虽然城市很小，但由于守军的死守，粘罕竟然损失了上万人。粘罕攻打平定时损失了三千人马，与斡离不合围平定，又损失了两三万人。

小小的寿阳和平定竟然成了金军损兵折将最厉害的地方，这件事引起了金军的反思。他们在内部也有过一次讨论：到底是扫平山西、河北重要，还是先进攻首都汴京重要？

右监军兀室认为，既然已经获得了太原和真定两大重镇，就应该乘机先扫平河北和山西（合称两河地区），然后再进攻汴京。如果不扫平两河，万一攻打汴京不力，两河也都保不住。上次斡离不打到汴京，进不去，反而失去了河北，就是这个道理。

但粘罕认为汴京是天下的根本，得不到汴京，两河怎么都不可守，因此应该尽快进攻汴京。他舒展右手做抓东西状，举了个例子，说："这就像运臂力取物，先抓住汴京，再往回一捞，就把两河也抓住了。"①

经过讨论，粘罕的策略得以采纳，于是金军加紧向南进攻，将威胜军、隆德府、泽州一一拿下，距离黄河已经是一步之遥。

攻克隆德府是在十月十七。② 隆德府曾经在这年春天被粘罕攻克，后来被北宋收复。这一次，为了加快速度，粘罕并不想耗费太多的精力在隆德府，他兵临城下，让守城方派人出来谈判。通判李谔出城，粘罕告诉李谔说："我去攻打赵皇帝，这次就不攻你的城了，回去派人贡献点犒军的酒肉马料来，我们就乘

---

① 参考《续资治通鉴长编拾补》。
② 参考《三朝北盟会编》。

夜赶路。"

　　李谔同意了粘罕的条件，回到了城里和众人商量。知府张有极招来了百姓代表，没想到代表们却反对这样做，表示如果犒军，就跟拜降没有什么区别，他们更愿意抵抗金军。第二天一早粘罕又喊话要求李谔履行协议，被守城的人骂了回去。李谔试图劝说众人不要这样，却被砍伤了面部。

　　粘罕当即下令攻城，当日城陷，金军入城烧杀掳掠一番，乘兴继续前进。

　　他们继续攻克了泽州，泽州之南就是太行山通道，也就是天井关的所在地，出了天井关，就下太行。翻过太行山，就到了黄河岸边，渡河既可以去洛阳，也可以下开封了。

康王单飞

　　十一月初八，宋钦宗在延和殿主持了一次考试。考试的参加者是帝国最高级的文武官员，一百多人，每人发了纸笔要求笔试作答，题目是，到底要不要交割三镇？

　　这次考试的背景是，出使金国的李若水等人回来了，带回的消息并不好，金人不同意只收赋税免除交割土地，坚决要求土地交割三镇。与此同时，太原和真定（属于中山）都已经被金军占领了，即便抵制交割，也必须从金人手中夺回来。

　　考试结束，根据统计，梅执礼、孙傅、吕好问、洪刍、秦桧、陈国材等三十六人认为不应该交割，剩下以范宗尹为首的七十人赞同交割。双方的理由都很明确，一边认为是祖宗之地不可丢，另一边则强调眼前形势。[①]

　　虽然人少，但在何㮚等人的坚持下，宋钦宗决定不交割三镇，任事态自由发展。随后唐恪请求皇帝以御驾亲征的名义偷偷逃到西京去，前往陕西等地避难，将太子留下守城。宋钦宗没有学他父亲逃走，决定以死捍卫社稷。这一次，就连退休的宋徽宗也没有离开，由于离政权中心较远，宋徽宗已经失去了当初灵敏的嗅觉，也没有了强大的组织能力，只能随儿子留在京城。

---

① 参考《续资治通鉴长编拾补》。

但宋钦宗的放任策略并不能阻止事态的恶化。十一月十二，粘罕的西路军经过山西来到了黄河北岸。宣抚副使折彦质领兵十二万与之隔河对垒。① 另外，还有签书李回率领的一万人巡视黄河。②

金军派出了数十骑兵前来探查，探子们发现黄河南岸有大量的宋军，连忙回报说，由于宋军有准备，很难短时间内渡河。

金军统帅完颜娄室却认为宋军虽多，但不一定非需要打仗才能定胜负。他决定采取威慑战略，通宵达旦地在北岸敲击战鼓，敲了一晚上，第二天再派人去探查时，发现南岸的宋军已经彻底消失了。

十一月十三，金军西路军渡河完毕，才发现原来不仅是黄河岸边的兵逃走了，就连守城的兵都没了踪迹。最大的逃兵是北宋的西道总管王襄（驻地在洛阳），这位被皇帝赋予极大权力，号称守卫全国四分之一土地的封疆大吏不仅没有守城，反而逃走了。另外，在黄河北岸最重要的防御城市是河阳城，这座城就在黄河边，守将也已经不见了踪影。就这样，金军几乎兵不血刃，就占领了河阳和西京洛阳。几天前，唐恪劝说宋钦宗经过洛阳逃往陕西，现在这条路已经被断掉了，就算皇帝想逃，也只能向南逃走。

几乎与西路军同时，斡离不率领的东路军也在寻找渡河地点。最初他屯兵庆源府城下，庆源府的都统叫王渊，王渊手下有一位叫作韩世忠的统制官，王渊派遣韩世忠从西北门出去袭击敌人，杀死了数百人。③ 这是韩世忠脱颖而出的一次战斗。

斡离不绕过庆源府向南移动，宣抚使范讷率领五万兵马驻守滑州和浚州，斡离不看到宋军有防备，于是从恩州（现河北省清河县）经过古榆渡前往大名府，从李固渡这个渡口过了黄河。④ 渡河时，金军甚至找了一船官伎，在月下奏乐鼓励士兵。⑤

---

① 参考《续资治通鉴长编拾补》。
② 参考《续宋编年资治通鉴》。
③ 参考《续宋编年资治通鉴》。
④ 参考《续资治通鉴长编拾补》。
⑤ 参考《宗忠简公遗事》。

十一月十四，皇帝收到了金军两路大军渡过黄河的消息，曾经坚定的心又动摇了。他决定派遣康王出使斡离不军，这一次不再矜持，许诺割让三镇，并给金国皇帝上尊号。

由于康王出行需要时间来准备，皇帝害怕夜长梦多，先派遣李若水、王云、马识远等人前往粘罕军前报信，将情况尽快说明。李若水更是比其他人早出发。

李若水马不停蹄来到了黄河北岸的怀州，遇到了金人大军。金人派遣萧庆、刘思接待他。他告诉对方，皇帝已经同意割让三镇，负责交割的工部侍郎王云、武功大夫马识远已经在路上了，他是先来报信的。

当天，粘罕接见李若水，责备他早知如此，何必当初。他得知王云还有几天就到，表示让李若水安心等几天，并让人送来了羊肉和酒。一切看上去还有转圜的余地。

但第二天，粘罕再次见到李若水时，情况出现了变化。他告诉李若水，已经派出使者去往宋廷，这一次不是要求割让三镇，而是要求北宋必须把河北、山西全境割让给金国，双方以黄河为界，签订新的条约。①

李若水还在争取以交割三镇为限，但谈话间，突然传来了可怕的消息：割地使王云到达磁州时，当地百姓把他当作奸臣打死了！

关于王云如何被杀，情况是这样的。

其实李若水前脚离开首都，第二天（十一月十五）金人的使者就已经到了汴京。他们提出的要求已经不是割三镇，而是以黄河为界了。② 这说明粘罕是早在李若水到达金军营地以前，就已经下定决心了。

见到皇帝时，使者王汭也大言不惭，直指北宋朝廷是"奸臣附暗主"。皇帝吓怕了，想答应割让河北、山西，但遭到了何㮚等人的反对，朝廷商议过后，决定继续派康王前往金军营地谈判，仍然以交割三镇为条件。

陪伴康王的人包括王云、耿延禧、高世则等，所以，王云不是像李若水说的那样前往粘罕军交割，而是与康王一起前往斡离不军。

---

① 参考《山西军前和议奉使录》。
② 参考《续资治通鉴长编拾补》。

王云十月刚出使金国归来,他回程时曾经到过真定府战场。当时斡离不让他观看了攻克真定的整个过程,他印象深刻。

十一月十六,王云和康王离开首都时,回望着首都的楼橹,告诉康王:"汴京的楼橹天下所无,但当初真定的城墙比首都的还高一倍,金军让我观看他们攻城,不过一会儿工夫就攻克了,所以,楼橹再高也无法提供足够的保护。"

康王没有回答。

康王等人离开时,百姓阻塞了道路,希望他们留下,用武力守城。但他们还是出发了。一行人离开后,京城大部分城门都关闭了,只留下了东水门和南墙东面的陈州门。①

十一月十七,康王到达滑州;十一月十八,到达浚州;十一月十九,到达相州。在康王的背后,跟着粘罕的四百铁骑,他们从怀州过来要抓北宋的使团。金军骑兵碰到当地人,当地人都说康王已经走远了,追不上。金军不死心,继续追,问了几次,所有的人都这么回答,这才悻悻而归。②

十一月二十,康王到达磁州。③磁州和相州与王云有些渊源。当王云十月份从金军营地返回时,路过这两个州,与守将谈到,金军这次进攻比起上次还要凶残,必须尽快做好准备。他劝两城守将赶快坚壁清野。所谓坚壁清野,就是将城外的百姓和粮草全部带入城中,关闭城门,进行坚决抵抗。

王云的策略起到了作用,金军听说磁州和相州已经做了充足的准备,就绕过了磁州和相州,选择别的路前往汴京。④但百姓却并不这么认为,他们不愿意清野,因为这意味着必须放弃自己的家,带着细软逃难。其次,由于金人绕道走了,百姓反而认为不离开家也没事,王云的清野只起到了骚扰民众的作用。于是王云成了百姓眼中的恶人。

磁州知州是一位叫作宗泽的老将。作为主战派官员,他一刻也没有放松战备。为了节省朝廷调拨的军粮,他在磁州组织民兵,平常耕地种田,积攒粮食,

---

① 参考《靖康要录》。
② 参考《三朝北盟会编》。
③ 根据《三朝北盟会编》,《续资治通鉴长编拾补》注明是十一月二十一。
④ 参考《续宋编年资治通鉴》。

打仗时将人召集起来就可以上战场。宗泽给康王留下了深刻的印象：他曾试图阻止康王继续北上，认为当初肃王就是这样一去不复返，不希望康王步其后尘。

康王犹豫不决时，宗泽提议他到当地一处名胜古迹去占一卦，磁州有一个崔府君祠（也叫嘉应侯庙），纪念的是东汉人崔子玉。在去往崔府君祠的路上，百姓们又开始阻拦道路，希望康王不要北行去见金军。

王云告诉百姓，康王不是北行，只是去拜庙。在康王一行中，由于王云比较活跃，这就与百姓发生了冲突。同行的人（包括宗泽）都劝他小心一点，不要过于抛头露面。这时，突然有人认出了王云，开始纷纷传言：这就是当初要求清野的人，他一定是奸细。

在庙里，宗泽听到了外面的喧嚣，他请求王云跟随他，不要单独行动，但王云认为自己是朝廷官员，不会有事。

从庙里出来，他们发现有人已经把王云的马偷走了，只好给他临时调了一匹低级官员的马。王云与耿延禧、高世则等人先后骑行。

再到后来，事情更失控了，道旁有的百姓身带刀子，他们拉住康王的随从，挨个儿问谁是王尚书。等问到王云时，知道他就是王尚书后把他拖下马来直接杀死了。

由于民情过于汹涌，康王知道王云死了，却也不敢指责民众，只好听之任之。百姓们杀掉了王云还不满足，继续拦住康王，告诉他几十里外已被金军占领，如果再前进，就回不来了。

康王率众回到了磁州。进了城，事态才恢复控制。宗泽将一位闹事的头领斩首，平定了这场骚乱。[①]而百姓的苦苦哀求让康王更加犹豫了。

与此同时，相州知州汪伯彦也来了消息，告诉康王他走后金军在背后追击，试图截获他。[②]到这时，康王才进行了综合判断，认定继续前进已经意义不大，除了当俘虏之外，谈判已经不可能了。

当天夜里，康王和随从从磁州出发，换了一条路，没有惊动任何人，向南

[①] 参考《宗忠简公遗事》。该书还说他们检索王云的包裹，发现了他通敌的证据。未可信。
[②] 参考《续资治通鉴长编拾补》。

回到了相州。随后康王写信汇报给皇帝,解释了不再北行的理由,等候皇帝裁示。① 这个决定让金国少了一个普通的亲王俘虏,却让南宋多了一个开国皇帝。

在相州,康王碰到了一位叫作岳飞的人。岳飞家就在相州汤阴,他出身寒微却胸怀大志,文可读《左传》《孙吴兵法》,武可以挽硬弓,曾经跟随刘韐在真定抵抗,现在又投在了康王名下,成了日后一名重要战将。

也正是在相州,康王逐渐拥有了独立性,变成一个抵抗金军的领袖。

第二次围城

十一月二十一,金国使节杨天吉、王汭、撒卢母再次来到了皇帝的宫廷,要求以黄河为界重新划定两国疆界。② 宋钦宗终于吓怕了,没了别的选择,只好仓促答应下来。

但接下来,双方在到底谁当割地使的问题上发生了激烈争执。金国使节认为,上一次宋钦宗同意割让三镇,派遣了张邦昌和路允迪作为割地使,前往三镇通知交割,但这两人级别不够,他们的官阶都是临时提拔的,没有足够的威望,到了城外喊不开门,守将也不听从。他们希望这一次皇帝一定要派更加亲信的人,喊得开门才行。

但对北宋官员来说,不是谁够有威望的问题,而是根本没有人愿意当使者。使者已经成了一项高危职业,特别这次出使必定留下千古骂名。事后,人们不会记得是宋钦宗被迫割让黄河以北土地,只会记得是谁充当了割地使,当了金人的帮凶。几乎整个官僚系统中的官员都不愿意出面。

唯一愿意接受任务的是陈过庭,他认为"主忧臣辱",既然事已至此,就只好面对。其余重臣中,唐恪、冯澥不说话,耿南仲表示自己太老了,不能承受舟车之劳,聂昌以养亲为借口推辞。

皇帝下令奖赏忠贞的陈过庭,赏赐他不用当割地使,而是派遣聂昌和耿南

---

① 参考《续资治通鉴长编拾补》。
② 参考《三朝北盟会编》。

仲两人前往。在朝廷中，耿南仲是最大的主和派之一，几乎破坏了主战派的所有努力，此时皇帝派他前往，也可以看作一种特殊的奖赏。①

事实证明，这的确是一趟非常危险的行程。由于社会底层对皇帝和金军的怨恨已经爆发出来，想要交割黄河以北，不管是什么样的亲信都是不可能完成的任务。

耿南仲跟随金人王汭北上，主持在河北地区的交割，但到达卫州时，当地人要把金国使节杀掉，王汭连忙逃走，耿南仲也跟着逃脱了。耿南仲逃到了康王所在的相州，避免了死亡的命运。

聂昌就没有这么走运了。闰十一月十五②，聂昌来到了绛州城下，要求守城官军投降，向金人交割城池，被拒绝了。聂昌拿着诏书坐在筐里登上了城墙，向官军展示诏书，表示自己是真的割地使。钤辖赵子清毫不犹豫杀掉聂昌，挖掉他的眼睛，将他煮了。

靖康元年（公元 1126 年）十一月二十四，北宋首都汴京迎来了第二次围城危机，金国东路军元帅斡离不率领兵马在一年之内再次来到了开封城下。

数天前的十一月十五③，根据梅执礼的建议，宋钦宗已经下达了清野诏书，他甚至专门任命梅执礼担任河东、北京、京畿清野使。根据诏书命令，几个地区的人民都拖家带口离开乡村，进入城市。北宋一时人心惶惶，还有人趁火打劫，发生了不少抢劫事件，官方捕杀了三百多人，才恢复了一点秩序。后来清野进行到十一月十九，宋钦宗突然又取消了清野诏，这一来一回之间，金军已经来到了。④

而在十一月十七，传闻金军侦察兵已经渡河了，执政大臣们都不敢相信，于是殿前司派出一个叫作马纲的人前去侦察。十一月十九夜间二更，马纲回报金人果然渡河了，可是大臣们仍然不敢相信，又派出使臣刘词带领三百兵马从封丘门出去探查。十一月二十，刘词派人回报：他们到达陈桥（也就是宋太祖赵

---

① 参考《宋史纪事本末》。
② 参考《续宋编年资治通鉴》。
③ 参考《靖康纪闻》。
④ 参考《三朝北盟会编》。

匡胤黄袍加身的所在）时遭到了敌人的袭击。这证明敌人真的来到了。

最不可思议的是，在汴京城外一个叫作刘家寺的地方还放着五百多门大炮，没有收入城中。① 按照朝廷的规划，原本要在秋天举行一次大阅兵，阅兵的场所就在城东北五里的刘家寺。皇帝派人往刘家寺运送了大量的炮，等待阅兵时使用。②

金军来了，阅兵自然举行不成，朝廷的各个部门开始为这些炮到底该谁负责而吵架。既然是大炮，就该由兵部负责，可是兵部说，大炮属于枢密院，应该由枢密院负责运入城内。枢密院又说，炮不属于我，但它自有所属。原来这些炮不是由外廷运过去的，而是由属于皇帝内廷一个叫作军器监的衙门运过去的；这个衙门的主管官员刚刚因罪去职，群龙无首，就没有人管炮的事儿了。

既然没人管，总要分配一个衙门负责。于是想让掌管守御的京城所收炮，京城所却推给了兵部下属的驾部，驾部又推给了同属于兵部的库部。库部还没有来得及推脱，金人已经到了城下。

北宋官员众多，其实有许多官员愿意做事，但由于制度的制约，许多人闲着帮不上忙，只能眼睁睁看着一幕幕荒谬场景出现。其中有的人痛心疾首，有的人只是以看热闹的心态调侃着这架笨拙的官僚机器。比如，著作郎胡处晦就干脆写了一首长诗嘲讽这种乱象，引得人们纷纷传唱：③

天边客子未归来，玉关九门何窄塞。大臣裂地过沙场，铁骑凭河又驰突。官呼点兵催上门，居民衮衮间巷奔。请和讳战坐受缚，乌用仓促徒纷纷。黄河一千八百里，沙寒树长险难恃；官军观望敌如烟，筏上胡儿履平地。大臣持禄坐庙堂，小臣血奏交明光；胡儿笑呼一弹指，公卿状如鹿与獐。明明大汉亦有臣，谁谓举国空无人。贾生绝口休长恸，用者不才才不用。

十一月二十四，斡离不的东路大军再次来到。他们原本还会驻扎在去年的

---

① 参考《中兴遗史辑校》。
② 参考《靖康要录》。
③ 参考《靖康纪闻》。

第三部　汴京失陷

驻地牟驼冈，但自从他们离开后，皇帝派人掘开了汴河，将牟驼冈四周淹没成了烂泥地。金军只好另外寻找地方。正好刘家寺有许多大炮，斡离不把刘家寺当作他的指挥中心，将大炮尽数占有，并掉转炮口，对准了城内。①

斡离不来到时，北宋汴京城的防卫到底准备得怎样了呢？

种师道接替了李纲，他听说太原和真定都已经丢失，建议皇帝经过西京到长安去避难，被拒绝后，他向位于邓州的南道总管，以及位于长安的陕西制置司发出了勤王令，让他们尽快赶到汴京。

但种师道随后就死了。之后，主张和平的唐恪、耿南仲、聂昌等人认为，既然要议和，就必须表现出诚意，如果军队太多，只会激怒金人。再说，如果几十万军队都跑到首都，到底怎么供养他们都是大问题。当时，军队的哗变已经屡见不鲜，比如滑州本来是个坚固的城市，连金人都选择暂时避开，却因为哗变，守将被杀死了。②

本来，南道总管张叔夜和山西制置司钱盖已经召集兵马在路上了，又被聂昌等人拦了回去。张叔夜的军队回到了房州、安州、复州等地，陕西军马更是回到了遥远的秦凤路和熙河路。等金人真的来到时，汴京周围几乎看不到勤王军马的身影。

好在张叔夜是个聪明人，宋钦宗一看不好，传给他一个手札，他立刻搜集了三万人又赶来了。他赶在金军扎营之前的十一月二十二到达了汴京，一路上还与遇到的敌人交战，歼灭了数百人。③张叔夜从南薰门进入首都，参与了汴京保卫战。

此外，位于长安的永兴军路经略安抚使范致虚也派兵勤王。由于事发突然，他派前锋部队先行，并抽出另一军去保卫先帝的陵墓，自己也在赶来。

除了这两支军队之外，剩下的就要靠首都原来的防御力量了。但是，与金人在北方交战的过程中，首都的卫戍部队大部分已经被派到河北和山西的前线，且被金军击溃了，剩下的军队人数不仅不多，战斗力也不强。这些兵马满打满

---

① 参考《靖康要录》。
② 参考《续资治通鉴长编拾补》。
③ 参考《续宋编年资治通鉴》。

算也只有不到七万人，大部分是弓手。①

负责防御的殿前司只好将这七万人分成了几部分。第一部分，分出一万人作为预备队，这一万人又分成前后左右中五军，其中前军驻扎在顺天门（西城墙靠南的城门），左军、中军驻扎在五岳观（在南城墙内东侧，南薰门和陈州门之间），这三军由姚友仲统领；右军驻扎上清宫（内城旧宋门内），后军驻扎封丘门（北城墙东数第二门），由辛康宗统领。

第二部分，剩下的五万七千人负责守卫城墙，分属于四壁守御。其中东壁守御孙觌，西壁守御安扶，南壁守御李擢②，北壁守御邵溥③。

在任命官员时，皇帝也表现出了浓厚的宋朝特色。四壁守御官任命完毕，他又任命了总体负责的官员，其中孙傅担任都提举，是总负责人，王宗濋担任副职的都统制，刘延庆、范琼两人则负责协调四壁守御。

三天后，皇帝又任命四壁提举官四人，担任四壁守御的副手。东壁提举辛永宗，南壁提举高材④，西壁提举张扬，北壁提举刘衍。又设立了守御司，孙傅改为守御使，王宗濋为守御副使，郭仲荀、卢益为提举守御司十办公事，也就是守御司的办事员。

这官制已经够复杂了，但皇帝还嫌不够，又任命刘延庆为提举四壁，刘韐是他的副手。于是又加了一层官职。但这还不够，每壁又从文武官员或者宗室中选择一人作为同提举，每一个城门从宗室中选择一人担任司启闭，可以称为门插官。另外，每个门又有不知道多少弹压统制，以防止出现的混乱。

有人以南城墙为例，统计过能够对南城墙进行指挥的宋朝官员，⑤其中掌管四壁的都守御是孙傅，提举有李擢、郭仲荀、乔师中，统制有王燮、姚友仲，统制官有高材、范琼、何庆彦、石可宝、李湜，其余临时派遣的统制、统领官不下十几个。每一个统制下有三四个使臣、四五十个效用。每一个使臣每天的

---

① 参考《续资治通鉴长编拾补》。
② 参考《靖康纪闻》作李擢。
③ 参考《三朝北盟会编》。
④ 参考《靖康纪闻》作高特。
⑤ 《靖康纪闻》，有的官职与上文不合，表明宋朝人也分不清这些官职。

工资是八百文到一贯，效用三百文到五百文，充斥着官员的门生故吏。还有来镀金的朝廷权贵及内侍们，不参与打仗，却参与抢功。

官员多了，士兵太少显然是不行的。除了正规军，朝廷又招募了不少杂牌军。京城里应试的武举人、太学生里的主战派，都被皇帝临时授予官职参与守城。士兵则是从城内平民中选择，找那些习过武的，编入部队，派往前线。

金军到来后还没有开始进攻，汴京城内反倒先乱作一团。十一月二十五，京城的十一个城门，包括南薰门、陈水门、固子门、万胜门、西水门、封丘门等，都燃起了熊熊大火。① 到底是谁纵火，已经无法查证了，很可能是城内趁火打劫的人。

大火发生后，引起了城内官员的恐慌，于是一场大规模搜捕奸细的运动就此展开。同时朝廷禁止百姓登城，搜捕时也连累了不少无辜。② 这场搜捕又引起了更大的混乱，一批勇武的群氓将太尉辛康宗杀掉。直到将为首的五人抓起来腰斩了，才平定了民乱。由于军队不够，皇帝还得借助这些人的帮助，只好又废除了百姓不许上城的命令，同时又开始招募那些市井闲人参军。

招募市井人士的职责交给了两个宰执级官员。其中宰相何㮚负责招募各种奇门遁甲人士，建立了一支叫作"奇兵"的部队；枢密院孙傅招募忠义人士。在他们的招募下，大量的商人、无业游民、能人异士都加入了宋军。这些人中最著名的一位叫作郭京，他声称可以撒豆成兵，遁形。他投入到何㮚帐下，引得人们一片欢呼，仿佛看到了救星。

到了十一月二十七，金军发动了第一次袭击，攻击的地点是东城墙的汴河下水门通津门（也叫东水门）。③ 在第一次汴京保卫战时，金军由于驻扎在西北方，所以主攻点放在了北城墙和西城墙，这两个地点没有太多薄弱环节。守军最怕的是东城墙，这里的新宋门外有一个叫作樊家冈的地方，护城河比较狭窄，是城防最薄弱的地方。但第一次汴京保卫战金军放过了东城墙，对南城墙也没

---

① 根据《瓮中人语》与《靖康要录》。
② 参考《靖康纪闻》。
③ 参考《续资治通鉴长编拾补》。

有太多骚扰，甚至南城墙的城门一直在开放，人们还可以进进出出。

第二次汴京保卫战，由于斡离不驻扎在了东北方，他第一次攻城就选在了东城墙，这就让城内官员更恐慌了。

不过第一次进攻并没有取得进展，范琼击退了敌军，焚烧了金军的营地，进攻暂时被搁置了。

闰十一月初一，金军再次攻打广济河的下水门善利门，统制姚友仲率领一千五百神臂弓前去援助，再次将金军击退。[①]

到这时，虽然进攻地点有变化，但金军的进攻和宋人的防守仍然是按照第一次围城战的套路进行，只要皇帝下决心防御，汴京围城战仍然有可能以城门坚守和勤王军的到来为结局。

但就在这时，一个与第一次战争完全不同的因素出现了，并且将成为决定整个战争走向的关键，它不仅使得宋军守城的难度加大，也让宋钦宗和他的大臣们从心理上彻底崩溃：粘罕的西路军到来了。

---

① 参考《靖康要录》《宋史·钦宗纪》《瓮中人语》。

第十二章
汴京失陷

合围

金天会四年（公元1126年）闰十一月初二，粘罕的军队一面向北京首都汴京奔来，一面对黄河北岸的怀州展开了最后的攻击。

怀州的北方就是莽莽太行山，这里是联结山西与河南的要道，只要怀州不拿下，金军在西路就无法获得完全的控制权。

怀州的知州叫霍安国，在他的领导下，宋军成功地阻挡了金军的进攻。两路金军本来约好在汴京会师，粘罕却比斡离不晚到了近十天，主要就是怀州守军的缘故。但随着金军攻势的加强，怀州岌岌可危，被攻克是旦夕之间的事。

危急关头，霍安国除了想到防守，还想如何以攻为守，不坐以待毙。他找到了部将范仲熊[①]，请求他于当晚率领两百余精锐之士从城墙上吊下去，袭击金人的营寨。主要目标有两个：第一，金人的帐篷要放火烧掉，制造混乱；第二，要毁掉金人的大炮。与一年前相比，金人此次进攻最大的改变是对于大炮和攻城器械的运用，它们让宋朝的守军吃尽了苦头。只要将金军的炮处理掉，怀州就能多撑一段时间。

夜间，范仲熊率军下城，发现对方人数实在太多，想不惊动他们实在困难。直到夜里三更结束，才摸到了炮座，他派了十几个人放火，希望这场火能引起对方的混乱，好继续劫营。

但不幸的是，金军并没有出现混乱，而是将劫营的人围住了。于是偷袭变

[①] 范仲熊的回忆见他写的《北记》，转引自《续资治通鉴长编拾补》。

成了白刃战，宋军勇士们边杀边寻找出路。到了天亮时，他们集结到城下，重新被吊入城内，去时两百多人，回来时只有二十四人。

这一天白天，突然有人喊："东南方向来救兵了！"据说，东南方出现了宋军的白色旗帜，霍安国立刻让范仲熊整理军马，准备开北门迎接援军。但就在这时金人却突然加紧了进攻，一瞬间已经上了城墙，将金军的黑旗插在了城楼上。怀州就这样失守了。

来救援的白旗部队并不是宋军的正规军，他们没有进城，而是眼看城丢了，也就慢慢散去了。

范仲熊与金军展开了巷战，最终被俘。他被押到了金军将领骨舍郎君的面前。与人们传说的青面獠牙的金军不同，范仲熊在被俘后的遭遇恰恰反映了金军战术素养的另一面。

骨舍首先责备范仲熊不懂得顺应潮流，但他很佩服范仲熊的英勇。范仲熊一心求死，可骨舍就是不杀他，还许诺饶他一命。骨舍还嘲讽说："金人说话一句是一句，不像你们宋人说话没有信誉，既然饶了你命，就是饶了你命。"

他让范仲熊回去寻找知州霍安国，好一起见粘罕元帅。范仲熊被押着在城市里转悠，去了州衙，又到了城北，都没有找到霍安国，于是又回到了骨舍处。在这里他见到了泽州的一群降将。比起怀州，泽州更早被攻克，这些人投降后成了金人的座上宾客。不久范仲熊得到消息，霍安国也被抓到了。

第二天，金人押解范仲熊等人出了南城门，走了两三里，就来到了粘罕的营帐。粘罕坐在银交椅上，让怀州官员站在他的面前。知州、通判、钤辖、都监、部队将领站在第一行，第二行是外来支援的鼎澧路的部队将领，第三行是州官，第四行是监官，第五行是县官。

粘罕问众人，到底谁不肯投降？霍安国应声而出表示不降，第一行的人也都不肯投降。粘罕让他们面向东北拜金国皇帝，他们也不肯拜，于是这些人被脱去衣服绑了起来。

第二行鼎澧路的将士为了活命，立刻检举说范仲熊是主要抵抗者，于是范仲熊和一个县官张行中也被拖了出来绑好。

其余的人由于官小，都释放了事，连投降都不用。可见金军并没有滥杀。

那些绑起来的人就没有那么幸运了，粘罕下令将他们杀掉。

就在行刑前，粘罕突然看到范仲熊没有一丝慌张，连忙问他怎么回事。范仲熊将前一天骨舍郎君饶他一命时说的话重复了一遍，特别强调"金人说话一句是一句"。粘罕听了笑起来，道声"不敢当"，就下令将范仲熊释放。其余的人，包括知州霍安国、济州防御使兵马钤辖张彭年、都监赵士诿、都监张谌、都监于潜、鼎澧路兵马钤辖沈敦、同统领鼎澧路兵马张行中，以及南道部队将五人，一同遇害。

从宋军的回忆录可以看出，金军并没有滥杀无辜，只是惩罚了一小批抵抗最坚决的人。粘罕作为金军中最觊觎北宋领土的统帅尚且如此，其余的人更不会滥杀。

但在战争中，的确无法避免基层士兵的滥杀行为，特别是金军依靠抢劫来获得财富，如果不抢，打仗就成了没有收获的事。对落后文明的军队而言，都必须经历从劫掠制变成俸禄制的过程。可是一旦完成了俸禄制的转型，军队最勇猛的时期也就过去了。

闰十一月初二[①]，粘罕的前军已经到汴京城下。十一月初三，这支部队在寻找安营扎寨的地点。

粘罕并没有与斡离不合兵，而是找了另一个地方独自屯驻。斡离不的刘家寺在城市的东北方，粘罕就选择了城市南方一个叫作青城的地方。

所谓青城，是宋代的斋宫。在明清两代的北京，京师城南有天坛用于祭天，城北有地坛用于祭地，宋代也有类似于天坛和地坛的地点——郊坛。郊坛附设有皇帝斋戒的场所，这个场所就叫作青城。在汴京城南五里左右的叫作南青城（在南薰门外），用于祭天斋戒，城北的叫作北青城（在封丘门外），用于祭地斋戒。

青城最初的制式很简单，由于宋初提倡简朴，只是用布围起来的一个小丘。宋徽宗时代，朝廷变得更加奢侈，才建造了永久性建筑与防卫系统。[②]

关于这一段历史，明人李祯曾经写过一首《青城怀古》进行嘲讽，认为奢

---

① 参考《宋史·钦宗纪》。

② 参考《梦粱录》。

侈换来的只是耻辱，反而宋初的简洁维持了安宁。诗写道：①

炎宋尚简质，郊丘布为墙。九门谨阊辟，万卒严周防。暂置弗劳杵，权施岂须隍。绵延逮宣政，骄盈更典章。版筑易缕制，墉壕固金汤。衮龙狩沙碛，泥马奔钱塘。奢侈谅宜戒，播辱尤所伤。陶匏荐明水，维馨仰前王。

在宋代，青城与艮岳都属于"大梁十迹"②。祭祀时非常热闹，首先皇帝坐玉辂到青城斋戒，骑兵围在斋宫外，士兵们紫巾绯衣素队有千余人，在外面环列，每一支军队配备一支乐队。负责巡逻的是行宫巡检。第二天，皇帝从青城出发前往郊坛，郊坛在青城西面一里左右，有三重围墙。从外墙东门进入，到第二重墙西南设一个大的遮幕（宋人叫幕次），叫作"大次"，皇帝在这里换祭服，戴二十四坠的平天冠，着青衮龙服，佩玉佩。到了坛前，又有一个小幕殿，称作"小次"，里面有皇帝的御座。

"小次"后面就是祭坛，坛高三层，共七十二级台阶。坛面方圆三丈左右，有四条踏道。坛上主祭的是昊天上帝和太祖皇帝。在道士、音乐、歌舞的陪伴下，皇帝三次登坛祭拜，然后结束。③

西路军到来后，看上的就是这个皇帝祭祀斋戒的场所，将其作为指挥部。

粘罕选择青城，使得汴京的形势更加复杂。第一次围城战时，金军只在西北驻扎，即便战争时期，汴京城的东南城门还是可以开放的，金军并没有达到完全围困的目的。但这一次粘罕驻扎南面的青城后，两路金军一南一北控制了汴京的通道，进出城就困难了。

事实上，对于汴京而言，南方通道比北方通道更加重要。汴京的东南方是汴河流出的地方，也是漕粮进出的关键水道，这里也是城市防守最薄弱的环节。上一次斡离不没有利用这个薄弱点，这一次两路大军并进，就不会再犯类似的错误了。

---

① 参考《汴京遗迹志》。
② 参考《汴京遗迹志》。大梁十迹：夷门、古城、吹台、隋堤、上源驿、愁台、陈桥、艮岳、青城、官渡。
③ 参考《东京梦华录》。

粘罕到来后，金军的准备工作加速。上一次围城战缺乏攻城器械，斡离不已经意识到了问题所在。这一次他们在太原等围攻中积累了足够的经验，不仅带来了军队，还一路上劫掠了不少百姓，逼迫他们跟随着做工程。从斡离不到来的那一刻起，金军就不断地准备攻城器械，特别是炮架和鹅车。[①]

另外，他们采取了进攻太原时摸索出的封锁技术，除了刘家寺和青城两个大寨之外，还在四面城墙外临河的位置扎了很多小寨，如同一条锁链将城市封闭了。

金军封锁了首都，汴京城里从士兵到普通百姓都感到紧张。皇帝必须做出一定的姿态来鼓舞士气。在第一次围城战中，李纲不断地请求皇帝到城墙上鼓舞士气和犒赏士兵，这一次李纲虽然不在了，但皇帝还是想和上次一样登城督战。于是，从十一月二十九，到闰十一月初三，这四天皇帝分别来到了汴京城的东、南、西、北城墙上犒军。每到一处，除了慰劳将士，还许诺升职，并给予一定的物质奖励。

慰劳时，皇帝穿上了铠甲，健步如飞，只让几名内侍跟随，没有带卫队。他显得很坦率，不避讳自己的担心，将士们也感同身受，对他充满了同情。他不进御膳，和士兵吃一样的食物。皇后和宫人亲自用私房钱做了衣被，让他送给将士们，这让士兵们感极而泣。

凑巧的是，这四天都下雪，更增加了皇帝的悲壮感。

但也有士兵在给皇帝添乱，比如，宰相何㮚招募的"奇兵"。所谓奇兵，是指拥有各种异能的部队，他们由一位叫作王健的统制直接管理。这一天，金国来了一批使节，奇兵部队认为这是立功的好机会，他们将十几个金使的随从杀死，制造了一次外交纠纷。王健阻止他们时，他们连王健也一块儿打了一顿。最后，太尉王宗濋[②]只能出面将几个首恶杀掉，才平定了奇兵的骚乱。[③]

也就在这时，宋钦宗才想起了一年前抗战时的李纲。李纲虽然军事能力一般，却有着足够的激情去带动周围的人们，跟着他一起抗争。虽然他人有些敏

---

① 参考《靖康纪闻》。
② 也有书写作王宗礎，现统一为王宗濋。
③ 参考《靖康纪闻》。

感不好打交道，但在与主和派的争执中却一直坚持着，不肯屈服。

李纲现在在哪里？他正在从湖南前往重庆的路上，是被皇帝贬过去的。闰十一月初二①，皇帝发出诏书，封李纲为资政殿大学士领开封府，匆匆派人去召回数千里之外的李纲。如果汴京城能够支撑足够久，李纲也许能够赶来帮助皇帝解忧，但前提是汴京城必须抵抗足够的时间。

攻与守的较量

从闰十一月初二开始，已经合军的金军展开了另一轮大规模的攻击。这次的攻击从善利门（东北水门，广济河下水门）开始，逐渐转移到通津门（东水门，汴河下水门）和宣化门（陈州门，南城墙东门），以东城墙为主，绵延至南城墙东侧。这说明金人已经获得了足够的情报，找准了汴京城的弱点。

城上守卫部队的指挥官主要是统制姚友仲、殿前太尉王宗濋以及提举四壁刘延庆。闰十一月初二，金人对善利门的进攻是被姚友仲率领神臂弓击退的；闰十一月初三，金人改攻通津门，又是姚友仲从前军里选择了一千人赶往支援，杀死了不少敌军。

从闰十一月初四到初六，金人对三个门都展开了攻击，箭发如雨，城墙如同刺猬一样处处是箭。敌人的大炮也损坏了许多楼橹建筑，形势一度非常危急。又是姚友仲想出了对策。他在敌人进攻的两个水门处构建了一道新的防线。当河流通过水门后，在城外，有两道垂直于城墙的墙面，夹着水道向外延伸了一段，这段城墙号称拐子城。金军第一次围攻汴京时，曾试图火攻水门，拐子城就起到了延伸防线的作用。这一次，姚友仲在距离城墙三十步外，将河两岸的拐子城用砖石砌在了一起，又形成了一道墙。金军如果从水门来，必须首先过了这道墙，然后进攻城墙，这就加大了难度。这实际上是把拐子城变成了一个新的瓮城。

有了这新的拐子瓮城，战斗一直持续到闰十一月初七、初八，金人在进攻水门时没有占到太多便宜。

---

① 根据《宋史纪事本末》。《续资治通鉴》为闰十一月初三。

当姚友仲防御金军进攻时，如何以攻为守主动出击，也是守军必须考虑的问题，这可以延缓敌人的进攻。出击的任务就交给了殿前副都指挥使王宗濋。初七，王宗濋率领牙兵一千人下到了城外，与敌人交战，战斗进行得非常激烈，统制官高师旦战死。

除了王宗濋与姚友仲之外，刘延庆也是一位颇有经验的战将。他也参与了内外城防。每到晚上，刘延庆就组织士兵向城下扔柴火，用来报警，也可以烧云梯。北宋曾经制造了一种规模巨大的炮，号称九牛炮，能够将庞大的磨盘都发射出去。宋军将九牛炮布置在东城墙上轰击金军从远方靠近的云梯，人们甚至给这门大炮封了个"护国大将军"的称号。[①]

在战斗中，北宋虽然挫败了金军的进攻，但对方还是逐渐占据了上风。究其原因，有以下几个：第一，北宋军队太少，只有不到十万人，面对金军准备充分的几十万大军，即便打消耗战也打不起。第二，金军的攻城器械派上了用场。首先用上的是北宋留在刘家寺的大炮，这些大炮被金军搬到了东城墙外，数日之内，数百架大炮立在了各个城门之外，对城内形成了极大的威胁。[②]敌人最大的炮能够释放一百斤的炮弹，射程五十步，能将城墙的楼橹击碎。[③]为了对付这类大炮，守城者在楼橹上覆盖糠布袋、湿马粪等，城墙上也加盖可以减缓冲击的覆盖层，但仍然无法完全抵御敌人大炮的威力。

另外，金军和进攻太原一样，准备了大量的火梯、云梯、编桥、撞杆、鹅车、洞子之类的器械。强攻起不到作用时，金军对攻城器械的依赖就更强了。

闰十一月初九[④]，金军首次在护城河上造桥。汴京的护城河有一个好听的名字，叫作护龙河。金军采取的方法是：首先将木筏推入水中，浮在水面上；其次，向木筏上抛撒树枝，形成更厚的漂浮层，再在树枝上覆盖席子，席子上就可以盖土了，这样的桥叫作"叠桥"。当整段护城河都被叠桥覆盖时，金军就可以沿着叠桥直冲到城墙下。如果城墙之上的宋兵试图用炮对付叠桥，由于上面覆着

---

① 参考《续资治通鉴长编拾补》。
② 参考《靖康纪闻》。
③ 参考《避戎夜话》。
④ 根据《靖康纪闻》。《续资治通鉴长编拾补》记为闰十一月初八。

厚厚的土层，炮是打不透的。①

一旦叠桥造好，接下来的工具就要用到火梯、云梯和编桥了。火梯是用木头搭造的梯子，与城墙上的楼橹差不多高，下面有轮子可以推行。但这个梯子却不是上人的，而是浇上油，推到城墙下，搭在城墙的楼橹上，乘机放火。由于楼橹都是木头造的，在火梯的攻击下容易被烧掉，也就损害了城墙上的战斗力。

云梯和编桥的高度与城墙差不多，也有轮子可以推行，用来协助士兵爬上城墙。

为了避开城墙上的炮弹，将士兵运送到城墙下，金军使用了洞子。洞子如同一个个尖顶窝棚，木头制造，前后裹上湿毯子、生牛皮和铁皮，大炮无法打透，也不容易着火。洞子顺序相连可以从远处一直连到城墙下，士兵就在窝棚里钻来钻去，不用暴露出来；到了城墙下，士兵可以借助云梯爬城，也可以挖地道直接进入城中。

在城内的宋军也准备了一定的器械来对付攻城者，最常用的叫作撞杆。这是一种依靠冲撞来毁坏对方器械的机械。一条大木头裹上铁皮，遇到对方的云梯等，就用铁头将它撞烂。通过这种方式，一共毁掉了敌人数十架攻城器械，暂时没有落得下风。

闰十一月初十，皇帝再次登城慰问守军，当天他来到了东城墙，这里是受攻击最严重的地区。第二天，他继续在城墙上活动，早上先到了北城墙西面的安肃门（卫州门），之后前往东城墙南面的朝阳门（新宋门）。在这里，金军意识到皇帝来了，连忙放箭，甚至将箭射到了皇帝面前的旗帜下方。

城上将士不想在皇帝面前丢面子，立刻派遣三百多军士下城出战，杀敌数百。等他们回来，皇帝高兴地封了几十个人为官。

随后，敌人加强了攻击，制造了百尺高的望台，也就是瞭望台，可以窥探城中的情况。为了摧毁城墙上的防御，更是用大炮释放带火的炮弹，用来击碎楼橹。云梯、鹅车、洞子也纷纷被推了上来。

宋军意识到如果只是被动防御，那么，对方的攻城器械会越造越多，由于

---

① 参考《靖康纪闻》。

城外的空地更大、资源更丰富，城内迟早无法与城外抗衡。事实上，宋军不仅人员奇缺，就连炮弹资源都不足。城外有无数的石头可以使用，可是城内的石头却是有限的。到了闰十一月初八这一天，城内炮弹已经不够了。宋钦宗检点了一下城内各处，发现石头最多的就是他父亲的杰作艮岳。这里几座小山几乎都是石头制作，虽然石头奇形怪状什么样的都有，但古代的大炮却并不在乎石头是不是圆的，只要通过杠杆扔出去就可以。皇帝下令，从这一天开始，城内的炮弹就从艮岳选取。①

炮弹以及作战物资的匮乏，让守城者认识到只有先发制人，派军出击将城外的器械烧毁，才有可能改变战争态势。

金军再次进攻南城时，张叔夜与范琼率领人马出击了，他们向着敌营冲去，但目标却对准了金军的炮车。不想宋军战斗力不强，刚刚看到对方的铁骑就开始逃亡。这一仗以宋军损失上千人为代价。这次失利使得宋军士气低落。

更要命的是，从闰十一月十一开始，又连下了三天大雪，守城的士兵连武器都握不住了。宋钦宗一面继续犒军，他穿着军装露出双手，与士兵共患难，算是给他们一些鼓舞；一面为了表达地主之情，甚至让人去往金人的营地送了酒食，这也表现了古代战争温情的一面。②

闰十一月十四，通津门的一发炮弹击中了城外金军的一员裨将，人们纷纷传闻死者是数次出使大宋的王汭，开始庆祝，后来才知道是一位叫作刘安的将军。但不管怎么说，这已经是宋军击毙的最高级金军将领，大家把好消息带给了皇帝，皇帝高兴地宣布，赏赐那位发炮的指挥官一条金带，再封他为武功大夫。

为了鼓励大家多杀金军，皇帝又拿出另一条金带，加上一张不填名字的委任状，挂在了待漏院旁，表示谁能杀死金军裨将一员，就奖赏给谁。

同一天，皇帝再次行幸营地。他来到了东水门，发现东水门外的护城河已经快被金军填上了，原来这里的河面结了冰，金军乘机在河上架了板子填了土。皇帝非常不满意，询问守城的将领是谁，他罢免了这位叫作李擢的官员（官职

---

① 参考《续资治通鉴》。
② 参考《靖康纪闻》。

是提举），任命田灏取代他。①

当皇帝继续来到朝阳门，恰好碰到一队金军在攻城。城上的三百多守军要求下城与金军交战。他们下城后，有两个持盾的人特别勇敢，两人杀了五六十个敌人，但其余的兵士由于害怕却没有跟上。皇帝连忙叫人前去援助，不想却没有人敢于应战，只能眼睁睁瞅着两人被金军杀死。这件事也反映了宋军士气的低落。②

之后的几日，金军的进攻仍然激烈，守城的将士们也没有太大的漏洞。但一股不安的情绪却在蔓延。人们发现金国和北宋的使节来回穿梭于营地与城市之间，他们来去显得很神秘，于是，关于和谈的风声又出现了。人们回想起上一次和谈之后对于首都的搜刮，再次担心起来。人们不知道皇帝会不会再次将他们出卖，他们的抵抗到最后会不会归零，变得毫无意义。宋军的士气更低落了。

针对这种情况，一位叫作丁特起的太学生写了一封信给皇帝，表示到底是战是和，应该尽早决定，不要打打停停，最后两头都没有好的结果，反而成了大患。统制官姚友仲也写了一封奏札，向皇帝表示既然不想打，就议和吧。

不幸的是，这两封信都没有收到皇帝的回音。③ 姚友仲又想起当初金军刚来时，他就呼吁尽早发动攻击，乘敌人立足未稳将其击溃。但皇帝只是让他守，并不采纳他的建议。根据综合情况分析，皇帝又开始讲和了。

另外，勤王的部队也都没有到。想起第一次围城战，数十万勤王军齐聚城下换回的只是一个屈辱的和议，这次没有兵，到底能换回什么？北宋的士气已经到了崩溃的边缘。

边打边谈

北宋与金人的议和，从金军围城之前就已经展开。李若水在粘罕处时，粘

---

① 参考《靖康要录》。
② 参考《靖康要录》。
③ 参考《靖康纪闻》。

罕已经派人（杨天吉、王汭、撒卢母等）到汴京，要求割让整个黄河以北地区。经过讨论，宋钦宗同意了金军的要求，于十一月二十二回书，并派遣耿南仲与聂昌前往河北和山西地区交割。①

在宋钦宗的书信中，还应金人的要求，特别指出对几位"误国大臣"的处理，本书中提到的人物包括：

蔡京，责授节度副使，昌化军安置，已死。
童贯，责授节度副使，吉阳军安置，已诛。
王黼，责授节度副使，卫州安置，已诛。
李纲，责授节度副使，夔州安置。
吴敏，责授节度副使，涪州安置。
马扩，昨任真定府路廉访使，今不知存亡。
詹度，湖南安置。
张孝纯家属，闻在徐州或南京。

皇帝还给河北、河东的人民写了一封情真意切的信，这封信回顾了历史，表示皇帝所做的一切都是为了恢复和平。如果河北和山西的人民在金国统治下能够安康，那么就跟做大宋子民没有什么区别。到了最后，还用了现代人写信时流行的问候语，询问说："冬天好冷啊，你们还好吧？"由于这封信非常重要，因此全文引在这里：

敕官吏军民等：顷者有渝盟约，致大金兴师。朕初嗣位，许割三镇，以酬前恩。偶缘奸臣贻误，三府不割，又间谍大金功臣，再致兴师。使河北、河东之民，父子兄弟，暴骨原野。

夙夜以思，罪在朕躬。念欲息生灵锋镝之祸，使斯民复见太平，莫若割地以求和，讲两国之好。是用黄河见今流行以北，河北、河东两路郡邑人民，属

---

① 《大金吊伐录校补》第一〇三篇。

之大金。朕为民父母,岂忍为此?盖不得已。民虽居大金,苟乐其生,犹吾民也,其勿怀顾恋之意。应黄河见今流行以北州府,并仰开门,归于大金。其州府官员兵人,即依军前来书,许令放回南地。速依今敕,勿复自疑。故兹示谕,想宜知悉。冬寒,汝等各比好否?遣书指不多及。①

关于需要交割的城池,宋钦宗也做了详细列表。在山西地区(河东路)包括岢岚军、隰州、保德军、宪州、火山军、忻州、辽州、太原府、汾州、怀州、宁化军、平阳府、石州、平定州、绛州、威胜军、泽州、隆德府和代州,共十九城。

在河北地区包括浚州、卫州、相州、磁州、洺州、邢州、赵州、真定府、中山府、永宁军、深州、祁州、北平军、河间府、莫州、安肃军、顺安军、广信军、雄州、保定军、信安军、保州和霸州,共二十三城。

皇帝一共列出了四十二个地方,到了枢密院继续细化,又加上了八个城池,分别是河北路的永静军、冀州、恩州和青州,以及河东路的岚州、慈州、河阳府和河中府。②

这也说明,不管宋军抵抗得多么壮烈,不管汴京保卫战的结果如何,实际上,皇帝已经在协议中将国土割给了金国。那些山西与河北地区的人民和军队实际上都在与空气作战,而这给国家、给自己都带不来任何结果,他们被抛弃了。

但这次交割却以悲剧收场,前往山西交割的聂昌被愤怒的人民杀死,交割河北的耿南仲也逃跑了,没有完成任务。这个任务本来就没法完成,而聂昌在要求各城开门时态度还过于傲慢。他表示,宋朝官军就应该听命令,叫守就守,叫弃就弃。既然皇帝让交割,何必还坚守呢?抵抗不仅死很多人,剩下的也脱离了生计,更麻烦的是,误了交割,造成京城危险,守城者不仅不是功臣,反而是大大的罪人。③他说得过于难听,最终把命搭了进去。

宋朝皇帝的服软也并没有让金人停止进攻,由于他们已经到了黄河边,不

---

① 《大金吊伐录校补》第一〇四篇。
② 《大金吊伐录校补》第一〇六篇。
③ 《大金吊伐录校补》第一〇五篇。

可能空手而回，只有继续进军。

当然进军需要借口，粘罕的借口是，鉴于以前宋朝的不良记录，这次只要交割没有完成，就必须进攻，进攻，再进攻。他吃准北宋不可能在这么短时间内完成五十座城市交割的任务。

斡离不的借口是：鉴于宋朝的不良记录，这次必须是皇帝亲自出面签订的和约才能算数。

另外，斡离不与粘罕对待宋朝的态度还有区别。斡离不虽然先到，但由于他在不到一年的时间里再次与宋钦宗打交道，对于宋廷的态度更加温和。粘罕上一次没有分到战利品，就更加坚决地要求进军，同时，他作战经验更丰富，在逼迫宋朝割地问题上更是寸步不让，步步紧逼。

虽然斡离不更加友好，但真正起决定作用的反而是粘罕，所以，金军第二次的汴京围城战比第一次更加积极。

但两位元帅又有各自为政的一面，存在着不协调现象。比如，双方在外交上本来应该是一个声音，统一派出使团，但事实上，元帅们却没有协调好，各自派出了使团。使团的不统一增加了事情的混乱，也影响了宋军的判断。宋朝君臣一直认为二太子一方是做决策的，但事实正好相反，国相一方才是最终拍板的人。

粘罕十一月二十一派出使团之后，十一月二十七，又派出杨天吉、王汭和撒卢母使团继续商讨交割土地与其他和约条款问题。[①]

十一月二十八，斡离不派出的使团也到了，使节名叫刘晏。[②] 粘罕派出的使团以逼迫为主，而斡离不的使团则以告知为主。刘晏在都亭驿休息后，将金军的情况做了详细汇报，表示与上次不同，金军两路兵马都杀到了，底线诉求是请皇帝出城会盟。刘晏对皇帝的态度很恭敬，对北宋的情况颇为同情，让皇帝感到放心。他的情报也很重要，因为刘晏来时，国相粘罕还没有杀到首都城下，刘晏出使两天后西路军才到了青城。刘晏其实帮助北宋提前两天知道了粘罕的

---

① 参考《靖康要录》。

② 参考《瓮中人语》。

动态，但宋军并没有加以利用。

闰十一月初四，粘罕又派出了使团，使者是萧庆、杨真诰[①]和撒卢母。[②] 与刘晏的恭顺不同，这个使团态度非常傲慢。不过，他们传递的消息都是一致的，要求皇帝亲自出城会盟。宋钦宗在刘晏的劝说下有意与元帅见面，但见了粘罕使团的傲慢，又开始担心了。三天后，皇帝才接见了萧庆等人。宰相何㮚向金使表示，按照规矩，皇帝只有到三年一次的祭祀时才会离开首都，平常都居住在大内，如果金军坚持这个要求，和约就无法达成。

萧庆离开两天又回来了，初九，他带来消息，仍然需要皇帝亲自出城。这一次与上次不同，又附加了一条威胁，表示在金军攻破城池之前，如果皇帝出城议和，那么两位元帅仍然当他为皇帝，按照臣子见皇帝的礼节对待他。一旦城破，皇帝就不再是皇帝，而是俘虏，到时候就不要指望礼节了。[③]

金军的威胁让皇帝恐慌，但他还是不肯出城。为了与金军继续沟通，在第二天他派遣了一个使团，由都水监李处权和右司郎中司马朴率领，前往金军营地。[④] 使节出城后，却被金军挡住了去路，不接受他们出使。[⑤]

虽然谈判不顺利，但双方却并没有断了联系。闰十一月十四，粘罕再次派出萧庆、杨真诰、撒卢母前来，他们先是要求皇帝出城，遭到拒绝后放宽了条件，表示不用皇帝亲自出城，而是派遣宋朝宰相，以及与皇帝关系密切的亲王做人质就可以了。[⑥]

宋朝宰相一般不止一个，但在当时，担任宰相的却只有何㮚。何㮚听了脸色大变，但好在宋钦宗以宰相只有一个，需要料理帝国事务，不便出访为由拒绝了，改为其他人出访。至于亲王级人物，金军首先想到的是太上皇宋徽宗。宋钦宗连忙拒绝了，表示这不符合礼法。金人接着要求太子出质，但太子只有

---

① 《大金吊伐录校补》第一〇七篇中，杨真诰作杨真干。
② 参考《瓮中人语》。
③ 参考《瓮中人语》。
④ 参考《三朝北盟会编》。
⑤ 参考《瓮中人语》。
⑥ 参考《瓮中人语》、《大金吊伐录校补》第一一一篇。

几岁,显然也不合适。最后,萧庆要求派出越王、郓王或者其他亲王两人共同前往。①

宋钦宗同意派遣越王做人质。越王带着拯救帝国的使命整装待发,粘罕在城外排好军队,等待他出城。不想到了城门口的越王一看外面的阵势,吓了回来,说什么也不出去了,皇帝只好作罢。②

四天后,闰十一月十八,宋钦宗与大臣们还在商量,最终还是派不出合格的人选。闰十一月十九,皇帝决定派遣两位官员,叫作冯澥和曹辅,临时封他们为宰相,再派了两个姓赵的宗室子弟赵仲温、赵士说,冒充亲王前往金军营地。③这次派遣终于激怒了粘罕,四人来到军前,粘罕设酒款待他们,行过三通酒,一句话不说,就把他们打发了回去。④

两天后,闰十一月二十一,宋钦宗再次派四人前往金军,第二天,四人又回来了,带来的消息还是必须由宰相何㮚与两位亲王为人质。⑤

到这时,议和之路似乎走入了死胡同,皇帝不愿意他的本家去送死,也不想亲自前往金军营地。而金军营地也不着急催着他们议和,因为他们的攻城器械已经大批量到位,每天大炮一开动,将源源不断的石头投入城内,都能造成数十人的死亡。⑥大炮引起的减员和恐慌,已经让城内损失了百分之五六十的兵士,眼看就无以为继了。⑦随着谈判陷入僵局,金人更是加强了进攻。

闰十一月二十,在宣化门出现了一次重大险情。⑧宣化门旁边有一条惠民河,金军原本在河的北侧驻扎,他们通过一座叫作陈桥的桥梁来到了河的南侧,利用攻城器械向宣化门进军。

其中有三个人带着金军的黑旗已经登上了城,如果有更多的人上来,就意

---

① 参考《靖康要录》。
② 参考《宋史纪事本末》。
③ 《大金吊伐录校补》第一一三篇载,赵士说为宋钦宗皇伯。
④ 参考《三朝北盟会编》。
⑤ 参考《续资治通鉴长编拾补》。
⑥ 参考《靖康纪闻》。
⑦ 参考《续资治通鉴》。
⑧ 参考《靖康纪闻》。

味着城池将要失守。听到消息后,姚友仲和都统制王燮立刻率领数十骑兵与上百步兵到城外和敌人接战,击退城下的敌人。城上的几个金军由于缺乏后援被杀死了,而城下的金军也退回到桥北的鹅车和洞子之中躲避。

宰相何㮚听说了险情,也立刻赶过来察看。但不想宰相一来,情况反而恶化了。金军又从洞子和鹅车里出来,冒着城上如雨的矢石,想继续爬城。宋军也有六七百人下到了城外,准备与敌人决战。两兵相接,宋军突然溃散,被金军赶得四处乱跑。

城上的人看得清楚,金军虽然进攻,但并没有后继部队跟上,也就是说,只要打败了他们的第一波进攻部队就是胜利。城上的人赶快大喊着把消息告诉城下的溃军。但溃军已经收不住势头了,只能败下阵来。

两岸都在猛放大炮和弓箭,宋军有数百人死伤。在城下还有不少陷马坑,原本是宋军挖了为金军准备的,不想逃跑时慌不择路,反而有近百宋军陷入其中。金军看了哈哈大笑,一场战斗就在笑声中结束了。宋军虽然阻止了金军登城,却付出了惨重的伤亡代价。

闰十一月二十一、二十二,双方仍然在寻找攻守之道,金军在各个城门发动攻势,双方损失都很大。

闰十一月二十三,宋军又受到了一次沉重的打击,地点仍然是在宣化门外。这一天,统制官范琼率领千人出战。他们下到城外,奋勇前进,将金军赶过了惠民河。宋军士气高涨,决定继续追击。他们没有采取过桥的线路,而是直接从冰面上过河。在距离北岸还有十余步时,冰面突然开裂,大批士兵掉入河中。惠民河并不是一条大河,还不至于淹死太多人,但金军一看宋军出现了混乱,立刻回头掩杀,将在河中挣扎的宋军杀死。这一次战斗,宋军就损失了五百多人,士气受到很大打击。[①]

从这一天开始,汴京城内外又下起了大雪,大雪昼夜不停,一直铺了几尺厚,这更增加了守城与攻城的难度。

从闰十一月二十到二十三,汴京城墙险情不断,似乎也预示着金人逐渐找到

---

① 参考《续资治通鉴长编拾补》。

了攻城的诀窍。宋军士气越来越低落，仿佛支撑不下去了。进攻大部分发生在粘罕的区域，斡离不区域内反而相对平静，也表明两位元帅所持的立场是不同的。

闰十一月二十四，仿佛是为了印证这样的判断，金军的东路军元帅斡离不又派他的使者刘晏来了。斡离不显然知道金军的总攻就要开始，他这时派使者前来，是告诉宋钦宗应该赶快做决定。斡离不甚至连写封信的工夫都没有，只是让刘晏口头带信：金军的总攻就要开始了，如果皇帝感觉还能支撑，就全力抵御，不要考虑留后手了；如果感觉不行了，就赶快答应金国条件，要么亲自出城议和，要么派亲王、宰相出城，否则一切都迟了。[1]

刘晏的善意提醒还没有结束，进攻就开始了。这次的进攻仍然在宣化门方向，敌人推来四架火梯，试图烧毁城墙上的楼橹。城墙楼橹都有编号，其中"字"字号楼橹不幸成了金人的主攻方向。[2]

城上用撞杆对付城下的火梯，摧毁了其中三架，但有一架却成功地点燃了三座楼橹，一部分金兵乘着混乱登上了城墙。但他们选择的地点却不对，上城后，恰好位于三座燃烧楼橹的中间，前也是火，后也是火，过不去了。姚友仲率军乘机反攻，将他们逼下了城墙。由于天冷水结了冰，无法救火，三座楼橹也化作了灰烬。

另一处，宋军放火牛烧毁了金人的一个洞子，洞子燃烧时，反而将宣化门附近的两座楼橹点燃了。金人也借助火势上了城墙，被宋军击退，损失了上千人马。

到这时，城壕都已经被金人填成了高地，城墙上发生了恐慌，不管下面有没有敌人，发射的弩箭和炮弹数以百计，大部分都只是对空发射。有人如果制止士兵，劝他们不要浪费弹药，就会被指为奸细杀掉。金军在城下先避一避，等宋军发射的间隙，捡城上射下的弩箭和炮弹，反射回城上。城墙已经伤痕累累，最初还有人修，但因为修城的人大都被炮弹砸碎了脑袋，或者被弓箭射死，人们连修理都不敢了。[3]

金军攻势的加强，印证了刘晏的提醒。

---

[1] 《三朝北盟会编》引《宣和录》。

[2] 参考《靖康要录》。

[3] 参考《靖康要录》。

闰十一月二十五，大雪仍然没有停止。前一天，皇帝没有给刘晏答复，安排他住在了驿馆内。第二天，刘晏仍然在都亭驿等待着结果。到了下午，突然间驿馆外乱成了一团，人群吵吵嚷嚷向驿馆聚集。到底出了什么事？看门人告诉刘晏，金军已经入城了！

就在说话的工夫，一群百姓已经冲破了驿馆的防卫，向刘晏冲了过来。刘晏吓得大叫：我是为了你们好，才来通报的，不要杀我！[1]

这成了他最后的遗言，愤怒的百姓冲上来，将他抓住撕成了碎片。这位对宋朝怀有好意的使者就这样死于非命。[2] 斡离不也许想不到，他出于善意派使者前来提醒宋钦宗，但皇帝却没有能力保护使者。在混乱中，人们已经失控了。

刘晏在死前听说城已经破了，这是否符合事实呢？

装神弄鬼

闰十一月二十四进攻之后，宋军阵营的士气已经降到了极点。金军在各方面的组织能力都强于宋军。比如，金军进攻城墙死亡人数在两千人以上，他们能在当天就把尸体全部移走处理掉，这既避免了士兵们看到尸体之后出现恐慌，也表现了对烈士的尊重。

但金军攻城时杀死了宋军三百五十多人，尸体就在城上，却没有人收尸。直到第二天士兵们仍然可以看到死去的战友，这些人破脑贯胸的惨状一直在眼前晃来晃去，提醒着活人，等他们死后也会变成这样。

北宋给予守军的赏赐也不到位。王宗濋许诺给士兵委任状、金碗等，都没有兑现，这让士兵们以为皇帝让自己卖命，却不想出足够的买命钱。[3]

到了闰十一月二十五，宋朝君臣都知道不能指望这些士兵了。于是，他们转向了最后一支神秘部队，也是最厉害、最无敌，一定要留到最后使用的那支

---

[1] 参考《靖康要录》。
[2] 参考《三朝北盟会编》。
[3] 参考《续资治通鉴长编拾补》。

军队——何㮚招募的"奇兵"——以及一个叫作郭京的人。

在中国历史上,有一种宗教传统从东汉末年开始,源源不绝一直持续到现代,那就是道教。所谓道教,与哲学上的道家并不是一回事,道家是一种哲学理论,强调一种来自"玄"或者"无"的自然观,在社会上强调简单,减少政府干预,回归自然状态。但道教作为一种宗教,虽然号称来自道家哲学,也强调到自然中去放纵自己,但在组织上实际上是儒教的一个变种,强调对于君臣礼法的遵从,是一个听话的宗教。他们总是依附于统治者,希望统治者在吃鸡时能够分一块鸡腿给他们,而他们崇尚自然只是一种以退为进的姿态,实际上是为了入世。[①]

比如,道教中一大分支全真教,在创始人王喆(王重阳)时期,由于天下大乱,他选择了隐藏起来;但他的弟子丘处机(长春真人)就不一样了,当成吉思汗需要长生不老药时,立刻找到了丘处机,他随即放弃了所谓的隐逸,万里迢迢从中国山东到现中亚的乌兹别克斯坦境内去见成吉思汗,试图分一块肉。但由于他"没有长生之药,只有卫生之道",成吉思汗不感兴趣,把他打发回去了。[②]

道教的组织化和对权力的崇拜接近于汉代的儒教,但它又有一个非常不同的特点,叫作"法术"。儒教从来不重视法术问题,但道教的法术却是五花八门,大致分为炼长生丹、堪舆和奇门异术三类。炼丹又分为炼外丹和炼内丹。所谓外丹,就是用雄黄、水银加上各种矿石,炼成金丹,服用后就可以长生不老。所谓内丹,也叫练气,在唐代盛行,就是什么实物都没有,只要练习吐纳,就可以在体内形成内丹,达到长生不老的目的。由于内丹比起外丹更加简单,所以内丹的流行程度逐渐压过了外丹。

所谓堪舆,指的是道教的一些"实用"技术,主要是勘察风水等。

所谓奇门异术,则包括得更加广泛。最典型的是清代末年的义和团,人人都声称可以刀枪不入,但他们一旦进入战场,就迅速倒在了欧洲人的排枪之下。也许现代人对于义和团相信超能力到不怕死的地步感到吃惊,但在中国两千年的历史上,奇门异术作为一股暗流,始终是中国人生活的一部分,即便皇帝也

---

① 关于道教的讨论,可以参见作者另一部作品《中央帝国的哲学密码》。
② 参考《长春真人西游记》。

会相信有所谓的仙丹、奇门异术，他们盖宫殿、建坟茔也都会找道士去堪舆。

在道教中，炼丹属于较为上乘的功夫，特别进入到练内丹阶段，就已经无法验证真伪了，不用担心被戳破。堪舆属于中乘功夫，家家户户都用得上，但又不把它当作很神秘的事情。奇门异术属于下等道教，因为它可以被验证，比如义和团，弄得不好，不仅面对西方的排炮就把性命搭进去了，还会贻笑千年，聪明人自然要避开这个坑，只有愣头青才会走上奇门异术这条狭窄的路。

宋徽宗时期，恰好是一个道教的高峰期。宋徽宗本人号称"道君皇帝"，全称是"教主道君皇帝"。他在位时更是大肆建筑道观，如玉清和阳宫、上清宝箓宫等，而且他尊崇了许多道士，在他的带领下，整个官僚系统都更加迷恋道教。[①]

宋钦宗末期权力最大的两位大臣，宰相何㮚与枢密院孙傅都是道教信徒，他们自然相信道教的理论，对奇门异术也不陌生。他们担当汴京城的守卫工作后，寻找这些奇门异术之徒，也就成了一项重要的工作。"奇兵"就是在这种背景下被招募，并隶属于何㮚的。

奇兵中，最重要的一个头目名叫郭京，他属于道教系统中的草根和无赖一类，属于"下九流"。他号称会李药师的法术，擅长"六甲兵法"。这种兵法使用七千七百七十七人，做起法来可以生擒两位金军元帅。郭京的手下还有不少神人，比如刘宗杰、傅临政等人，有的号称"六丁力士"，还有"北斗神兵""天关大将"等。[②]

还没被朝廷招纳时，郭京就聚集了汴京城的上千无赖，在天清寺修炼"六甲兵法"。金军来了，北宋朝廷缺乏士兵，就把他招来授了个成忠郎，隶属于何㮚的奇兵。

最初郭京并没有受到太多重视，但随着北宋士兵的短缺，郭京手下一万二千奇兵就逐渐显出了重要性。这时，他的官已经升到了武翼大夫，朝廷显然是要指望他出战了。

郭京感觉到了自己的重要性，也变得更加大言不惭。他表示，只有在朝廷

---

① 参考《宋史纪事本末·道教之崇》。
② 参考《续资治通鉴长编拾补》《靖康要录》。

最危急的时候,才用得着奇兵出击。只要没有到这个时候,他就根本不用上阵。

郭京的名声越传越大,人们称呼他的时候,都恭恭敬敬叫他"郭相公"。他所招募的人也不以身体条件为基础,而要看是否有自己的一套神秘学的理论。只有和他的"六甲兵法"合拍的人才会被招募。有一位卖线的,郭京一见到他就授予将军的职位,因为卖线的"相"很符合他的胃口。另一位叫作刘无忌的卖药道人,因为会头朝下倒立泥中乞讨,也被郭京招募了。有个正规军的武臣愿意当他的裨将,他拒绝了,说:"你正月就要死了,怎么可以当我的裨将?"

人们问他这样的兵怎么打仗,他就回答:"我的兵不用打仗,只管去砍头就行了。"

金军进攻越来越激烈,郭京却越来越镇静,他号称可以在三天之内将敌人打跑,直追到阴山脚下。

闰十一月二十五,北宋的军队实在抵挡不住金军的进攻了,宰相何㮚与枢密院孙傅请求郭京,这已经是最危急的时候,再不出兵金军就打进来了,郭京才决定在当天出战。

他出战时的规矩很多,先在城墙上挂了天王旗,号称可以让敌人丧胆。之后大开宣化门,派他的人马出战,他自己留在城头上指挥。

汴京城的士兵百姓一听说郭京出战了,纷纷来到城墙上,向下张望,看他怎么打仗。观望者达到了数千人,跟着起哄的还有数千人。[①] 郭京一看,连忙命令所有的人都下去,就连守城的将士也不准待在城头上。只有张叔夜率领着数百精兵在宣化门瓮城的城头上做护卫。

平常打仗时,城内的士兵往往分成两部分,一部分出城作战,一部分爬到城墙上满弓待守。开启城门后,出城作战的士兵们列队走出城门,与敌人厮杀,城墙上的士兵要随时注意城外的动向。如果胜利了还好,但如果失败了,在败军退回城内的过程中,城上的守军就显得非常重要。他们必须拿捏准时间,让过败军,再用弓弩将敌人射回。败军进城后,立刻关闭城门。只有这样,才能保证敌军不会乘着混乱进入城中。

---

① 参考《靖康纪闻》。

郭京让守卫者下了城墙并离开城门，城内的人就无法观察到外面的战况了。整个京城的命运就交给了他的"六甲兵法"。一旦失败，敌人就会乘机进城，守军无法做出快速反应阻止他们。

这个命令在平常可能会被守军拒绝，但整个城市都把希望放在郭京肩上时，就必须承受这种风险。于是，守军们没有抵抗就都服从了。

六甲奇兵出城后，郭京本人留在城头上指挥，将外面发生的一切报告给城内翘首等待消息的人们。很快，他的消息传来：奇兵先锋已经与敌人接战，得到了数百战马。人们听到消息兴奋不已，继续等待着好消息。

过了一会儿，听到消息说奇兵缴获马匹已经数千之多，又一会儿，奇兵已经攻占了敌人的壁垒。郭京的好消息不断，但突然间，城门砰然而闭，人们才意识到刚才的好消息都是假的。

事实上，奇兵部队刚出城，就碰上了敌人的数百骑兵，金军的铁骑一下子将奇兵冲散，一瞬间战斗就结束了。

由于吊桥上压了太多的尸体，留在瓮城上的张叔夜的士兵拽不起吊桥，只好在慌乱中将城门关闭。郭京在城门关闭前的一刻，率领剩余奇兵冲出了城，号称要亲自下城作法，打败敌人。他出城后，乘着乱急匆匆向南逃走。由于当时金军正集中火力攻城，并没有重视这支逃兵，这个汴京城最后指望的"大救星"迅速消失在人们的视野之外。①

离开汴京后，郭京带着残兵一路南奔，还宣称自己可以撒豆成兵，撒草为马。第二年二月份，郭京到达襄阳时，围绕在他周围的还有三千余人。在襄阳，他把军寨驻扎在了一个叫作海子头的地方，他本人则居住在一个寺庙里（洞山寺）。在这里，他找了一个赵姓的宗室，想将他立为皇帝。

襄阳的宋朝官员制置使钱盖、西京总管王襄，以及统制官张思正试图制止他，但郭京不听。恰好在这时，奇兵在汴京保卫战时的作为被流亡的人们口口相传到了这里，郭京的光环褪去了，宋朝的官员对他也不再客气。张思正率军袭击了郭京，将他俘虏，在送往宋高宗行在的途中，由于受到了土匪的袭击，

---

① 参考《靖康要录》。

张思正为安全起见将郭京杀死。这一天是靖康二年（公元1127年）五月初二。[1]

再回头看郭京离开之后的汴京城。由于城门关闭及时，金军并没能顺着城门进来。但随后，他们开始利用云梯爬城。由于事出仓促，金军的准备也并不充分，他们只有一架云梯，可供五十人同时上城。可实际上，只有十几个人登上了城墙。[2] 如果按照平常的守卫标准，这十几个人很快就会被守军杀死。但不巧的是，守军大部分都已经被郭京赶下了城。到这时，守军们还没来得及重新回到城墙上，少数城墙上的人见敌人来了，不是作战，而是转身逃跑下城。

十几名金军首先将城墙上的楼橹点燃，引起了更大的混乱。这时，更多的金军也上了城，将他们的黑旗插得到处都是。

城内的百姓一看见黑旗和大火，都大声喊："金兵已经上城了。"

当大约三百金军上城后，他们分成东西两队沿城墙向两边攻击，将城墙上的守军清除，并利用箭弩压制对手。大量的宋军被压制在城墙下，无法收复城墙的控制权，他们将武器抛弃，四散于城中，成了溃军。

与此同时，金军在城外的铁鹞子骑兵已经待命完毕，一旦城门大开，就迅速向城内杀来，到这时，宋军已经不可能再夺回外城的控制权了。

在四面城墙中，南面最先崩溃，其次是东西两面，只有孙傅守卫的北面城墙抵抗时间最长，到第二天才陷落。[3]

金军占领城门之后，统帅们要求士兵占据城墙，暂时不要下城参与劫掠和厮杀，但他们并不能完全保证军队的纪律。更严重的是，大量的宋朝溃军已经成了首都的最大公害。他们逃下城墙后，开始对城内进行大规模劫掠。百姓们苦不堪言，他们一方面听说城墙失守，另一方面又要受到溃军的骚扰，这座和平了一百多年的城市已经不懂得何为战争，却又不得不承受其最深的打击。

尸体铺满了道路，其中有汴京城的保卫者太尉姚友仲。作为第二次汴京保卫战中的主要指挥官，姚友仲尽全力守卫了汴京一个月。如果没有他，汴京城

---

[1] 参考《三朝北盟会编》。
[2] 参考《靖康要录》。《续宋编年资治通鉴》记载只有四人。
[3] 参考《靖康纪闻》。

早已陷落。但他最后没有死于金军之手,却死于溃军手中。

除了姚友仲之外,张叔夜下城后被乱军砍了三刀。金军焚烧通津门时,宦官黄经臣向皇帝的宫阙两拜后投火而死。统制官中,还有何庆言、陈克礼在与敌人对抗中死亡。北宋官员中还有中书舍人高振力战至死。①

在新城中,数百金兵来到了醴泉观,这里是一队宋军的驻扎地,宋军人数远远多于金军。但一听金军来了,宋军却迅速崩溃逃走,加入了乱军。② 公卿大夫都换上粗布衣服,逃到小民家里躲藏。

官员、使臣、士兵、宦官都成了受害者,死亡人数不计其数。到了晚间,除了北宋的溃军,金人中纪律不好的散兵也下到了城中开始掳掠。汴京城四处火光冲天,百姓哭声震地,一副人间地狱的景象。③

这些劫掠大都发生在外城,而汴京城的内城(旧城)暂时仍然掌握在宋军的手中,所有的内城城门都已经关闭。但在内城的东城墙中门丽景门(旧宋门)有一个水门,人们就顺着水路进入旧城之中。

旧城内也已经乱成了一团,最大的争议在于皇帝的去留。即便金人攻破了外城,守卫皇帝的部队还有一万多人,马匹数千。张叔夜虽然受伤,但他还是率军力战,让金军遭受了不小的损失,在接下来的四天,他一共杀死了两员金(耳)环贵将。汴京城陷落的当天,张叔夜手中还有两万兵马,加上卫戍部队的一万人,足以保卫皇帝冲出重围。

在这些部队和军官中,最积极的是指挥使蒋宣和李福。他们甚至冲到了祥曦殿,见到了皇帝,催促他赶快逃走。但奇怪的是,宋钦宗竟然并不想走,蒋宣甚至冲上去抓住了皇帝的衣服,想强迫他离开,皇帝吓得大叫:"你是什么人!敢这样做!"

蒋宣恳请皇帝离开,但皇帝找个借口就钻进了内殿。一直守在皇帝身边的秦桧出来,委婉地问蒋宣:"你们这样护驾,真的能够保证皇帝安全地逃出去?"

---

① 参考《宋史·钦宗纪》。
② 参考《续宋编年资治通鉴》。
③ 参考《靖康纪闻》。

秦桧的问话让众人沉默了，谁也没有十足的把握。于是军队就此散去。① 为了让蒋宣安心，皇帝封他为防御使，意思是不会秋后算账。但不到二十天，皇帝就下诏诛杀了蒋宣、李福等人（十二月十三）。②

在城陷后逃走的还有北宋大将刘延庆、刘光国父子。在收复燕云的战争中，刘延庆的失职，造成郭药师无法夺回燕京城，这也成了宋金关系的转折点。金军曾经问马扩这样的人应该怎么处理。但事实上，刘延庆虽然被贬黜，但到了汴京保卫战时又被委以重任。

城陷之后，刘延庆也和张叔夜一样劝说皇帝离开。皇帝拒绝后，刘延庆带领兵马匆匆离去，宣布要先为皇帝夺回一个城门供逃跑之用。他和儿子刘光国率领兵马直扑西城墙中门开远门（万胜门），夺门而逃。③

在城池失陷的当天夜里和第二天早上，万胜门就这样四敞大开没有人管，城内的溃军和百姓听说万胜门开了如同洪流一般向万胜门冲去，从这里逃走的有数万人。兵民出城后不知道该去哪里，就向南走，到了皇帝的别苑琼林苑里。在这里，刘延庆父子也在整理军队，准备继续逃走。

闰十一月二十七，在琼林苑聚集的兵民竟然达到了十几万人，刘延庆带领这些人一同逃生，他们向西经过普安院，遇到了金军的铁骑。刘延庆鼓励大家拿出死拼的精神来突围，但士兵和民众都不敢答应。刘延庆只好让他的儿子刘光国率领五十骑兵到金军阵前转了一圈，金军没有袭击他们。刘光国回来后，刘延庆继续鼓励人们前进，这些已经被绑上了战车的人迫不得已，只好向前冲去。他们在金军铁骑的冲击下一触即溃，刘延庆和儿子刘光国都死在了乱军之中。④

据称，刘延庆是在金明池中淹死的，而刘光国带着王黼的爱妾张氏逃跑，逃了十余里被敌人追上，只好先将女人杀死，再自杀了。⑤

---

① 参考《靖康要录》。
② 《三朝北盟会编》，一同诛杀的还有一个叫作卢万的人。
③ 参考《朝野佥言》。
④ 参考《中兴遗史》。
⑤ 参考《续宋编年资治通鉴》。

第十三章
艰难的谈判

下风口的谈判

皇帝之所以不想离开，是将希望重新放在了和谈上。他宁肯相信金军，也不再相信自己的军队了。在确定和谈策略之前，他的心路历程也经历了数次的变化。

当城市刚刚被攻破时，皇帝已经乱了阵脚，他号召全民抗战，要把汴京城的武器发给平民，让他们打金军。但此刻，宋军的士兵其实不少，只是都成了溃军无法利用，军人尚且如此，平民怎能打仗？许多人将发下来的兵器直接丢弃，后来连兵器都发不下去了，因为宫廷内的官员都逃走了。

当天晚上，只有景王赵杞、梅执礼、秦桧、谢克家等少数几个人守在皇帝身边。① 众人讨论的结果是既然城破了，除了与金人和谈，已经没有别的选择。皇帝派遣景王赵杞、谢克家、李㑩出使金军营地。

由于二太子斡离不对宋朝更加友好，景王和谢克家没有去粘罕营地，而是去往刘家寺的二太子营。他们坐着筐从城上吊下，只带了一两个侍从就出发了。② 当天斡离不见到他们，表示他们级别不够，至少需要正宰相何㮚来见，才能开启谈判。③

第二天（闰十一月二十六），李若水的到来更坚定了皇帝求和的信心。李若

---

① 参考《续资治通鉴长编拾补》。
② 参考《续资治通鉴长编拾补》。《大金吊伐录校补》第一一五篇。
③ 《南征录汇》引刘同《寿圣院札记》。

水出使粘罕营地商讨割地，由于金军进攻太快，出使没有结果的他跟随粘罕的军队回到了汴京城外。粘罕告诉李若水，五百里内都已经是金军的兵马，皇帝已经无处可逃，让他带信给皇帝，快派人来和谈。①

李若水见到皇帝，将粘罕的话传到。他还表示金军即便攻破了汴京城，由于无法持久占领，最终不得不退兵，对方的要求只是割据河北、山西，并不要求灭亡北宋。皇帝听说后，派遣宰相何㮚与济王赵栩作为请命使，前往粘罕营地，请求金军的宽大。②

何㮚见到粘罕，受到了对方的质问，到底谁是决定抵抗的主谋，何㮚回答是他本人，与皇帝无关。

粘罕继续问："以前数次要求宰相（何㮚）前来谈判，为什么一直不来？"

何㮚回答："不肯来是为了社稷，今天来是为了生灵。"

粘罕感慨他是忠臣，没有继续追究，③甚至安慰何㮚等人说："自古有南即有北，哪一个都不能缺少。只要肯割地，一切都好说。"

但在另一件事上，双方的分歧却很大。就在宋使放松警惕时，粘罕却突然提出了一个要求：他们要让太上皇亲自出城与金人对话。

宋徽宗自从当了太上皇，政治敏锐度差了很多，他在宫殿里又惊又忧，却并没有和上次一样选择在围城前逃走。金人要让宋徽宗出来，似乎带着谁把事情搞砸了，谁就负责的意思。

按照汉人的看法，太上皇是绝对不能出来的，但按照游牧民族的看法，大军已到，主帅相见谈判是很正常的事。更何况，太上皇是一切事情的肇始，他不来收拾残局谁来收拾？粘罕直接表示：

尔家太上（皇）事事失信，弗亲出城，便须出质妻女，此外更无计议。④

---

① 参考《中兴遗史》。
② 《大金吊伐录校补》第一一六篇。
③ 参考《续宋编年资治通鉴》。
④ 《南征录汇》引高有恭《行营随笔》。

不管让太上皇出城,还是质押皇太后和公主,都是不可能的。宋使做不了主,只能带着金使回到城内向皇帝汇报。

除了这个正规使团,当天皇帝还先后派遣御史中丞秦桧与右司员外郎司马朴前往金军营地犒劳一番。①

就在外交工作展开的同时,京城内的混乱还在扩大。人们最初的恐慌和震惊过去了,城内的犯罪率飙升。与此同时,虽然金军的两位元帅一直不让军队劫掠,但金军中不守纪律的行为也越来越多。

闰十一月二十六凌晨开始,就有大量的居民集中到了宣德门。这些居民本来是响应皇帝发武器的号召来的,但来了之后,形势却失控了。人们开始不断地诉苦,询问接下来会发生什么,皇帝是否有应对计划。到最后,皇帝不得不亲自出来接见他们。但皇帝出来后,形势没有好转,反而引起了极大的骚乱。

一位叫作王伦的人(宋初宰相王旦的后代)乘机要求皇帝给他封官,好让他解决这些群众的难题。他在市井之间颇有威望,在获封吏部侍郎后,请众人先不要喧闹,听皇帝讲话。众人都知道他的威望,暂时停止了吵闹。

皇帝乘机与市民展开了对话,甚至撸起袖子露出手腕,帽子还不小心掉了下来,还与百姓打成一片。众人最关心的问题是皇帝会不会逃走,然后将百姓留给金兵去蹂躏。宋钦宗表示自己绝不会抛弃这里的宗庙,誓与汴京城共患难。说到激动处,皇帝与百姓们相拥而泣。②

但皇帝的承诺并不能让百姓感到真正的安心。从闰十一月二十七开始,金军中有三三两两的人从城墙上下来,进城劫掠。他们并不杀人,只是劫财。真正杀人的反而是宋军中的游兵散勇,他们是纪律最糟糕的军队。

百姓们从城东跑到城西,又从城西跑回城东,却不知道该做什么。很多父子、夫妇由于无法互相提供保护,相约一起自尽,河道附近堆积着大量的尸体,还有公卿贵族穿着布袍,用泥土涂面,尽量打扮成乞丐模样。③

---

① 参考《续资治通鉴长编拾补》。
② 参考《中兴遗史》。
③ 参考《中兴遗史》。

第三部　汴京失陷

在所有战争中，一座城市被占领后，最难以避免的就是火灾。1812年，拿破仑进攻莫斯科，法军刚占领莫斯科城，整座城市就燃起了熊熊大火，将城市烧得精光。到底谁放的火，到现在都无定论。金军占领之后的汴京也经历了同样的事情，只是规模较小一些。

平日里，首都汴京有着严格的防火措施。每一个街区（坊）里的小巷，每三百来步就会有一个军巡铺。军巡铺相当于派出所，每个铺有五个人，夜间巡逻，白天维持治安，当然也管火灾报警。在城市的高地上又有砖砌的望火楼，楼上专门有人瞭望，楼下有官屋数间，屯驻了百余名士兵，又储藏着各种救火用具。一旦出现火灾，望火楼立刻派人骑马报告给城里的厢军、马步军、殿前三衙、开封府，由官府和军队出力灭火，不用百姓参与。①

但在非常时刻，这套制度已经没有人去运转了。

金军攻城时点燃的是城楼，到了闰十一月二十六晚，城内的五岳阳德观、马草场、葆真宫发生了大火。这火到底是谁放的，到底是金军还是溃军，已经无法确认了。闰十一月二十七，金军对城市中的富户进行劫掠，大火吞没了云骑桥附近宋徽宗的妃子明达刘皇后家、神卫营蓝从熙②家、孟昌龄家，一路烧过来，烧毁的房舍不计其数。

也是从这时开始，另一个战争中必然产生的现象也出现了，那就是掳掠妇女。

在金军两位元帅中，粘罕目标明确，更加坚定，给宋王朝的压力更大；斡离不对宋朝更加友好，却又带着花花公子的性格。这一天，斡离不派人进城抓走了七十多名妇女供他享用。③

闰十一月二十八，宋徽宗的另一个刘皇后——明节刘皇后——家也遭遇了火灾。宋朝的两大学术机构太学和律学更是被洗劫一空。

关于城中的混乱，宋金双方都不愿意看到，也都采取了一些措施。金军闰十一月二十六就朝城内发文，要求城内百姓不要害怕，要安居乐业，两国正在

---

① 参考《东京梦华录》。
② 《三朝北盟会编》引《宣和录》，《中兴遗史》等写作蓝从家。
③ 参考《瓮中人语》。

讲和。金军的告谕让老百姓感到心里安定一些。作为回应，开封府也于闰十一月二十八发榜，要求文武官员、秀才、僧道率领百姓到金军营地去犒劳，谢他们不杀之恩。百姓为了保命，纷纷捐钱捐物，给金军运送牛和酒的人群在道上络绎不绝。

与此同时，开封府也承担起治安官的责任。整个汴京城治安最差的地区是外城和内城之间，外城城墙已经被金军占领，但内城城墙还在宋军手中。内城的治安还不错，但外城处于宋金两军的夹缝地带，因此成了劫掠的高发区域。劫掠者中的确有金军，但大部分劫掠者其实是北宋的地头流氓和兵痞，他们把头发一削，就冒充金军，四处干坏事。开封府向金军取得谅解后，立刻四处出击，抓了数百位参与劫掠的人，将他们拉到大街上直接砍头。开封府的强硬态度让局面从失控状态稍稍恢复了一些秩序。

砍头还带来一个副作用，每杀一个人，他们的尸体在瞬间就会被剥尽，甚至连肉都会被割光。原来城内已经缺粮了，许多人不得不靠人肉充饥，还有人四处贩卖人肉，这更增加了人们的恐惧。①

在汴京城，饥民最多的地方是大相国寺。这里曾经是首都最繁华的地方，每月举行五次盛大的交易会，号称"万姓交易"。②交易期间，从飞禽走兽、宠物家畜，到日用家什、建筑材料；从武器弓箭、马鞍车轴，到糖果点心、瓜果时蔬，再到衣服鞋子、书籍文物，应有尽有，但在金兵围城期间，相国寺的集市没有了，周围拥来了无数的饥民，他们在寺庙的走道里号呼哭泣，一片悲惨景象。③

皇帝亲临

在开封府尽力维持治安的同时，宋金的和议仍在进行中。闰十一月二十七，宋使济王赵栩和陈过庭来到金军营地请求怜悯（求哀）。

---

① 参考《靖康纪闻》。
② 参考《东京梦华录》。
③ 参考《靖康纪闻》。

闰十一月二十八，秦桧、李若水来求和。粘罕还是要求太上皇和皇子作为人质。使者无法做主，只好回去禀报。皇帝沉吟一番，表示作为儿子不可能将父亲交出去，如果金人一定要让太上皇出去，那么作为儿子的皇帝只好亲自代替父亲出面了。①

闰十一月二十九，宋钦宗做了最后的努力，派出郓王率领十一个亲王（燕王、越王、郓王、景王、济王、祁王、莘王、徐王、沂王、和王和信王）前往金军营地，但金军拒绝见他们。②不过这一天粘罕却接见了何㮚，见面后首先就问："太上皇和他的老婆女儿，到底谁来？"何㮚语塞，只好回去禀报。③

这时，皇帝已经知道，除非自己出去，否则达不成协议。当天皇帝下诏书表示将亲自前往金军营地。在准备了一天之后，闰十一月的最后一天，即闰十一月三十，皇帝车驾启动，前往金军大营。

清晨，皇帝带了三百随从前往金军大营，跟随他的官员有何㮚、陈过庭、孙傅等人。④曹辅和张叔夜则负责留守，暂时掌管缺了皇帝的内城。他们计划从南薰门出城，到青城去见国相粘罕。但南薰门城楼已经被金军控制，大门紧闭。在皇帝的身后，跟随着汴京城的百姓父老，他们纷纷拿出了金银锦帛，想献给金军，好换取皇帝的平安。即便皇帝离开后，这一天老百姓都在不停地送东西，希望金人信守诺言把皇帝送回。

到了南薰门，城上一人自称统制，大声喊道："奏知皇帝，若得皇帝亲出议和公事，甚好，且请安心！"

宋钦宗要下马，城上金人纷纷避开，表示这里不是下马的地方。皇帝只好在马上继续等待。城上有人告诉他，已经派人去通知粘罕，请皇帝等待一下，外面在清理道路。

皇帝等了大约一个时辰，城门开了。金人的铁骑塞满了瓮城。他们阻止了三百随从，只让少数人通过，将皇帝夹在中间，裹挟而去。

---

① 参考《续资治通鉴长编拾补》。
② 《南征录汇》引《行营随笔》。
③ 《南征录汇》引克锡《青城秘录》。
④ 参考《瓮中人语》。

前往青城途中，金人又要求皇帝走慢一点，前方在安排他住宿的行宫。又等待了一个多时辰，他们才到达青城的斋宫外。皇帝又想下马，但被告知请他骑马进去，到了斋宫侧面的一个小空地才下马。

粘罕派人告诉皇帝，二太子斡离不还在城东北的刘家寺，赶不过来，所以皇帝必须在斋宫住下来，等第二天再谈。对方还询问皇帝是否准备了被褥，如果没有，他们也可以帮忙准备，但怕皇帝不习惯。

当天晚上，皇帝住在了青城的斋宫之中，环绕他的都是金兵。金军派乌凌葛思美作为皇帝的馆伴，陪伴他度过漫漫长夜。①

在城内，官员、士兵、百姓都在等待皇帝的归来。但到了傍晚，有人拿着黄旗从南薰门进来，他带来了皇帝的亲笔信，表示金人已经答应议和，但事情没有了结，所以皇帝今天回不来了。众人怀着忐忑的心情散去。②

皇帝亲自出城，对于金人与宋人的意义是不同的。作为游牧民族的金人并不把皇帝亲自出城当回事，他们的首领以前常常冲锋陷阵，谈判更是亲自参与，既然攻克了首都，皇帝亲自参与谈判自然是最起码的礼节。

但对于集权帝国的子民，皇帝出城却是极大的稀罕事。宋朝的皇帝就如同是蜂巢里的蜂王，他们只躲在柔软的巢穴中，不会冒任何风险，更不可能直接前往敌人营地。金人看来是理所应当的事，对于宋人却是奇耻大辱。这可以看作是文明冲突的一部分。

十二月初一，官吏百姓再次云集南薰门，焚香开道盼着皇帝回来，但到了晚上，皇帝还是没有回来。只有一人拿着黄旗出现，他又带来了皇帝的亲笔信，表示和议已经成了，但礼数未到，所以还需要再待一晚。③众人再次散去。

事实上，这一天皇帝根本没有见到两位元帅。这天他被留在斋宫，唯一的任务就是写投降书（降表）。从金人对降表的重视程度，丝毫看不出他们是刚刚从北方蛮荒之地走出来的。最初，皇帝让孙觌起草了一份，主要意思是称藩与

---

① 《南征录汇》引《青城秘录》。
② 参考《中兴遗史》。
③ 参考《靖康纪闻》。

请和，这份草稿交给粘罕后，被立刻否决了。粘罕派人前来指导了不下四次，但写出来的粘罕都不满意。粘罕要求降表必须是对偶格式的，必有文学性。孙觌和吴开互相推诿着都不肯写，皇帝催促他们快点动手。于是，孙觌、吴开再加上何㮚一块儿商量着将投降书写了出来。皇帝看完后，甚至夸奖他的大臣写得好，如果不是平常勤加练习，现在哪能写出如此优雅的投降书。

不想这份草稿送给粘罕，对方还是不满意，传令来传令去又改了好几遍。粘罕的意见有的非常具体，比如，文中提到了大金皇帝和大宋皇帝，但粘罕保留了大金皇帝，将大宋皇帝删去了，只准大宋皇帝称"臣"。又把其中的"负罪"改为"失德"，"宇宙"改为"寰海"，等等。宋朝皇帝与宰相如同小学生一般诚惶诚恐，满足了老师的所有要求，才得以通过。①

由于这篇降表非常重要，因此值得将全文录于此，经过数次修改，降表是这样写的：

臣桓言：背恩致讨，远烦汗马之劳；请命求哀，敢废牵羊之礼。仰祈矜贷，俯切凌兢，臣桓诚惶诚惧，顿首顿首。窃以契丹为邻，爰构百年之好；大金辟国，更图万世之欢。航使旌，绝海峤之遥；求故地，割燕云之境。太祖大圣皇帝特垂大造，许复旧疆。未阅岁时，已渝信誓，方获版图于析木，遽连阴贼于平山，结构大臣，邀回户口。虽讳恩义，尚贷罪怨。但追索其人民，犹夸大其土地。致烦帅府，远抵都畿。上皇引咎以播迁，微臣因时而受禅。惧孤城之失守，割三府以请和；屡致哀鸣，亟蒙矜许。

官军才退，信誓又渝：密谕土人，坚守不下，分遣兵将，救援为名；复间谍于使人，见包藏之异意。遂劳再伐，并兴问罪之师；又议画河，实作疑兵之计。果难逃于英察，卒自取于交攻。尚复婴城，岂非拒命？怒极将士，齐登三里之城；祸延祖宗，将黩七庙之祀。已蠲衔璧之举，更叨授馆之恩。自知获罪之深，敢有求生之理？

伏惟皇帝陛下，诞膺骏命，绍履鸿图。不杀之仁，既追踪于汤武；好生之

---

① 参考《中兴遗史》。

德，终俪美于唐虞。所望惠顾大圣肇造之恩，庶以保全弊宋不绝之绪。虽死犹幸，受赐亦多。道里阻修，莫致吁天之请；精诚祈格，徒深就日之思。谨与叔燕王俣、越王偲、弟郓王楷、景王杞、祁王模、莘王植、徐王棣、沂王㮙、和王栻，及宰相百僚、举国士民僧道耆寿军人，奉表出郊，望阙待罪以闻。臣桓诚惶诚惧，顿首顿首。谨言。

天会四年十二月日，大宋皇帝臣赵桓上表。①

十二月初二，金国元帅们终于与宋钦宗相见了。当天还没有见到元帅时，金人突然又想让太上皇出城，皇帝再三陈述，金人才感于皇帝的仁孝，答应太上皇不用出来了。

接下来是投降仪式，粘罕已经命人将斋宫里象征皇权的鸱尾都用青毯包好，墙壁上有画龙的地方也都遮挡好。在北方设立了一个香案，这才请宋钦宗进来。

宋钦宗到来时，两位元帅亲自到门口迎接，双方都在马上。皇帝把降表交给粘罕，粘罕接过来，双方作揖后，进入斋宫。皇帝的马在前，两位元帅的马在后，之后是随从。

到了香案前，皇帝下马立在案前。粘罕把降表交给手下，请他们将表文读一遍，皇帝向北拜了四拜，表示臣服。

跟随皇帝的人都唏嘘不已。一位叫作王嗣的随驾人员观察到，此刻天上竟然下起雪来。其实雪已经下了很多天，从汴京城还没失陷时起，就已经大雪纷飞，现在下雪并不奇怪。但是，皇帝北拜时，雪只是在青城下了，在汴京城内则没有下，宋人给这雪也赋予了象征意义。

拜完，双方各自道谢。到了中午时分，他们在斋宫相见，双方按照中国人的习惯推让着主客位，最后，皇帝坐了主位，两位元帅坐在了客位。

三巡酒过后，他们开始了正式交谈。元帅在谈话中主要谈到了太上皇，接着是皇帝，以及金军出兵的缘由。谈完话之后，皇帝将从府库中带出的金帛送给两位元帅。粘罕看到这个举动笑了，表示他们邀请皇帝是来谈大事，这种小

---

① 《大金吊伐录校补》第一三〇篇。

事就算了，更何况，城打下来了，从理论上，所有的东西都已经是金军的。他叫皇帝将带来的东西分给金军将士就可以了。

在谈话过程中，对方以粘罕为主，斡离不只是象征性地点点头而已。这也可以看出来，战争与议和的主导方是粘罕。

金人所谓的大事，其实就是投降。既然投降仪式已经结束，接下来，就是要把北宋皇帝的降表送往遥远的北方，请大金皇帝定夺，该采取什么样的措施。所以，接下来会有一段较长的等待时间。谈话之后，粘罕表示天已经不早了，不应该让城内久等，他们送皇帝上马离开。[①]一切都显得彬彬有礼。

在皇帝举行投降仪式时，城内的官吏和百姓又已经在南薰门内集合，他们摩肩接踵，比起前两天人数更加多了。从南薰门直到宣化门，道路的两侧都布满了香案，由于化雪，路上泥泞不堪，但为了通御车，人们专门拉来了新土，迅速将路铺平了。

皇帝投降完毕归来，刚到城门外，就有人认出了他的黄伞盖，市民欢呼沸腾，将消息传遍全城，山呼之声感天动地。见到皇帝后，许多人激动不已，涕泗横流。马车上的皇帝也哭了，到了州桥，手帕已经湿漉漉容不下更多眼泪，连话都说不出。郑建雄、张叔夜拉住马号啕大哭，皇帝也揽辔而泣。到了宣德门，皇帝才平定情绪，说道："我以为再也见不到万民了！"他的讲话引起了另一波悲怆的哭声。

皇帝进了内城，外面的人群才逐渐散去，在首都的街坊里巷都在传说着皇帝的情况，人们高兴得如同获得了新生，处处都在烧香拜佛谢天谢地。[②]

第二天（十二月初三），皇帝下诏命令文武百官、僧道父老到金军营前致谢。人们走到了南薰门，请求金人批准出城。金国元帅却表示谢谢人民的好意，但军中不便逗留，心意领了，人不必来。

人们庆幸皇帝的归来，以为一切都结束了。但他们不知道，这只是事情的开始而已。与皇帝一同归来的，还有几位金人，为首的就是曾经的使节萧庆，

---

① 根据《靖康纪闻》《避戎夜话》等。
② 参考《靖康纪闻》。

他们常驻尚书省。这是北宋在行政上丧失自主权的起始。

就在人们去金军营地道谢被阻的那一天，金人还给皇帝写了一封信，要求将在河北的康王召回。皇帝于是派遣曹辅去找康王，[①] 私下里，他和太上皇谈话时，还谈到金人表示想另立贤君，康王是合适的人选。康王的母亲韦妃恰好在，连忙表示这只是金人的计策而已。

那么，为什么不管是金人，还是北宋皇帝，都对远在河北的康王如此重视呢？

康王避难

就在汴京还没有陷落的闰十一月二十二，远在相州的康王突然迎来了一位特殊的客人。这位客人名叫秦仔，声称官位阁门祗候，是从汴京来的。见到康王后，秦仔从顶发中掏出一块黄绢，康王认出这是宋钦宗的御笔。黄绢上的字是：

> 檄书到日，康王充兵马大元帅，陈遘充兵马元帅，宗泽、汪伯彦副元帅，速领兵入卫王室，应辟官行事，并从便宜。[②]

康王看后哽咽不已，向着朝廷方向跪拜，让在场的人嘘唏不止。

事后，人们根据这一幕创造了不少传说。比如，有人记载，康王在当天曾经和臣僚谈起过他的一个梦，在梦中，他的兄长宋钦宗脱掉了御袍披在了他的身上。他刚说完，秦仔就来到了。这个梦加上宋钦宗的诏书，赋予康王以合法性，让他继宋钦宗之后成为皇帝。[③]

事实上，宋钦宗派出的四个人都带着书信前往相州，以免有的人到达不了。他这么做，采纳的是侍御史胡唐老的意见。胡唐老认为，在宋徽宗所有的儿子中，除了被金人上次掳走的肃王之外，其余的都在京城。只有康王如同上承天

[①] 参考《靖康纪闻》。
[②] 《续资治通鉴长编拾补》，这里的引文是简版，另《三朝北盟会编》载有全文。
[③] 参考《续宋编年资治通鉴》。

意一般恰好身在相州。他本来是去出使金国的，却被人民阻挡而没有去成，流落在相州。现在，康王几乎成了朝廷唯一的希望。皇帝应该拜康王为兵马大元帅，号召全国勤王，解救危局。

按照规定，宋朝的宗室不得过度参与军事，拜康王为大元帅已经触犯了这个禁忌。宋钦宗和大臣们犹豫不决，有人表示授予元帅都困难，何况还要加上"大"字。胡唐老力争说，局势都这样了，还这么珍惜"大"字干什么！宋钦宗这才写信给康王，拜他为大元帅。

十二月初一，当皇帝正在前往金军营地的路上时，康王在相州设立元帅府，成了全国抗金中心。①

此时的康王是宋徽宗诸子中唯一一个没有在汴京的亲王，所处的地理位置，又恰好在金人即将吞并的河北地区。他的出现，打乱了金人的军事部署，因此，金人在解决完汴京问题后，必然要打败康王，才能算彻底征服了北宋朝廷。

皇帝正是应金人的命令，才派曹辅去相州找康王，叫他回汴京。

幸运的是，曹辅到了相州，康王却已经离开了。曹辅只好回汴京报告说没有找到。那么，康王到底去了哪儿？

原来，十二月十四，康王已经从相州到了北宋的北京大名府。大名府从距离上离汴京更远，但它与相州之间隔着黄河。北宋末年由于黄河改道，大名府已经到了黄河以南，与汴京之间没有大的水流隔开，是更好的勤王基地。加之冬天黄河结了冰，康王能够顺利渡过黄河。

投降之后，皇帝与康王的联系也没有中断。金人知道北宋皇帝喜欢把密信写在黄绢上，再装到蜡丸里，每一次使节出去，金人都会仔细地搜寻蜡丸。但皇帝又发明了新的方法，将文字用白矾水写在使节的袖子上，到了地方，用特制的水浸泡一下，就能够显影了。宋钦宗利用科技手段，躲过了金人的检查。

但宋朝的事情往往是有幸运就有不幸，不幸的是，康王的身边也有主战派与主和派。主战派以副元帅宗泽为首，主和派的首领叫作汪伯彦。

宗泽主张尽早解汴京之围，向更南方的开德府（即澶州，现河南省濮阳市）

---

① 参考《续资治通鉴长编拾补》。

进攻；而汪伯彦则认为不管是开德府还是大名府，都距离前线太近太危险，作为大元帅应该找一个安全的地方待着，他主张前往更东面的东平府（郓州，现山东省东平县）。康王咨询大臣的意见，众人大都赞同安全选项。于是，十二月十九，康王又从大名府离开，去东平府避难了。①

在金军控制汴京的时间里，这位天下兵马大元帅一直如同一盏明灯，寄托着大宋的最后希望，只要他还没有被抓住，人们就觉得大宋江山还有指望。但他又只是一盏灯，怎么也无法变成熊熊烈火，没有起到应有的作用，眼睁睁看着金军继续在汴京城横行无忌。

除了康王之外，其余的勤王队伍也不顺利。在汴京还没有被攻陷时，南道和西道也准备救援，范致虚与西道总管王襄、陕西制置使钱盖，率领十万人马驰援。到了颍昌时，听说汴京失陷，王襄和钱盖就回去了。

范致虚不想回去，就与西道副总管孙昭远、环庆路统帅王似、熙河路统帅王倚，率领二十万大军浩浩荡荡前来。他们分成水陆两军首先向西京河南府（洛阳）杀来。但范致虚本人不知兵法，他过于信任一位叫作赵宗印的和尚，这位和尚大言炎炎，其实也不会打仗。军队出了武关，到了邓州的千秋镇，突然遇到了金军洛索的部队，金军一冲，大军立刻溃散，死伤大半。王似、王倚、孙昭远只好率军回到了陕西，范致虚收拾残兵去往潼关。② 这支勤王军队从驰援变成了防守，以不让金军进入陕西为目标了。

索求不已

在首都汴京，与金军的交涉仍然在继续。皇帝出城到底与金军达成了什么协议，除了递降表之外，还干了什么，这件事一直是个疑问。

比如，既然打败了，肯定要犒军，上一次汴京保卫战，皇帝与斡离不协商的数字是五十万锭金、一百万锭银，换算成两则是五百万两金、五千万两银。

---

① 参考《续资治通鉴长编拾补》。

② 参考《续资治通鉴》。

那么这一次金军动用了两路大军，到底需要支付多少战争赔款呢？

与上一次皇帝早早地宣布了赔偿数额不同，这一次，赔偿数额却只在少数人中流传，平民百姓一直被蒙在鼓里达一个月之久。为什么会出现这样的情况？答案只有一个：赔偿数额实在太庞大了。

十二月初三，金军的索赔文书到了。根据文书，皇帝答应的数字是：金一千万锭、银二千万锭，折合成两，则是一亿两金、十亿两银，同时还需要绢帛一千万匹。① 与上一次相比，金银的数字增长了二十倍，即便上一次，最后也无法凑够，那么增加之后的数字更是无法完成的。

但皇帝不得不做出姿态，开始向百姓筹款。当然，首先需要做出姿态的是皇族和大臣，于是，皇帝要求大臣将家里的金帛都拿出来，诸王、内侍、帝姬也都按照这个要求来做。

为了更快速地获得金银，皇帝还下令开设一个购买金银的机构，用钱钞从民间购买金银。很快，金价涨到了五万枚铜钱一两，银价涨到了三千五百枚铜钱一两。② 北宋的金银价格与铜钱的兑换比例是长期稳定的，金大约是一万枚铜钱一两，银为一千枚铜钱一两，此刻已经翻了好几倍。

为了加快搜集金银的速度，朝廷在原有开封府尹徐秉哲的基础上，又任命了另一位兼领府尹王时雍，让他与徐秉哲一起搜刮金银，并由御史监督数目。③ 从这时开始，开封府突然成了一个重要的机构，金人提出的要求大都由这个衙门完成。事后，人们会看到，虽然打仗不行，但在执行命令上，开封府却是一个如此高效的机构，在它的帮助下，金军可以将首都的最后一滴血榨出来。

十二月初四，为了更精确地了解汴京到底有多少财富，金军驻扎在城内的代表开始检视府库，调查账目，以确定开封城到底能够提供多少物资。与此同时，开封府尹贴出文告，要求富豪之家必须将所有金帛上缴。④

---

① 参考《续资治通鉴长编拾补》与《续资治通鉴》。
② 参考《续资治通鉴》。
③ 参考《续资治通鉴长编拾补》。
④ 参考《靖康要录》。

十二月初五，金人的索求继续加码。这一天又提出了三个新要求：第一，向金军供应一万匹马；[1]第二，开始交割河北和山西地区；[2]第三，出征将士面对的最复杂问题是性需求问题，要求皇帝提供一千五百名少女劳军。[3]

为了凑够马匹数目，开封府贴出文告，要求御马和民间马匹都必须交出，否则全家受军法惩戒。文告鼓励人们互相告发，告发者可以获得三千贯钱，官员中，执政、侍从、卿、监、郎官都只准留一匹马，其余交出。这项命令让开封府一共凑了七千多匹马，虽然不足万匹，但也基本上完成了任务。只是从此以后，士大夫都只能骑驴、乘轿、徒步，骑马的人基本没有了。[4]

关于交割问题，皇帝也服从了，他派遣陈过庭、刘韐、折彦质三人，分别前往河北和山西进行交割。[5]除了金人已经攻克的，北宋手中还有四十个州左右在河北与山西地区，仅仅依靠此三人很难快速完成交割。为此，皇帝又让吏部选择了文武官员各二十人，随金军前往河北和山西地区交割，这四十人又由陈过庭等人进行统筹。[6]

金人索要的少女，史书记载语焉不详，但可能有很大一部分出自宫中的低级女侍（宫嫔），许多宫嫔不肯出宫，四处躲藏，实在躲不过宁肯跳水自杀。[7]

好不容易把十二月初五过完，初六又来到了。这一天，金人又提出了新的要求：将所有兵器上缴。[8]在首都失陷时，由于溃兵们将兵器到处丢，许多都被百姓捡走了。[9]于是，勤快的开封府又发出了新的文书，要求百姓将武器都交出来，一并运送出城。运送武器的工作持续了好几天，才全交给了金军。[10]

---

[1] 参考《瓮中人语》。
[2] 参考《宋史·钦宗纪》。
[3] 参考《续宋编年资治通鉴》。
[4] 参考《三朝北盟会编》引《泣血录》。
[5] 参考《宋史·钦宗纪》。
[6] 参考《靖康要录》。
[7] 参考《续宋编年资治通鉴》。
[8] 参考《瓮中人语》。
[9] 参考《靖康纪闻》。
[10] 参考《三朝北盟会编》。

到这时，金军的意图已经很明显了，宋军失去了马匹和武器，就再也没有了抵抗的能力，除了任人宰割，不会再有其他的结局。

彻底解除了首都的抵抗之后，金军还有两个问题没有解决：第一是战争赔款，北宋朝廷一直在加速筹集，但仍然没有完成；第二是河北、山西地区的交割，陈过庭已经于十二月初七出发，但其余每个城的使节还没有出发，要完成交割也并不是那么简单。[1]以上次的经验来看，不管有没有圣旨，守将往往会拒绝交割，继续坚守。而金军也不可能长期驻扎在开封城外，毕竟几十万大军的粮草迟早会出现短缺，到时如果没有完成交割，就可能在回程遭受打击。

为此，金军又想了一个新的办法。经过检点，河北、山西地区仍然控制在北宋手中的还有四十五个州，这四十五个州各有守将，如果将守将的家属控制住，对方就不敢反抗了。

十二月初九，金军提出要求，北宋政府必须将河北、山西守臣、监司的家属交出，由金军带着前往各城池做人质。只有守臣完成交割，才可以将家属领回。除了守臣的家属之外，金军还索要二十几位奸臣的家属，这些奸臣包括蔡京、童贯、王黼等人。已经投降金军的张孝纯、蔡靖、李嗣本家属也在索要之列，为的是将他们送往北方与降将们团聚。再加上主战派或者曾经参加过战斗的李纲、吴敏、徐处仁、陈遘、刘韐、折可求、折彦质等人的家属。[2]其实早在上个月的二十八，金军就对北宋使臣们提过这些要求，只是到现在，才正式以命令的形式发到城内。[3]

这个命令并没有得到很好的执行。原因可能是多方面的。比如，许多人的家属可能并不在本地。但开封府还是按照金人的要求将在京的家属（能找到的）都招到了开封府的院内。十二月十二，这些人开始集结于开封府。由于手续的关系，这些人被弃置在院子里多日，官员们急着把他们招来，却并没有做好招待的准备，连饭都不管，随处安置。家属们在饥寒交迫中呼号着，这让外面听

---

[1] 参考《靖康纪闻》。
[2] 《靖康纪闻》，名单根据《三朝北盟会编》有补充。
[3] 《南征录汇》引《行营随笔》。

说了他们遭遇的人们更加愤怒。他们本来是国家的功臣家庭，却由于皇帝的无能，成了金人的抵押品。不仅这样，就连在北宋也受不到应有的尊重。

但这件事一直被拖下去了，直到第二年二月初仍然还没有结束。

除了交割之外，最麻烦的就是金人索要的金一千万锭、银二千万锭、绢帛一千万匹。其中绢是最容易满足的，因为金人在核查库房时，已经知道皇帝的库房中有一千四百万匹绢，索要一千万匹，皇帝是出得起的。[①] 从十二月十三开始[②]，皇帝下令，军民将内藏的元丰库、左藏库、大观库所有的绢帛都搬出来，送到南薰门，移交给金军。[③]

十二月十五，大规模搬迁继续。[④] 开封府的组织工作不错，原本保家卫国的军队和民兵都当起了搬运工，负责打仗的三衙（殿前都指挥使司、侍卫亲马军都指挥使司、侍卫亲军步军都指挥司）专门派人监督搬运，还用旗帜区分各个队，防止放错了地方。就这样，一天才搬了十万匹（百分之一）。

十二月十六、十七，搬运继续。金军对绢的质量检查得也格外严格，轻的、旧的，一概用墨水标记，拿回退还。现在浙江的丝织品全国闻名，但在金人看来，浙江的绢由于过于轻，反而不适应北方的需要，他们将浙绢退回，要求更换成重的。据说，两位元帅还为此生了气，责怪北宋不认真。

十二月二十，还没有交割完毕，金人已经非常不耐烦，打骂交割使臣的事情时有发生，许多人不愿意参与交割工作，推不开的，只好带一些大蒜、砂糖、刺绣、花藤做礼物，和金人搞好关系，求他们高抬贵手。到了第二年，即金天会五年（公元 1127 年）正月初二，绢这一项才算交割完毕。[⑤]

除了绢之外，金人的要求中还有很多小项目，比如书籍。金天会四年（公

[①] 《大金吊伐录校补》第一二八篇。
[②] 这一天（十三），金人还要求将属于河东（也在黄河以北，但传统上比较独立）的蒲州、解州都割让给金国，皇帝同意了。见《瓮中人语》。
[③] 根据《三朝北盟会编》。
[④] 参考《靖康纪闻》。
[⑤] 参考《靖康纪闻》。

第三部　汴京失陷　251

元 1126 年）十二月二十五^①，元帅府发出命令，要求宋朝提供国子监的书籍，以及汉文的藏经。金人的品位还不低，指名要苏轼、黄庭坚等人的文集，以及《资治通鉴》，却将王安石及其同党的学说全部抛弃。^②

这件事又交给了开封府，皇帝的意思是，尽量满足金人的好学之请，不过国子监的书并不全，有一部分必须外购。皇帝要求，去书店买书必须付钱，可是开封府执行时，只是派人将书店的书搜走了事。^③

文化产品除了书籍，还有各种古玩，于是，十二月二十八又轮到古玩遭殃了，北宋的皇家器皿都登记在《秘书录》里，金人得到了这本册子，按图索骥，要求皇帝提供册子里的古玩。

绢、书、古玩等交割虽然麻烦，却还可以执行，到了金银的交割程序，执行就比较困难了。

十二月十一，由于金银筹集速度太慢，皇帝又下了诏书，表示金人不烧杀抢掠已经是恩赐，要求全城的公私、权贵、豪富都将金银交出来，即便皇后的金银也不能留。踊跃缴纳的可以授官，抗拒的严惩。^④

十二月十二，根据皇帝的圣旨，开封府出台了具体的办法。表示准许百姓告密，告密者可以获得百分之三十的奖励。其中不乏见风使舵者，一位叫作陈行的人立刻前往开封府，将自己经营的和乐楼内的金银捐了出来，他果然得了官职。

十二月十三，开封府四处出击，大街上要么是各种吆五喝六的办事员，要么是被抓的嫌犯。就连宋徽宗的郑皇后宅子也被查出来隐匿金银，皇后父亲和祖父的封赏被追夺。^⑤ 当天，金人还来要走了五十个酒匠和三千瓶酒，开封府也一一满足了他们的要求。

---

① 《瓮中人语》记为十二月二十五，《靖康纪闻》记为十二月二十三，《三朝北盟会编》记为十二月二十六。
② 参考《靖康要录》。
③ 参考《靖康纪闻》。
④ 参考《靖康纪闻》。
⑤ 参考《靖康纪闻》。

十二月十四，开封府开始挨家挨户入户搜查，特别是那些金银铺子，有时一个铺子就能搜出成千上万两的黄金。市民也逐渐踊跃缴纳黄金。

十二月十九，御史台、大理寺和开封府联动机制已经运行得纯熟。用现代的话语来说，就是行政、司法和监察权联动。在西方讲究行政与司法的分离，互相制约，但中国政府做大事时，总是以行政为主导，让司法和监察都予以配合，所以，一旦做事，都是行政、司法、监察联席的。这一次行政司法联动的打击面很大，按照惯例，打击一般是针对老百姓的，但这一次，贵戚、权贵家族，即便官至承宣、留后，妇人中封爵至恭人、夫人，只要不缴金银，也一并戴上枷锁带走，毫不留情。①

为了表示人们的金银不是白缴纳的，皇帝会装模作样发给人们一些纸钞，算是买卖不是抢夺。每一两黄金，皇帝会给茶钞或者盐钞三万二千，一两银子给两千二百。

由于宋朝的各级政府也可以参与经济活动，各地政府也在京城设有类似于驻京办的机构，不过当时的驻京办只负责买卖土特产。这些机构好不容易到京城赚了点钱，现在也必须全都交出。皇帝赐给大臣的金带，也全部收回。

就在皇帝命令开封府开足马力催促人们上缴黄金时，金人也在观察到底能够从汴京获得多少金银。由于绢的数目是入账的，所以一目了然，既然账上有一千四百万匹绢，金人索要一千万北宋是拿得出的，所以绢的事情好办。但金银藏在民间，数目是未知的，所以金人才会直接提出金一千万锭、银两千万锭的要求。

随着事情的发展，金人已经对金银的数量有了了解，认定整个北宋都不可能有这么多黄金了。于是他们修改了数目。十二月二十四，元帅们通过信件向汴京城发来了新的命令，这封信最重要的目的是催促人们赶快完成任务，而在金银的数量上，也从最初的要求大大降低了。他们的新要求是金一百万锭、银五百万锭，②金的数量是最初提出的十分之一，银是四分之一。

如果与不到一年前的第一次围城战进行比较，可以看出，金是上一次赔偿

---

① 参考《靖康纪闻》。
② 《大金吊伐录校补》第一二八篇。

（五十万）的两倍，银（一百万）是五倍。

上一次要求的金银换算成两，则是金五百万两、银五千万两，最终皇帝东拼西凑，交给金军的只是金五十一万七千余两、银一千四百三十万二千余两，再加上皇帝的各种珍玩。

而这一次要求的赔偿数目比上次还多，从这个角度看，即便修改之后的数目还是没有办法完成的。

金人的这个举动可以有两种解释，一是可视为一种友好的表示；二是为了不让宋人过于绝望，让他们感到能够完成任务，从而加快交割速度。

不管怎样，在催促之后，金银的交割工作果然加快了速度。十二月三十，在绢还没有完全到位时，首批金银的搬运工作起步了。在南薰门的大道上，搬运工络绎不绝，整座城市骚动起来，人们望着如山的宝物感慨叹息。

靖康二年（公元1127年）正月初二，随着运绢的结束，人们将金银搬到城门口。正月初三，金人开始检验金银的成色，不合格的退回，开封府又把不合格的金银运回去，重新熔铸。城中的百姓喜欢看热闹，跟着搬运人员来回地跑，人数甚至达到了上千。在城门上的金军一看上千人跑来，以为出了大事，连忙拔出刀剑准备迎战，后来才弄清楚状况。①

伴随着第一次交割而来的，是开封府的第二轮催逼。直到正月初九，开封府仍然想尽办法从官员和民间压榨出更多的金银。他们按照官阶大小制定了一个名单，宰执以下每个官员都有指标，如果官员上缴数量和指标相差太多，就立刻捉拿敲打一番，直到对方愿意缴纳更多的金银为止。在金银面前，所有的官员都丧失了尊严，他们的生命甚至抵不上一两黄金。

但就在这时，事情却又起了变化。

两位元帅对皇帝仍然保持着表面的友好，开封府干得热火朝天，皇帝也以为只要尽量满足金军的需求，就能维持和平，保住赵宋的半壁江山。

一场更大的变局却已经在酝酿之中……

---

① 参考《靖康纪闻》。

第四部
靖康之难

第十四章
惊天之变

永离龙庭

靖康二年（公元1127年）正月初一，原是汴京城最热闹的时候。在以往的春节，开封府允许全城狂欢三天（关扑），官民从早上开始串门庆贺，街上摆满了食物、果实、礼物等，人们唱歌跳舞游戏，度过一年的开端。

在一些特殊的商业地段（马行、潘楼街、州东宋门外、州西梁门外、州北封丘门外、州南），都扎着彩色的棚子，里面铺陈着各种喜庆的商品（冠梳、珠翠、头面、衣着、花朵、领抹、靴鞋、玩好），加上歌舞表演，显得热闹非凡。晚间人们聚赌、游戏、宴会，就连妇女都盛装参加。即便贫民，也都穿上干净衣服把酒言欢。

在皇帝的宫廷里还要举办正旦大朝会，皇帝坐在大庆殿里，选四个高个子士兵站在殿角，号称"镇殿将军"。各国的使节们都来到大殿庆贺，百官、读书人也都参加，全国各地的地方政府也会派人来供奉礼物。[1]

但这一年，人们却没有太多心思庆祝。皇帝只是简单地出行，去了太上皇所在的延福宫行礼拜谒。[2] 然后，皇帝派人前往金军营地贺岁。与此同时，金国的两位元帅也没有闲着。他们首先派了二十一人到大相国寺烧香敬佛。实际上，这些人在四天前的十二月二十七也到大相国寺拜过佛。[3]

另外，金人派遣了真珠大王以及另外八个人前来贺岁。[4] 北宋派往金军营地

---

[1] 参考《东京梦华录》。
[2] 参考《续资治通鉴长编拾补》。
[3] 参考《靖康纪闻》。
[4] 参考《三朝北盟会编》。

的是礼部侍郎谭世勣，但金人以官小为由拒绝了，朝廷只好又派遣济王、景王前去，这才被接纳。

除了官方的道贺之外，百官、僧道等也来到了南薰门外，请求向两位元帅致谢。但元帅们表示心领，就请他们回去了。①

金人对于汉人习俗的痴迷，也令人颇为意外。比如，汉人文化中，正月最热闹的还不是春节，而是元宵节。从冬至开始，开封府就负责在大内外的宣德楼对面扎下了彩棚，商人们占据了御街两廊。玩杂技的、变戏法的、卖东西的、玩猴戏的，应有尽有，热闹如同大集。正月初七，人们开始张灯结彩，等待正月十五要大闹五天。这是一年里节日的高潮时刻，整个汴京也成了不夜城。②

金人对于汉人的灯俗非常感兴趣，到了初九就要求北宋将彩灯列入贡品。开封府总是能把事情做得好上加好，一接到命令，立刻把景龙门外的灯全都搬走，送给金人。金灯、琉璃、翠羽、飞仙之类应有尽有。金人感觉还不过瘾，于是开封府又将京城内道观、佛寺和店铺的灯都搜罗走了。③

金人用这些灯将大营装扮一新，在正月十四时，甚至专门允许城里的人上到城墙上观看。④由于城墙已经被金军占领，平常是不允许人们上去的。

从贺岁到要灯，看上去似乎金人的情绪已经缓和，他们对宋文化充满了好感，一旦获得了黄河以北的领土和战争赔偿，就会离开。

但就在人们逐渐放心下来时，正月初八这一天，金人又提出来，让皇帝再出城一趟。这次出城的目的是给金国皇帝加徽号。

这件事发生得有些突然，其实最初是宋钦宗先派遣何㮚与李若水于正月初七这一天访问金军营地。⑤皇帝的目的是乘着金人松动，再请求他们减免一些金银。金人没有答应，却邀请皇帝亲自前来。⑥元帅们表示，农时临近，他们也快

---

① 参考《靖康纪闻》。
② 参考《东京梦华录》。
③ 综合《靖康纪闻》与《靖康要录》。《靖康纪闻》记为正月十二。
④ 参考《瓮中人语》。
⑤ 参考《靖康纪闻》。
⑥ 参考《瓮中人语》。

要撤走了，希望皇帝去给金国皇帝加个尊号。北宋使者把消息带回来，他们觉得也没有什么大不了的，李若水甚至认为，如果皇帝亲自前去要求减免一部分赔偿，对方是有可能答应的。①

与北宋使者一块儿来的金国使者却说皇帝不去也行，比如，一个叫作高尚书的金使就表示，皇帝如果不想去，叫亲王和最高大臣同去也可以。

到底要不要出去，宋钦宗也犹豫不决。②

当天，太上皇、太上皇后也来看皇帝，一家人其乐融融。宋钦宗突然大发感慨，认为作为皇帝不能只想着自己享乐，如果能够替百姓减少一点灾难，就不要吝惜自己的身体。他决定亲自前往金军营地。③既然出过一次城，再出一次又何妨？

正月初十清晨，皇帝的车驾出现在了南薰门。这次出行极为低调，甚至许多内侍都不知道他的离开。虽然低调，但皇帝在出城之前还是做了准备，他因筹办金银数量不足，将开封府尹、少尹各降三级，算是给金人一个交代。他还携带了一部分金银同行，表现出充分的诚意。

另外，他任命枢密使孙傅为留守兼太子少傅、礼部侍郎谢克家兼太子宾客、户部尚书梅执礼担任副留守，并让皇太子监国。他秘密嘱咐孙傅，万一有事，孙傅就辅佐太子掌管全局工作。④与皇帝同行的则包括了何㮮与李若水等人。

虽然皇帝是秘密出发，但还是有百姓得到了消息，他们在城门口等待，攀住了皇帝的车，请求他留下，以防金人的阴谋。护卫皇帝的是范琼，他请求百姓放手，表示皇帝当天去，当天就能回。之所以必须去，也是为百姓的性命考虑。

仍然有人不肯放手，范琼持剑斩断了攀车人的手指，杀掉了几人，皇帝才得以出发。⑤

认为皇帝不应该出城的还有张叔夜。直到最后，张叔夜都拉住马苦苦哀求，

---

① 参考《靖康要录》。
② 参考《续资治通鉴长编拾补》。
③ 《三朝北盟会编》引《宣和录》。
④ 《三朝北盟会编》引《靖康遗录》，以及《续资治通鉴长编拾补》。
⑤ 参考《续宋编年资治通鉴》。

放声痛哭，引得周围哭声一片。但皇帝去意已决，回头用张叔夜的字来称呼他，并说：嵇仲努力！①

城门外，金军列队等待，他们见皇帝的卫兵太多，请一位叫作王球的人带回了七百三十四名侍卫。②

皇帝去了粘罕的营寨青城之后，人们继续在城门口等待，但到了晚间车驾没有回来。这和第一次皇帝出城的情况类似。那一次，皇帝离开后当天也没有赶回来，而是在第三天才回到城内。这一次，皇帝也让一位叫作王孝杰的人带回来一封信，表示金军首脑还没有到齐，必须等来日议事，所以只能第二天回来了。③

第二天（正月十一），人们再次来到城门口等待皇帝的归来。但到了中午时分，有人带回消息，金人因为移交的金银太少，将皇帝扣留了。只有城内拿出更多的金银，才能赎回皇帝。

借着这个事儿，开封府请求人们踊跃上缴金银，好让皇帝快快回宫。

不过，到了傍晚，又有消息传来，说粘罕等人留下皇帝只为金银，最快明天就能回来。

就这样，人们一天天带着希望等待，到了晚间又陷入失望。他们事后才知道，在金军内部，对于事情的判断已经有了变化，所以，皇帝第一次出城和第二次出城面临的形势已经完全不同了。

在第一次车驾出城时，金人觊觎的无非就是河北和山西的土地，以及充足的犒军钱。他们以为这两样东西都不难得到，只要北宋皇帝一声令下就可以了。

但经过一个月，两个目标都没有达成，北宋社会反而向着颓败分裂方向滑去，就连皇帝的命令都无法执行。于是，金人有了三方面的顾虑：第一，无法完成土地交割；第二，无法获得足够的金银安抚军队；第三，北宋的社会乱套，让金军失去对京城的控制。

---

① 参考《宋史纪事本末》。
② 参考《瓮中人语》。
③ 参考《靖康纪闻》。

关于土地交割，虽然早在十二月初，宋钦宗就派遣陈过庭、刘韐、折彦质三人分别前往河北、山西进行交割。但事实上，直到十二月十八，陈过庭等人才真正出发，之前他们虽然先到了两位元帅的大营，却由于元帅们的想法太多，迟迟没有出发。①

金人原本想让北宋朝廷将各位北方城市守将的家属都交出来，再带着家属一起去交割，只要守将肯交出城池，就把家属还给他们。皇帝同意了，开封府也迅速去部署，却由于找不够人而屡屡耽搁，加上当时最要紧的事务是筹集金银，找人的事情直到下一年还没有完成。在这种情况下，金人只好让陈过庭等人匆匆上路去碰运气。

可运气并不好碰。以在深州的交割为例，宋朝派往深州的交割使是欧阳珣，他本来应该帮助金军劝说城内放下武器，但到了城下，欧阳珣反而大喊："朝廷被奸臣所误，我来就是为了死在这儿，你们都要尽忠报国！"金军将欧阳珣带到燕京烧死，但这并不能帮助他们得到深州。一个多月过去了，金军只得到了石州一个州。②

河北的交割之所以麻烦，还因为有一个康王。金人已经屡次三番地要求皇帝将康王召回。即便康王性格并不适合解救朝廷的灾难，但只要他还在河北地区活动，就具有巨大的号召力，让河北守将们不肯放弃抵抗。

在金人的要求下，皇帝曾经派曹辅去相州找康王，却没有找到。到了新一年的正月初二，金人再次迫使皇帝派遣中书舍人张澂前去寻找康王，把他叫回来。就连皇帝的诏书，金人都亲自改了好几遍。③ 为了防止皇帝与康王串谋，金人还派人与张澂一起出发。

但不巧的是，金人这一次又收到了错误的情报。当时宗泽在开德府抵抗金军，为了鼓舞士气，他拉起了大旗，表示康王在开德府。这个消息传到了汴京，于是金人让张澂前往开德府寻找。

---

① 参考《靖康纪闻》。
② 参考《续资治通鉴》。
③ 参考《续资治通鉴长编拾补》。

事实上，胆小的康王并不在开德府，而是逃到了更加安全的东平府躲藏了起来。张澂和监视他的金人来到了开德府城下，城上的士兵告诉他们，康王不在这里，至于在什么地方，他们也不知道。张澂只好和随从返回汴京复命。①

找不到康王，河北地区交接便无法完成，金人的不满日增。

至于另一个问题——金银的交割也不顺利。北宋用了半个多月才完成了绢的交割，至于金银，连收都只收上来一小部分，到底什么时候才能交割完毕，更是一个未知数。金人只好加强了对皇帝的逼迫，以纵兵掳掠相威胁，让他加快速度。

更麻烦的是，随着金人加强了对皇帝的逼迫，首都的反抗情绪越来越强烈。皇帝第一次从金军营地归来后，金军、皇室、人民进入了一个短暂的蜜月期，金军没有掳掠，城市也还完整，同时皇帝答应了金军的一切要求。但到了执行时，三方都经历了巨大的不安与痛苦。金人的痛苦在于土地与金银交割的遥遥无期，人民的痛苦在于皇帝的苦苦相逼，而皇帝最为痛苦——金军在压迫，人民在反抗。

当皇帝催缴金银过重时，人民暗地里就用行动来对付他。十二月十五，官方最重要的几个衙门发生了火灾，大火从尚书省爆发，火势迟迟得不到控制，波及了祠部、吏部和刑部。为了平息火灾，人们把尚书省的牌子都拆下来投入火里，这才"镇"住了大火。②

到底这场火灾如何爆发，已经无从知晓。但考虑到当时的形势，最有可能的情况，还是心怀不满的人民放了一把火。

火灾的阴影并没有散去，到了十二月二十五③，又一起火灾烧毁了开宝寺、天宁寺，并波及了周围五百家民宅。这一次大火可能与金军的催缴文书有关。在一天前，金人向汴京城发信，将赔偿金定为金一百万锭、银五百万锭。金人以为大幅减少赔偿金，已经算是对北宋的恩赐。但人民的感受却恰恰相反，在之前，皇帝并没有将数额公之于众，这是人民第一次知道赔偿金额。他们被庞

---

① 参考《三朝北盟会编》。
② 参考《三朝北盟会编》。《瓮中人语》记为十二月十四，恐误。
③ 根据《三朝北盟会编》《靖康纪闻》。《瓮中人语》记为十二月二十四。

大的数额吓住了，从这时开始，北宋子民人心彻底散掉。虽然没有证据表明一天之后的开宝寺大火是人为放火，但很可能与此有直接关系。

为了挽回人心，皇帝也推出了不少举措。除了在金银方面加紧搜刮，坚决不松口之外，在其他方面皇帝却想表现得仁爱。比如，十二月二十二，天降大雪，厚达尺余，城内的柴火都用完了，皇帝担心人民受冻，下令将艮岳万岁山开放，人民可以进入园中砍伐树木御寒。其实开放艮岳的前一天，皇帝已经命令有计划拆毁一批政府房舍，将木柴交给人民，但这批房舍里的木材有限，只好把最美丽的皇家园林也开放了。

宋钦宗一声令下，人们纷纷入园，多时能达到上万人。当年宋徽宗从全国运来的珍奇树木就这样被当作柴火砍掉了。

不过，皇帝的好心却并没有换来回报。由于京城逐渐进入无政府状态，皇帝开放园区很难惠及普通民众，反而成了流氓豪强觊觎的对象。当人民砍伐了树木，准备运出时，都被有组织的军事和半军事团伙夺走了。

普通人不仅没有得到柴火，反而闹出了人命。十二月二十三，万岁山的"毁灭活动"达到了高潮。这一天，不仅万岁山的树木不留，就连宋徽宗精心设计的亭台楼阁也都尽数拆毁。由于没有纪律，许多人在房屋倒塌时没来得及逃出，就被砸死在里面，这样的死者有上百人之多。为了抢夺木柴，互相斗殴致死的也有数百人。尸体也没有被浪费，瞬间被刮成了白骨，肉都被拿去吃了。开封府最后不得不出面杀掉了为首的五个人，秩序才稍稍恢复了一点。

对万岁山的破坏持续到十二月二十九，直到什么都没有剩下，才告结束。一代盛景只存在了几年时间，就毁于一旦了。[①]

汴京城的混乱让金军更加担心，害怕无法实现之前制定的两个目标，这是他们决定扣留皇帝的直接原因。那么，皇帝在出城之后又遭遇了什么呢？

宋钦宗在正月初十出城，首先被带到了青城斋宫西庑的三间房子里，在这里，他被告知两位元帅没有到齐，请他暂时留下。分给他过夜的房间是斋宫端成殿的东庑。由于金人准备不足，皇帝甚至连卧具都没有，只能在土床上铺了

---

① 参考《靖康纪闻》。

戎席，将就着住下了。皇帝宿舍的周围用铁索与外界隔开。

就是在这里，宋钦宗感觉到了不祥的气氛，除了向汴京城军民发出诏书，表示办完事就回去之外，他还给大臣们发了一封秘密诏书，这封诏书直接要求王若冲、邵成章等人护卫皇太子到宣德门，将大事掌管起来，这就有了托孤的含义。皇帝还秘密要求阁门宣赞舍人符彬持着诏书到北道总管司（负责河北等地），要求地方将领各自保卫国家领土，不要受金人摆布。①

正月十一，皇帝继续被留在了青城，他做出安排，减少卫队，只留了三百人跟随自己，其余人都回城。陪伴他的大臣们也大都回到了城内，只留下了九位必须在场的官员，分别是郓王赵楷、宰相何㮙、执政冯澥、执政曹辅、翰林学士承旨吴开、吏部尚书莫俦、中书舍人孙觌、尚书礼部侍郎谭世勣和太常少卿汪藻。

从皇帝的安排来看，他已经做了最坏的准备。但这只是他的直觉，其实他还是指望能够回到城内的，没有人知道接下来会发生什么，就连两位金国元帅都不知道。

宋朝皇帝的投降书是正月初三传到位于东北地区的金国皇帝（太宗吴乞买）手中的。金太宗与群臣讨论，既然赵氏两位皇帝都这么言而无信，不如废黜他另立别人。初五，这个讨论还在进行之中，大臣知枢密院事刘彦宗上表，请求还是立赵氏当皇帝，可以换人，但不要换家族。这个提议被金太宗否决了。② 也就是说，直到正月初五，金国皇帝还没有发出信息，即便发出了，也不可能在短短的五天之内，就将诏书从东北传到汴京。所以，宋钦宗出城时，就连两位元帅也不确定是否要废黜宋钦宗，他们只是嫌宋朝做事慢，将皇帝扣押了，逼迫城内加快筹款速度。

两位元帅虽然不确定事态如何发展，但对宋钦宗的态度又有所区别，其中二太子斡离不是同情宋钦宗的，希望他继续当皇帝。但粘罕却更加老辣，他在给皇帝的信中的确提到了废黜赵氏皇帝，另立新君的意思。③ 所以，邀请宋钦宗

---

① 参考《续资治通鉴长编拾补》《靖康要录》。
② 参考《金史·太宗纪》。
③ 《南征录汇》引赵士先《龟鼐闲谈》。

出城，又可以看作是粘罕的预防性措施，一旦金太宗回信中有废黜赵氏的旨意，就可以立刻执行。

失控的首都

由于皇帝被扣押，汴京城内筹集金银的速度果然加快了。一方面，向城外搬送金银的人络绎不绝；另一方面，开封府再次加紧了搜刮，又增加了二十四位侍从郎官，加入了催缴大军。

出于人们对皇帝的感情，许多人是自愿缴纳的，比如，有贫民听说皇帝有难，自愿缴纳金二两、银七两，只要能够救回皇帝。①

对于不愿意缴纳的情况，开封府就只好采取强制措施，他们无非还是拿皇亲国戚、官员、内侍、僧道、技术、倡优等最可能有金银的人家做文章。在摊派过程中，家家户户必须都走一遍，不准有遗漏，搞得汴京城内鸡飞狗跳。开封府还专门列了一个可能藏有金银的人群的单子，这些人包括："御史台文武百官、亲王、公主、王时雍僧道技术放出宫，开封府戚里、医药人、百姓、老娘诸王彭端公吏，曾经只应优倡之家，及两军祗候，曾在行局祗应倡人入内，内侍杨戬贾蒙等下勾当使臣曹刚大宗正司宗室之家，曾遭遇輂宫，大小园子曾遭遇兵级东门司嫔妃等龙德宫大内黄院子卫尉寺幕士。"②

正月十四，按照之前的说法，皇帝最多离开五天就会回来。人们又早早地到城门口等待皇帝的归来，但没有等到皇帝回来，等到的只是两榜文书，一榜是开封府的限期文书，给定的最后期限是正月十五，另一榜是金军文书，表示如果金银不到位，就纵兵掠夺。

在平常年份里，正月十五是最热闹的一天，但这一年却过得冷冷清清。城内缺乏粮食饿得人吃人肉，灯也被金军拿走了，皇帝也不在城内，金军还威胁随时掠城。

---

① 参考《续资治通鉴长编拾补》。
② 引自《靖康纪闻》。

正月十五，皇帝来信，表示自己在金军营中住得很不错，帐幄、饮膳、炭火、什物一应俱全。事实上，当天晚上元帅们还请皇帝去刘家寺看灯，金人把从城内索要的花灯都挂在了刘家寺，寺内有两万多盏灯，还有歌舞表演。真珠大王设也马和宝山大王斜保亲自护送皇帝从青城到刘家寺。寺内一共有九桌酒席，堂上三席，堂下六席，坐满了金军的高官显贵。①虽然元帅们没有和皇帝搭话，但从邀请其入席这件事情上看，似乎不是坏迹象。

跟随皇帝的官员待遇也不错，金人对他们很礼貌。

可金银不到位，皇帝就是回不去。当时的官方舆论不能一味逼迫人们交出金银，就拐弯抹角采取了另外的说法，官方宣传机器不断强调人们应该感谢老天爷派来个圣君。这个圣君前往金军营地，是代大家受过，让汴京城免遭劫掠。圣君这么爱护大家牺牲自己，真是比宋仁宗都更加贤明。为了救这个圣君，大家也应该多出力（缴纳金银）。

不管官方怎么宣传，还是有人看不出宋钦宗哪一点像个圣君。著作郎胡处晦又写了一首《上元行》来讽刺圣君，大家纷纷传开：

上元愁云生九重，哀茄落日吹腥风。六龙驻跸在草莽，犨胡歌舞葡萄宫。抽钗脱钏到编户，竭泽枯鱼充宝赂。圣主忧民民更忧，胡子逆天天不怒。向来艰难传大宝，父老谈王似仁庙。元年二月城下盟，未睹名臣继嘉祐。都人哀痛尘再蒙，冠剑夹道趋群公。神龙合在九渊卧，安得屡辱蛟蛇中？朝廷中兴无柱石，薄物细故烦帝力。毛遂不得处囊中，远惭赵氏厮养卒。今日君王归不归，倾城回首欲悲啼。会看山呼声动地，万家香雾满天衣。胡儿胡儿莫耽乐，君不见夕月常亏东北角。②

戏谑归戏谑，但人们的担心还在加重。种种迹象表明，皇帝被扣留，并非仅仅因为金银那么简单。比如，正月十三，一位叫作王宗沔的官员随同金人入城，

---

① 《南征录汇》引李东贤《辛斋笔记》。

② 参考《靖康纪闻》。

第四部　靖康之难

边走边哭，让见到的人们都感到惊讶。① 据说，皇帝已经三天没有吃东西了。后来又传说王宗沔和金人是来"窥伺"帝姬的。宋徽宗曾经推行了新的制度，他的女儿不准叫"公主"，而改叫"帝姬"。金人窥伺帝姬，自然是要和亲。②

对于大部分农耕民族或者国家而言，和亲问题永远是最伤自尊的问题。被征服的国家或者民族可以将财富都交给征服者，可一旦女人或者女儿被征服者享用，都会被视为奇耻大辱。

但偏偏游牧民族习惯于在战场上抢夺女人，并把占有对方女人当作理所当然。而被征服者也不像其他民族那样哭天抢地，反而把女儿嫁给征服者当作一个延续血脉的机会。比如，辽国灭亡后，大量的辽国女人（甚至皇帝的妃子）都归了金人，也没有人认为有什么大不了的。即便后来的成吉思汗，也有自己老婆被别人抢走的经历。成吉思汗将老婆抢回时，老婆已经怀了孕，生下了术赤，成吉思汗毫不介意，仍然将术赤当作自己的长子。

金人与宋人在女性问题上的尖锐冲突，也让事情更加具有了悲剧色彩。

到了正月十六，金人与宋人的冲突加剧了。由于皇帝老是不回来，一些激进的年轻人开始自行其是。其中思想最极端的大都是京城的太学生。这些太学生集体来到宰执所在的都省，提议说大家都想给金人写封请愿书，请金人将皇帝送回来。

执政者一听这也是个办法，就答应了，让他们分头去写。但太学生们把请愿书都写好后，执政者却开始担心这个法子没有用，又反悔了。

在太学生中，有一个叫作徐揆③的人，他不顾执政者的禁令，独自前往南薰门，将请愿书交给了守门者。守门者将他放到马上带出城，见到了两位元帅。④ 徐揆与两位元帅发生了争吵，最终被杀。

除了徐揆之外，给金人递请愿书的还有太学生汪学海，以及进士段光远。⑤

---

① 《三朝北盟会编》引《靖康小录》。
② 参考《瓮中人语》。关于和亲与女人的问题，见"第十六章　战争中的女人"内容。
③ 《靖康纪闻》写作何揆，其余书都写作徐揆。
④ 参考《靖康纪闻》。
⑤ 《大金吊伐录校补》第一三五到一三七篇。

但这些文人有一个毛病,他们习惯于掉书袋,在请愿书里引经据典,比如,徐揆引用了《春秋》里的两个例子证明金人为了修养道德,应该及时收手,让皇帝回去。汪学海更是长篇累牍,让人读起来都累。这样的文人请愿除了自己送死之外,起不到什么效果。

当太学生请愿的消息终于传到宋钦宗耳中,他只是淡淡地回了一条手札:"此事岂口舌所能下!"①

正月十六,也是宋朝军队悲伤的一日,这一天宋军大将刘韐自杀。刘韐是足以与种师道、姚友仲并列的战将。他出道于西北地区,参与了西夏战争,也加入过征方腊之战。他最著名的战功是守真定。作为河北地区最重要的堡垒,金军从第一次侵宋时就想得到真定,正是刘韐的坚守,让真定没有沦陷。不仅守住了城,刘韐还得到了百姓的拥护,因为其他城市都选择闭门死守,让城内挨饿,刘韐却正常地开闭城门,让百姓自由出入,所以粮食从来没有匮乏过。也是因为守真定,刘韐得到了金人的尊敬。

第二次金军入侵,刘韐被调离了真定,导致真定的失守。汴京城被攻破后,刘韐与陈过庭、折彦质被委任为割地使,本来是要派往河北的。但金军却留下了刘韐,将其余的人派走了。刘韐之所以被留下,是因为金军的枢密院使韩政年事已高,金军知道刘韐能打仗,希望将他招降,让他担任枢密院使,也相当于军队的最高级官员之一。从这里也可以看出,金人是一个善于运用敌人将领的民族,不管是辽国还是北宋,只要是人才,就不拘一格委以重任,从不在乎他之前有没有反抗过金军。

韩政拜访了刘韐,希望他接受金人的任命。刘韐表面上答应了他的请求,却在回屋后,写了一封信给汴京城内的儿子,表示绝不事二主,安排信使偷偷投递出去。他将门窗关闭后,上吊自杀了。②

接下来的几天充满了不确定性,开封府逼着人们上缴金银,金人也变得越来越不耐烦,屡屡进城骚扰。

---

① 参考《续资治通鉴长编拾补》。发生于正月二十七。
② 参考《靖康要录》。

金人对城内的袭击事件有：正月十六，金军将新宋门内的神卫营烧毁；① 正月十七，金军声称遭到了袭击，下到曹门内掳掠，城内的五岳观着了火，不知是金人还是宋人干的；② 正月二十一，许多金人到城内抢劫，有的被城内的百姓杀退；③ 正月二十七，新宋门到曹门大火，不知何方所为。④

另外，皇帝何时归来也成了谜。正月十七，皇帝又向城内写信，表示快回来了，但在回来之前想和金人打一场球。又过了几天，这场球一直没有开打，皇帝也没有回来。每一天，城里的人们都从早到晚在宣德门和南薰门之间烧香点火做些法事，盼着皇帝归来。时间长了不免让人悚然。

正月二十，皇帝再次向城内重申，是天气一直没有晴，等晴天了打一场球就回来。

正月二十二，宋钦宗又发了一次信，还是同样的话。

正月二十六，宰相何㮚也传回了消息，除了说皇帝等天晴即回，还表达了对老百姓的怜悯，表示皇帝为了城内生灵时常哭泣。⑤

天气也好像与人们开玩笑，这么多天一直是阴雪不止，凄凄冷冷，冷得让人受不了。另外，正月二十一，给金国皇帝加徽号的任务也完成了，金太宗吴乞买已经变成了"崇天继统昭德定功敦仁体信修文偃武光圣皇帝"。⑥ 当初叫皇帝出城，就是以给金国皇帝加徽号为借口。现在目的已经达成，似乎皇帝只需要等晴天做一次球星就可以归来了。

不过，至少有一件事还令人感到高兴，那就是，开封府终于不再催逼黄金了（暂时的）。原因在于，正月十九这一天，开封府算了一下征收来的黄金，有金十六万两、银六百万两⑦，距离任务完成还遥遥无期。开封府将数据报给金军后，暂时没有催促人们继续缴纳金银，而是等待金军做出决定，到底下一步该

---

① 参考《瓮中人语》。
② 参考《靖康纪闻》。
③ 参考《靖康纪闻》。
④ 参考《瓮中人语》。
⑤ 参考《靖康纪闻》。
⑥ 参考《靖康纪闻》。《靖康要录》中没有"敦仁体信"四字，同时"偃武"作"成武"。
⑦ 参考《瓮中人语》。根据《靖康要录》银只有二百万两。

怎么办。当官的突然不催金银了，城内老百姓的日子似乎好过了一些。①

但城内的人不知道，在金军大营里，一次新的博弈正在展开。由于金银数目与期望值相差甚多，金军开始考虑在其他方面寻找补偿。既然金银不够，就用其他有用的东西来代替。宋钦宗不得不一一答应金军的要求，他们的索取也是五花八门。

正月二十五，金军开始索取皇帝的宫廷用品，包括玉册、车辂、冠冕等带有皇帝标识的东西。另外，还要求女童六百人、教坊乐工（伶人、技艺、百工、诸色）数百人。②

另外，金军还索取了一部分皇帝的女官（内夫人）、倡优，以及童贯、蔡京、梁师成、王黼等人家中的声乐人。即便已经出宫或者从良的，也都要抓回来送给金人。开封府派遣人员四处抓捕，挨家挨户搜索，以免有遗漏，大街上充满了号恸之声，久久不绝。③

但这些可怜的女人并不是白白被抓走，她们都担负着帮助皇帝还债的任务。比如，一个宫女的价格是银五百锭，一个歌女价值银二百锭，一个普通民女的价格是银一百锭。④每抓一个人，皇帝的账单上就勾销相应的银两。

正月二十七，抓捕内夫人、倡优的工作继续，金人又增加了索要的东西，包括皇家典礼使用的物品，比如，皇帝祭祀上天用的仪物、法服、卤簿、冠冕、乘舆等。金人同时索要一些官员，包括台省寺监的官吏、通事舍人、内官等。由于金国主流文化正在从游牧文化变成帝国文化，需要大量的公务员为他们服务，这些人都是去金国担任公务员的，所以就连他们的家属也要一并带走。另外还有各种奢侈品，包括犀角象牙、宝玉、药石、彩色帽幞、书籍等，大包小包，人担车载，源源不断地向金军营地运送。⑤金人还要了五十个内侍，但晚间又退

---

① 参考《靖康纪闻》。
② 参考《瓮中人语》。乐工的具体名目根据《靖康纪闻》补充。
③ 参考《靖康纪闻》。
④ 参考《开封府状》。
⑤ 参考《靖康纪闻》。

第四部 靖康之难

回了三十六个，只留下了伺候过太上皇的十四个。[1]

正月二十八，蔡京、王黼、童贯家族的女性四十七人被送到了金军营地。之前金人要的是伺候蔡京、童贯等大臣的女人，现在直接要他们家族的女性了。此外，皇后的后冠、御马的装具也被送往金军营地。[2]

正月二十九，金军索取代表汉文化中儒教精神的物品，包括大礼仪仗、大晟乐器、太常寺礼物等，甚至连博戏的工具都在掠夺之列。[3]这一天也是金人追捕内夫人、倡优的高峰时期，将她们抓住后，首先送到教坊择优录取，录取了的就送往金军营地。除此之外，皇亲国戚的侍女们也都遭了殃，甚至连送女人的车都不够用了。大街上哭声撼天动地。这一天还移送了内官二十五人，百工、技艺千人。

正月三十，金人继续索取八宝、九鼎等皇权象征物，以及负责技术工作的官吏，包括将作监的官吏、尚书省的吏人、秘书省的文秘、国子监负责印刷刻板的人，以及负责宗教事务的阴阳传神待诏等。

这一天，一队被押运上路的女人正好经过南薰门，那儿聚集了大量等待皇帝归来的官员，女人们高声大骂："尔等任朝廷大臣官吏，作坏国家至此，今日却令我辈塞金人意，尔等来何面目！"大臣们被骂，连话都不敢说，把头避过去不敢看这些女人。[4]

二月初一，金军命令将集结多时的河北、山西诸州守臣的家属送出。这时没有投降的州还有三十六个。[5]到回程时，金人要靠这些人胁迫守将们投降。

这一天涉及的移送名单包括：应修内司、东西八作司、文思院、后苑作工匠、唱探营人、教坊乐工等。[6]

---

[1] 参考《靖康要录》。
[2] 参考《瓮中人语》。
[3] 《靖康纪闻》记为正月二十八，《瓮中人语》记为正月二十九。
[4] 参考《靖康纪闻》。
[5] 参考《瓮中人语》。
[6] 参考《靖康要录》。

表　金军索取名单①

名　目	数　量
画工	百人
医官	二百人
诸班百戏	一百人
教坊	四百人
木匠	五十人
竹瓦泥匠	三十人
石匠	三十人
走马打球弟子	七人
鞍作	十人
玉匠	百人
内臣	五十人
街市弟子	五十人
学士院待诏	五人
筑球供奉	五人
金银匠	八十人
吏人	五十人
八作务	五十人
后苑作	五十人
司天台官吏	五十人
弟子帘前小唱	二十人
杂戏	一百五十人
舞旋弟子	五十人
金辂玉辇法物、法驾、仪仗、驾头、皇后玉辇、宰相子弟车、诸王法服、宰相百官朝服、皇后衣服、御驾、御鞍、御尘拂子	
御马	二十匹
珊瑚鞭	两条

① 根据《三朝北盟会编》，标为正月三十，但从内容看，这份名单有可能是金军索要的总名单的一部分。

第四部　靖康之难

续表

名　目	数　量
御前法物、仪仗、内家乐女、乐器、大晟乐器	
钧容班	一百人，并乐器
内官脚色、国子监书库官、太常寺官吏、秘书省书库官吏、后苑作官吏、五寺三监大夫、合台官吏、左司吏部官吏、鸿胪寺官吏、太医局官吏、市易务官吏	
大内图、夏国图、天下州府图、尚书省图、百王图、宝箓宫图、隆德宫图、相国寺图、五岳观图、神霄宫图、天宁寺图	
本朝开国登宝位敕书旧本、夏国奏举书本、红笺纸	
铜古器	二万五千
酒	一百担
米	五百石
大牛车	一千
油车	二千
凉伞	一千
太医局灵宝丹	二万八千七百贴

二月初二，开封府继续完成金人的任务，这一天比较有特色的东西是天文馆的浑天仪，三馆太清楼文籍图书、国子监的书版，以及数万斤丝绵。

二月初三，男女乐工、医者出城。稍微有名气的技术人才都无法逃脱被抓走的命运。①

二月初四，佛经、道经的书版出城。到这时为止，能搬走的东西都搬走了。金人完全可以用他们掠取的东西，到北方重新建一个首都。这也可以看出游牧民族与农耕民族的不同，游牧民族打仗除了为金钱，最重要的还是需要技术人才。由于他们缺乏技术，又羡慕南朝的舒适生活，就必须把技术人才带走，去建设一个新世界。

本来金人掠夺完毕，可以告一段落了，但这一天出了一件大事，让汴京百姓再次回到了苦难之中。

---

① 参考《瓮中人语》。

前一天送去金军营地的技术人才中，有一位内官蓝祈、一位医官周道隆和一位乐官孟子书，三人报告金人，请求回去拿东西。原来，他们把黄金隐藏在了家里的地下，想等混乱过去了就取出来。不想，金人要将他们永久地带离汴京，再也回不来了，他们请求回来将金银挖出带着上路。元帅听说汴京城还有金银，大怒，立刻清查出城人士的行李，又发现了许多金银。[1]他们立刻又派人去蓝祈等人的家中挖掘，发现地下果然都藏着金银。

想到此时汴京交出来的金只有百分之一，银十分之一，表缎十分之二，只有绢完成了任务。元帅立刻命令开封府回去继续搜刮金银。二月初六，开封府只好贴出新告示要求上缴金银和马匹，[2]从这天开始，汴京城进入了第二次搜刮运动之中。

但汴京城里的百姓已经来不及做出反应了，他们更关心的是皇帝会怎么样。这里必须回溯一下皇帝的遭遇。

废黜赵氏

正月二十八，长时间的阴雪天气终于结束了，天气久违地转晴了。人们纷纷想起作为球迷的皇帝只要打一场球就可以回到城内。既然天晴了，皇帝回归的日子也就到了。

不仅仅是普通人这么想，就连御史台也早早地要求文武百官到南薰门接驾。官员出动了，百姓也纷纷到场，一时间热闹非凡。

但皇帝没有出现，就连个消息也没有传来。第二天，更多的人聚集在南薰门外等待着奇迹的发生，但奇迹始终没有发生。

从这天开始，人们每天都指望着皇帝会突然出现。也许当金人把所有的东西都要走了，就会把皇帝释放。

到了二月初五，传说皇帝已经打完了球，就要回来了。又有数万人聚集在

---

[1] 参考《靖康要录》。
[2] 参考《靖康纪闻》。

第四部　靖康之难

城门口等待。到了晚间,又有消息说皇帝次日就回。初六,人们又聚集起来等待,但皇帝还是没有回来。

不仅皇帝没有回来,就连另一个该出现的人也没有出现。从皇帝出城那天起,每天都会派一个叫作王孝杰的人往来通信,风雪无阻,但这一天,王孝杰没有来。[①]一时间说什么话的都有,观点各异。开封府为了制止谣言的传播,不惜杀掉了一个人,这才将所有人的口封住了。[②]

二月初七,金人突然开始修理陈州门,人们不知道这到底意味着什么。谣言越来越多,传闻前一天金人在许多地方与百姓发生冲突。到了中午,有数十辆来自皇家的车子,车后都带着巨大的行李包袱,从皇宫里出来,经过南薰门出城离开了。跟随着的还有许多老宦官与内侍,看上去都郁郁寡欢。就在人们惶恐不知所措时,突然有告令传来,人们才知道刚才出去的竟然是太上皇。根据告令的说法,由于金人长久不放皇帝回来,太上皇只好出城亲自去求情。

当天晚上,民情汹涌,胆大一点的纷纷拿出武器,防止金人打来。开封府等官衙不怕金兵,只怕百姓闹事,对于百姓的弹压也加剧了。留守司召集百官开会直到二更。

二月初八黎明,留守司再次召集百官开会。由于百姓拿武器的太多,留守司随后发出榜文,要求百姓不得带武器上街,如果抓住就要治罪。但这一次,政府的威信没有了,百姓们即便看到了榜文,也无动于衷,大街上处处都是武器。

这一天,继续有车子不断地出城,据说都是各个亲王以及他们的家属。

随后,人们在南薰门外发现了一张榜单,上面写着:金国皇帝二月初四加徽号,初五移寨,初九接受朝贺,初十,皇帝就可以还"明兴"。[③]这似乎说明太上皇和皇帝是为了朝贺金国皇帝才没有回来,一旦朝贺完毕,就有可能归来。但榜单又有不可解之处,比如"明兴"到底是什么意思,人们纷纷猜测不已。

[①] 参考《续资治通鉴长编拾补》。
[②] 以上与以下未注明出处的,均出自《靖康纪闻》。
[③] 全文为:"崇天继统昭德定功敦仁体信修文偃武光圣皇帝,初四册立,初五移寨,九日受贺,十日还明兴。"

但不一会儿，突然传来消息，这个榜单是假的，贴单的人已经被抓住了。晚上，开封府发出文告，太上皇出城，百姓不得借机生事，而应该各保一方。

直到二月初九的早晨，官府才羞羞答答贴出告示，人们这才明白：原来金人已经决定废黜赵氏皇帝。从严格意义上来说，他们正在经历一个没有皇帝的混乱时代。

事实上，在二月初六那一天，就在人们怀着期望等待皇帝归来时，金人就将皇帝废黜了。

最早猜到金军要废黜皇帝的是一位叫作司马朴的官员，他的官职是虞部右司员外郎。在第一次汴京围城时，他曾经奉命出使，斡离不详细询问他的家世，知道他的外祖父是宋代名相范纯仁，范纯仁又是名臣范仲淹的儿子。斡离不对他刮目相看，尊重有加。到了第二次围城战，司马朴已经成了兵部侍郎，由于他受到斡离不的尊重，也成了陪伴皇帝的人选之一。斡离不与司马朴谈话时，常常将机密的消息透露给他。在一次交谈时，斡离不曾告诉司马朴，他不想废黜皇帝，但另一个元帅粘罕却心怀这样的打算，现在只能等金国皇帝的诏令，看上面说什么了。①

司马朴把消息说给了其他人，众人将信将疑，却也无可奈何，只能等待。

从时间上来看，两位元帅于十二月初将北宋降表送往北方，正月初，金太宗做出了废黜北宋皇帝的决定，到二月初，这封重要的诏书终于来到了汴京城外。金太宗的《废国取降诏》是这样写的：

敕赵桓：省所上降表，汝与叔燕王俣、越王偲已下宗族及宰臣百僚、举国士民僧道、耆寿军人，于十二月二日出郊，望阙称臣待罪事，具悉。背义，则天地不容，其孰与助？败盟，则人神共怒，非朕得私。肇自先朝开国，乃父求好，我以诚待，彼以诈欺。浮海之使甚勤，请地之辞尤逊。析木版图，第求入手；平山伪诏，曾不愧心。罔天罚以自干，忽载书而固犯。肆予篡绍，犹事涵容。迨悛恶以无闻，方谋师而致讨。犹闻汝得承位，朕望改图。如何复循父佋之覆车，

---

① 《南征录汇》引《屯翁日录》。司马朴生平根据《宋史·司马朴传》。

靡戒彼辽之祸鉴。虽去岁为盟于城下，冀今日堕我于画中。赂河外之三城，既而不与；构军前之二使，本以间为。惟假臣权，不赎父罪，自欓难逭，我伐再张。将臣多激怒之心，战士增敌忾之勇。息君犯五不韪之罪，丧亦宜乎；晋师有三无报之名，倍犹未也。以是济河航苇，降汴燎毛，人竞覆昏，天莫悔祸。谁肯背城而借一，果闻举族以出降。既为待罪之人，自有易姓之事。所有措置条件，并已宣谕元帅府施行。故兹诏示，想宜知悉。[1]

元帅们收到诏书时，恰好是和宋钦宗打球的那一天。二月初五，宋钦宗终于和两位元帅打了一场球。皇帝的随从包括何㮚、冯澥、曹辅、郭仲荀等四人。

在球场旁，皇帝面向西坐，两位元帅面向东。他们对皇帝都表现得很尊重，皇帝说话时都起身聆听。喝了几轮酒后，斡离不进入场内打球。但就在这时，一位叫作蒲鲁虎的将领突然持着刚刚收到的金国皇帝的诏书来到了球场，元帅们匆匆将酒席撤掉。

宋钦宗离开时，乘机提出了回城的要求。粘罕的态度突然冷淡了下来，呵斥说："你还想去哪儿！"

送皇帝回斋宫住处的是二太子斡离不。与粘罕不同，斡离不与宋钦宗的关系更加密切，他们在一年前就建立了一定的信任关系。这一次送行，斡离不显得很是眷恋，但并没有多说什么。快到时，他在马上冷不丁说了一段女真话，皇帝听不懂，有人将这段话翻译给他，二太子说的大意是："这就是天命！"

之后，金人的记载与宋人的记载出现了偏差。按照宋人的说法，皇帝继续请求二太子放他回去，斡离不不表示，第二天国相还要见他，到时候再说。[2] 回到住处，国相果然派人来邀请，皇帝试探着又谈到了要回城，那人随意安慰了一下，给他留下了希望，以为第二天就可以归去了。

而按照金人的说法，斡离不偷偷告诉了皇帝，已经决定要废黜他了。吴开、

---

[1] 《大金吊伐录校补》第一三九篇。
[2] 参考《续宋编年资治通鉴》。

莫俦等人赶快跪下，请求二太子想办法，表示只要斡离不帮忙，不管要什么人什么物，都会照办。斡离不表示可以一试，但必须要三位帝姬，以及王妃、嫔御各七人。吴开等人让皇帝签字作为凭证。①

斡离不赶到青城国相寨，与粘罕商议。原来，金国皇帝除了一道明诏之外，还有一道暗诏，明诏要求废黜赵氏，但由于担心事态复杂化，同时又发了一道暗诏，请两位元帅便宜行事。这就给不废黜赵氏留下了可能性。

另外，在是否废黜赵氏的问题上，粘罕也有过反复。最早他想废掉皇帝，但在斡离不的劝说下，又改变过想法。斡离不认为，在宋王室中，康王还没有被抓住，还在北方逃亡，他的号召力甚至比现在的皇帝还大。由于与康王打过交道，斡离不不认为康王比起现在的皇帝更加强硬，虽然宋徽宗的儿子们都太过文雅胆小，但如果非要选出一个人来，还是非康王莫属。如果废掉宋钦宗，那么天下的人都会听康王的号令，到时候事情将更加复杂，还不如留下这个傀儡，让康王失去正统性，甚至可能在未来利用宋钦宗将康王诱捕。②

粘罕听取了这种说法，决定不废黜皇帝，并在正月二十二给金国皇帝写了一封表，送往北方，这封表还在路上。

不想，粘罕后来又改了主意。

粘罕之所以再次想废掉赵氏，一是因为开封府搜刮金银不力，经过数次搜刮之后，竟然还有人在家里的地下埋藏了大量的金银；二是因为好色的斡离不偷偷得到了宋朝的茂德帝姬，将其占为己有，还把她藏了起来。粘罕知道这事儿后，认定斡离不有私心。这两件事让他在二月初四又改变了态度，决定还是废黜赵氏。③

二月初五夜，斡离不去找粘罕，再次提出保留赵氏，粘罕当即反对，并质疑斡离不的私心。他认为，废黜赵氏可以大大削弱南方，给未来留下并吞机会。蒲鲁虎在旁边也帮腔说，坐镇北方的都元帅斜也与粘罕的意见相同，斜也的官职比两位元帅（实际上是副元帅）更大，把他抬出来，让粘罕的主张更加有说服力。

---

① 参考《南征录汇》。
② 《南征录汇》引《㠟幕闲谈》。
③ 关于斡离不与茂德帝姬之事，见"第十六章 战争中的女人"内容。

斡离不愤然表示，南伐的首谋是他，这事必须听他的。并表示宋朝皇室不能像辽国皇室那样对待。他说话虽然激烈，但说完话没有等结果就离开了，他的离开可以看作是放弃了。毕竟粘罕的权力比他大，而且粘罕还有斜也的支持。

斡离不离开后，萧庆劝说粘罕，考虑到宋钦宗比康王懦弱，不如保留下来对抗康王。粘罕也不愿意与斡离不有争执，让萧庆去找宋钦宗，告诉他如果肯归诚，就保留他的帝位。但到底什么是"归诚"，并不确切，需要讨论才能决定。

不幸的是，萧庆到斋宫去找宋钦宗时，又发生了误会。可能考虑到萧庆是粘罕的人，宋钦宗更愿意与斡离不谈，总之，那晚萧庆没有找到机会与皇帝和大臣们谈论"归诚"之事。宋钦宗失去了最后一次机会。

第二天（二月初六），宋朝与金国的记录再次统一了起来。早上使者要求皇帝去青城寨，所有官员必须跟从。皇帝刚出门，突然被要求撤掉象征皇家的黄屋，他感到有些吃惊。皇帝要乘马，使者说，国相不让乘马。他们步行到了帐前，皇帝要登台阶而入，使者又表示，国相不让登阶。[①]

在帐外，面向北方设了一个香案，随官都在远处排立。粘罕安排皇帝望着香案拜了两拜，由萧庆读了金国皇帝的诏书。宋钦宗这才确切地知道自己被废了，他不仅回不去汴京城，还可能连在北宋都待不下了。所有的官员也都吓傻了，他们只会磕头，请求金军收回成命，但粘罕拒绝了。[②]

粘罕让萧庆和刘思扒掉皇帝的龙袍，把衣服都扯裂了，何㮚等人目瞪口呆反应不过来，李若水上前抱住皇帝，厉声说："这贼乱做！此是大朝真天子！你杀狗辈不得无礼！"[③]

金人将李若水带下，囚禁起来。事后，李若水与粘罕争辩曲直，大骂粘罕背信弃义，几乎被打死。金人中有人感慨李若水是个壮士，想要救他，劝说他识时务，可以受到重用。李若水以绝食作为回答。粘罕还不死心，最后又见了一次李若水，才下令将他戮杀。他死于二月二十一。[④]

---

① 参考《续宋编年资治通鉴》。
② 《三朝北盟会编》引《宣和录》。
③ 参考《续宋编年资治通鉴》与《三朝北盟会编》。
④ 参考《续资治通鉴长编拾补》。

金人日后感慨，他们灭辽时，辽国死节的大臣有十几个，但灭宋时，死节的只有李若水一人。[①]不过，从另一个角度看，正是李若水等人的判断失误，让宋钦宗轻易出城，才成为人质，李若水之死，更像是一种赎罪行为。

人们往往以为，战争的结果只有并吞一种方式，事实上，另一种方式可能更常出现，那就是将原来的君王废掉，换一个听话的人当君王。这种方式不仅见于其他国家，就连汉人也经常使用。

比如，汉唐时期在西域对付不听话的小国国君，就经常采用这种做法。在东北、西南等少数民族地区，也常常采用。在世界上这种方式更常见，比如法国入侵墨西哥，要找一个奥地利王子去当墨西哥皇帝。

为什么不直接占领？主要考虑到统治成本太大。由于社会文化的差异，占领区的人民不会屈从于侵略者，只好采取间接方式，找一个听话的人做代理。这个听话的人独自行使行政权，但又承认战胜者的宗主权或者其他经济利益。

在战争之始，金国的目的就是占领河北、山西地区，这两片地区紧挨着金国国土，是可以控制的，也是必须控制的。但由于北宋太大，更广阔的陕西、四川、两湖、江西、淮河、江浙、两广等地区已经超出了金人的控制能力，不可能一下子吞并而不产生副作用，最好的方式是寻找一个听话的人来担任汉族皇帝。

所以，斜也和粘罕赞成的"换人"做法，并不是特例。

但是，放到具体的环境里，赵氏下台之后，到底换谁呢？显然不能换一个金人，金人没有威望，立不住。只有从宋人中寻找一个人选才行。除了皇室之外，最有威望的人一定出在大臣里，要在大臣中选择，还不能选一个对金人有敌意的。到底要选谁呢？

元帅们决定把选择权交给宋朝的大臣们，让他们自己推选。同样是在二月初六这一天，元帅们已经写好了请宋朝大臣推举贤王的命令。[②]

最重要的事情则是取得废皇帝的配合。因为接下来，必须将皇帝的所有家

[①] 这个说法不够准确，之后自杀者如张叔夜、何㮚、孙傅在"第十七章 撤离"中还有叙述。
[②]《大金吊伐录校补》第一四〇篇。

族成员都弄出城来带走，这才不会妨碍未来的新皇帝执政。将不听话的人以及家族全部带走，剩下的人就好说话了。另外，只有前皇帝同意了，大臣们才能放开手脚配合金人的工作。

虽然废黜皇帝的过程非常突然，但宋钦宗很快就明白过来，他不得不配合金人的要求。他给汴京的留守孙傅写了一封信，他请孙傅配合金人的要求，更重要的是，要请太上皇和家族成员尽快出城。①

有了废皇帝的信，金军也随后下令：太上皇和宫眷们必须在七天之内出城，大臣们也必须在同时间段内完成推举新皇帝。

金国皇帝的诏书、元帅府请群臣选举新皇帝的信、宋钦宗请皇族出城的信，三份文件统一交给了吴开和莫俦两人，由他们带回城中。邓珪率领内侍百余人也赶快进城，将后妃、帝姬、王妃等牢牢看住，以免逃走。②

金人的命令引起了巨大的反响。但在前两天，这一震动却只限于帝国的最高层官吏。因为孙傅、王时雍、徐秉哲、范琼等人把消息扣住了，没有向下传达。

孙傅听说这个消息之后大惊失色，他立刻写信请求元帅们收回成命，他表示，太上皇和诸王等都可以按照要求送走，但请将皇帝还回来。这封信于二月初七发出，石沉大海。于是孙傅又写了第二封信，这一次只要求立一个姓赵的皇帝即可，如果不想从宋徽宗诸子中选择，可以选宋神宗的子孙们。

二月初八，孙傅又发出了第三封，请求立一个姓赵的皇族即可，他还写了另一封信，要求不要将皇太子请出城去，让他留下继续监国，直到选出新的皇帝。二月初九又发一道。初十再发两道。③

但这些信都没有换来金军的同情，他们反而更加催促城内，尽快送出皇室、选举新君。④

金人咄咄逼人，宋朝的大臣们到底应该怎么做呢？到底是尽忠于赵氏，还

---

① 《大金吊伐录校补》第一四一篇。
② 参考《南征录汇》。
③ 《大金吊伐录校补》第一四二到一四五篇，第一四八到一五〇篇。
④ 《大金吊伐录校补》第一四六、第一五一篇。

是满足金人的要求?

事实证明,大臣对前朝的忠诚是短暂的,以王时雍、徐秉哲、范琼为首的留守官吏们最担心的是,如果完不成任务,金军会毁灭掉汴京。他们的家属都在城内,一旦金军屠城,谁都跑不了。最好的方法,还是尽快满足金军的要求,将赵氏老小全都送出去。①

关于太上皇宋徽宗如何出城,还有一番故事。二月初七大臣们请宋徽宗出城时,并没有告诉他赵氏江山已经被废黜了。当天早上,宋徽宗的住所来了四位官员,他们是李石、周训、吴开、莫俦。四人见到太上皇,表示皇帝带来了消息,金人一定要见太上皇。

四人继续说,皇帝和金人经过谈判,金人做了让步,可以让太上皇不出城,而是到南薰门附近的厂舍里,在那儿向金人上请求书,请皇帝归来。请求书送到两位元帅那儿,走一下过程,金人就会把皇帝放回来。

他们还特别提醒太上皇,金人并没有恶意,反而希望成全一件好事,希望太上皇配合。还有人传了皇帝的话:"爹爹娘娘请便来,不可缓,恐失机宜。"

太上皇沉吟良久,充满了怀疑,他问道:"军前没有变动吧?你们没有隐瞒什么吧?你们不要因为小事而误了我的大事,如果有变,告诉我,我好早做准备。"

李石等表示,如果有假,愿意承受万死。

太上皇抱怨说,当初金人围城,皇帝不让他离开,又不让他参与决策,什么事都不让他知道,才到了现在这一步。他再次请求李石等不要隐瞒他。李石表示没有隐瞒。

太上皇这才请人去找他的妻子太上皇后。找到太上皇后之后,他们都换上道服。太上皇退休之后大都穿道服。在前往南薰门的过程中,又有大臣姜尧臣劝说他不要去,怕有诈。但太上皇表示,既然金人要求他只到门头不用出城,那就去看看吧。

张叔夜也劝说太上皇不要去,恐怕一去不复返。太上皇正在犹豫的工夫,

---

① 参考《中兴遗史》。

负责押送的范琼却拦开了张叔夜，太上皇只好上路了。①

他自己也知道事情不好，但还在说，如果能够用老命把皇帝换回来，保住社稷，那就算死了也值得。周围的人都大哭起来。

为了防止万一，太上皇将常用的御刀交给了一位叫作丁孚的侍从，让他跟随左右。他们坐着肩舆从延福宫出来，经过晨辉门，前往南薰门。

在城门外，两位元帅派了上万骑兵，从南薰门一直排到了青城和刘家寺两寨，元帅们亲自驻扎在南薰门瓮城下。②

中午，太上皇来到了南薰门，金人将他围住，他才知道果然有变。丁孚已经被金人架到一边，将佩刀收走。太上皇就这样被金人带到了青城的斋宫。③ 两位元帅讽刺太上皇："你不让和亲，现在所有人都成了俘虏，你还有什么脸见人？"

太上皇在青城见到皇帝，父子相拥大哭。

除了太上皇，按照金人的要求，后妃、嫔御、诸王、王妃、帝姬、驸马，也就是赵家父子二代的直系亲属和家庭都必须全体出城。④ 于是，二月初七，除了太上皇夫妇，还有郓王以下三千人，包括诸王妃、公主、驸马等出城。⑤

二月初八出城的有：其余诸王、与皇帝接近的宗室、曹张两公主、鸿胪少卿康执权和元当可、光禄少卿范寅敬、少府少监苏余庆、军器少监徐天民、将作少监冯时等人。⑥

后妃、诸王还可以乘车坐马，乳姬婢使只能步行。这时百姓还不知道是怎么回事，见到此番景象都很害怕。但也有人猜到了些什么。太上皇出城那天，在西角楼有两个百姓试图拦住太上皇的车驾，没有做到，过了一会儿，燕王来了，两人将燕王拦住问道："大王家的亲人都走了，一城生灵又怎么办？不如留下一个以存国祚。"

---

① 参考《续宋编年资治通鉴》。
② 参考《南征录汇》。
③ 参考《北狩见闻录》。
④ 参考《瓮中人语》。
⑤ 参考《靖康要录》。
⑥ 参考《靖康要录》。

燕王哭着回答:"大金要我,教我奈何?"

两人回答:"百姓愿与大王一处生死,如何?"

范琼听说了,命令将两人抓住斩首。①

二月初九,皇帝被废的消息终于捂不住了,宣德门外贴了黄榜,宣布了这件事。这也是范琼最紧张的时刻,他怕人们闹乱子。他大声安慰人们说这不要紧,没什么大不了的。他说:"你们只是少了个主子,东也是吃饭,西也是吃饭。这就像军营里,姓张的来管,叫他张司空,姓李的来管,叫他李司空。你们军民百姓都快回去干活儿,照管好家里的老小才是正道!"②

范琼说的道理放在现在来看也不过时,但在当时却人人自危,下午街道上就一个人都没有了。夜间巡逻的不下万人,一是百姓感觉不安全,自发巡逻;二是官家害怕闹事,也组织巡逻。

既然百姓已经知道了,孙傅乘机组织了又一轮请愿。百姓代表们在城门口请求放回皇帝,金人拒绝了。③

二月十一,皇后和太子出城。④皇太子出城是城外的皇帝和太上皇邀请的。他们前一天来信表示希望爷孙三代团聚。太子等人分别乘坐五辆车,从南薰门出。其中太子与皇后同车。孙傅作为太子的监护人一路哭着跟随,要和太子一起前往金军营地,到了城门口,被范琼死死拦住。开封府徐秉哲向众人解释说:"这是不得已呀,少了一个人都是我的责任!"

在皇太子出城前,一位叫作吴革的人见到孙傅,向他出主意,要求将皇太子留下。孙傅表示金人不会罢休。吴革的计策是:找一个像太子的孩子上车,出朱雀门后,找一些百姓叫他们装作想截留太子,乘机将孩子摔死在车下。再把孩子的尸体交给金军说太子死了。把真正的太子设法转移。孙傅没有胆量这么做所以告罢。⑤

---

① 参考《中兴遗史》。
② 参考《中兴遗史》。
③ 《大金吊伐录校补》第一四七篇。
④ 参考《瓮中人语》。
⑤ 参考《中兴遗史》。

出城后的皇族并没有受到良好的待遇。直到二月三十，皇帝写信给两位元帅，请求给予必要的饮食和衣服，金人才通知开封府将皇帝的日常衣服送出。人们听说了无不声泪俱下。[①]

[①] 参考《靖康纪闻》。

第十五章
大楚政权

宋朝版本的选举

旧皇帝已经被废黜，接下来是寻找一位新皇帝。如果宋代人到了现代，熟悉了现代的选举制度，就不会为寻找新皇帝感到为难。但在当时，所有的皇帝都是靠自己打江山或者继承的，和平选举一个新皇帝还是新鲜事。

到底该选谁呢？在这之前，大家都是同僚，一起向旧皇帝跪拜，突然有一天，旧皇帝消失了，要从同僚中选出一个人来，从此以后要向他跪拜，大臣们总感觉很别扭。更何况谁也不敢毛遂自荐去当这个皇帝。即便有人想当，也担心无法服众，没有好下场。

不过金人已经催促了好几次，这个任务不完成也不行。

二月十一，群臣们召开会议，大家大眼瞪小眼不知道怎么完成任务，连话都不敢说，怕惹祸上身。根据后来的传说，当大家都沉默时，突然有一个人开口说话了，他的大意是："既然在场的人都不敢当皇帝，不如选一个不在场的人，应付金人的逼迫。"大家一查，担任过宰执的大臣中，张邦昌不在现场。原来，皇帝出城后，张邦昌正月十五出使金军营地，也被金军留下没有回来，从此，这位前少宰就无法在朝廷替自己推辞了。众人一听都说好，就纷纷选举张邦昌担任新一任皇帝。[①]

这个说法并不准确。事实上，张邦昌之所以脱颖而出，并非是群臣们敷衍塞责的结果，而是金人有意选他。

---

① 参考《靖康要录》与《大金国志》。

在斡离不第一次进攻汴京时，要求一位宰执和一位亲王做人质，康王和张邦昌慷慨赴行，在当时被视为一宗壮举。姚平仲袭击金军营地时，两位人质实际上已经有了生命危险，只是由于张邦昌与金人关系不错，又会解释，才躲过了被杀的命运。

斡离不北归后，张邦昌成了主和派。他担任了河北路割地使，坚决要求皇帝遵守协议，甚至请皇帝下诏敦促交割，结果得罪了大臣们。大臣们上奏将张邦昌贬为观文殿大学士、中太一宫使，让他脱离了权力中枢。[1]

但张邦昌的"政治面貌"却引起了金人的好感，他是担任过宰执级的官员中最友好的一位。

与现任宰执何㮚、张叔夜、孙傅等人相比，张邦昌都有明显优势。张叔夜、孙傅对于金人的敌意过大，何㮚的执行力不行，让金人不放心。吏部尚书王时雍、开封府徐秉哲属于执行命令的酷吏，在民间威望太差。彻底投靠金人的范琼只是一条忠顺的狗，变不成狮子。从各方面看，张邦昌都是新皇帝的最佳人选。

二月十一选举时，还有另一种说法可能更符合事实。选举当天，已经有消息说，金人对张邦昌最满意，希望城内能把他选为皇帝。官员们开会时知道今天必须选出一位皇帝，否则脱不了身。当人们保持沉默时，尚书左司员外郎宋齐愈见事情僵住了，连忙偷偷询问出使过金军营地的王时雍，金人到底最喜欢谁。王时雍告诉宋齐愈，元帅们最喜欢张邦昌。宋齐愈立刻将"张邦昌"三字写在纸上，出示给大家。由于有人带头了，众人心里的石头终于落了地，纷纷表示同意，于是张邦昌就被定下了。[2]

在当天给金人的信中，虽然是以留守孙傅的名义写的，但实际上，孙傅并没有参加会议。皇太子出城时，孙傅要跟太子一起出城，被范琼拦截。当晚他就睡在了城门下，等待金军允许他出城陪太子，从此不再参与政治活动了。另一位大臣张叔夜也没有签字。所以，送给金人的报告上就少了这两位最重要大臣的签名。

---

[1] 参考《宋史·张邦昌传》。

[2] 参考《玉照新志》。也有记载是宋齐愈出使金军营地，回来将张邦昌名字写在纸上，没有询问王时雍环节，见《续资治通鉴长编拾补》。

二月十二，金人将孙傅与张叔夜两人带到青城，询问为什么没有签字。张叔夜后到，一见面，金人就告诉他，孙傅由于不肯签字已经被斩首了，如果他不肯签，也会被斩首。但张叔夜表示宁肯死也不签。①

事实上，孙傅并没有死，金人只是想逼迫张叔夜罢了。二月十三，金人将孙傅的家属带走，决定带他们北上，从此两人再也没有回过汴京城。②

失去了两位最重要的大臣，城内的官员首领换成了吏部尚书王时雍和户部尚书梅执礼。其中王时雍由于与金人直接对接，更是主导者。

二月十三的任务是写一份公开的推戴状，不仅要有文武百官的签名，就连百姓代表也要联署。其中百官赴秘书省签字，士庶僧道的代表去朵楼，军民代表赴大晟殿。③推戴书是军器少监王绍起草的。④为了防止别人不好意思签名，王时雍首先做了表率，大笔一挥写上了自己的名字，剩下的人一看，也都服从了安排。

但这一次又有一个人拒绝签名。这个人由于后来名声太坏，甚至人们都不愿意提他反抗金人这件事，而且流传着各种版本，说明他是歪打正着出了名，这个人就是秦桧。

一个版本是这样的，宋代有一个官僚阶层叫作谏官阶层，他们平常属于最激愤的人群，动不动就要给皇帝提意见。在百官签名推戴新皇帝时，谏官们议论，作为帝国的良心，不能不发声就让事情过去了，他们决定起草一封信给两位元帅，要求立赵氏的后裔为皇帝。信写好后，开始联名。恰好秦桧是御史中丞，也就是御史台的台长，官阶最高，就把他排在了第一个。但秦桧本人却并不情愿，只是因为同僚的胁迫，不得不签。⑤这封信于二月十三送到了两位元帅手中，元帅们大怒，之前他们已经下令禁止谈论立赵氏，竟然有人还敢冒犯。二月十四元帅派人将秦桧捉拿归案，从此秦桧也离开了都城。⑥

---

① 参考《中兴遗史》。
② 《三朝北盟会编》引《宣和录》。
③ 参考《续资治通鉴长编拾补》。
④ 参考《靖康要录》。
⑤ 参考《挥尘余话》。
⑥ 《大金吊伐录校补》第一五七篇。

第四部　靖康之难

当然这个版本只是激愤之辞，从现有的证据看，人们更倾向于，秦桧的确反对了立张邦昌为皇帝，并写了信拥立赵氏，才被金人捉拿归案。[①]

但不管是哪种情况，秦桧的这封信注定了他要和皇帝一起被金军带到北方，这才有了后来他的返乡与担任宰相。可以说，南宋高宗的一系列事件都发端于秦桧这一天的"英勇之举"。

金人在确定了新的皇帝之后，却并没有立刻将张邦昌放回。汴京城又经历了混乱的半个多月。在这半个多月里，他们不断地催促着城内将还没有发送的人和物资送出，并希望榨取更多的金银。

如果说，粘罕在没有废黜赵氏之前，对城市还带着一点怜悯，那么现在最后的一丝怜悯已经褪去，变成了撤军之前最后的勒索。

二月十二，金人索要六部人吏出城，[②]他们不缺官，但是缺更加专业的吏。

二月十三，继续要求将宗族男女与十位学官、三十位明经送出城。[③]学官和明经可以提高金人的文化修养，为接管中原做充分的准备。对于三十位明经，金人给了很高的待遇，送上了聘礼，当作老师去尊重，城内官员也送给每人三十万的置装费。三十人都是自愿报名的，最踊跃的是福建人、四川人和浙江人，他们受到了文化阶层普遍的嘲笑，却并不在意，因为他们的家乡距离都城遥远，本身就没有被那么强烈的忠君伦理束缚。这三十人直到二月二十[④]才出城完毕。

金人对这三十人的要求是，不要你们作大义和策略，而是要作乡土方略利害，要实用性的东西。三十人于是纷纷将山川险隘、古人攻占的地理因素等写出来，交给了金人，它们成了日后金军进攻宋朝全境的依据。[⑤]

二月十四，司天官、内侍、僧道、秀才、盐吏、裁缝、染工、木匠、银匠、铁匠、阴阳、技艺、傀儡、影戏、小唱等人员和他们的家属出城。这些人一共

---

① 参考《三朝北盟会编》《续资治通鉴长编拾补》。
② 参考《瓮中人语》。
③ 参考《靖康要录》。
④ 参考《靖康纪闻》。但《纪闻》记载索要明经是在二月十八。
⑤ 参考《中兴遗史》。

运送二十天才结束,[1] 每一天都有号哭的人们与无动于衷的官吏。

二月十六,后宫才人出城。[2]

二月十七,何㮚、高俅的家属,以及跟随皇帝在城外的随官的家属出城;[3] 记载宗室情况的宗正玉牒、内库藏银出城。[4] 这些天一共运送了宫嫔以下一千五百人,亲王二十五人,帝姬和驸马四十九人。[5]

二月十八,由于绢有多余的,金人让再送四百余万匹绢出城。景阳宫的钟,以及遗漏的宫嫔、皇族出城。[6] 这一天金人又索要牛车千辆。[7]

二月十九,金军希望弄一批通佛经的和尚过去,有了上次明经的经验,和尚们踊跃报名。有数十人报名,金军最后留下了二十人。[8] 他们要和尚,是因为他们认为寨中鬼魅太多,想请和尚作法。[9]

二月二十,金人亲自进入内廷,搜去了大量的珍宝器皿。五代以来历朝皇帝从江、浙、蜀等地收集的奇珍异宝,以及宋徽宗二十多年积累的各种文物珠玉,到此时终于被席卷一空。二月十八要的牛车也派上了用场,一路络绎不绝,国人感慨万分,不敢正视。[10] 也从这一天开始,新一轮的搜刮金银又起步了,原因在于,金人从出城人员的行李中发现了太多的金银,认为城内官员没有尽到责任。

二月二十一,为了测试城内还有没有金银,在城内设置了几个卖米的场所,一两金购买米一石四斗,一两银购买米一斗。由于城内发生了严重的饥荒,人们纷纷拿出金银来买米,于是又收上来许多金银。这件事更让金人感到恼火,

---

[1] 综合《瓮中人语》与《靖康要录》。
[2] 参考《瓮中人语》。
[3] 参考《靖康要录》。
[4] 参考《瓮中人语》。
[5] 参考《靖康纪闻》。
[6] 参考《瓮中人语》。
[7] 参考《靖康要录》。
[8] 参考《靖康纪闻》。
[9] 《南征录汇》引《青城秘录》。
[10] 参考《靖康要录》。

第四部 靖康之难

增加了对城内的压力。他们丧失了风度，径直进入后宫，看到有人胳膊上戴着金银钏，一把撸下就走。①

二月二十二，为了防止还有隐匿赵氏宗亲，以二月二十五为期限要求将他们都交出。②金人由于掌握了宗室谱牒，几乎没有遗漏下任何一个近亲宗室。如果不是康王提前离开，可能宋徽宗的所有儿子女儿就被一网打尽了。

二月二十三，开封府再送上金七万五千八百余两、银一百一十四万五千余两、表缎四万八千四百匹。③

二月二十四，金军点名要两位太学生，名叫黄丰和杨愿，可能是前面出城的三十位明经向金人透露，这两人是太学生中最为出众的。但黄、杨并不想出城，辞以疾病，金人竟然同意他们留下了。④他们属于少数金人想要但没有要走的人。

二月二十五，由于金银不足，终于出人命了。为了搜刮金银，皇帝曾经在城的四周设立了四个官员，分别负责一面城墙（及其附近住户）的金银收集工作，他们分别是东壁提举户部尚书梅执礼、南壁提举开封府尹程振、西壁提举礼部侍郎安扶、北壁提举工部侍郎陈知质。此外，还有四名辅助官员，分别是侍御史胡舜陟、殿中侍御史胡唐老、监察御史姚舜明和王候。他们挨家挨户进去发掘了一遍，仍然无法凑足。八人中，以梅执礼的威望最高，他建议，既然无论如何无法凑足金银，不如给城内百姓留一点希望，直接告诉金人，任务已经完不成了，作为官员他们愿意承担责任。当他们的信到达了金军营地，不巧，恰好金人发现人质中携带了大量的金银，加上从二月二十一开始，通过出卖粮食又得到了一部分金银，这证明八位官员的说法是错误的，汴京城内还有大量的金银。⑤

这一天傍晚，八人被带到了元帅面前。一元帅询问为什么金银不足，四位主官均表示的确找不到了。

元帅大怒，问谁是负责人。其余的人战战兢兢，只有梅执礼表示，四人都

---

① 参考《靖康要录》。
② 参考《靖康纪闻》。
③ 参考《瓮中人语》。
④ 参考《靖康纪闻》。
⑤ 参考《中兴遗史》。

是负责人。

元帅命令将四位副手各鞭背五十下放回。胡唐老被打死，其余三人号泣着回到城内。梅执礼等人为副手求情未果。

副手走后，元帅让四位主要负责人骑马离开。他们回到南薰门附近时，突然被人叫住，原来元帅的命令到了。他们下马后，被要求跪在地上，依次被杀，头被砍下，让家人用金银赎回，身体扔在了城门口，直到一天后才有人敢收尸。①

关于四人之死，金人却有另外的说法。在元帅们煞费苦心地从汴京城敲诈金银时，北方的宋军已经逐渐集结在了康王的名义之下。当时北方城池的占领情况如下：宗泽占据了澶州，闾邱升在濮州驻扎，黄潜善在曹州，赵野、范讷在南京应天府（现河南省商丘市），向子野屯巨野，何志同屯许州。这些将领曾经商议要一同来汴京与金人决一死战，却由于心不齐，加之担心金军从城墙上进入城市，造成破坏，只能在远处观望。

康王的军队虽然不足以进攻，却让金军感到害怕，担心回去时受到攻击。他们听说汴京城内的四壁提举官已经成了康王的内应，提举官表面上帮助金军筹集黄金，实际上却收留残卒，准备乘康王打过来时做内应。金人杀掉四位官员，就是防止他们帮助康王。②

这种说法是否正确，已经无法考证，但至少金军是相信这样的说法的。这也表明金军的占领已经接近尾声了。

二月二十六，开封府推出新规矩，按照官员职级分成九等，每等各摊派一定的金银数目，平民分成三等，也各有数目。③比如，最高一级，两府、尚书的摊派是金二十两、银五百两、表缎三十匹。④

二月二十九，金人派人到普净寺，这里藏了朱勔家的许多书画，并到油衣库取走什物，再将太医局的玳瑁和药材拿走。⑤

---

① 参考《续资治通鉴长编拾补》。
② 《南征录汇》引《大金武功记》。
③ 参考《靖康纪闻》。
④ 参考《靖康要录》。
⑤ 参考《靖康要录》。

第四部　靖康之难

除了不断地搜刮之外，金人的纪律已经乱了套。金军不再满足于在城墙上搜刮，他们下到城内抢夺、搜查，也因此制造了不少事故和火灾。比如，二月二十三，封丘门、陈桥门被金人焚毁。二月二十八，保康门被焚毁，火势一直蔓延到延宁宫。三月初八，烧毁了天汉桥，并波及周围民屋百余家。[1]

随着搜刮进入尾声阶段，政权交接的大戏终于要拉开帷幕了。

以九族换取一城生灵

靖康二年（公元1127年）三月初一，这一天是大喜的日子，在金军营地里的张邦昌终于要回城了。

在送张邦昌回城的过程中，金军的首要任务是保证张邦昌不会被杀死。他们早早地向城内放了风：交割的时候是个活的张相公，如果交割之后他死了，不管你们找什么借口，都是你们杀了他。金人没有明说后果，但人们都知道这样的结果就是屠城。

城内的官员们最犯愁的，是应该按照什么礼节迎接这个"未来的皇帝"。最后决定，既然他还没有登基，还是按照宰相的规格来接待。御史台查了一下旧例，发现宰相入城，百官也应该到门口迎接，他们通知所有官吏必须于这一天的下午未时（一点），准时到南薰门迎接太宰张邦昌。

时辰到，公相们聚集在城门口达数千人，观看的百姓又有数万人。为了防止出现意外，范琼、汪长源等统制官领兵分列左右，从州桥到城门下如同两道铁墙一般。直到申刻（三点），张邦昌才赶到，文武百官站在城门内迎接，金人铁骑将他送到城门口，不入城，把他交割给范琼后，拨马就回。

当晚，张邦昌并没有进入皇宫，而是住在了尚书省内。不过由于他不是一般的宰相，照顾他的从员很多，有郎官十员值夜班，后来又增加了十员掌管各种事务，还有使臣十五员负责传递各种消息。[2]

---

[1] 参考《瓮中人语》与《靖康要录》。

[2] 参考《中兴遗史》。

在尚书省安顿下之后，百官们按照金人的意思请求张邦昌当皇帝。

不想张邦昌回来后，立刻宣称病了，连饭都不吃。众人把他逼急了，他就反问说："你们都怕死，就趁我不在把这个名头送给我，这不是来害我吗？我要答应了，不是大祸临头吗？"①

人们原本以为，张邦昌在金军营地时早就答应了当皇帝，现在才发现，张邦昌是刚刚知道这件事。在金军营地时，最初他对于百官推戴的事情完全不知情，后来，元帅们把百官的推戴信给他看，他大惊失色，表示这可不行，如果逼迫他，只有自杀一条路。

金人只好换了一个办法，表示准备立赵氏太子为皇帝，由张邦昌当宰相，监督盟约的执行。张邦昌这才答应了进城。②金人的意思是，只要骗张邦昌进了城，就可以利用宋人来劝说他。

三月初二，金军再次来信催促，表示给城内三天时间立张邦昌，否则立刻屠城。整个城市都慌了神，他们的命运掌握在一个病号的手中。三月初三，为了争取时间，百官们只好说张邦昌已经答应了，三月初七这一天就可以登基。

可另一面，张邦昌还是不吃东西，硬撑了四天。人们逼急了，他就拔出佩刀来要自杀，吓得人们赶快将他拦住，哭着说："相公你怎么在城外不死，偏跑到城里来死？你这不是害了一城的生灵吗？"

又有人劝说："相公你先权且当一下皇帝，等金人走了，你到底要做伊尹（将皇位还给赵氏），还是做王莽（将皇位据为己有），这都全在你自己。"

事出无奈，张邦昌只好答应下来，表示自己是以九族性命换取一城人的性命。③

当大部分人都谄媚地等待着张邦昌担任皇帝时，也并非没有反对者。在所有反对者中，最有能力的是以统制官、宣赞舍人吴革为首的一群青年军官。吴革曾向孙傅提议不要将太子送给金人，而是换一个孩子，在送出城的过程中将

---

① 参考《大金国志·楚国张邦昌录》。
② 参考《朝野佥言》。
③ 参考《大金国志·楚国张邦昌录》。

第四部 靖康之难

孩子摔死冒充太子的尸体，再把真太子偷偷藏起来或送走。但他的提议没有被采纳。这一次，吴革等人密谋于三月初八这一天发动政变。他们最主要的目标是范琼等亲金将领，由于范琼掌握军队，也是最配合金军的人，要想政变成功，必须首先将范琼等人杀死。杀死城内的亲金将领后，就可以争取城内所有军队和百姓的支持。然后，再命令军队从所有城门出城，列成两个主要战阵，与刘家寺和青城的金军两营对垒，劫掠金军营地，将二帝迎回。他们还制作了蜡丸送出城外，期待与城外的勤王部队里应外合。①

参与谋划的还有吕好问、马伸、张所、吴伦等人。一位叫作左时的人写了三封檄书，第一封指责金人侵略，第二封指责百官贪生怕死，第三封指责人民不反抗。从这三封书信中，也可以看出策划政变的是一个激进团体。

吴革等人之所以制定这个方案，是因为这时恰好有消息，四方勤王的人马快赶到了。金军的大部队都派到四方打仗去了，留在寨内的只有不满万人。这就给了城内可乘之机。

但即便这个消息是真实的，方案可行性也很小，要想从戒备森严的金军营地中将二帝救出，几乎是不可能的。不过，这也可以看作北宋武将阶层做出的一次绝望挣扎。

但接着，意外就出现了。在吴革等人做准备时，有人探得消息：有五十辆车从青城出发向东走了。吴革立刻想到这是金人把皇帝转移了，恸哭不已。如果皇帝离开了，那么一切策划都失灵了。

但实际上，吴革的猜测是错误的，皇帝一直在青城待着。可这个错误消息的确影响了吴革的准备工作。②

到了三月初六凌晨，有内官听说张邦昌三月初七就要登基，已经坐不住了，他们杀掉了妻子及其他家人，烧毁了居所，聚集了数百人，一起找到吴革，表示当天就要起兵。这时密谋已经公开化了。不过，吴革还是冷静地询问："如果提前举兵，城外的援军得不到通知，不是坏事了？"

---

① 参考《中兴遗史》。
② 参考《中兴遗史》。

来人告诉吴革，就算没有城外的援助，城内大约有五千士兵和数十万百姓可以参与。吴革考虑到事情已经暴露，不得不发，只好披甲上马，向北面的咸丰门杀去。到了金水河，已经是黎明时分，周围都是范琼的人。

范琼并没有强行攻打吴革，而是叫人假装吴革的同党，把他骗下马，和他的儿子一起，出其不意将他斩首。吴革死前颜色不变，破口大骂。他死后，与他起事的数百人都被杀戮在金水河畔。①

伴随着范琼镇压了起事，三月初七，册封大戏正式登场。

这天一早，大风，有日晕，百官、僧道都来到了尚书省，等待张邦昌出来。张邦昌从尚书省门口痛哭着上马，到了西府门，假装头昏要摔倒了，立在马上待了一会儿，回过神来，继续痛哭。到了午时，有人将他引到了宣德门的西门阙下马，进入幕后，在那儿他继续哭泣，但没有耽误换皇帝的衣服。

金人派遣了五十多个使者，带着数百随从骑马赶到。正使是特进尚书左仆射、同知枢密院事、监修国史、上柱国、南阳郡开国公、食邑二三千户、食实封二百户韩资政，副使是荣禄大夫、行尚书礼部侍郎、提点大理寺、护军、谯县开国侯、食邑一千户、食实封一百户曹说。礼直官是东、西上阁门使韩企先。持册命前来的人是金紫光禄大夫、左散骑常侍、知御史中丞、上护军、彭城县开国公、食邑一千户、食实封一百户刘恩。宣读册命的是枢密院吏房承旨、中散大夫、卫尉寺卿、上轻车都尉、清河县开国伯、食邑七百户、赐紫金鱼袋张愿恭。持皇帝印玺的是中大夫、行中书舍人、上轻车都尉、太原县开国伯、食邑七百户、赐紫金鱼袋王企中。将印玺供奉给皇帝的是枢密院户房主事、银青荣禄大夫、检校工部尚书、行太常少卿、兼侍御史、轻车都尉、陇西县开国子、食邑五百户李忠翊。

从这复杂的官名可以看出金人对于宫廷礼仪学习的迅速。金人赐给张邦昌的礼物如下：玉册（册匣、册床、行马一对）、金印大楚皇帝之宝（宝匣、宝床、行马一对）、红罗窄袄子、平面玉御带（纯金龙口束子、锦箱全）、银褐中单、乌纱幞头（衣匣、衣床、行马全）。②

---

① 《三朝北盟会编》引《伪楚录》。
② 《大金吊伐录校补》第一六三篇。

使者们穿着红衣，拿着册封文件。张邦昌从幕后出来，在御街上朝着北面拜谢，舞蹈。在隋唐两宋时期，官员拜见皇帝除了跪拜之外，还有一个环节叫作舞蹈，可能是官员向皇帝做一些代表尊敬的动作。但这些动作却已经失传了，只留下了"舞蹈"这个名字。

张邦昌向北舞蹈，表明他认可金国的正统身份，自己虽然贵为皇帝，也只是金国的附庸。

接着他跪下接受册宝。金人册封他为大楚国皇帝，接受北宋的半壁江山。首都也不再是汴京，而是迁到了金人暂时不感兴趣的长江流域，以金陵（现江苏省南京市）为都城。

张邦昌拜谢之后，金人作揖别过。到这时演的是"册命"一出戏。

金人退走后，由原来宋朝的文武百官接着演"朝贺"一出戏。百官从宣德门进入，穿着赭红色的袍子，张着红盖。张邦昌也步行从宣德门，经过大庆殿，到文德殿。在殿门口，有人给他送上皇帝专用的辇子，但他拒绝了，继续步行入殿。

他没有坐皇帝的正座，而是叫人在西侧又放了一把椅子坐下，接受了百官的朝贺。不过百官要下跪时，他立刻传令，表示自己是为了生灵才这么做，并不是真要当皇帝，请不要拜。但王时雍还是率领百官拜过，张邦昌一看连忙转身面向东拱手站着，表示没有接受。

整个仪式过程中，大部分人都哭丧着脸，表明这是不得已而为之。但有一小部分人却欣然而为，他们是王时雍、吴开、莫俦、吕好问、范琼、徐秉哲等亲金大臣，张邦昌当皇帝后，必须依靠这些人才能维持统治。[1]特别是王时雍，每次向张邦昌汇报，必定以"臣启陛下"开篇。[2] 在官职上，王时雍为权知枢密院事，领尚书省，吴开、莫俦皆为权枢密院，吕好问为权门下侍郎，徐秉哲为权中书侍郎，范琼是负责保卫皇帝的殿帅。[3]

---

[1] 综合《靖康纪闻》《大金国志》《中兴遗史》《续资治通鉴长编拾补》《三朝北盟会编》等。

[2] 参考《中兴遗史》。

[3] 参考《大金国志》。

在城内，人们给几位大臣起了外号，王时雍被称为"卖国牙郎"，吴开、莫俦主要负责传递消息，所以称为"捷疾鬼王"。[1]

当天，消息传到青城的宋徽宗耳中，太上皇立刻知道自己的命运已经定了，他必定被金人裹挟而去，正伤心的他泣下沾襟。第二天有人向他献了两句诗："伊尹定归商社稷，霍光终作汉臣邻。"意思是张邦昌必定会把皇权交还赵氏，太上皇边读边骂："等他把社稷还回来，我已经跑到比龙荒还北面的地方去了！"[2]

为了表示无心当皇帝，张邦昌还做了一系列的规定。虽然皇宫主人换成了他，他却只当一个皇宫的暂时保管人，不登正殿，又罢去了繁复的皇家礼仪规定。对于皇帝起居的大内，更是连门都不进，直接在各个门上贴了封条，写上"臣张邦昌谨封"。他不受通常的朝拜，百官见他不用山呼万岁，谈话时也从来不说"朕"这个皇帝的专用名词，而是用"予"来代替。由于有人将他的命令说成"圣旨"，他还专门下了一道命令（三月十二），规定不准说圣旨，只准称"中旨"；如果是当面得的命令，叫"面旨"；要发往四方的，称作"宣旨"；手诏则称作"手书"。总之避开一切可能让人误会的称谓。

只有一个场合，张邦昌不得不继续演戏，那就是金人在场的时刻。有时候，张邦昌穿着常服与宰执们议论，双方以名字相称，突然间，金人来了，他就立刻进去换上皇帝的服装。就连卫士都说："以前戏子演杂剧时都装作假官人，今天张太宰就是这样的一个假官家。"

不过，金人对他却非常有礼貌，元帅们下令，金使觐见张邦昌必须按照以前对待宋朝皇帝的礼仪。于是奇怪的事情出现了，在即位之前是张邦昌朝金人鞠躬，现在金人都是在台阶下拜见张邦昌。张邦昌有些不习惯，告诉金国使者可以随便一些，金使表示如果不这样，回去元帅会杀了他们。[3]

在张邦昌与群臣们演戏时，金军却开始准备撤离了。他们的军队也是各个部落拼凑的，到了夏天急着回北方。但在离开前，还需要做最后一次尝试，看

---

[1] 参考《续宋编年资治通鉴》。
[2] 参考《北狩见闻录》。
[3] 参考《大金国志·楚国张邦昌录》。

第四部　靖康之难

还有什么没有注意到的东西。于是，张邦昌登基之后邀请金人庆祝了几天，吃喝一番①，到了三月十二，就继续干正事儿了。

三月十二，金军将景灵宫席卷一空。景灵宫是皇帝祭奠天神和祖宗的所在，里面各种祭祀用品不少，金人将之卷走。

三月十三，劫掠宗庙。

三月十四，席卷内藏库。②

但这些还只是常规动作，金人最想要的还是金银，他们决定最后试一把。在开封府上报给金军的户口册中，注明汴京城一共有七百万户，这是一个庞大的数目，按照每户三人（很保守）来算，就是近两千一百万人，放在现代也是世界特大城市。可事实上，北宋末期全国总人口也只有五千万左右，比如，崇宁元年（公元1102年）的统计，是户两千零二十六万四千三百零七，口四千五百三十二万四千一百五十四人。具体到东京开封府，是户二十六万一千一百一十七，口四十四万两千九百四十人。③这个数据与上报数字差了二十多倍。

金人很纳闷，为什么这么多的人口，只有这么一点金银，于是决定采取摊派的办法再搜刮最后一遍，按照七百万人户来分摊金银。开封府明知道没有这么多人，却又不敢明说，只好把数额摊派在二十六万户的头上，结果，即便是最贫穷的家庭也摊派了金三十锭、银二百锭。

不想这件事产生了反作用。大家一看这已经成了胡闹，干脆连理都不理，金人威胁不交就屠城，可人们已经不怕死了，都威胁不动。另外，大家似乎捏准了金人的心态，既然已经准备撤离，他们的心思更多应该放在如何安全地撤退上，不大可能屠城了。④

这件事僵持到了三月十四，老百姓不配合，金人没有面子，大家都怨开封府做了傻事。最后出来收场的就是新任皇帝张邦昌。三月十四，张邦昌写信给金军元帅们，请求豁免金银，他表示进城之后察看一番，发现民间真的很穷了，

---

① 参考《靖康纪闻》。
② 参考《瓮中人语》。
③ 参考《宋史·地理志》。
④ 参考《靖康纪闻》《中兴遗史》。

榨不出来了，也希望元帅们给这个新成立的国家留一点家底。①

三月十五，张邦昌亲自前往青城与元帅们会晤，他带着七件事前往：第一，不毁赵氏的陵庙；第二，不要继续搜刮金银；第三，汴京城墙上防御用的楼橹不要拆掉；第四，既然定都金陵，但要等那边建设完毕，三年后再搬迁；第五，金军于五日内班师回朝；第六，张邦昌的国家叫大楚，他就叫大楚皇帝，不再另立庙号；第七，他需要犒赏军民功臣和大赦，但这个国家已经一穷二白了，需要金军支援一点金银作为犒赏之用。元帅们全都答应了下来。②

张邦昌见元帅们答应了，又提出了新的请求。他提议金人扣押的官员已经太多了，带回去也是累赘，不如放回一些，他的名单上包括冯澥、曹辅、路允迪、孙觌、张澂、谭世勣、汪藻、康执权、元可当、沈晦、黄夏卿、郭仲荀、邓肃，以及太学、六局、秘书省中用不着的官员。金军也答应了。

但张邦昌提出的另外五人，金军没有答应，他们是何㮚、张叔夜、孙傅、秦桧和司马朴，这些人大都是反对废黜赵氏的，他们必须与赵氏一同前往北方。他们的家族成员只要能抓住的也全部在迁移之列。

直到三月二十三，金人将释放人员送回时，才正式发布告示，宣布豁免了剩余的金银。③ 这一天放回的人有数千之众，除了官员，还有百姓、僧道等。④张邦昌作为一个傀儡政府，对于汴京城的保护却比宋朝两位皇帝还多。

那么，金军一共从汴京城榨出了多少金银呢？这也牵出了汴京围城史最悲惨的一幕……

---

① 《大金吊伐录校补》第一六七篇。
② 参考《续资治通鉴长编拾补》。
③ 参考《续资治通鉴长编拾补》。
④ 参考《靖康纪闻》。

第十六章
战争中的女人

卖妻女还债的皇帝

靖康二年（公元1127年）三月十五张邦昌前往金军营地会晤时，还带去了一份由开封府撰写的报告，这份报告之详细，让人们对开封府和徐秉哲的工作能力竖起了大拇指。

在了解报告正文之前，先看其中给出的上缴金银数字。报告指出，在第二次汴京围城期间，开封府一共向金军供奉金二十四万七千六百两、银七百七十二万八千两。[1]

这里可以把数字与第一次围城战做个比较。第一次斡离不围城，共获得金五十一万七千余两、银一千四百三十万二千余两。也就是说，第二次金军人数更多，还是两路大军合围，开出的价码也更高，获得的金银却比上一次少得多，只有上一次的一半左右。

这说明，汴京城的财富在上一次围城之后还没有恢复。对于这个数字，东路军元帅斡离不是无所谓的，他已经在上一次捞够了钱，也拿够了宝贝，但西路军元帅粘罕却有足够的理由不满意。上一次由于他没赶到，没有分到钱，这一次他是最后的决策人，而且地位在斡离不之上，在攻打城市时，粘罕的西路军也更卖力，反过来，斡离不既没有出太多的力，甚至还带着点同情给宋朝通风报信。

粘罕和士兵们之所以这么卖力，就是因为汴京城内巨大的财富在吸引着他们，他们在脑海中无数次将财富的数目放大过，没想到最后获得的还没有上次

---

[1] 参考《开封府状》。

斡离不多，总数少了一半，军人数量增加了不止一倍，攻城的开销也大了很多，每个人到手的财富可能只是上次的十分之一到五分之一。

到手的财富这么少，那么怎么才能安慰这些远道而来的士兵呢？答案是一个历次战争都存在的秘密——女人。

事情要从斡离不得到的一个女人谈起。靖康元年十二月初九，两位元帅曾经索要奸臣蔡京、童贯、王黼等人的家属。在移交家属时，有一位蔡家的婢女归了二太子斡离不。这位婢女姓李，她曾经是宋朝公主茂德帝姬赵福金的侍女（金人习惯称之为福金帝姬），茂德帝姬嫁给了蔡京的儿子蔡鞗。蔡鞗被皇帝送给了金军，茂德帝姬作为公主，回了娘家，不会被遣送。

斡离不以前曾听宋朝使节邓珪提起过赵氏公主们的美貌，早就馋涎欲滴，这时正好找李氏来核对一下。李氏立刻告诉斡离不，最美的就是她曾经的女主人——茂德帝姬。带有点花花公子性格的斡离不立刻提出和亲要求，但没有收到答复。①

到了第二年正月初八，宰相何㮚前来请求减少金银数目，两位元帅都不同意，却提出了不同的建议。粘罕还是希望宋朝先完成前面约定中的哪怕任意一项，再讨论其他项目的减免；而斡离不却明确提出，除非皇帝答应和亲，否则免谈。②

正月初十，皇帝来到青城，但两位元帅却迟迟没有相见。元帅们授意使者萧庆向皇帝提出了新的建议，包括：亲王、宰执各两人作为人质，皇帝使用的冠冕、车辂、宝器两千具，并希望将岁币再增加银绢二百万两匹。这些还都属于常规要求，更重要的是，从这时开始，元帅们提出新的要求：女人。

首先的要求是，北宋提供民女和女乐各五百人，同时，必须提供两位赵氏宗族的女子（实际上必须是帝姬）送给两位元帅，进行和亲。

宋朝的大臣争辩了很久，最后还是不得已答应了。③

但在暗地里，斡离不还有更深的打算。他派遣杨天吉、王汭与北宋代表吴开、

---

① 《南征录汇》引《雏凤清声》。
② 《南征录汇》引《寿圣院札记》。
③ 《南征录汇》引《大金武功记》。

莫俦交涉，提出在遣送家属时，虽然送来了蔡京的儿子蔡鞗，但蔡鞗的妻子茂德帝姬却没有在列。帝姬既然已经出嫁，自然算是蔡家的人，理应遣送。如果不送来这位帝姬，就谈不成和议。皇帝也只好答应，写信进城，要求遣送茂德帝姬，并告知城内他已经答应了和亲。①

正月十三，元帅们又想明白了，既然是和亲，到底选哪个帝姬就需要自己选，否则宋朝可能找两个既不好看也不受宠的帝姬，随意打发一下。皇帝只好派王宗沔入城找太上皇协商，王宗沔边走边哭，让城内的百姓们胆战心惊。②

但这一次，太上皇拒绝了和亲，茂德帝姬也没有遣送。

正月十四，太上皇的意见传了回来，皇帝只好再找元帅们商量。在帝姬的选择上，不方便将已经嫁了人的帝姬送出来。按照汉人的规矩，一个女人通常只能嫁一次人，即便有例外，也大都是丈夫将女人休掉，或者丈夫去世，既然这两种情况都没有发生，就不能随便将帝姬再许给别人。③

但随着情况的恶化，女人迟早是保不住的。正月二十二，萧庆与吴开、莫俦等人终于谈定了最后的条件，这个条件也将宋朝的公主们打入了深渊。具体条件如下：

第一，太上皇不用出城，也不用跟金人北行，但是，必须以太子、康王、宰相等六人为人质。

第二，金军承诺不占领黄河南岸与汴京，但必须将帝姬两人，宗姬、族姬各四人，宫女二千五百人，女乐等一千五百人，各色工艺三千人交给金军，同时承诺每年增加岁币五百万两。

第三，原定的亲王、宰相和河北地区守臣的家属都必须尽快交割。

第四，也是最重要的一条，原定的金一百万锭、银五百万锭必须在十天内交割完毕，如果无法按时完成，就必须将皇家的女人们作价卖给金军，以充金银之数。具体的价格是，帝姬和王妃每人一千锭金，宗姬一人五百锭金，族姬一人

---

① 《南征录汇》引《寿圣院札记》。
② 这一天还再次提出来让太上皇出宫，还是被皇帝挡回去了。
③ 《南征录汇》引《青城秘录》。

二百锭金，宗妇一人五百锭银，族妇一人二百锭银，贵戚女一人一百锭银。①

也就是说，只要无法完成金银的缴纳数目，几乎所有赵氏的女子都无法幸免于难。从前一个月的征缴情况看就很明显了，金银的数量是注定无法凑够的。既然这样，皇帝为什么会签这个出卖了所有女人的协议？这可能是一个无法解开的谜团。也许他并不知道开封府筹措了多少金银，还差多少；也许隔离太久的他已经对一切都不在乎了，只求早点解脱，不管什么条件都可以签字。

正月二十八，是金军营地狂欢的一天。根据宋金协议，北宋需要将八千女人送入金军营地，这项工作从正月二十五开始，开封府给抓到的每一位女性都穿上漂亮的衣服，送往金军营地。到正月二十八，已经有五千位女性被送到金军营地，金军选择了三千处女收下，将其他的退回来要求更换，国相粘罕自己留下了数十人，剩下的分给了各位将领，官职在谋克以上可以分数人，官职在谋克以下分一到二人。

粘罕分得了数十人，那么二太子斡离不又如何呢？斡离不获得了更大的收获——茂德帝姬入手了。由于太上皇不同意和亲，如何把茂德帝姬送给斡离不泄欲，成了开封府的要紧事。这一天，恰好蔡京、童贯、王黼家的歌伎各二十四人要送往刘家寺，开封府就把茂德帝姬冒充歌伎送往了皇子寨。茂德帝姬最初并不知道自己已经被做了交易，见到斡离不后面如蜡色，浑身战栗。斡离不是个软心肠的人，连忙让原来伺候过她的李氏出来安慰帝姬。李氏款款相劝，乘机将她灌醉送入了斡离不的房中。

也是从这时开始，金军的秩序荡然无存。由于军官们每人都分到了女人，士兵们却不可能得到这样的待遇，他们唯一的方法，就是进城劫掠。按照元帅们的规矩，士兵必须在城墙上不能下去，但进城消遣已经成了惯例，即便在大白天，城里也有大摇大摆毫不避讳的金兵。

牺牲茂德帝姬本来是为了解救皇帝，但不想这件事是斡离不背着粘罕做的。到了二月初四，斡离不私吞茂德帝姬的消息被宋朝使臣邓珪不小心泄露给了粘罕，粘罕大怒。②

---

① 《南征录汇》引《青城秘录》和《行营随笔》。
② 《南征录汇》引《寿圣院札记》《行营随笔》。

之前，粘罕虽然想废掉皇帝，但在斡离不的劝说下改变了想法，不再强调废赵氏，而是希望将赵氏变成藩国。但听说了斡离不私藏茂德帝姬之后，加上发现汴京城还藏有不少黄金，粘罕改变了态度，决定废黜皇帝。①

男人之罪女人偿

二月初六，皇帝被废黜；初七，太上皇出城。随着太上皇出城的还有大量的宗室女子。这时，由于金银数量不够，皇帝与元帅的对赌协议也已经生效，这些宗室女子事实上都被皇帝卖给了金人，只是她们本人还不知道罢了。

在出城时，太上皇还请求元帅们不要动那些已经嫁人的女人，但元帅们只同意让他保留自己的妻妾，其余的人他管不着。②

同样是从二月初七这一天开始，北宋灭亡就到了最悲惨的一幕：北宋朝廷用女人的身体来偿还男人的债务。

当天夜里，粘罕宴请金军诸位将领，他命令宋朝宫廷的宫嫔们换上歌伎的衣服出来表演，还间坐在男人中间劝酒。有的女人不愿意做，其中有三位分别姓郑、徐、吕的宫人明确拒绝了，粘罕命令将她们斩首示众。她们的英勇换不来一个留名的机会。当天夜里，又有一人用箭镞戳喉自杀而死，只是为了不受辱，但她连姓氏都没有留下。③

二太子斡离不的营地也好不到哪儿去。事实上，早在二月初四那天，就有烈女张氏、陆氏、曹氏不肯屈从于二太子，被用铁杆串起来竖在营前，三天才死绝。斡离不号称菩萨太子，标榜不轻易杀生，对待北宋君臣也更加仁慈，但对女人上却没有表现出丝毫的怜悯。

到了二月初七，更多的王妃帝姬被送入刘家寺寨子里，斡离不就指着三人的尸体，告诉她们如果不服从这就是后果。见惯了太平的女人们吓得只求饶命。

---

① 《南征录汇》引《寿圣院札记》《行营随笔》。
② 参考《南征录汇》。
③ 《南征录汇》引《行营随笔》。

斡离不让茂德帝姬出面安慰她们，让她们宽衣解带洗浴完毕，再换上歌伎的衣服伺候宴席。①

除了一开始大批被送来的女人之外，有很多女人藏到了民间。但开封府用超高的效率将她们一一揪出，因为只有完全找到了她们，才能让金军早点离开。

二月初八又有王妃帝姬六人被送往金军营地，二月初九、初十有九人被押解到刘家寺。这一天，二太子与一位姓朱的妃子的对话最能反映妇女的遭遇，这位朱妃只有十三岁，不肯屈服于二太子，于是斡离不说："你是一千锭金子买来的，怎么敢不从我？"

朱妃问道："谁卖的？谁拿了金子？"她得到的回答是皇帝把她们卖了充犒军钱。

朱妃仍然倔强地说："谁犒军，谁就抵债，我的身体怎能受辱！"

二太子反驳说："你们皇帝当初不也是从民间选宫女数千人？今天你们灭了国，你就只是民妇，按照规矩入贡于我，也是本分，更何况还是抵债！"

朱妃无奈闭嘴，伺候她的小宦官请娘娘自重。但最终小宦官却不堪丧国之辱自杀了。②

二月十一，除了朱皇后、太子、柔嘉公主（属于宋钦宗）出城入青城寨之外，还搜出来四位王妃、帝姬送入刘家寺。③

关押宋朝俘虏的地方主要有两个。国相的青城寨主要关押两位皇帝，以及亲王的家人，还有重要的大臣，他们被押在斋宫之中。二太子的刘家寺寨则主要关押其他不那么重要的人，大量的王妃、帝姬都被送到了这里，他们被关在刘家寺寺庙群中一个叫寿圣院的地方。另外，两地都有大量的女人随时供将领们享用，青城寨装不了这么多人，粘罕又让人在旁边建了一座木寨（二月十四建成），让童女、宫女、新来的宗戚妇女住进去。④

由于人数众多，条件艰苦，加上各种虐待，俘虏出现了大量死亡的现象，

---

① 《南征录汇》引《寿圣院札记》。
② 《南征录汇》引《寿圣院札记》。
③ 《南征录汇》引《行营随笔》。
④ 《南征录汇》引《毳幕闲谈》。

即便宗室也不例外。二月十五，宋徽宗的儿子建安郡王赵模在青城斋宫去世。恰好这时有一个叫李浩的人被误抓了过来，他长得有点像相国公赵梴，宋徽宗想让李浩冒充相国公，让相国公找机会逃走。但一直没有找到机会，只好让李浩继续冒充相国公，而真的相国公顶替了建安郡王。他们都被金军带往了北方。[①]

二月十六，妇女集结完毕，两位元帅下令那些分配给金军将士的妇女脱下汉装，换上金人的衣装。有些女人在家就已经有了身孕，元帅们专门派医生为她们打胎。[②]

二月十七，粘罕在青城寨宴请斡离不，他们从宋朝供奉的女人中选择了三千人作为献给皇帝的贡品，之后又将一千四百人赏赐给将士。两位元帅身边各有上百人。[③] 这些妇女并非都很悲惨，只要服从了元帅，她们立刻就可以获得大量的赏赐，穿着秀曼光丽的衣服，戴着紫色的头巾，装饰着金色的束带。[④] 此时的金军营地才有了征服者的感觉，寨子里堆着如山的金银宝物，将士们拥抱着各色的美人，军纪坏到了极致。

第二天，斡离不在刘家寺宴请粘罕，号称太平合欢宴。在座的不仅有金军的重要将领，还把宋朝两位皇帝、皇后也请去了。宾客们上午巳时（九点）入座，粘罕、斡离不、阇母、讹鲁观、谷神（兀室）、阿懒、挞懒、蒲鲁虎、设也马、斜保十人，加上太上皇、郑太后、宋钦宗、朱后，坐在堂上，每席两人，其余三十二位将领坐在堂下。

金军将领斜保请斡离不找二十位妃姬，以及三十二位歌伎劝酒。这二十人原本都是宋徽宗的人，现在却成了金军的盘中餐。她们一上场，两位皇帝和两位皇后立刻要避开，却被粘罕制止了。皇帝们不情愿地一直坐到曲终席散，才获准离开。

在离开前，斡离不突然请求太上皇将富金帝姬嫁给金军将领设也马。太上皇表示，富金已经有家了，按照中国传统，一女不嫁二夫。太上皇的话让国相大怒，他当着太上皇的面，让将领们每人挑两位出场的妃姬带走。

---

① 《南征录汇》引《毳幕闲谈》。
② 《南征录汇》引《寿圣院札记》。
③ 《南征录汇》引《大金武功记》。
④ 参考《建炎以来系年要录》。

反而是宋徽宗的皇后郑太后看到自己的侄媳妇在堂下,连忙跪下请求粘罕,表示自己不参与朝政,也不想连累家人,请求国相不要叫人挑侄媳妇。粘罕点头同意,郑太后救下了侄媳妇。①

不过,五天后,国相又命令将领们将领走的妃嫔还回来,算是优待太上皇。大部分将领遵从了,只有真珠大王设也马与宝山大王斜保没有归还。②

在所有妇女中,康王的母亲韦贵妃与妻子邢氏受到了特殊对待。由于康王还没有回来,金人不断地催促他回京,也将他的妻母从青城寨斋宫调往了刘家寺的寿圣院,斋宫囚禁的大都是高官贵贵的家庭,刘家寺大都是皇帝的妃嫔。

随着金军的蹂躏,寨中死亡的妇女也逐渐多了起来,其中不乏有地位的。开封府把郓王一个妃子王氏送到刘家寺,王氏立刻选择了自杀。③二月二十,身处于青城寨的信王妃不堪凌辱,选择了自杀。④二月二十四,仪福帝姬生病,获准到刘家寺寿圣院休养。⑤二月二十五,另一个帝姬——仁福帝姬——死在了刘家寺。二月二十八,贤福帝姬死于刘家寺。三月初七,保福帝姬死于刘家寺。⑥三月十三,由于皇帝的女儿太少,甚至在金军中还引起了纷争。比如,在二月二十六,万户赛里派遣千户国禄都给元帅府写了封信,表示他的弟弟野利已经和十七岁的柔福帝姬(名叫多富)订了婚,下过了聘礼。柔福帝姬被关押在帅府中,赛里请求元帅将帝姬释放,好让野利娶了她。

两位元帅很纳闷,帝姬们在深宫大院里,出城后又被严格地控制在刘家寺的寿圣院,野利到底有什么机会见到她们,又怎么会下过聘礼呢?他们把柔福帝姬找来询问,原来在出城那一天,柔福帝姬的轿子坏了,几位下了城的金军将她抓到了旁边的民居里,一人自称是北国大王的弟弟,送给她一个香囊。这个人就是野利,香囊就被当作了聘礼。野利还号称只要柔福帝姬跟了他,就和

---

① 参考《南征录汇》。
② 《南征录汇》引《青城秘录》。
③ 《南征录汇》引《行营随笔》。
④ 《南征录汇》引《青城秘录》。
⑤ 《南征录汇》引《雏凤清声》。
⑥ 《南征录汇》引《屯翁日录》。

在汴京一样有享不完的荣华。

元帅们大怒，野利不仅违反了不让下城的命令，而且还抢夺帝姬，他们把野利押到南薰门斩首。① 野利到头来不但没有得到公主，反而丢失了性命。

最详细的皇帝后宫报告

对于女人的抢夺到了三月十五基本上告一段落。这一天，新皇帝张邦昌拜访元帅时，也带去了一封开封府写的最终报告。这份报告成了汴京城女人们遭遇的最佳写照。

平日里，人们对于皇帝后宫的女人虽然充满了好奇，但几乎没有人知道她们姓甚名谁。人们提到她们时，只是提称号而已，比如郑皇后、乔贵妃、崔淑妃、王德妃、韦贤妃，等等。至于更低级的妃嫔们，她们在历史中只不过是一粒不值得标记的尘埃。

偏偏靖康之耻将宋徽宗的宫廷彻底打开，金人在收集皇帝的妃嫔时一丝不苟，加上又有一个执行力强大的开封府做后盾，将皇帝的后宫硬生生做成了标本展现在后人的面前。我们这才知道，原来每一个女人都是有名字的，比如，宋徽宗除了五个后妃之外，还有嫔三十一人，分别叫金弄玉、陈娇子、月里嫦娥、申观音、金秋月、朱素辉、左宝琴、新刘娘、李珠媛、萧金奴、席珠珠、朱桂林、曹柔、周镜秋、徐散花、林月姊、王月宫、阎宝瑟、任金奴、林菱香、余羞花、王三宝奴、郑媚娘、蒋敬身、陆娇奴、毛朱英、黄宝琴、陈大和、秦怀珊、奚巧芳和江南春。

此外还有四十一位宠婢、六十七位婢，细心的开封府将她们的名字一一登记在案。② 这些千娇百媚的名字对应着一个个活生生的人，在平常，她们都被淹没在庞大的集权帝国机器之中，不配有名字。从这个意义上说，金军的入侵，让她们从历史的角落中走出来，至少留下了一个记号在史书中。

---

① 《南征录汇》引《行营随笔》。
② 参考《开封府状》。

表　开封府移送皇室名单[①]

皇室名单	皇室称谓及年龄	与宋徽宗亲属关系及其命运
皇子二十三人，另有二人早殁，康王构（二十一岁）逃脱，后为南宋高宗	郓王楷，二十七岁	徽宗第三子，天会八年六月二十六殁于韩州
	肃王枢，二十六岁	徽宗第五子，天会八年十月殁于五国
	景王杞，二十四岁	徽宗第六子
	济王栩，二十二岁	徽宗第七子
	益王栻，二十一岁	徽宗第八子
	祁王模，二十岁	徽宗第十一子，天眷元年八月十一殁于五国
	莘王植，二十岁	徽宗第十二子
	徐王棣，十九岁	徽宗第十四子
	沂王㮙，十八岁	徽宗第十五子，天会十年七月伏诛于五国
	和王栻，十七岁	徽宗第十七子，天会六年九月为其兄㮙谋害
	信王榛，十七岁	徽宗第十八子，天眷二年六月十九殁于五国
	安康郡王楃，十六岁	徽宗第二十子
	广平郡王楗，十五岁	徽宗第二十一子
	相国公梃，十五岁	徽宗第二十三子
	瀛国公樾，十三岁	徽宗第二十四子，天会九年四月十八自戕于五国
	建安郡王楧，十三岁	徽宗第二十五子，天会五年二月十五殁
	嘉国公椅，十岁	徽宗第二十六子，天会八年九月殁于五国
	温国公栋，九岁	徽宗第二十七子
	英国公橞，八岁	徽宗第二十八子
	仪国公桐，七岁	徽宗第二十九子
	昌国公柄，六岁	徽宗第三十子，天会十年十月殁于五国
	润国公枞，五岁	徽宗第三十一子
	韩国公相，三岁	徽宗第三十二子

[①] 参考《开封府状》和《宋俘记》，均出自《靖康稗史笺证》。

第四部 靖康之难

续表

皇室名单	皇室称谓及年龄	与宋徽宗亲属关系及其命运
近支亲郡王七人	濮王仲理,晋康郡王孝骞,平原郡王孝参,和义郡王有奕,永宁郡王有恭,燕王俣,越王偲	
帝姬二十一人,另有六人早殁	嘉德帝姬,玉盘,二十八岁	入蒲鲁虎寨,天眷二年没入宫,三年十二月殁
	荣德帝姬,金奴,二十五岁	入挞懒(完颜昌)寨,天眷二年没入宫,皇统二年封夫人
	安德帝姬,金罗,二十二岁	靖康二年十月二十六殁于多昂木寨
	茂德帝姬,福金,二十二岁	天会六年八月殁于兀室寨
	成德帝姬,瑚儿,十八岁	天会六年八月入洗衣院
	洵德帝姬,富金,十八岁	嫁真珠大王设也马为妃
	显德帝姬,巧云,十七岁	天会六年八月入洗衣院
	顺德帝姬,缨络,十七岁	入云中御宅,天会十五年殁于五国习古国王寨
	仪福帝姬,圆珠,十七岁	入兀术寨
	柔福帝姬,多富(嬛嬛),十七岁	入洗衣院,天会十三年入盖天大王寨,遭嫁徐还,皇统元年亡
	保福帝姬,仙郎,十六岁	殁于刘家寺
	仁福帝姬,香云,十六岁	殁于刘家寺
	惠福帝姬,珠珠,十六岁	嫁宝山大王为姜
	永福帝姬,佛宝,十六岁	天会六年八月入洗衣院
	贤福帝姬,金儿,十六岁	殁于刘家寺
	宁福帝姬,串珠,十四岁	入讹鲁观寨,天眷二年没入宫,皇统元年封夫人
	和福帝姬,金珠,十二岁	天会六年八月入洗衣院
	令福帝姬,金印,十岁	天会六年八月入洗衣院
	华福帝姬,赛月,九岁	天会六年八月入洗衣院,皇统元年封次妃
	庆福帝姬,金姑,七岁	天会六年八月入洗衣院,皇统元年封次妃
	纯福帝姬,金铃,四岁	天会六年八月入洗衣院
皇孙十六人	太子谌,郓王子三,肃王子二,景王子一,济王子二,益王子一,邠王子一,莘王子二,仪王子二,徐王子一	

续表

皇室名单	皇室称谓及年龄	与宋徽宗亲属关系及其命运
皇孙女三十人	柔嘉公主，郓王女六，肃王女二，景王女二，济王女七，康王女五，益王女一，祁王女二，莘王女二，徐王女二	
徽宗后妃五人	郑皇后	从徽宗，天会八年九月初五殁于五国
	乔贵妃，四十二岁	从徽宗，流五国
	崔淑妃，三十六岁	从徽宗，流五国
	王德妃，三十五岁	靖康二年六月初四殁于燕山
	韦贤妃，三十八岁	高宗母，入洗衣院，天会十三年遣五国，绍兴十二年四月归宋
徽宗嫔三十一人	金弄玉，陈娇子，月里嫦娥，申观音	入讹鲁观寨
	金秋月，朱素辉，左宝琴，新刘娘	入萧庆寨
	李珠媛，萧金奴，席珠珠	入葛思美寨
	朱桂林，曹柔，周镜秋，徐散花，林月姊，王月宫，阎宝瑟，任金奴，林菱香，余羞花，王三宝奴，郑媚娘，将敬身，陆娇奴，毛朱英，黄宝琴，陈大和，秦怀册，奚巧芳，江南春	从徽宗，入五国
徽宗宠婢四十一人	新王婕妤，小王婕妤，周春桃，狄金奴，邵元奴	从徽宗，入五国
	曹小佛奴	入葛思美寨
	奚拂拂，裴宝卿，管芸香，谢吟絮，江凤羽，刘蜂腰，刘菊山，阎月媚，朱柳腰，俞小莲	入洗衣院
	莫青莲，叶小红，李铁笛，邢心香，姚小娇，罗醉杨妃，程云仙，高晓云，小金鸡，邢小金，卢袅袅，周河南，景樱桃，何羞金，辛香奴，徐葵葵，朱凤云，冯宝玉儿，芮春云，曾串珠，顾猫儿	入诸郎君寨
	邱巧云，郭小奴，方朝云，卫佛面	道殁

第四部　靖康之难

续表

皇室名单	皇室称谓及年龄	与宋徽宗亲属关系及其命运
徽宗婢六十七人	李春燕	归张邦昌为后
	陈桃花，杨春莺，郭佛迷，曹大姑	入真珠大王寨
	郑佛保，谢三奴，任玉桃，吴阿奴	入宝山大王寨
	霍小凤，何青凤	入高庆裔寨
	郑巧巧，张小花	入耶律余睹寨
	王猫儿，刘白古，张好郎，孙心奴	入兀室寨
	费兰姑，吴富奴，朱燕姑，刘鸳鸯	入娄宿寨
	沈金男，马兰廋	入刘思寨
	韦月姑，张贝姑，卫福云，刘阿奴，文杨妃，王赛莲，刘月奴，乔瑞芳，黄朱红，张月仙，向袖云，彭佛哥，梁温和，王剪云，吴端姑，钟大宝，王月奴，杨吉保，叶金姑，恽花云，张花媚，王金姑，李巧郎，黄观音，李双飞，姜银铃，徐春罗，曾四面，田倩云，李仙桃，荀玉虎，顾小郎，褚观音，潘玉儿，任蕙卿，刘春芳，王红奴，芮二南，王杏林，纪男郎，汤三姑，邢柳姊，汪和姑，于一剪红	道殁十一人，余入云中御寨
钦宗后妃二人	朱后	从钦宗，流五国
	朱慎德妃	从钦宗，流五国
钦宗嫔十人	郑庆云，狄玉辉	从钦宗，流五国
	刘月娥，何凤龄，郑月娥，薛长金	入真珠大王寨
	卢顺淑，戚小玉，韩静观，鲍春蝶	入宝山大王寨

续表

皇室名单	皇室称谓及年龄	与宋徽宗亲属关系及其命运
钦宗婢 二十七人	曹妙婉，卜女孟，席进士，程巧，俞玩月，黄勤	殁于水
	卫猫儿	自刎
	徐宝莲，姜田田	病殁
	顾顽童，芮秀，严莺簧	入宝山大王寨
	杨调儿，陈文婉	敕赐真珠大王
	朱淑媛，田云秀，徐钰，许春云，周南，何红梅，方芳香，沈知礼，叶寿心，华正仪，吕吉祥，褚月奴，骆蝶儿	入洗衣院
另有皇子妃三十四人，亲王妃十八人，王女二十三人，驸马八人		

表　汴京女子换钱表[1]

项　目	单　位	收　益
选纳妃嫔八十三人，王妃二十四人，帝姬、公主二十二人	人准金一千锭，帝妃五人倍益	金十三万四千锭
嫔御九十八人，王妾二十八人，宗姬五十二人，御女七十八人，近支宗姬一百九十五人	人准金五百锭	金二十二万五千五百锭
族姬一千二百四十一人	人准金二百锭	金二十四万八千二百锭
宫女四百七十九人，采女四百零四人，宗妇两千零九十一人	人准银五百锭	银一百五十八万七千锭
族妇两千零七人，歌女一千三百一十四人	人准银二百锭	银六十六万四千二百锭
贵戚官民女三千三百一十九人	人准银一百锭	银三十三万一千九百锭
合计		金六十万七千七百锭，银二百五十八万三千一百锭

---

[1] 参考《开封府状》，出自《靖康稗史笺证》。

不过，开封府将她们登记下来，并不是出于好意，而是为了将她们移交给金军。开封府之所以这么卖力地抓捕这些女人，是因为她们担负着"卖钱"的重任。宋钦宗曾经与金军签过对赌协议，完不成筹集金银的任务，就将女人卖给他们。

那么这些女人到底有多值钱？按照开封府的计算，帝妃五人的价格是每人五千锭黄金，王妃、帝姬、公主四十六人的价格是每人一千锭黄金，加起来就是十三万四千锭黄金。开封府花了巨大的力气，才一共凑了四万九千五百二十锭黄金，这还是金军减少之后的数目，卖掉五十一位后妃公主换来的金子，就已经是上缴黄金数目的两倍半还多。

除了五十一位后妃公主之外，还有一万一千五百零六名妇女被皇帝卖给了金人，一共（加上后妃公主）换回来金六十万七千七百锭、银两百五十八万三千一百锭。

与之对比，金人要求的战争赔款是金一百万锭、银五百万锭。筹集的真金白银折合金四万九千五百二十锭、银一百五十四万五千六百锭。也就是说，卖人收入占了赔款的一半以上。真金白银只能凑够赔款的一小部分。

但即便加上卖人收入，最后仍然不够赔款数额，依然欠缺黄金三十四万两千七百八十锭、白银八十七万一千三百锭。[1]这些还不上的钱，就只好靠张邦昌求情，由金人将其赦免。

从这个意义上来说，汴京城不是由皇帝救下的，而是由女人们和张邦昌联手将它带出了深渊。

---

[1] 参考《开封府状》。

第十七章
撤离

部署撤退

既然张邦昌成了新皇帝，金军也获得了大量的女人和战争赔偿，剩下的就是撤离问题了。

元帅们本来还指望完成河北与山西诸城的交割，但从新的形势来看已经很困难。康王在外集结了越来越多的人马，他们虽然都不攻打汴京，但依然是金军的巨大威胁。两支金军在外待了太久，军纪逐渐失控，如果再不走，一次不经意的败仗，就可能产生雪崩效应，到时候就收不住了。康王占据的地区大都在河北，看来，只好借助下一次南侵，加上张邦昌的配合，才有可能完全控制河北地区。

金人对于步步为营的蚕食战略一点也不陌生。通过第一次汴京围城，金国获得了燕京地区，并逼迫宋朝承诺割让三镇。由于金军撤退后宋朝不肯交割三镇，给了金军借口以发动第二次进攻，将三镇掌握在手中，并逼迫南朝（宋、楚）承诺割让整个黄河以北地区。如果南朝再不履行协议，金军可以以此为借口发动下一次进攻，到时候，黄河以北就会正式落入金人囊中。

但对于元帅们来说，最大的问题是，到底怎么才能安全地回到北方？入侵时他们依靠的是闪击战，但撤退时金军已经变成了另一支军队，他们带着大量的金银珠玉锦帛，马上驮着的是女人不是战士，每个人都带着发财的冲动和对女色的贪婪，他们不想打仗，只想多活几年好好享受一下。这时候的金军最不愿意碰到的就是北方的宋军。这些宋军有的是康王的正规军，有的只是打家劫舍的强盗，他们感兴趣的不是报国雪耻，而是金军巨大的财富。当然，北宋强

第四部　靖康之难

盗们如果能碰巧将太上皇和皇帝救下来，那这一辈子升官发财就不用愁了。

到底怎么才能避开这些军队，金军也做了一定的部署。

早在立张邦昌之前的三月初四，粘罕的弟弟阿懒（汉名完颜宗宪）就押着一千零五十车书籍礼器等上路了。阿懒是金人中最有文化修养的士人，在攻克汴京之初，当别人都蜂拥而上争夺财物时，只有阿懒瞄准了城内的书籍。元帅们向北宋索要书籍，大都是应阿懒的要求。这些书籍送往北方之后，可以帮助新兴的国家制定规章制度和礼仪，但要把它们运送往北方也是一项大工程。根据粘罕的指示，阿懒押着书籍作为先行部队，在车头插上北宋皇帝皇后的旗帜，让人们以为是皇帝启程了。[1]

如果康王有实力，一定会袭击阿懒的队伍。只要康王放过了这支队伍，阿懒能够安全到达北方，就证明河北的道路不用担心。

阿懒的出发，还造成了汴京城内的误会，在城内的吴革正在准备起兵，突然听说青城寨内有不少车辆出发，以为皇帝被送走了，吴革大哭起来。[2]这件事也打乱了城内义兵的部署，三月初六提前起兵，又很快被镇压。

另一方面，金军也开始清扫归去的道路，三月初十、十一、十二连续三天，金军与康王的部队在开德、兴仁、濮州、千秋镇、南华一带接连遭遇，金军都以获胜告终。其中南华之战更是摧毁了宗泽精心组织的车阵。[3]由于宗泽是康王的主力战将，他的失败也说明康王还没有实力抗击金军。

康王考虑更多的是金军走后的秩序重建，并不想将金军截留在内地。三月十九，他的军队收复了西京洛阳，[4]从这件事也可以看出，他们不打算与金军直接对抗，而是首先将处于金军控制边缘的地区收复，等金军撤走，再回头占领中心区域。

到了三月十八，阿懒已经过了河北区域，他派人回来报平安。既然打着宋朝皇帝的旗号都没有遭到阻拦，表明这一路是安全的，两位元帅从这一天开始

---

[1]《南征录汇》引《大金武功记》。
[2] 参考《中兴遗史》。
[3]《南征录汇》引《大金武功记》。
[4]《南征录汇》引《大金武功记》。

下令整装待发。当天，张邦昌请求宴请两位元帅，元帅们都有事情，派设也马和斜保前往。①

金军的撤离开始加速，这也影响了宋钦宗，他知道自己的命运已经注定，在三月二十一写信给城内，要求他们服从于新主子。但他又请城内可怜可怜老主子，送一点上路钱吧。前皇帝索要的不多，只要一点厨房用品，加上三千贯现钱。三月二十二，元帅府又赠予太上皇三千两白银、表缎四端、火燎头笼（取暖用）四具。②

张邦昌也加紧活动，请求释放的人越来越多，除了大臣之外，还请求将赵氏的帝姬和诸王夫人遣返，但都被拒绝了。他一共救出了宋朝大臣十一人、妇女儿童三千人，这已经是他能力的极限了。③

太上皇的皇后郑太后也乘机救下了娘家人。三月二十七当粘罕与太上皇相见时，太上皇穿着紫色的道服，戴着逍遥巾坐着轿子来到了寨门口。他与元帅相见后，要求元帅将出嫁的帝姬留下，没有获得批准，反而是郑太后再次表示，自己的娘家人不参与政治，请求将他们留下。元帅答应了。这是郑太后第二次救下自己的娘家人。就连金军也说，皇后口才好，进退有度，加上容止雅丽，所以能够得到元帅的尊重。④

三月二十五，元帅们下令，诸军三月二十八下城离开。到了三月二十六，金军的前军就已经上路了，这一天，多昂帜烈率领两万士兵，押着宗室和驸马家属三千余人，以及大量的金银表缎车辆上路。⑤

三月二十六，城外火光冲天，金军开始将营栅烧毁，做拔营的准备。⑥

三月二十七，宋钦宗望着他再也见不到的汴京城行了告别仪式，他伏在地上大哭，天地为愁，城震有声。⑦

这一天，城内的张邦昌也采用天子的仪卫和法驾，但浑身穿着象征丧礼的

---

① 《南征录汇》引《瓮幕闲谈》。
② 参考《南征录汇》。
③ 《南征录汇》引《行营随笔》《大金武功记》。
④ 《三朝北盟会编》引《靖康遗录》。
⑤ 《南征录汇》引《大金武功记》。
⑥ 参考《靖康纪闻》。
⑦ 《南征录汇》引《行营随笔》。

白色，来到南薰门和五岳观两处，出城设立香案，率领百官和士庶（他们也穿着白色），大家一起痛哭着送别太上皇和皇帝。①

三月二十八黎明，宋朝的俘虏们开始移营。首先是把青城的一部分俘虏都合并到刘家寺；太上皇、诸王和驸马被押解到了刘家寺与亲人们相见。粘罕也来到了刘家寺，斡离不请太上皇吃了个饭。

由于宗室夫妇（王妃和诸王、帝姬和驸马）是分开押送，太上皇的到来也给了夫妇们最后见面的机会。王妃们从寿圣院出来与诸王相见，帝姬们也来拜见父母和夫婿。当晚，太上皇住在了刘家寺。这一天，金兵也按照计划从城墙上下来，将城门防卫交给了大楚的军队。张邦昌立刻派遣户部尚书邵溥接收城墙，赶快进行修理。②

张邦昌穿着赭袍，张着红盖，出南薰门设香案谢恩，并饯别两位元帅，到中午才回城。路上的人们感慨万分，一边是老天子离开，一边是新天子招摇。③

第二天凌晨三更，刘家寺拔寨。

斡离不的军队一共分成了七支，俘虏们夹杂在七支军队中一同北上。其中官员和辎重在第二军，太上皇、诸王、驸马在第三军，郑太后、宫廷妇女在第四军，王妃、帝姬在第五军。讹鲁观和萧庆担任都押使，一共有车八百六十余辆。④他们走河北地区北上。

四月初一，国相粘罕退师，军队分成五支。其中第一军押朱后，第二军押三千给金国皇帝的贡女，第三军押各色匠人三千家，第四军押宋钦宗。他们和来时一样，从山西北上，再前往燕京。⑤押送宋钦宗的队伍从新郑门向北，每过一个城角，钦宗皇帝都掩面号泣。诸王们各自乘车，但更小的亲王、驸马、宗室都只能徒步而行了。城内的士大夫们肝胆欲摧，却毫无办法。⑥

---

① 参考《靖康纪闻》。
② 参考《续资治通鉴长编拾补》。
③ 参考《靖康纪闻》。
④ 《南征录汇》引《寿圣院札记》《甕幕闲谈》《行营随笔》。
⑤ 《南征录汇》引《青城秘录》。
⑥ 参考《靖康纪闻》。

金军启程前,还给张邦昌送了一件大礼,他们写信给他,表示愿意减岁币一百万贯铜钱、银绢二十万两匹。

虽然谈判中金军屡次要提高岁币,但谈判最后的协议中却并没有提高额度。这说明女真人还是一个靠掠夺维持、对持续性财政没有太多概念的民族。

在给张邦昌送大礼之前,宋金岁币是银二十万两、绢三十万匹、铜钱一百万贯。减去赦免的额度,每年的岁币额只有银绢三十万两匹了。[1] 这个数量与北宋给辽国的岁币一致,甚至少于宋金灭辽之后的协议数量,是南朝可以承受的数额。

金军定这个额度,表明他们的克制,也表明他们真心实意要和张邦昌的大楚政权搞好关系,前提是张邦昌足够听话。

虽然大楚没有维持长久,但是这次减免却带来了持续性的好处——从此以后,南宋与金国的岁币谈判就在这个基础上进行,基本上摆脱了徽、钦二帝许诺的高昂岁币。

金军撤离后,汴京城的人民如同得到了重生,他们纷纷登上城墙,观看着外面的景色,人群如蚁集鳞次。伴随着皇帝离开的惆怅和未来的不确定性,人们不知是喜是悲。

对于城墙的修理也在加速,最主要的四壁的楼橹在金军到来时毁损严重,这些都必须赶快修好,以免下一次战争中再次遭殃。

范琼领兵到金军营地转了一圈,发现金军营地遗弃的宝货、表缎、猪羊、米面不计其数,秘阁书籍,狼藉泥中,金帛被人如同粪土一般踩踏。[2] 夹杂在物品中间的,还有不少老幼病残妇,范琼将他们一并带回城内。这些老幼病残妇夹带着大量的米面金帛,指望着靠它们度过最初的艰难岁月。但到了城门口,守城的士兵立刻将他们的物品抢夺一空。[3]

张邦昌也派户部去收集了一番,单象牙一项就收集了二百担之多。[4]

---

[1] 《大金吊伐录校补》第一七九篇。
[2] 参考《续资治通鉴长编拾补》。
[3] 参考《靖康纪闻》。
[4] 参考《续资治通鉴长编拾补》。

融入北方的血脉

北去的徽、钦二帝逐渐消失在南方人民的视野之外，只有少数人与其偶遇。曾经在怀州抵抗金军的范仲熊有幸最后一次见到了宋钦宗。四月初四，粘罕回军到郑州，决定将范仲熊与那些原籍在黄河以南，但战争时恰好在黄河以北的人们送归南朝，他将范仲熊释放。在释放前，范仲熊看到几位内侍和妇人，他们把一个瘦子夹在中间，这人就是被称为少帝的宋钦宗。范仲熊连忙礼拜，向少帝表示自己位卑才浅，无力扭转乾坤，让皇帝受此奇耻大辱。但皇帝冷漠得连话都没有回。①

太上皇宋徽宗表现得大度些，在北迁的路上，他遇到了曾经的辽臣（也是曾经的宋臣）郭药师、张令徽等人，郭药师拜见太上皇，并表示既然昔日是君臣，现在也必须持君臣的礼节。但他为自己开脱，的确是力所不逮，不得不投降，请太上皇赦免他。太上皇大度地表示："天时如此，非公之罪，何赦之有？"②

除了这少量的记载，两位皇帝就走出了人民的视野。

但关于宋俘的记录并没有消失。虽然南方人见不到他们，但北方人对此也有记录，更何况，伴随两位皇帝北去的人中不乏文化精英，他们将之后的事情记录了下来。③

根据金人记载，北宋俘虏大的批次一共分成了七批。④俘虏中一共有皇帝的妻子等三千余人，宗室男妇四千余人，贵戚男妇五千余人，诸色目（工匠）三千余人，教坊三千余人。入寨后死亡散失两千人，释放了两千人，起行的有一万四千人。

---

① 《续资治通鉴长编拾补》引《北记》。
② 参考《北狩行录》。
③ 金人的记录包括《青宫译语》和《宋俘记》。宋人的记录包括《呻吟语》《北狩行录》《北狩见闻录》《燕云录》等。
④ 参考《宋俘记》。

到达燕云之后，男人只剩下十分之四，女人只剩下十分之七。是死是活，已经无法推敲。

表　宋俘发送情况[①]

批次	人数	典型代表	发自何处，启程日期	金军押送官员	典型遭遇	存亡情况
第一批	宗室贵戚男丁二千二百余人，妇女三千四百余人	濮王，晋康、平原、和义、永宁四郡王	青城国相寨，三月二十七	阇母	金天会五年（公元1127年）四月二十七抵达燕山，居仙露寺。金天会六年（公元1128年）七月迁通塞州，十二月迁韩州。金天会八年（公元1130年）七月迁咸州，四郡王跟从宋钦宗行。金天会九年（公元1131年）十一月迁上京，男性编充兵役，女性守把官院	到燕山时存妇女一千九百余人，男丁无考。到韩州时存男妇共九百人。金天会九年（公元1131年）十一月只剩五百人
第二批	三十五人	徽宗妻韦氏，相国、建安两子，郓王、康王的妻妾、女儿，富金、嬛嬛两帝姬	刘家寺寿圣院，三月二十八	设也马，赛里，国禄，阿替纪	金天会五年（公元1127年）五月二十三入上京洗衣院	
第三批	三十七人	钦宗妻妾。珠珠帝姬。柔嘉公主	青城斋宫，四月初一	斜保，赛里	金天会五年（公元1127年）四月十八抵燕山，居愍忠祠。十月与徽宗会合	
第四批	一千九百四十余人	徽宗，燕、越、郓、肃、景、济、益、莘、徐、沂、和、信等十二王，安康、广平两郡王，瀛、嘉、温、英、仪、昌、润、韩八国公，诸皇孙，驸马，徽宗妻妾，奴婢	三月二十七从斋宫与青城移至刘家寺。三月二十九	讹鲁观，萧庆，葛思美	金天会五年（公元1127年）五月十三抵燕山，居延寿寺。十月迁中京，居相国院。金天会六年（公元1128年）八月迁上京，居元帅甲第。十二月迁韩州。金天会八年（公元1130年）七月迁五国城	迁韩州途中和王殁

---

① 根据《宋俘记》整理。

第四部　靖康之难

续表

批次	人数	典型代表	发自何处，启程日期	金军押送官员	典型遭遇	存亡情况
第五批	帝姬、王妃等一百〇三人。侍女一百四十二人		刘家寺寿圣院，三月二十九	斡离不	金天会五年（公元1127年）五月十九抵燕山，居皇子寨	
第六批	贡女三千一百八十人，诸色目（工匠）三千四百一十二人		青城国相寨，四月初一	谷神（兀室），挞懒	金天会五年（公元1127年）五月二十七抵燕山。分其半至上京	到燕山时，实存贡女二千九百人，诸色目一千八百人
第七批	钦宗等十二人。侍女一百四十四人	钦宗，太子，祁王，缨络帝姬	青城国相寨，四月初一	粘罕，高庆裔，耶律余睹	金天会五年（公元1127年）六月初二抵云中。七月初十抵燕山，与徽宗会合	

　　在这七个批次中，第二批次是比较特别的一批，包括了康王的母亲（徽宗妻子）韦氏和康王妻子邢妃。在徽宗诸子中，只有康王逃过了劫难，也成了金军最窝心的隐患，将他的妻子母亲作为人质，可以有效地防止康王生事。因此，其他批次都是首先送往燕云地区，逗留了很久，再重新安置到更北方，只有第二批次只在燕京短暂逗留，随后立刻送往更遥远的上京。①

　　押送第二批次的是真珠大王设也马和千户国禄、千户阿替纪，除了康王母妻之外，还有郓王之妻朱妃，富金、嬛嬛两帝姬，以及相国公赵梴、建安郡王赵楧等。这一批一共只有三十五人，却用了五千精兵进行护送，也表明对人质的重视。

———

① 参考《南征录汇》。

在护兵中，有一位叫作成棣（一名王昌远，是医官王宗沔的儿子）的翻译官记录了路上看到的一切，让我们对人质押运有了直观认识。[1] 三月二十八中午这一批次从刘家寺寿圣院上路后，就听说百里外有宋兵，由于人们认定康王一定会救他的母亲与妻子，护兵们也是战战兢兢。偏偏被押的女人由于骑不惯马，不断坠马，提不起速度来。

路上兵灾痕迹犹在，大部分的房子都已经被烧毁，尸体露在外面已经腐朽，白骨累累。第一天晚上，金军将人质安置在了一个破寺里，外面围着士兵进行保卫。设也马等人不忘喝酒吃肉一番，才纷纷睡去。

三月二十九，邢妃和朱妃以及两位帝姬因为骑马损伤了胎气，暂时无法骑马了。他们在寺里又住了一天，到四月初一，宝山大王斜保押着钦宗妻朱后、朱慎妃和珠珠帝姬加入进来，宝山大王押送的是第三批次，也就是说，第二、三批次暂时合并了。

在这一队中，押送官之一千户国禄是一个好色之徒，他想亵渎朱后，被宝山大王斜保抽了一鞭而作罢，但随后又开始骚扰嬛嬛帝姬，和她乘坐一匹马。到胙城时，要过黄河，前六批次[2]都赶到了一起，由于听说河北有宋军，他们都暂时不敢过河。在闲暇中，王成棣向俘虏们询问宫中之事，得到的消息是太上皇最好色，每五天到七天必须用一个处女，幸一次进一阶，到他退位时，遣散的宫女竟然有六千人之多。郓王懦弱，康王好色如父，侍婢中常有死亡的。只有少帝钦宗是个好人，他不近声色，作为皇帝只有一位妃子、十位夫人，得幸的其实只有三位。听说了这些，两位大王对朱后的态度明显好转，平常的举止也更加尊重了。

四月初四渡河，第二、第三批次在黄河以北遇到了盖天大王赛里。赛里是个耿直的汉子，看见千户国禄与帝姬同马，立刻将他杀掉了，尸体扔进河中。

赛里从此与第二、第三批次同行。但赛里也是个好色之徒，他首先企图骚

---

[1] 成棣著书《青宫译语》。
[2] 《青宫译语》载第七批次也赶到了，但考虑到第七批次是由粘罕单独率领，走山西，于四月初十由巩县渡过黄河（《呻吟语》引司马朴言），所以不可能出现在这里。

扰嬛嬛帝姬，被制止后，又开始逼迫邢妃，逼得邢妃要自杀。

路上仍然满目疮痍，比如四月初六到达丰乐境内一个村子里，村子的房子已全部毁掉，在院子里倒埋着男女二十多具尸体，还没有完全腐烂。

四月十八一行人到达燕京，住在了愍忠祠内。第二、三批是最早到达的两批，也是燕京第一次看到俘虏前来。燕京的妇女们见到俘虏，如同见到了宝贝，纷纷按照金人的礼节行抱见礼。宋朝女人没有见过这种行礼方式，显得很窘迫。

真珠大王设也马看上了富金帝姬，将富金帝姬带回府邸休息去了。宋朝的公主就这样与金国的大王联姻。但此时的他们仍然不合礼法，至于仪式，要到上京之后才补办。

第三批到了燕京就暂时不再前行，宝山大王和盖天大王都留下了。但真珠大王押解的第二批却还要赶往上京。他们在燕京流连了六天，到了四月二十四终于启程继续赶路。赶路的速度也加快了，每天都有一百五十里，就连王成棣都有些受不了，更何况女人们。

四月二十八，出长城，之后沙漠万里，没有人烟。四月三十到达海云寺，这里是一个许愿很灵验的地方，女人们纷纷请王成棣帮助写字许愿，希望未来能够还乡。离开海云寺，也就离开了渤海湾，进入了东北地区茫茫的草莽之中。

五月十六，俘虏们抵黄龙府，五月二十三，终于到达了上京。路上一共有九位女人死亡，有名号的是康王妃田春罗，肃王的二女和三女，康王的大女，宫嫔徐金玉、沈知礼和褚月奴等。

由于真珠大王生病，十几天后的六月初七才正式拜见皇帝。当天黎明，真珠大王让韦妃等人下车进入御寨，朝臣分列左右，大王引众人登乾元殿，大金皇帝坐正位，他的后妃也同在殿上（这与宋朝礼仪有明显区别），但是坐在侧面。

韦妃等人学着金人的方式，跪右膝、屈左膝，称为胡跪，向皇帝致意。皇帝的后妃连忙下来抱住韦妃等人的腰部并让她们起身，赐坐在殿旁。

退朝后，皇帝开了两桌宴席，分别是在殿左宴请韦妃等人，以及在殿右宴请相国、建安两皇子，他的后妃六人陪韦妃，郎君四人以及真珠大王、阿替纪、王成棣等人陪两王。宴会结束后，诸人对着御座谢恩，胡跪两叩。

之后，皇帝将女人们都做了分配，其中帝姬赵富金，王妃徐圣英，宫嫔杨调儿、陈文婉四人分给真珠大王设也马为妾，郡国夫人陈桃花、杨春莺、邢佛迷、曹大姑四人也给了设也马，但她们级别不够，只能当侍婢。

剩下的人，包括康王母赵韦氏、郓王妃朱凤英、康王妃邢秉懿和姜醉媚、帝姬赵嬛嬛、肃王大女和四女、康王二女，以及宫嫔朱淑媛、田芸芳、许春云、周男儿、何红梅、方芳香、叶寿星、华正仪、吕吉祥、骆蝶儿等人被送进了洗衣院（又称浣衣院）。

不幸的是，金人的记录中从来没有解释洗衣院到底是一个什么样的机构，这给后人留下了遐想空间。有人认为洗衣院是一个皇家妓院，但更可能的情况是，这是一个类似于唐朝掖庭的地方，皇帝从各种渠道得到的女人，暂时无法安置的，都送到洗衣院。她们在洗衣院里可以充作女侍，也可以被皇帝享用。

当皇帝有了新的安排，就从洗衣院将她们带出来重新分配。以康王的母亲韦氏为例，她先进入洗衣院，后来又从洗衣院出来，跟随徽宗到了五国城。南宋与金讲和后，韦氏被送回了南宋。柔福帝姬赵嬛嬛进入洗衣院后，又被送入盖天大王寨，后来嫁给了一位叫作徐还的人。

两位男性——相国公和建安郡王——则被送回燕山居住。

分配完毕，众人谢恩。韦妃等人被送进了洗衣院，之后才到了最高潮的项目——真珠大王娶亲。

真珠大王带着八位女子回到他的寨中，皇帝已经派遣女官先到了府邸，主持纳妾礼。他赐给大王黄金一百两、马十匹、表缎十端，每个女人还得到了一套金国的国服。真珠大王谢恩完毕，由女官引大王上座，新来的八位妾和婢向大王胡跪两叩，之后引入内室，卸去衣装，打开门帘，请大王入内合卺。

在真珠大王春宵一刻时，女官取金国国服挂在府邸门口，这是告诉外面的人们这里有喜事，快来祝贺。申刻（下午三点），真珠大王从内室出来，他完成了六个人的合卺，于是取了六套国服送给已经合卺的赵富金、徐圣英、杨调儿、陈文婉、陈桃花、邢佛迷，引导她们坐到中庭，与祝贺的客人相见。至于还没有合卺的杨春莺、曹大姑，则穿上旧衣服坐在外间。当客人们享受着全猪宴时，远来的汉人女子就这样融入了游牧民族的生活中。

在汉人看来，这或许是悲伤的一幕，但对于游牧民族而言却很正常，他们没有"一女不事二夫"的习俗,反而认为女人应该接受更强者的保护。在游牧战争中,强者将战败者的女儿夺走,战败者并不以此为耻辱,反而认为他们的女儿找到了更好的去处。在人类的基因传播中,女人总是比男人更加漂泊,也传播得更遥远。

次日,真珠大王带着他的新欢们朝谢皇帝,并见到了韦妃,他得到消息,郓王妃朱凤英和柔福帝姬赵嬛嬛已经被皇帝宠幸过了。

在宋俘中,还有三位大臣值得一提。张叔夜有可能是第六批[①]启程前往燕京。一路上,他以绝食相抗议,只饮一点汤水维持生命。在金人要立张邦昌时,他就曾经表示,现在能做的事情只有一死而已。[②] 但为什么他还不死?原因是,他要亲自跨过那道北宋的界河。五月十六,俘虏们跨过了白沟,这道界河曾经隔开了北宋和辽国,宋徽宗之所以联合金人,就是为了夺回界河以北的土地。经过几年的折腾,界河早已经变成了黄河,但在北宋大臣的心中,真正的界河还是白沟。

跨过白沟,就意味着离开了祖国。张叔夜已经虚弱到站不起来,只能躺在车上,车夫告诉他,过河了,他突然坐起仰天大呼,之后不再说话。第二天,他扼住喉咙而死,时年六十三岁。[③]

与他一样死亡的还有大臣何㮚,何㮚没有死在路上,到了燕京才绝食而死,时年三十九岁。[④] 另一位大臣孙傅于建炎二年(公元1128年)二月死于北方。[⑤]

皇帝的结局

在所有的宋俘中,最重要的莫过于徽、钦二帝,而其中又以太上皇宋徽宗的记载最为详细。[⑥] 宋徽宗是第四批上路的,他的儿子钦宗被国相粘罕带着,走更加

---

① 关于张叔夜还有一种说法:他是第七批次与宋钦宗一道取道山西到云中,再往燕京的。四月初十,在渡过白沟后,他自杀身亡。见《呻吟语》引司马朴言。
② 参考《宋史·张叔夜传》。
③ 参考《续资治通鉴》。
④ 参考《宋史·何㮚传》。
⑤ 参考《宋史·孙傅传》。
⑥ 参考《呻吟语》。

艰辛的山西道路，太上皇在二太子斡离不的关照下，从河北直接进入燕京。由于斡离不对宋朝相对友好，两者打交道也比较多，太上皇在路上受到的照顾还不错。

三月二十九，第四和第五批人员同时上路。四月初一到胙城时，因为听说黄河北岸有宋军，几乎所有批次的人员都在排队等候，太上皇在这里又见到了第二、第三批次的韦妃、朱后等人。警报解除后，由于韦妃等人要被送往上京，在排队中处于优先级别，太上皇只能含泪目送韦妃、相国公、柔福帝姬等人先行。

过黄河后，到了四月初七，金军终于忍不住欲望，押送官葛思美将后宫的曹氏盗入手中。为了避免类似的事情再发生，太上皇令肃王告诫后宫不要随便离队，免得自取其辱。但整体上，金人对太上皇还是很有礼貌，甚至派王宗沔等三人专门照料。随着连日的风雨，许多女人选择到金军营中避雨，这些人大都遭到了奸淫。

四月十六，在一个叫作都城店的地方，太上皇遭到了一次重大打击，他的弟弟燕王俣死了，尸体只能装在马槽里。燕王夫人和儿子想让金军允许他们归葬，金军却让他们把尸体烧掉，将骨灰带上路。

这一路的兵灾的痕迹也是很明显，在柏乡，瓦砾尸骨纵横。队伍中有牛马倒毙，立刻有人上来争相割牛马尸体充饥。只有金人吃着肉、喝着酒、弄着管弦、抱着女人，恣意取乐。

第四、第五批次到了真定，一共待了八天，斡离不在这里与太上皇打球、喝酒，不亦乐乎。在真定旁边就是中山，当时中山还没有投降，斡离不请太上皇来到中山城下，说道："我道君皇帝，今往朝金帝，汝可出降。"

守将陈遘认识太上皇，大惊痛哭。但一位叫作沙振的提辖害怕陈遘听从了太上皇的命令，大喊："道君皇帝怎么会在这里，一定是金人之诈！"他鼓动大伙儿杀掉了陈遘，继续守卫中山不肯屈服。①

四月三十，斡离不决定将第四、第五批次分开，太上皇所在的第四批先行，于五月十三到达燕京，第五批次于五月初四出发，五月十七到达燕京。

太上皇住在了燕京的延寿寺内，时常与斡离不打球、喝酒，日子过得还不错。延寿寺位于现在北京前门琉璃厂东侧，距离燕山城不远，交通方便。但其余的

---

① 参考《中兴遗史》。另外根据《呻吟语》，提辖沙贞（即沙振）杀守将投降，与《中兴遗史》说法相反。

人就没有那么幸运了。比如，第一批次的宗室三千余人，四月二十七活着到达燕京的只有一千数百人，还十人九病，其余的都死在了路上，他们居住在更远的仙露寺。而第六批次的贡女三千人、吏役工匠三千人，于五月二十七到达后，活着的分别只有二千九百人和一千八百人，这些人分了一半前往上京，剩下的男人自谋生路，女人大都卖作娼妓。

另外有人统计，在历次战争中，金国掠夺的宋朝男女不下二十万，大都是带到地方，让工匠们自谋生路，官僚和贵族子弟降为奴隶，放马做饭，时常挨打，不到五年就只剩下十分之一。女人如果分给大户人家做妾还有生路，如果分给小官或者士兵，大部分也都成了娼妓。有个铁匠曾经花八两金子购买了一个娼妓，竟然是亲王的孙女、宰相的侄媳妇、进士夫人。[①]

太上皇既然在延寿寺，这里就成了宋朝俘虏们心目中的圣地，帝姬王妃们辞行时都会路过这里。

宗室子弟一般住在悯忠祠，比如，七月初七，第二批次的相国公和建安郡王从上京被送回了燕山，就住在悯忠祠内。他们已经各自娶了一位新夫人，相国公娶了耶律氏，据说是一位契丹公主，建安郡王娶的陈氏原本是金国皇帝赐予设也马大王的内夫人，被设也马又送给了郡王。这也可以看出，赵氏宗室子弟很快适应了北方的生活，他们不再在乎什么礼法规矩，迅速地融进了北方更加宽松的婚姻规则里。南方的血统和北方的血统迅速融合在了一起，他们的后代将被视为金国的子民。

另外，富金帝姬（正式的名称叫洵德帝姬）已经嫁给了设也马大王，此时也回到了燕山，同样住在悯忠祠。

七月初十，少帝钦宗也来到了燕山，住在悯忠祠。少帝的行程要比太上皇更加艰难。太上皇有斡离不照顾，不至于太受苦，少帝在粘罕的队伍中却没有享受太好的待遇。粘罕让他穿青衣，戴着毡帽，乘黑马，时时让人监视，朝天大叫号泣，都会被呵止，少帝憋闷坏了。但他还算幸运的，同批次其余的人开始还有马骑，马死了就只好步行，走慢了就挨鞭子。

[①]《呻吟语》引《燕人尘》。

晚上睡觉，少帝与其余的人挤在一起。过太和岭时，由于山高，少帝被绑在马背上过山。经过一路颠簸，六月初二，少帝才到达云中，休息了三天后继续赶往燕京，于七月初十到达燕山。①

少帝、相国公都在悯忠祠，倒是容易见面，但与太上皇见面就不那么容易了。

相国公与设也马已经建立了深厚的友谊，他请求设也马帮助他们与太上皇相见。设也马和斜保大王都已经成了太上皇的女婿，于是带上了洵德、惠福两个帝姬，加上相国公、建安郡王、少帝等人，以及他们的家属，一块到了昊天寺作斋，再把太上皇和太上皇后，以及诸王叫来，大家伙儿一起热闹了一整天。这可以说是太上皇到了燕京后少有的开心时刻。

七月十六，借着郑太后得病的空当，设也马率领赵氏诸人一起到延寿寺问候，顺便把祁王、相国公、建安郡王都调到了延寿寺，让他们照顾太上皇夫妇，把少帝留在了悯忠祠。

但到了八月（也有说六月），情况出现了变化，二太子斡离不突然着凉去世了。关于他的死亡有不同的说法，有说他打球完毕用冷水洗澡着凉了，有说他是一个花花公子，攻宋途中获得了大量的美女，在声色犬马之中离世。②但不管哪种说法是正确的，作为太上皇最大的保护神，他的死亡让赵氏的生活发生了变化。

九月份，由于康王在南方称帝并反金，金国皇帝意识到燕京距离南方还是太近了，于是下令将赵氏宗族迁往更北方的地区。

九月十三，太上皇眷属千余口、少帝眷属百余口离开了燕京。在燕京还留有濮王等一千八百余人住在仙露寺，当时宗室子弟竟然有衣不蔽体的。太上皇离开时，将金人赠送的一万匹绢，分了一部分给他们。

金人这一次要将他们送往中京，距离燕京九百九十里。十月十八，他们到达了中京，住在了相国院里，这里是辽国时期的官员府邸。中院住金军将领，东院住太上皇，少帝住西院，由于地方不大，其余的人只能住在外面。

中京已经比燕京萧条了许多，甚至连日用品都只能每两个月从燕京调过来。

---

① 《呻吟语》引司马朴言。
② 《呻吟语》引《燕人尘》。

第四部 靖康之难

金人为了养活这个庞大的赵氏家族，没少费心血，他们虽然是赵氏悲剧的始作俑者，却并没有存心虐待，只是环境所迫，无法养活这么多闲人罢了。

中京还不是两位皇帝的终点。到了建炎二年（公元1128年）七月，皇帝们被一位本书的老熟人害得再次背井离乡，这位老熟人就是马扩。

在靖康二年（公元1127年），金军进攻真定府时，参加守卫真定的马扩在真定西山的和尚洞被俘。他早年出使金国建立的关系起了作用，由于他作为使者给金军留下了深刻的印象，金军将他视为一位勇士，斡离不决定赦免他，并要授予他官职。马扩拒绝了，表示只愿意回家养活老母，斡离不又要送给他土地，马扩表示种地是远水解不了近渴，不如开一家酒馆，斡离不同意了。

但马扩心中仍然想抵抗金军的入侵，于是又偷偷参加了河北地区另一支抵抗军。位于真定以南的五马山上，有一支赵邦杰领导的部队。马扩借着送丧的机会，带着家人上了五马山，他们找到一个伪称是徽宗儿子信王的人，借着他的招牌开始了反金斗争。①

马扩联合了真定府获鹿县知县张龚、燕山府潞县知县杨浩、玉田僧人一行、中山刘买忙等人，谋划进攻真定、燕山、易州、中山等地。不想事情泄露了，金人担心马扩等人的举动与两位皇帝有关，又决定将他们从中京迁到距离燕京一千五百里的通塞州，给他们分了一千五百顷土地，让他们种地养活自己。②

不久，金人再次改变了计划，将两位皇帝召往了上京。

之前，两位皇帝在燕京时，有人怂恿过金国皇帝举办一次盛大的献俘仪式，这个仪式曾经在辽国灭亡时举办过，但刘彦宗上表认为这样不好，加上斡离不等人的保护，两位皇帝没有受到骚扰。到了（南宋）建炎二年（公元1128年），刘彦宗死了，③斡离不也不在人世，那些喜欢看热闹的人再次请求金国皇帝举行献俘仪式。这一次，两位宋帝逃脱不了一番羞辱了。

八月二十四这天一早，数千名金军闯入了二帝所在的上京营帐，这里关押着

---

① 参考《续资治通鉴》。
② 参考《呻吟语》与《燕云录》。
③ 《燕人尘》记载刘彦宗死前曾经下狱，但不可考何罪。

皇帝、皇子、妃子、公主等一千三百人。士兵们逼迫着他们到了金国的宗庙外，将皇帝和皇后的外袍剥掉，换上民服，外裹羊皮，其余的人，不管是驸马、嫔妃、王妃、帝姬还是宗室妇女，全都赤裸上身，只披一件羊皮，手执一条羊皮绳。

金军首先将二帝引入幔殿，在这里举行一种叫作牵羊礼的投降仪式。按照仪式，二帝应当将手中的羊皮绳递给受降人，表示自己就像一只羊一样任他宰割。如果对方兴起，还可以将绳子拴在俘虏脖子上牵着走，但二帝的牵羊礼并没有那么失分寸。殿上设了一个紫色的锦帐，里面放了上百件宝器，演奏着金人的音乐，金国皇帝和妻妾、臣仆向祖宗两次胡跪，之后是宋朝俘虏们胡跪。金国皇帝亲手宰杀了两只羊，供在殿里。

祭祀完宗庙，俘虏们又被押到了御寨，金国皇帝登上乾元殿，妻妾、大臣们站在一旁，宋朝俘虏们在他面前跪下，等待着宣诏。诏书宣读完毕，众人都得到了赦免，赐给了两位宋朝皇帝新的爵服，后妃们也换上了金国服装。之后，金国皇帝将上千位妇女分别赐给了亲近的侍卫，她们这时仍然是赤裸着上身。

金国皇帝没有动宋朝皇帝的正妻，却将他们的妃嫔大都带走了。韦妃、邢妃等三百人留在了洗衣院。

当夜，少帝的正妻朱后由于禁不起如此的羞辱，上吊自杀，被救下后又投水而死。

羞辱还没有结束。十月二十五，太上皇被封为昏德公，少帝被封为重昏侯。到这时，已经是对两位北宋君主侮辱的极致了。

十月二十六，金国皇帝决定上京也不让昏德父子待下去了，他们这一次被发配到韩州，并于十二月二十六到达。①

与此同时，留在燕京的宗室一千八百人已经死了一半，只剩下九百人，就连为首的濮王也死了。剩下的人也从燕京出发，被迁往了韩州，给了四十五顷田地自给自足。

建炎四年（公元1130年）七月，金国皇帝再次下令，迁二帝于胡里改路五国城，跟随他们的只剩晋康郡王赵孝骞、和义郡王赵有奕等六人。五国城也成了

---

① 参考《宋俘记》与《呻吟语》。

太上皇夫妇最后的归宿地。同年九月初五,太上皇皇后郑太后死于五国城,时年五十二岁。绍兴五年(公元1135年)四月二十一,太上皇死于五国城。之后少帝又在孤独中活了二十一年,在绍兴二十六年(公元1156年)六月去世。[①]他去世时,宋金已经议和,他的弟弟宋高宗(康王)已经在杭州当了近三十年皇帝,历史不再需要一位悬挂着耻辱标签的前皇帝了。少帝一共当了一年多的皇帝,却用一生作为代价,留下千年无法洗刷的耻辱。

赵氏的宗室,除了已经死亡的,也都慢慢融入了金人的血液。他们有的生活悲惨,但也有人逐渐适应了金人的生活。

在所有的帝姬之中,既有洵德帝姬、茂德帝姬、惠福帝姬(珠珠)这样嫁给了王子的,也有荣德帝姬、宁福帝姬、华福帝姬、庆福帝姬这样嫁给了皇帝的,前者后来封为夫人,后者更是被封为次妃。[②]

赵氏宗族完成了从农耕文明向游牧文明的转型,但原本游牧的金人却又转向了农耕文明。大金皇帝们不仅习惯于接受宋朝的文化,更乐于接受一个庞大的后宫。

[①] 参考《宋史·钦宗纪》。
[②] 参考《宋俘记》与《呻吟语》。

画外音
百姓真的在乎帝王吗?

当赵氏皇室对徽、钦二帝的悲惨遭遇哭天抢地,当那些爱国将领信誓旦旦要雪耻时,宋朝的普通人民又做何感想?

在上千年大一统集权思想的教导下,君君臣臣父父子子,百姓一定也悲伤欲绝,如丧考妣?错。

事实是,百姓将二帝的遭遇编成了段子,生怕皇帝们还不够悲惨。

由于文化发达,大臣和文人习惯于做笔记记录历史,而市井小民阅读的却是虚构性的小说。宋代早期小说话本比较著名,还有比话本更早,仍然属于文言文的长篇小说《大宋宣和遗事》。

现代的人们之所以关注这个小说,是因为它比较完整地记录了宋江之乱的来龙去脉,并记载了宋江等三十六天罡的名字,为后来的著名小说《水浒传》打下了基础,人们研究《水浒传》,往往要先读此书。

但宋江的事迹在《大宋宣和遗事》中只是一小部分,《大宋宣和遗事》所记载的故事要比宋江的事迹丰富得多。既写了王安石,又写了宋徽宗任命的几大奸臣,从皇帝崇信道士,到汴京热闹的元宵灯会都有描写。北宋的传奇妓女李师师的故事也来自这本书。

但到了这本书的末尾,作者却笔锋一转,开始写金军的进攻,以及二帝的北狩。[①] 在书里,作者发挥了充分的想象力,将两位皇帝所受的侮辱又翻了好几倍,想尽花样地折磨他们,一点也不在乎他们曾经是大宋的领导人。

这样的书只能出现在宋代,在其他任何封建王朝,调侃本朝的皇帝都是死

---

① 《大宋宣和遗事》"利集和贞集"的一部分。

罪。但这本书却在民间堂而皇之地流传，南宋的皇帝也拿它无可奈何，明知其中编造了许多对皇室的侮辱，却无法禁止。

如果要考察书中情节的来源，又可以追溯到另外几本书。在南宋中期，就已经流传着几本传言是辛弃疾所写的著作，分别叫作《南烬纪闻录》《窃愤录》和《窃愤续录》。当然，辛弃疾是作者这件事只是一个传说，后人认为，这些书更可能是一些不得志的文人写的，只是假借了辛弃疾的名头。[①]

这几本书专门描写两位皇帝北狩的遭遇，表面上是要激起人们的爱国热情，但背地里却更像是对北宋皇家的报复，让他们也尝一尝耻辱的滋味。

我们不妨看一看这几本书是怎样编排两位皇帝的遭遇的。记住，下面的故事并非史实，却反映了普通百姓的一种情绪。与史实中记载两位皇帝是三月末四月初起行不同，《南烬纪闻录》将皇帝的离开定在了三月十七。在三月十六，北国皇帝的圣旨到了，将南朝皇帝们一通臭骂，传旨将他们带到燕京。从当晚开始，皇帝们每天只能吃一顿饭、喝一次水，几个侍卫也非常丑陋。第二天，太上皇的郑太后生了病，肚子疼得要气绝身亡，少帝哭着向侍卫讨药吃，却只能得到一碗热水而已。这一天，他们被逼着上路，睡在了野寺里。

在实际中，皇帝们（特别是太上皇）北行仍然受到了金人不错的照顾，并且是随大部队一起行动的。太上皇跟随斡离不从河北路北上，少帝跟随粘罕走山西。但在小说中，皇帝们起行却简单得多，金人只是牵了四匹马，分别给二帝二后，再加上几个押运官，这就是队伍的全部了。父子俩也没有分开行走，而是一同上路，都从河北入燕京。当然，皇后们骑马会被磨破屁股，于是只好找人骑马将她们夹在腋下，这就有了猥亵的意味了。

在小说中，好色的千户国禄也出现了，这时他的名字叫骨都禄。一路上他不断地威胁少帝把朱后让给他，甚至趁朱后得病时，帮她摸肚子治病，眼看他就要得逞了，却在过黄河时被元帅的弟弟泽利（即盖天大王赛里）杀死。看到这一段，心怀不轨的读者一定替死去的千户有些惋惜，毕竟好戏看不成了。

但泽利在小说里继承了骨都禄的角色，继续对两位皇后进行猥亵，还对皇

[①] 周密《齐东野语》。

帝们百般侮辱，甚至不给他们饭吃，将他们绑在柱子上过夜，只有对朱后稍微好一点（当然也是有目的的）。

三月二十七，朱后想投水自杀，泽利命令将她和郑太后绑在一起，牵在马后赶路。当晚，由于下雨，睡在野地里的帝后们被淋得精湿，浑身烂泥。三月二十九，泽利把自己的脏衣服脱下，让朱后帮忙清洗，两位皇后只能遵命。

到了四月初二，帝后们远远地望见其他皇族，包括柔福帝姬、康福帝姬、相国公等，他们被押送着北行。

某一天，帝后们到达了一个县，这个县的县官（是一位金人）备上酒食，好好地招待帝后们大吃了一通。原来这位金人中了好运，他的哥哥是一位万户，押送俘虏到此，把肃王的女儿珍珍送给了当县官的弟弟，这位县官将北宋帝后当成了自己的老丈人家族，所以才会好好伺候。在这个县还有十七位皇室女子，都已经被分配完毕。当晚，泽利专门把这些皇室女子召集起来，让她们劝酒陪唱。为了更加侮辱皇帝，他们当着女人的面把帝后绑起来，让士兵对着他们撒尿拉屎。

又一天，经过一个荒凉小县，一个女子在路边求金人把她带上。原来，她也是一位皇室女子，因为生病被抛弃在这里。泽利将她带上路，夜晚乘喝醉了的酒兴，将她奸淫了。皇帝们一晚上听着宣淫声，连眼都不敢睁开。之后，泽利还嘲笑朱后，表示"你不如她"。

到这时，"辛弃疾"在这一方面已经对赵宋进行了最深入的侮辱。接下来就要对皇权进行嘲讽了。

某一天，北方有文书传来，原来是请皇帝们写降表的，泽利逼迫皇帝们写了最卑贱的降表。又一天，二帝碰到了辽国的亡国之君天祚帝耶律延禧，几位前皇帝讨论了当俘虏的心得。耶律延禧的妻妾、女儿都已经被金人瓜分完毕。

经过了千辛万苦之后，皇帝皇后们终于到达了燕京，这时他们已经没有了人形，满身腥臭和虱蚤。在史实中，燕京是二太子斡离不的大本营，金国皇帝此时还在东北地区的上京。但在小说中，金国皇帝却已经在燕京等待徽、钦二帝了。

在燕京，帝后们继续受到侮辱，他们住在元帅府左廊的一个小屋子。屋里没有桌椅，只有几块砖。他们有时一天只能喝一点水，有时能吃上一顿粗饭。

有时去见金人时，女人已经病得起不了身，就有人来背着她们强行前往。

经过十天的折腾，六月初二，朱后病死。历史上朱后自杀于上京，但小说家却迫不及待地让她病死于燕京这个对宋朝更有意义的地方。

朱后死时，少帝在屋里恳求说："某妻已死，盍如之何？"在他的哀求下，来了几个人，用草席将朱后拖走。

这已经是人间极大的悲剧，但小说家还嫌不够，于是第二天又让活着的三人（父母和儿子）从燕京离开，前往安肃军居住。押送者以一位叫作阿计替的人为首，多亏了他怜悯帝后，让他们多休息了几天，郑太后才没有死在路上。

六月十二，帝后们到达安肃军，进城门前搜身。小说家特别指明，郑太后的脐腹间也被搜过，太上皇又增加了一份羞辱。

在安肃军，他们被关押在小屋子里。这时，安肃军有一群契丹降将突然举事，要杀掉金将，却差点将赵氏父子烧死在小屋里。他们刚刚大难不死，但金将镇压了契丹举事之后，又认定赵氏父子也参与了阴谋。于是，少帝先是被鞭抽，牙齿碎裂、口吐鲜血，接着被捆绑关押一夜。金人最后商定，再抽少帝五十鞭，之后将他们押往云州。

在云州，他们最初被关在土围子里，后来才有了一间房子。他们又活过了一场叛乱，突然间迎来了好日子。这时，盖天大王突然出现了。在历史上，金人的盖天大王名叫赛里，也就是小说中曾经出现的泽利。但小说家显然把盖天大王和泽利当成了两个人，于是，泽利成了坏人的典型，而盖天大王扮演起了好人的角色。盖天大王娶了太上皇的一位妃子韦妃，也就是康王（宋高宗）的母亲。这显然不是史实，但在小说家看来，宋高宗赵构的母亲成了金人的妾，也是一种新奇的设想。

盖天大王到了云州后，两位皇帝的生活有了改善，他们顺利活过了冬天。但第二年正月二十三，盖天大王与韦夫人离开了云州，皇帝们的待遇又急转直下，重新恢复了囚徒的身份。

二月，有一个新同知到了云州，他的父亲死在了与南宋的战争中。他决定虐待死二帝，为父报仇。但在二帝被折腾死之前的三月初九，金国皇帝突然下诏，将二帝调往更北方一个叫作西汙州的地方。

此后二帝在云州以北的内蒙古大草原上垂死挣扎，日期已经不再有意义，也没有人知道。他们最后来到了西汀州小城，这里残破到只有三百余人。二帝在西汀州度过冬天后，再次被调往五国城。

在去往五国城的路上，郑太后也禁不起折腾死了。仓促之际，押送官员只能在路边用刀掘了个坑，连新衣服都没有，就穿着时服埋掉了。

五国城只有五十户到七十户人家，二帝被放在一个土坑里养了起来，他们都成了没有老婆的光棍。五国城的生活一日一顿饭，一年一顿酒一餐肉。皇帝们在这里凄惨度日。①

这篇小说夹杂了百姓对赵宋官家的幸灾乐祸，以及对金人的想象。事实上，金人并不想折磨赵氏，只是按照他们的传统，将南方的皇帝全家迁走，让他们到北方自食其力、自生自灭。金人对于赵氏女性也并非完全迫害，只是按照游牧民族的规矩占为己有。但在宋人的想象中，金人却显得更加穷凶极恶、有意迫害。不过，宋朝"小说家"是欢迎这种迫害的，在虚构中将迫害更加强化，丝毫不在意赵氏的面子。

关于两位皇帝的死法，小说家也极尽铺陈。太上皇和少帝在五国城居住日久，又被移到了一个叫作均州的地方，住在土坑里。太上皇在这里得病死去。就在少帝大哭的时候，阿计替突然赶来，叫他别哭，赶快将太上皇埋到土坑里。少帝不明白为什么要把死人埋在活人的住所，阿计替解释，均州没有坟地，人死后都是用火烧，烧掉一半之后，用木杆挑到城内北部一个大石坑里去，大石坑有一种水，比南方的油还稠，可以用来点灯，就是由尸体产生的。

从这样的叙述中，可以看出宋代人对于地下露出的石油的想象，以及对于火葬习俗的恐惧。把太上皇烧掉变成灯油这个想法，是对死人最后的侮辱。

就在他们说话间，突然来了一群人将太上皇尸体抢走，他们赶到石坑前，将尸体架在野草中放火，烧到一半，用水浇灭，用木杆把尸体穿透，拖行扔进坑里，直坠坑底。②

---

① 以上内容皆出自《南烬纪闻录》，《大宋宣和遗事》也有引用。

② 参考《窃愤录》。

由于少帝活的时间较长，关于他的行踪和死法如下：太上皇死后，少帝被迁往条件稍好的源昌州居住。后来，又经过鹿州、寿州、易州，前往燕京。在这里和辽国天祚帝耶律延禧关在了一起。

史实上，天祚帝病死于金天会六年（公元 1128 年），但小说中他活到了与少帝齐寿。之所以设计这个情节，可能是为了显得更富有戏剧性：宋辽两代亡国之君再次相会了。

少帝在燕京的日子时好时坏，金国与宋朝议和时，他的条件得到了改善，但金海陵王完颜亮篡位后，海陵王一直想攻打南方，于是少帝又变成了囚俘。

完颜亮让天祚帝和少帝练习骑马与战斗，少帝由于长期营养跟不上，得了手足颤抖的病，可还是被逼着练习。经过一段时间的训练，完颜亮将他们带到了演武场，大阅兵马，由宋朝辽国两位皇帝各率领一队人马参与演习，他们得到的都是瘦弱的马匹。

在演习中，突然间有一队人马杀出，一个身穿褐色衣服的人一箭射向天祚帝，天祚帝穿心而死。少帝吓得从马上掉落，但一个身穿紫色衣服的人仍然一箭将少帝射死。随后在万马奔腾中，两位皇帝的尸体被踩入烂泥，无处寻找。[①]

这个段子非常符合汉儒的天罚观念，充满了巧合，将宋皇室的尊严扒得一点不剩，直到今天，人们仍然能够感受到扑面而来的怨恨与诅咒。在中国古代史中，赵宋王朝是最宽容的朝代，皇帝却仍然受到了如此的诅咒。百姓不是用同情的语调去传言两人的遭遇，而是写出如此恶毒的段子，可见在古代中国，统治者与被统治者之间的鸿沟有多大。

中国古代历史始终在一个巨型的钟摆中震荡。在钟摆的一端，是"忠君爱国"式的教导，并将爱国扭曲成对权力的无限服从，不准反抗，百姓全都浑浑噩噩地活在蝇营狗苟之中。这时，皇帝的权威是无限的、不容怀疑的。可是一旦皇权倒台了，百姓立刻就变成了最恶毒的诅咒者，恨不能对以前的权力进行无休无止的侮辱与谩骂，如果有可能，甚至不惜直接动手将前皇室撕成碎片，这就到了钟摆的另一端。

---

① 参考《窃愤续录》。

在这两端之间，却缺乏中间状态——"家国情怀"。所谓的"家国情怀"就在这忽左忽右的不成熟中震荡了两千年。

皇帝大都也知道自己享受的无限服从，不是来自爱戴，而是来自武力，因此在任上时会想尽一切办法将权力牢牢控制，试图让人们明白不忠诚的下场，用暴力的方法来维持社会的刚性稳定，将脆断的那一天尽量往后延。

大多数情况下，被统治者永远只能用背地里的牢骚发泄不满。在现实中，即便统治者如此无能，百姓仍然无法摆脱。于是，在金人离开之后，赵宋皇室再次变成了统治者……

第十八章
还政赵氏

孟后听政

金人退军后，在汴京城内还剩下一个当皇帝的张邦昌。张邦昌到底是做王莽还是霍光呢？

四月初二，金军刚离开一天，张邦昌一面派人修城械，一面派人去查看金军营地遗留物品。另外，他还想做一件事——大赦天下，想赶快让人们知道，在灾难中不管他们做过什么，都已经被赦免了。

但在与官员们讨论大赦时，吕好问却问了一个哲学上的问题：只有皇帝才有权大赦天下，张邦昌大赦，难道真的把自己当皇帝了？如果康王的军队赶来，这会不会成为一条罪证？

吕好问的问题让张邦昌感到害怕，他连忙问应该怎么做。吕好问于是抬出了一个人来，表示张邦昌应该首先把这个人迎到宫廷。只有这样，康王到来后，张邦昌才能摆脱嫌疑。这个人叫作元祐太后。①

关于元祐太后，也是宋代的一个传奇，她曾经两次被废，却三次被封为皇后，并成功地躲过了靖康的灾难，成了唯一一个留在了汴京的皇后。②

元祐皇后姓孟，是马军都虞候孟元的孙女。元祐七年（公元1092年）四月，由太皇太后高氏立为宋哲宗的皇后。高太后是宋英宗的皇后、宋神宗的母亲。在宋神宗和王安石变法时期，高太后一直反对王安石变法，支持司马光。但由

---

① 《续资治通鉴长编拾补》引《张邦昌事略》。
② 元祐太后经历来自《宋史纪事本末》。

于宋神宗已经亲政，高太后没有足够的政治影响力去反对。可宋神宗一死，他的儿子宋哲宗年幼，高太后立刻参与了政治，进行垂帘听政。

这一时期的年号是元祐，在高太后的主持下，元祐时期采取了司马光等保守派的主张，恢复了经济发展，进入了一个小盛世。

正是在这个时期，高太后选择了孟氏作为小皇帝哲宗的皇后，并告诉哲宗，孟皇后会成为一个很好的贤内助。可是，背地里高太后又感慨孟氏的福相不够，未来可能要经历波折。

孟氏被立为皇后一年，高太后就去世了。亲政的哲宗立刻开始了急转弯。权力欲很强的他对高太后非常不满，不仅想废掉高太后的称号，还将元祐时期的政治策略彻底改变，重新采纳他父亲神宗的激进思路。由于孟后是高太后立的，哲宗也看不上，在宠妃刘婕妤的帮助下，罗织罪名将她废黜了（绍圣三年九月，公元1096年）。

宋代虽然也存在宫斗，却没有杀人的传统。孟后被废黜后，被送入瑶华宫当了女道士，皇帝赐给她的称号是华阳教主、玉清妙静仙师，法名冲真。

孟后在道观里孤独地度过了四年，突然转机来了。元符三年（公元1100年）正月，宋哲宗死去，没有留下孩子。权力突然落到了他的母亲——宋神宗的皇后向太后手中。向太后立了哲宗的弟弟端王赵佶为皇帝，是为徽宗。

向太后执政期间，首先将孟后重新立为皇后，哲宗已死，即便做皇后也只是个寡妇，但从名义上她又是皇后了。

但不幸的是，一年后（建中靖国元年正月，公元1101年）向太后也死了，孟后又没了靠山，在这一年的十月份再次被废黜。

宋徽宗也醉心于神宗的改革，对高太后和向太后不满，两位太后推崇的孟后自然也成了徽宗的发泄对象。孟后被废黜后再次回到瑶华宫，加称号希微元通知和妙静仙师。

徽宗没有想到的是，他这次废黜孟后，实际上是帮助了她。他和孟后的形象在历史上正好相反，徽宗成了亡国之君的代表，而孟后则象征着希望。

靖康初年，瑶华宫大火，孟后搬迁到了延宁宫。延宁宫又出现了火灾，她只好搬到了相国寺前的私人宅子里。金军围城时，宋钦宗正试图纠正他父亲的错误，重新立孟氏为皇后。不过幸亏金军来得快，皇帝还没有来得及下令，汴京城就失陷了。

金军采取的是搬迁整个皇室的政策，六宫有尊号的一个都不能落下。偏偏失去了尊号的孟氏逃脱了皇室遣送名单，加上年纪大了，姿色不在了，金军看不上，她就成了侥幸留下的人。①

张邦昌进退两难时，吕好问认为，只有把孟氏迎接进宫，才能显示出诚意，也让人们看到他已经还政于赵氏了。

四月初四，张邦昌下令册封孟氏为"宋太后"。但吕好问一听"宋太后"这个称谓，就知道坏事了。原来，宋初赵匡胤陈桥兵变篡夺了后周的皇位，也把后周的符太后迎接到西宫居住，对外号称"周太后"。人们自然会想，张邦昌迎接元祐太后，按照先例也只是尊崇一下，但不会还位给赵氏。

果然，孟后一听张邦昌的封号就表示拒绝了。幸好，迎接她的人带了张邦昌的书信，其中提到要推戴大元帅康王，孟后这才同意了。②

四月初五，张邦昌把孟后迎入延福宫。四月初六，孟后在延福宫接受百官朝贺。这时，胡舜陟、马伸又提议，以后的政事都应该以太后的名义发布。四月初九，张邦昌给孟氏上尊号"元祐皇后"，让她居大内，垂帘听政。③

到这时，汴京城又回到了赵氏的手中，虽然只是个女人代为掌权。

四月十一，张邦昌退居资善堂，收回大赦，算是退位了。他拾起当皇帝之前的官职：太宰。从他登基，到太后垂帘听政，张邦昌一共当了三十三天的皇帝。④

迟来的康王

就在张邦昌让位给孟后时，康王的军队也在迅速行动。

金军刚刚离开时，康王的左膀右臂——知信德军黄潜善——曾经派一位叫作

---

① 参考《宋史·皇后传》。
② 《续资治通鉴长编拾补》引《张邦昌事略》。
③ 参考《宋史·皇后传》。
④ 参考《靖康纪闻》。

张宗的人来汴京打探过这里的情况。探子带回了张邦昌的僭号文、金人的诏书、张邦昌的大赦文告，以及迎立孟太后的手书，康王才确信金军真的撤了。① 张邦昌由于立孟氏及时，才逃避了僭伪的嫌疑。

就在四月初五迎接孟太后入延福宫的当天，张邦昌还派了一个叫蒋师愈的人前往济州、郓州一带寻找康王。蒋师愈在济州找到了康王，将张邦昌迫不得已当皇帝的事情叙述一遍。② 四月初七，张邦昌再次写信给康王，表达了对康王的拥护。初八，他又派人送去了玉玺，表达了请康王当皇帝的意图。

康王听说徽、钦二帝都已经被金人抓走了，试图亲自去截击金人，却被臣下劝住。最终，他只是号召大家抗击金军，自己却没有什么行动。

既然金军已经撤走，占领汴京还是必要的。但康王还不敢亲自前来，他本人从河北地区先到南京应天府（现河南省商丘市），因为从应天府有路直接去往江南地区，比起汴京更加便捷，是个可进可退的安全城市。

他虽然不敢亲自来，却派了兵马过来收复汴京。四月初四，勤王之师已经到了汴京不远处。四月初五那一天，统制官王渊领兵到了汴京，驻扎在通津门外。

四月初七，宗室敦武郎赵叔向率领七千人马也到了，驻扎在原金军大本营青城，但他们还都摸不清情况，暂时不敢进城。

四月初八，张邦昌下令打开诸城门，这意味着城里和城外恢复了沟通，也表明自己没有心思做抵抗。

四月十二之后，随着更多勤王的大部队到来，汴京城人来人往也热闹了很多。到这时，城内的人们终于相信，金军的占领已成了过去，宋朝的军队又回来了。

但在表面平静之下，却还有一个待解的难题：人们都在等待着康王的表态。在金军围城时，不管是宋朝的文武大臣，还是汴京城的士人，都表现得极不符合儒家标准。武将们没有守住首都，甚至在战场上表现得很窝囊，导致两位皇帝都成了金军的俘虏；文臣们也没有殉国自杀，甚至亲手（虽然是被迫的）选出了一个新皇帝，还当着金人的面向这个新皇帝磕头；新皇帝虽然退了位，却嘴里

---

① 参考《续资治通鉴长编拾补》。
② 参考《续资治通鉴长编拾补》。

振振有词说是为了保护一城的生灵；士人也没有表现出气节，需要他们贡献金银救出皇帝时，他们纷纷把金银藏起来，他们还不断地在城里闹事对抗命令，可是金人一来，又格外的听话。

这样一个首都，康王到底应该怎么对待呢？是将每一个不合格的子民都治罪，还是法不责众就算了？张邦昌当了三十多天皇帝，放在任何朝代都是死罪，康王应该怎么处理他？范琼、徐秉哲等人与金人打得火热，为了救自己的家族，不惜把皇帝的家族搜查得干干净净，一个不留，康王是否需要惩罚他们？

这些问题不解决，汴京城就永远处于离心离德的状态。

当然，康王本身也并不干净，宋钦宗封他为兵马大元帅，是希望他能够肩负大任，率军勤王。但事实上，康王虽然组织了不少军队，却极少和金军打仗。知道金军已经离开，两位皇帝被抓走，虽然信誓旦旦地要和金军决战、救出二帝，可实际行动上却还是不紧不慢，总是跟不上。对于汴京城，康王也没有救助，如果不是汴京城的百姓和大臣们服软自保，单单依靠康王，可能汴京城内已经被杀得片甲不留了。

人们都知道康王不是什么英雄，康王也无法要求每个人都变成豪杰。可是，到底谁先让一步，这才是问题的关键。

汴京城显然不准备让第一步。四月十七，它还给帮助金人最得力的范琼升了官，当上了神龙卫四厢都指挥使兼四壁都巡检使，专门负责首都保卫工作。他的升官表明城内亮出了态度，如果康王不赦免城市，就不会轻易得到城市的顺从。这一点，是孟太后和张邦昌都无法控制的。

好在康王是明白人，第二天就给开封府送来了文书，要求开封府张贴。在文书中，他没有追究城内的责任，也给自己打了圆场。按照他的说法，不是人们不拼命，而是金军太狡猾，以及奸臣的误国。正是童贯、蔡京等人的误国，让金军打了过来。金军总是摆出一副要谈判的姿势，让两位皇帝一步一步陷入了圈套。

如果顺着这个思路下去，汴京城本来是可以抵抗的，只是被金军骗了，才导致失陷，所以责任不在汴京城的人民和官员。

金军的狡猾也成了康王为自己开脱的借口。他虽然组织了很多勤王军队，本来是可以打过来的，但因为金军不断摆出谈判的架势，导致宋钦宗不下令动武。康王无法违背宋钦宗的命令，勤王的军队也都没用上。直到金军撤退后，王师追也来不及了。

在这封文书中，康王恢复成了英明的统帅，汴京城的臣民也纯洁得如同天使，天天盼着康王的到来。既然双方都这么热切，那不如尽快结合吧。[①]

文书的到来，解开了双方最后一个结，也表明康王暂时赦免了所有的人，就连张邦昌也感到松了一口气。

从四月十九开始，首都的气氛彻底松弛了下来。赵叔向甚至能够派人到城内，以解救二帝的名义招兵买马了。汴京城的市井游民也再次活跃了起来，纷纷加入了康王的部队。当然，这样的部队的战斗力，是值得怀疑的。

四月二十二开始，孟太后屡次派人前往康王所在的南京，请他回到首都。京城的人们都翘首以望，盼望着康王回来，但他们失望了。

康王决定留在南京，对他来说，汴京城的辉煌已经成为过去，两次围城战已经将这座城市的缺点暴露得一览无余。由于缺乏天然险阻，金军每次都能渡过黄河直抵城下。康王可不想步他父兄的后尘，在下一次战争中沦为新的俘虏。再说，虽然他赦免了这座城市，却并不信任这里的人，不想将自己投入到不确定之中。但在南京，周围都是他信任的大臣和将军，即便金军入侵，也可以抬脚就走，向江南转移。

到了四月二十五，孟太后见康王不想回来，只好下令派遣车驾、法杖等去南京迎接康王。这样的意思已经很明确，就是欢迎康王成为新皇帝。汴京城的大臣们被一分为二，一部分留守，另一部分前往南京。

次日，太宰张邦昌作为迎驾的首席大臣，坐船顺着汴河而下，前往南京。徐秉哲、王时雍已经提前出发表示效忠，接着太学生们也都纷纷出发去迎接康王，官吏们络绎不绝，汴河再次热闹了起来，船来船往，如同回到了两年前的"盛世"时光。

虽然所有的人都盼望着康王即位，但还有一个障碍必须克服：之前，从来没有出现过两位皇帝都还活着，却要选出新皇帝的情况。康王要想名正言顺地即

[①] 参考《靖康纪闻》。

位，必须获得两位皇帝的赞同，可是皇帝们都被抓走了，到底谁来同意他呢？

历史大凡到这种节点，总会跳出来一个人将难题解开。这时，一位叫作曹勋的人适时出现了。曹勋作为阁门宣赞舍人本来应该随太上皇北行，却突然出现在了济州康王的大元帅府里。曹勋带来了太上皇的御笔，纸条上还有太上皇的画押。

为了不使人怀疑，曹勋还说了几件太上皇夫妇和康王之间的小事，这些事只有康王和太上皇夫妇知晓。曹勋知道这些事，表明他的确是从太上皇那儿来的。

根据曹勋的讲述，太上皇亲自拿出一件御衣，拆开领子，在领中写字，重新缝上，让曹勋寻找空当逃走，将消息传给康王。曹勋还叙述太上皇后将康王的名字贴在象棋的"将"上，投入棋盘，象棋恰好落在了棋盘的主位上，太上皇后看见了喜极而泣。①

这些事情不管真假，却解开了康王即位的最后一个结，让他当皇帝变得顺理成章了。

五月初一，康王在南京即位。为了纪念两位注定回不来的皇帝，康王按照朱胜非的建议，在南京修筑了一个高坛，名为"中兴受命坛"。康王登坛向北方远望，大哭一场，下坛后进入南京府治的正衙。耿南仲、汪伯彦、黄潜善等一直跟随康王的新贵们首先上殿，接着张邦昌率领旧官僚上朝祝贺。康王在一片祝贺声中成了新皇帝，是为宋高宗。②他改元建炎，从五月起，宋朝进入了建炎时期，短命而又耻辱的靖康时期只持续了一年零四个月，连这一年都没有过完，就迫不及待地跳入了另一个时期。③

康王登基的同时大赦天下。张邦昌、徐秉哲、王时雍、范琼等官员都没有被追究责任，只有蔡京、童贯、朱勔、李彦、孟昌龄、梁师成、谭稹的子孙没有获得赦免。④康王这么做，也是为了给他的前任们开脱。在未来的史书中，这些没有被赦免的人将作为北宋亡国的罪人被后人所熟记。后世人们被告知，是这些奸臣误国，才有了靖康之耻。在口诛笔伐时，那最大的罪人却成了受同情的对象了。

---

① 曹勋《北狩见闻录》。
② 参考《续资治通鉴长编拾补》。
③ 参考《靖康纪闻》。
④ 参考《宋史纪事本末》。

回归均势

康王登基后,伴随着宋朝历史的主战派与主和派的争论再次回来了。此时主战的是宗泽、李纲等人,主和的则是两位入了《宋史·奸臣传》的大臣黄潜善和汪伯彦。

事实上,金人退军后,中国北方大部分地区还是掌握在宋朝手中。东京汴梁、西京洛阳、南京应天、北京大名,全都没有丢掉。

金国实际控制的中国土地是极其有限的:在北方,当年燕云十六州的大部分地区归了金国;在山西,宋朝丢失了太原(含)以北地区;在河北,金国借助占领燕京的势头,逐渐南向渗透,但实际控制地依然只有北京以南数州,其余地区要么依附于宋,要么处于半独立状态。

宋朝仍然控制了山东、河南全部,山西、河北南部,以及陕西南部(其北部是西夏控制),所失去的领土并不多。

在高宗君臣的讨论中,贯穿着如何利用大半河山完成抗敌,甚至收复山西、河北北部地区的问题,其核心问题在于是否迁都。由于北方领土的损失,汴京已经无险可守,太容易受到打击,从这个意义上说,必须迁都。可是如果真的迁都,又太影响士气,不利于收复国土。

围绕着迁都问题,主战派、主和派吵成一团。宗泽主张不要迁都,以东京为基地进行抗战。[①]李纲借鉴了种师道的主张,认为可以迁都,但最好迁往陕西地区,利用陕西的天险与金国抗衡。[②]还有人主张迁都应天府,应天府是宋高宗即位的地方,今天的河南省商丘市仍然属于北方地区,迁到那儿不至于影响士气。

这些人的主张有一个共同点,就是皇帝不要离开北方。不管是东京汴梁、陕西长安、南京应天府,都在抗金的前线。皇帝只要留在北方,那么未来收复失土就是有望的。

---

① 参考《宋史·宗泽传》。
② 参考《宋史·李纲传》。

第四部　靖康之难

在朝廷中还有另一派人主张南迁，他们有的主张前往东晋南朝的首都建康（现江苏省南京市），有的主张前往湖北的荆州。但主张南迁的人始终无法回答的一个问题是：当朝廷距离北方边境过远时，很可能就意味着北方领土的永久丢失。一旦皇帝离开，金国将重新蚕食北方，宋金将形成以淮河流域为边界的新格局。到那时，所有的北伐都会成为空谈。

在中国历史上，到宋朝为止，当出现以淮河为界的南北对峙时，还没有一个南方的政权能够反攻北方、统一全国的。[①] 从这个意义上说，一旦退往南方，可能意味着北方再也回不来了。

但南迁派手中又有一个王牌：皇帝的安全。宋高宗赵构并不是一个雄才大略的皇帝，经过靖康之变后，皇帝首先要防止的是自己成为下一个宋徽宗、宋钦宗。

争执过后，宋高宗决定迁往南方，他首先退到了扬州，将扬州建成了暂时的首都（在宋代，皇帝暂时驻扎的地方称为行在所，或者简称行在）。[②] 这次搬迁也决定了宗泽、李纲等主战派被皇帝逐渐疏远。

建炎元年（公元1127年），由于金国在汉境扶立的傀儡皇帝张邦昌退位，处于军事极盛期的金军再次南下。

此刻，更加了解南方地形的金军兵分三路，对长江以北三个最重要地带进行打击：西路军从山西进入陕西，试图征服这个地处西北的战略要地；中路军在元帅完颜宗翰（粘罕）的领导下，从山西南下，渡过黄河后向洛阳进军；东路军在右副元帅完颜宗辅和他的弟弟完颜宗弼（即著名的金兀术）领导下，从燕京出发，向河北、山东地区扫荡。东路军和中路军又负有另一个使命：南进后，他们将合势再次进攻宋朝的东京汴梁。

金军取得了重大胜利，其中西路军攻克了长安，中路军攻克洛阳后，继续南下到达襄阳、房州、邓州，向长江流域施压，东路军则掳掠了山东地区。但在东京汴梁，老将宗泽却成功地组织了东京保卫战，阻止了金军的继续南下。由于金军的后勤出了问题，三路军都不得不退军，将所侵略的领土尽数让出。

---

① 直到明朝开国，才出现了第一次由南向北的统一。
② 参考《宋史·高宗纪》。

战争以宋军的战略胜利而告结束。

这也是金军第一次显出了疲态。由于金国是以一个民族为主体建立的国家，女真族人口不多，这支武装具有足够的锐度，却缺乏厚度，可以迅速奔袭，却无法维持占领。当宋高宗撤到南方后，在双方的政治中心之间留下了庞大的空白地带，从河北地区直到黄河，再到淮河、长江之间，直线距离有一千多里，金军每一次发动袭击都必须首先跃进一千多里，才能抵达宋代的新政治中心。完成跃进后已经开始疲劳，进入了衰竭期。

要想克服此种不利，金国必须将前进基地迁往南方靠近淮河流域的地方。但由于金国的政治过于落后，无法形成有效统治，很难建立起稳定的政权来控制黄河、淮河地区。

金军唯一的机会就是实行闪电战，派出军队千里跃进，进攻宋朝皇帝，迫使他迅速投降，让全国归顺。

建炎二年（公元1128年），守卫东京的老将宗泽去世，金军随即开始了第二次南侵。这次南侵除了与第一次一样兵分三路，分别进攻陕西、河南和山东之外，还增加了机动性要求，在各个将领分兵掠地时，东路军的完颜宗弼则率领人马直捣扬州，试图在宋高宗没有反应过来时，就兵围扬州，擒获皇帝。

但金军并没有抓住皇帝，高宗在金兵到来之前仓皇逃走，渡过了长江，避免了被俘的命运。由于金兵没有准备好，缺乏渡江器械，只得第二次撤军。

但是，此次偷袭扬州将宋高宗吓破了胆，他不仅不再考虑迁回北方，收复旧土，甚至连长江沿岸都认为不再安全，将首都迁往了更加遥远的杭州。

宋高宗迁都杭州造成了两方面的影响：一、金军的作战臂长很难到达杭州，这也决定了宋金战争将演变成长期的对峙；二、北宋的彻底灭亡。随着皇帝南迁杭州，北方领土由于过于遥远，相继沦陷。

陕西的关中平原，河南的东京汴梁、西京洛阳，河北、山东全境，逐渐被金国占领。双方对峙线向淮河地区南移，形成了以淮河流域为主体的新防线。

在宋金局势转化成长期对峙之前，金军还做了一次尝试。

建炎三年（公元1129年）冬，金将完颜宗弼以山东为基地兵下寿春，向江南扑来。到达寿春后，又兵分两路，一路向江西境内扑去，追袭位于洪州（现江西省南昌市）的隆祐太后（即元祐太后——孟太后）；另一支则走传统的巢肥故道，兵下采石矶，渡过长江后进攻建康，再从建康向高宗所在的临安地区进军，意图一举消灭南宋王朝。

完颜宗弼在采石矶渡江，击溃了建康的防务后，迅速南下。一路上由于进军太快，守将根本无法完成防务。

但由于路途遥远，金军还是没抓住高宗。他们到达临安，皇帝已经逃走，到了东海边上的定海（现浙江省宁波市镇海区），在这里，他乘船出海，这是中国历史上皇帝第一次为了逃难而到了海上。

这次著名的逃亡，成了南宋挫败金国速胜企图的最后努力。如果金国失败，必定无法再组织起下一次如此巨大规模的远征，双方将进入均势状态，以淮河为界各自统治一半中国。

完颜宗弼撤退时，在如今南京附近的黄天荡遭到了韩世忠的阻击。韩世忠以八千人围困了金兵十万人达四十八天之久，金兵由于另掘新的河道才得以逃走。这次战役象征意义远大于实际意义，不仅破除了金军不败的神话，也终结了金国军事的上升势头。

绍兴十二年（公元1142年），宋高宗以杀害抗金名将岳飞为代价，与金朝议和，维持了以进贡换和平的传统。到此时，宋金之间的拉锯战已维持了十几年，淮河成了双方较为稳定的新国界，这是两国军事实力再平衡的产物。一旦进入均势，双方均很难再打破此种局势。

绍兴三十一年（公元1161年），夺取帝位的金国海陵王完颜亮率军南侵，试图从采石矶过江灭南宋，却遭到了决定性失败，海陵王也在兵变中身死。这时的金国已经如同当年的辽国一样，无力对南宋构成决定性的威胁了。

尾声
消失的艮岳

公元1127年春，就在北宋徽、钦二帝带着全家老少在金人的胁迫下北迁之时，一位蜀地的僧人祖秀却再次来到了艮岳，欣赏他心目中的仙境。

祖秀，字紫芝，是一个在当时有名望的僧人，混迹于首都汴梁的文人墨客与官员中。① 他曾经写过欧阳修的小传。② 欧阳修是一个尊崇儒教、排佛的人，在撰写《新唐书》时将许多佛教的资料从史书中抽出。但在宋仁宗庆历五年（公元1045年），欧阳修被贬往滁州，经过九江时，在一位高僧的指点下，发现佛教理论中的宽仁与他心目中的政见吻合，排佛之心大大消散。③

祖秀最佩服的是他的四川老乡苏轼，他认为苏轼是中国历史上最大的贤人，超乎蜀地五杰（汉代的司马相如、扬雄、王褒，唐代的李白、陈子昂），是一位通古今、六艺俱全、佛儒全通的人物。④

北宋首都被围时，祖秀也被困在了汴梁。靖康元年（公元1126年）闰十一月，当金兵攻陷城池时，皇帝将皇家禁苑开放给受难的百姓，百姓跑到艮岳的园子里避难，这座常人难得一见的皇家园林终于露出了真面容。

祖秀也在这时第一次来到了艮岳。当时天刚刚下过大雪，放晴后，避难的人们都在山间哆嗦着为性命担忧，但祖秀却被这如同图画的美景吸引住了。他流连于艮岳中，认为天下所有的美丽、古今所有的名胜，都集中在了这个园中。

---

① 晓莹《云卧纪谭》。
② 残篇见《佛祖统纪》。
③ 见《佛祖统纪》。
④ 《云卧纪谭》："（祖秀）后归老蜀山，翕然燕处，一话一言未尝忘卫宗护教，既福不逮慧，为时论所惜焉。"

那位下台的皇帝不仅享有了自然界的盛景，还创立了世界上不曾有过的美。这座园林是人工的，是由最懂艺术的皇帝设计，再由天下能工巧匠创造的。①

我们根据祖秀的记载，加上宋徽宗本人所写的《艮岳纪略》，或许可以将这个最著名的皇家园林进行还原。②

按照规划，园林模仿了天下最美的山水，一草一木一石都是有出处的，就连堆积成山的土壤也来自南方的名胜之地。在院子里，种着枇杷、橙、柚、柑橘、荔枝、椰桲等南方水果，金蛾、玉羞、虎耳、凤尾、素馨、渠那、茉莉、含笑等著名的草本植物，它们都被成功地移植到了这里。还有许多珍禽异兽在山野间生活。

艮岳一圈有十余里，主体是三座山、三个池塘。在东北方是最高的万岁山，也叫作艮岳山，山顶上有一个小亭子叫介亭。万岁山之南是寿山，寿山有东西两个山头。万岁山和寿山之间有一块巨大的盆地，盆地中间是平静的雁池，雁池北岸有着园林中最主要的建筑群，包括萼绿华堂、绛霄楼、书馆和八仙馆等。雁池的东西两面，是两列不高的小山岭（不算在三山之中），将寿山和万岁山连接起来。经过人工引水，有一条瀑布从寿山落下，流入雁池。

园林里的第三座山在万岁山的西面，叫万松岭。万松岭以南，也是雁池的西北角，是另一个池塘——大方沼，大方沼的西面连接着第三个池塘——凤池。在大方沼里，有两个人工小岛，分别叫作芦渚和梅渚，小岛上各修亭子。

万岁山和万松岭之间，从护城河里引来了一条流水，形成了幽深的峡谷。峡谷的水最终流向了大方沼。

三座山之间有路相通，上山的路怪石嶙峋、腾云架栈，故意造得曲曲折折、充满艰辛，仿佛天然却处处带着匠心。走在山里，古树参天、鸟鸣兽啸，根本想不到这是在首都的内城中行走。但在不经意间，又会走到一座座精心设计的亭台楼阁，随处可以休息。

---

① 《阳华宫记》，亦有版本称为《华阳宫记》。在本节中，所有称为"阳华宫"和"阳华门"的地方，在《华阳宫记》中都被记为"华阳宫"和"华阳门"。
② 《汴京遗迹志》收录了几篇艮岳的介绍，本稿件中的描述是综合几篇文章后得到的。

尾声 消失的艮岳

在万岁山之北，还扩建了大量的阁楼，突破了内城的限制，直到外城城墙。

那块由朱勔运来的盘固侯神运石，则放在了西面的正门阳华门附近。① 从阳华门进入园林后，首先映入眼帘的是八十棵夹道的荔枝树。从荔枝树中穿过，就来到一株来自南方的椰树跟前。椰树后面的平地上，就是放在亭子里的神运石了。

皇帝带大臣游园，喜欢在亭子里赏赐他们吃荔枝。比神运石稍小一点的奇石有两块，一块放在寰春堂，叫作"玉京独秀太平岩"；另一块放在萼绿华堂，叫"庆云万态奇峰"。

细心的祖秀还记下了其他数十块石头的名字，有朝日升龙、望云坐龙、矫首玉龙、万寿老松、栖霞、扪参、衔日、吐月、排云、冲斗、雷门、月窟、蹲螭、坐狮、堆青、凝碧、金鳌、玉龟、叠翠、独秀、栖烟、罼云、风门、雷穴、玉秀、玉窦、瑞云、巢凤、雕琢浑成、登封日观、蓬瀛、须弥老人、寿星、卿云、瑞霭、溜玉、喷玉、蕴玉、琢玉、积玉、叠玉、从玉、翔麟、舞仙、玉麒麟、南屏小峰、伏犀、怒猊、仪凤、乌龙、留云、宿雾、抱犊天门等。

祖秀还记录了园内不少的名胜，有在嶙峋的怪石上堆土形成的飞来峰，虽然看上去是山，但由于故意不将土堆满，露出了下面的怪石；有一座小山上种了上万棵梅树，称为梅岭，梅岭的边上，是另一个种满杏树的山坡，被称为杏岫；园子里还有种黄杨的黄杨巘，植丁香的丁香嶂，错植着椒兰的椒崖，种着大量侧柏的龙柏坡，养竹的斑竹麓。这些地方不仅以各色的植物著名，更重要的是讲求形胜，土下的石头，土上的植物，山的形状，地的坡度，尖角的位置，洞穴的尺度，都必须表现出独具一格的轻灵。

瀑布是由人工背水上山，再让水直流而下形成的，这个瀑布叫紫石壁。有一条通往最高峰的阶梯是用温润的石头凿刻而成，叫作朝真磴。小岛上种满了海棠，称为海棠川。山间还有精心构造的三个山洞，呈品字形排列，山洞里设有厅堂，中间建有亭子，山洞的所有门窗都使用玛瑙雕琢，这个洞群称为碧虚洞天。

祖秀在皇家园林徘徊许久，才唏嘘离开，将他的所见记载下来，我们今天

---

① 参考《铁围山丛谈》。

才能对这个巨大的园林有清晰的认识。

几个月后,当金人们忙着带赵氏皇家人员北返,当所有的大臣都忧心忡忡,既为逃脱了当人质的命运而庆幸,又担心未来的危险时,宋徽宗打造的艮岳再次陷入了没人管的境地。祖秀回想起艮岳的美丽,又来到了这里。

他试图重新搜寻艮岳的美,却发现所有的珍禽异兽都不见了踪影。那些水鸟都在宋徽宗的命令下被投入护城河放生了,走兽则成了围城时期人们的盘中餐。那些珍稀的草木也不见了,大树被砍了取暖,竹子被拿走编了篱笆。至于那些花费了无数人力运来的石头,都变成了抵御敌人的炮弹,发射到了城外。公卿达官们的题碑,被人们用斧头凿掉了文字,扔在沟里。就连"石头侯爷"肚子里的雄黄和炉甘石,也都被一个回纥人买走了。①

宋徽宗建立这个"天下盛境"花费了六年时光,动用了全国的财力。但人们毁掉它,只用了几个月而已,与其一同毁掉的,还有那个繁荣的帝国。

随着时光的飘逝,在本书中出场的人物也都有了各自的结局。

张邦昌到达南京应天府时,曾经伏地痛哭请死,但康王出于团结所有人的目的,原谅了他,还让他继续担任太保。

但自从康王即位,情况却出现了变化。高宗皇帝选择了李纲做宰相,张邦昌只得到了太保、奉国军节度使、同安郡王等没有实权的职务。皇帝不便于处理张邦昌,但为人苛刻的李纲却没有这个顾虑,他上书皇帝,认为张邦昌不能与君共荣辱,反而借着皇帝受辱而获益,应该弃市,作为乱臣贼子之戒。

高宗还是下不了决心处理这个当过皇帝的人,李纲乘机又戳了一下他的痛处,说以后如果继续把张邦昌留在朝廷,人们见了,会说这是那个"故天子"。这句话触动了皇帝,于是将张邦昌降为昭化军节度副使,潭州(现湖南省长沙市)安置。这其实就是宋代的断崖降级,将官员发配到边远地区。

此刻,张邦昌的命运就注定了,只要他离开皇帝身边,就丧失了活路。谏官们会一刻不停地寻找他的错处,直到皇帝同意将他杀掉,而由于他身在远方,所以连辩白的机会都没有。

---

① 参考《癸辛杂识》。

尾声　消失的艮岳　　　　　　　　　　　　　　　　　　　　　　　　357

　　最终，皇帝寻找的借口是：张邦昌玷污了皇家的女人。在太上皇的女人中，有一位华国靖恭夫人李氏由于不想离开汴京，一直对张邦昌示好。在一次喝酒后，李夫人拥抱着张邦昌说："大家，事已至此，尚何言？"他们一同进入内廷福宁殿，李氏将养女陈氏送给了张邦昌。

　　皇帝听说了这事，将李氏下狱，逼迫她将张邦昌牵连出来。[①]

　　虽然宋徽宗的无数妃子、女儿已经成了金人的"囊中之物"，但宋朝的臣民玷污皇家的女人却是大罪，这足以让张邦昌丧命。

　　高宗皇帝于建炎元年（公元1127年）九月，怀着轻松的心情签发了张邦昌的死亡令，逼迫他自缢于潭州平楚楼。[②] 这位对汴京城"保护最大"的人最终没有逃脱死亡的命运。

　　曾与金人合作的人中，除了张邦昌之外，还有王时雍、徐秉哲、吴开、莫俦和范琼等人，对这些人的处理早于张邦昌。高宗即位六天后，就将王时雍贬为提举成都府玉局观。其他在楚国担任过官职的人也开始感受到压力。

　　例外的是吕好问，他虽然在张邦昌手下担任高官，但由于劝说张邦昌迎回元祐太后，受到了高宗的表彰，被提升为尚书右丞。

　　五月初八，王时雍再次被贬为安化军节度副使，黄州安置，降低待遇被流放了。大家一看王时雍的境遇，立刻心里有了数。吴开赶快上书请死，被贬为龙图阁学士提举江州太平观。莫俦也上书请贬，被封了个述古殿直学士提举亳州明道宫。

　　五月十三，徐秉哲也被贬为徽猷阁直学士提举江州太平观。

　　六月初二，高宗想了个处置徐秉哲的方法，派他出使金国，想借助金国的手杀掉他。徐秉哲拒绝了，于是被贬为昭信军节度副使，安置梅州。

　　六月初五，皇帝再次下令，王时雍安置高州（张邦昌被赐死时，王时雍也被诛于高州）、吴开安置永州、莫俦安置全州。到这时，除了范琼之外，其余的人都被发配了。

[①] 参考《宋史·张邦昌传》。

[②] 参考《大金国志》。

范琼由于手中有兵权，比起几位文官要难处理得多。他一看事情不好，也心情忐忑，皇帝反而安慰他，作为武将并没有大错，不用担心。

　　由于朝廷正是用兵之时，范琼被委以重任。但事后，范琼依然展现出对外战争的无能，和对内斗争的擅长。他在与金军作战时，被人嘲笑"此将军岂解杀敌，唯有走耳"。但他又拥兵自重，甚至参与了反对宋高宗的苗刘兵变。宋高宗只好让大将张浚将其杀掉。

　　由于范琼手握兵权，张浚无法直接下手，只能事先埋伏了士兵，借邀请其谈事，突然将他杀死。[1]

　　在所有需要为僭伪承担责任的人中，宋齐愈是最倒霉的。当金军逼迫众人选举张邦昌，而大臣们扭扭捏捏不肯第一个说出名字时，宋齐愈为了避免僵局，向王时雍打听出张邦昌的名字，第一个签了名。就是这一次冲动之举要了他的命。

　　建炎元年（公元 1127 年）七月初三宋齐愈被罢职。宋齐愈留了一手，将当初另一位官员李会写的劝进草稿藏了起来。他以为自己罪不至死，想靠检举立功，将草稿捅了出来。但审判他的人却与李会勾结起来，将其判死。

　　即便这样，宋齐愈还可以不死，因为判案的法寺（大理寺）认定，他虽然该杀，可恰逢高宗皇帝大赦，不需要执行死刑。不想事情捅到皇帝那儿，皇帝说了一句："如果张邦昌（在宋齐愈的帮助下）真的成了皇帝，又置朕于何地？"法寺立刻明白了皇帝的意图，杀掉了宋齐愈。[2]

　　在宋徽宗所有的妃子中，只有韦妃一人回到了南方。宋金议和时，作为高宗的亲生母亲，韦妃也成了议和的筹码之一。和议完成后，绍兴十二年（公元1142 年）四月，韦妃带着宋徽宗的棺材踏上了归乡之路。她在南宋又活了十七年才去世，那时已经八十高寿。[3] 在官方的记录里她成了贤后的化身，但在民间，却传说她在金国已经失节。[4]

---

[1] 以上均出自《续资治通鉴》。
[2] 参考《续资治通鉴长编拾补》。
[3] 《宋史·韦贤妃传》，万俟卨《皇太后回銮事实》。
[4] 见本书前文。

尾声 消失的艮岳

民间和官方的认知差异，也不能全怪民间的恶毒。事实上，南宋时期建立的"饿死事小，失节事大"的观念，就和靖康之耻有关。

靖康时期，金人俘虏了那么多年轻的女人，几乎包括了整个徽宗家族。按照汉人的观念，这些女人都被不纯洁的血统玷污了。从这时开始，道学进入了快速发展时期，道学家们意识到必须进行更大力度的灌输，提倡以后妇女如果遇到了这种情况，必须全力抵抗，直至死亡。

道学家的灌输又反作用于靖康时期被掳的女性们，人们带着新的观念回头再看，更加认为她们被抓走是耻辱的，而韦妃不幸也在这个群体之中。

靖康之耻之所以给了道学一统天下的时机，还有另一个原因。在此之前，北宋是一个讲究实际的朝代，皇帝对大臣并没有过分强调忠贞，只要求大臣在能力上能够胜任。一时间实学盛行，人们普遍不重视空虚的泛泛之谈，而是对政治学、工程学、经济学更加看重。

但靖康年间，发生了这么重大的变故，却很少有大臣表现出忠心，反而有很多人配合金军将皇帝送走，这件事深深地刺激了宋朝朝野。

从此之后，整个社会气氛加大了道德观念的灌输，要求人们重新树立忠于朝廷的价值观，道学抓住了这个机会成了主流。对"君君臣臣父父子子"的提倡，对灭人欲的推崇，都一股脑儿变成了人们必须接受的"天理"，最终发展成为一种愚忠，束缚了中国近千年之久。

在高宗时期，还有一个从北方放回来的重要人物——秦桧。

秦桧被金人掳往北方，最初跟随太上皇，后来被金太宗赐予了弟弟挞懒。挞懒很信任秦桧，让他在南侵时当参谋。[①] 不想秦桧和妻子王氏抓住机会，杀掉看守，逃回了宋境。

关于秦桧的归来，日后人们猜测纷纷，许多人怀疑他是金国放回来的奸细，否则为什么那么多被抓往北方的高官，只有秦桧回来了？更何况还是和他的妻子一同回来，金人竟没有用他妻子做人质。[②]

---

① 参考《宋史纪事本末·秦桧主和》。
② 参考《宋史·秦桧传》。

但宰相范宗尹和同知枢密院李回选择了相信秦桧。日后，秦桧成了高宗朝的宰相，以及主和派的领袖。在秦桧的主导下，高宗在经过多年的战争后，选择与金军议和。为了扫除议和的障碍，秦桧排挤了主战派的将领，并将其中最坚决的岳飞构陷杀死，压制了反对的声音。

根据他后来的作为，人们怀疑他真的是金国的奸细。但也有可能，秦桧与岳飞的对立只是宋代主战派与主和派争斗的继续罢了。主战派看到了金国并非不可战胜，主和派却担心宋朝承受不了战争的影响，即便打几个胜仗，但沉重的财政负担会将国家压垮。只是这时的党派斗争已经失去了北宋初年的优雅，必须以杀人为结局罢了。

与秦桧类似的主和派还有宋高宗的两位宠臣黄潜善和汪伯彦，只是这两人没有秦桧走运。秦桧是在金军进攻力竭之后才掌权的，所以长期把持大位，安然善终。而黄潜善和汪伯彦却不幸赶上了金军势头最盛时，他们主张求和没有换来和平，反而还耽误了宋军的防卫，导致宋高宗差点被金军抓住。当金军攻克扬州时，两人都成了替罪羊被免职。但黄、汪的和平理想却被秦桧继承下来，也算后继有人了。

黄潜善死得早，没有看到后来的和平，而汪伯彦熬到了秦桧当政时期，再次起用。但后人对三人的评价却定了格，《宋史》将黄、汪、秦三人并列，写了《奸臣传》。

秦桧等主和派掌握了南宋的政局，那些主战派的结局却并不好。李纲在高宗初期曾经短暂担任了宰相，[①]但作为书生的他很快就暴露出领导力的不足，在如此纷纭复杂的环境中无法施展有效的领导力。在黄、汪的排挤下，李纲执政了七十几天就被边缘化，从此退出了中国历史的中心舞台。

与李纲类似的还有官职更小的马扩。马扩长期在河北地区抵抗金军，当金军占领了河北之后，马扩只好来到了江南。他担任过一系列的小官，都没有受重用。秦桧当朝时，马扩辞官离开了南宋的官场。[②]

[①] 参考《宋史纪事本末·李纲辅政》。
[②] 参考《茅斋自叙》。

尾声　消失的艮岳

　　李纲和马扩虽然被边缘化，却没有性命之忧。同属于主战派的太学生陈东就没有这么好运了。陈东在靖康、建炎时期是学生中的意见领袖，曾经上书要求"诛六贼"，在第一次汴京围城战中，李纲被宋钦宗罢免后，陈东又领导了汴京城哗变，逼迫宋钦宗恢复了李纲的职位。

　　金人解围后，对于如何处理这些学生领袖有不同的意见，有的大臣提议将他们抓起来，有的提倡重用他们。但学生领袖们最大的问题却是：他们是和平时代好的"看门狗"，但在战争时期却应付不了复杂的局面。

　　陈东在第二次汴京围城战时已经辞职回家。到了高宗时代，李纲第二次被罢职后，陈东又上书要求给李纲复职，贬斥黄潜善、汪伯彦。

　　高宗皇帝不打算学北宋的祖先们容忍言官的传统，决定采取严厉的手段制裁他们。黄潜善乘机劝说皇帝杀掉陈东。

　　陈东的死刑令下发给了府尹孟庾，孟庾想以请陈东商议事情为借口，将他诱捕。府尹派出的小吏到来时，陈东已经有了预感，他表示吃过饭再动身，并写了一封家信交给朋友，好传给他的家人。吃完饭他去了一趟厕所，请他的小吏有些为难，怕他乘机跑掉。陈东看在眼里，连忙安慰小吏："我陈东如果怕死，当初就不敢说话了，既然说过，难道还怕死？"

　　当天，陈东被斩于市，与他同死的还有另一位市民领袖欧阳澈。[①]高宗对于意见领袖的杀戮，也成了后来杀害岳飞的先声，亦表明南宋不准备像以前那样过于宽容。

　　在宋朝的叛臣中，还有一个人引人注目，他就是"常胜军"首领郭药师。郭药师在燕京投降金国后，在第一次汴京围城中起到了关键作用，他的军事情报是二太子斡离不成功的保障。

　　之后，郭药师的官职却并没有更上一层。金军慢慢抽走了他的常胜军，仍然让他负责守卫当初的营、平、滦地区。金天会十年（公元1132年）时，郭药师是平州守将。与之相比，常常出使宋朝的金国使者萧庆已经成了河东南路兵马都总管。

---

① 参考《宋史·陈东传》《宋史·欧阳澈传》。

不过，这一年郭药师和萧庆都被粘罕元帅抓起来关进了监狱。史书上并没有告诉我们原因，只说他们很快又获释了。萧庆之后仍然是粘罕的嫡系。可是元帅却拿走了郭药师庞大的家产，只是没有要他的命。在金人看来，失去了家产的郭药师也就失去了聚众的能力，没了后顾之忧，就可以让他安度晚年了。①

与郭药师死在床上相比，另一个原宋朝大臣宇文虚中的命运就要悲惨得多。② 宇文虚中曾经反对宋徽宗的"联金灭辽"政策。第一次汴京围城战时，他又参与了与金国的和谈，竭尽全力争取不割三镇，却没有成功。

金军退军后，宇文虚中成了替罪羊被贬职，却幸运地躲过了靖康之祸。

但到了第二年（建炎二年，公元 1128 年），宋高宗征求使者出使金国，请求归还二帝，宇文虚中应征前往，被金人扣留了。一年后，金人将其他使者放回时，宇文虚中却决定不回来，他表示自己的使命是请回二帝，这个使命不完成，就不回去。

金人很看重宇文虚中的才华，重用了他。在高峰时期，金人甚至把他当作"国师"看待。宇文虚中担任了金人的高官，却并没有背叛宋朝，他一方面与二帝取得联系，另一方面联系北方的宋朝人，帮助他们寻找南归的机会。他成了北方汉人的领袖。

他还想办法帮助南宋迟滞金军的进攻，不停地劝说金军，江南太荒僻，打下来没什么用处，还要耗费大量的人力和钱财。此外，他偷偷与南宋取得了联系，不时写密信将金国的情况告知南方。

但宇文虚中没有想到，他在不知不觉间得罪了一个远方的人——秦桧。秦桧不怕南方的人，却怕北方的人将他在金国时期的事情透露给南方。金皇统二年（公元 1142 年），宋金终于议和，金国乘机向南宋索要在北方当官的宋人的家属。秦桧一看是个机会，连忙将留在南宋的宇文虚中家族全都抓起来，送给了金国，这就断绝了宇文虚中归宋的道路。

数年后，宇文虚中与北方宋人的联络被发现，他被下狱判死，一家百口被

---

① 参考《大金国志·太宗文烈皇帝纪》。
② 参考《宋史·宇文虚中传》《金史·宇文虚中传》《大金国志·宇文虚中传》。

金人烧死，这在宋金时期是少有的灭门惨案。

除了宋朝归降金国的人都有了结局之外，辽国归降之人也都有了结局。

在金国的契丹族大臣中，伐宋最得力的两位是刘彦宗与耶律余睹。刘彦宗死于金天会六年（公元1128年），由于死得早，受到了金人的优待。耶律余睹就没有这么幸运了。

作为渔猎民族，女真人善于运用被征服者的大臣，这其中一个原因在于女真太落后，不依靠于契丹和汉人，就不可能建立起正规的政权组织。

可是一旦金国的政权稳定了，在征服民族与被征服民族之间就出现了深刻的隔阂，并在日常交往中逐渐放大。久而久之，金国政权内部形成了一个反对契丹人的派别——女真民族派。而契丹人为了自保，也被迫结成一派，以对抗女真民族派。

两派中，女真民族派的首领是一位叫作兀室（完颜希尹）的人，而契丹派的领袖则是耶律余睹。

有趣的是，两人都来自粘罕元帅的西路军，曾经长期共事，彼此相互了解。在金国伐宋时，耶律余睹就已经是西路军的都监，也就是仅次于元帅粘罕和监军兀室的人。但之后的几年间，他再也没有升迁。他一直在西路的云中地区担任守将。金人为了防范他，甚至还把他的妻子当了人质。

金天会十年（公元1132年），作为女真民族派首领的兀室发起了一场运动，将耶律余睹推向了深渊。①

一天，兀室在居庸关附近打猎时，看到山下有两个骑马的人在交谈，他们谈了许久，沿着不同的方向离开。兀室乘机将其中一个人扣留，进行了长期的盘问。最后认定，这两人都是契丹族的使者，他们在策划一场叛乱。

按照兀室的说法，两位使者一个由云中的守将耶律余睹派出，另一位由燕京的守将槁里（也是契丹人）派出。两位守将派出使者接头，准备策划燕云地区叛离金国。

这个说法是有疑问的，特别是因为它来自兀室的讯问。但不管怎样，兀室

---

① 参考《大金国志·太宗文烈皇帝纪》。

以此为借口策划了一场反对契丹人的大屠杀。首当其冲的是燕京的守将槁里。其次，兀室将运动扩大化，命令燕京地区的兵马开始清理契丹人，将他们全都杀死。一时间契丹人纷纷逃亡，前往西方和北方。

兀室在清理完燕京地区之后，率军前往云中地区，准备将契丹人最后的依靠耶律余睹拔掉。余睹事先听到了消息，带着亲兵向西夏逃去。到了金夏边境，西夏人问余睹带了多少人马，余睹回答有三百人，西夏人以人少为由拒绝他入境。

余睹只好再次向北方的鞑靼地区逃窜，却被鞑靼人诱杀，并将他的首级献给了金国。

契丹人在金国的影响力灰飞烟灭。

云中地区除了是余睹的驻扎地，也是元帅粘罕的势力范围，粘罕娶了辽国天祚帝的元妃萧氏做妾，而萧氏就住在云中。兀室到了云中后，一不做二不休，闯入萧氏的府邸将她杀死。事后，兀室向粘罕汇报，表示萧氏作为契丹人可能会危害兄长的性命，作为预防手段，他已经将萧氏杀死了。粘罕对于既成事实无可奈何，还得拥抱兀室，感谢他的关心。由于兀室是粘罕的左膀右臂，他的重要性显然高于一个女人。

但粘罕和兀室也并没有笑到最后。作为新兴民族，最大的问题就是权力分配不平衡。在进攻北宋的两位元帅中，斡离不由于死得早，没有参与权力斗争。

粘罕和兀室两人却无法避免政治斗争。同样是公元1132年，粘罕和兀室请求金太宗立太祖的嫡孙合剌（完颜亶）为谙班勃极烈，也就是太子。

女真最初采取的是兄终弟及，两年前，前任谙班勃极烈斜也（完颜杲）死了，斜也是太祖和太宗的亲弟弟。兄弟一脉上已经没有人了，接下来即位的应该是子辈。太宗的长子完颜宗磐希望成为继承人，但粘罕却推荐太祖的嫡孙合剌，挤掉了太宗的亲生儿子。

天会十三年（公元1135年），合剌即位成了金熙宗，粘罕和兀室作为拥立者，本应该拥有更大的权力。不想，熙宗皇帝却采纳了养父完颜宗干的建议，重用完颜宗干和完颜宗磐，将粘罕一系的兵权逐渐收回。

熙宗借鉴了汉人的官僚体系，改革了官职，废除了勃极烈制度，采取三省制。他封粘罕为太保、领三省事，晋封国王，却将他兵权剥夺了。此外，粘罕一系

尾声　消失的艮岳

的人也都免去了地方大员的身份，改授中央文官，比如兀室就被改授了尚书左丞相兼侍中，高庆裔为左丞，萧庆为右丞。

太宗时代，粘罕是说一不二的权臣，但熙宗时代，除了粘罕被授予太保之外，还有皇帝的养父完颜宗干被授予太傅，曾经与熙宗竞争帝位的完颜宗磐被授予太师，他们并领三省事。而实际上，后两人的权力已经在粘罕之上了。[①]

两年后，熙宗继续拿粘罕系开刀，将尚书左丞高庆裔找罪名杀掉了。粘罕无法保护自己的亲信，他本人也抑郁得病，在风雨飘摇中又熬了一个月就去世了。[②]

粘罕死后，金熙宗用太祖第六子完颜宗隽（讹鲁观）取代了兀室担任尚书左丞相兼侍中。但不久，宗隽、宗磐等人的擅权让熙宗感到难受，皇帝再次起用兀室，借助他和宗干，将宗隽和宗磐杀死。

但随后，兀室又和金军元帅完颜宗弼发生冲突，这次，皇帝与完颜宗弼联手杀死了兀室。至此，西路军的"三驾马车"粘罕、兀室和余睹都死在了权斗之中。

金国之所以勃兴，很大程度上在于太祖、太宗兄弟和亲戚的团结一致，他们为了共同的目标一次次发起战争。相比较而言，辽国和宋朝却内斗不断，组织不起有效的军事行动。

但女真兴起太快，在瞬间获得了太多的资源，又由于分配不均迅速引起了统治集团内部的倾轧和纷争。到了熙宗时期，女真的对外扩张冲动已经让位给了内斗的狂热。

皇统九年[③]底，熙宗皇帝本人死于一次宫廷政变，上台的是太师完颜宗干的次子完颜亮，史称海陵王。海陵王想结束内斗，将女真的精力再转向对外。他发动了一次南侵，却在长江边上遭遇了军队哗变而被杀（正隆六年，公元1161年）。[④]即位的金世宗完颜雍结束了战争状态，金国也开始了难得的和平时代。

当本书中所有的主角都死亡后，淳熙三年（公元1176年）十一月，南宋又

---

① 参考《金史·熙宗纪》。
② 参考《金史·完颜宗翰传》，《大金国志·粘罕传》。
③ 皇统九年是公元1149年，但熙宗遇刺的十二月初九却已经是公元1150年1月9日。
④ 参考《金史·海陵纪》。

派遣生辰使试户部尚书张子政、明州观察使赵士褒前往金国首都燕京，祝贺金国皇帝的生辰。

他们的行程被一位叫作周辉的随从记录了下来，①其中关于金国宫殿的描写，可以和当年许亢宗出使时看到的上京附近的"土围子"做一个对比。

此时金国的政治中心搬到了当年争夺的焦点：燕京。南宋使团十一月接受任命，于第二年正月初七离开国门，二月二十七就到了燕京。

如今北京城内靠南的位置，还有一片遗址区是当年的金中都遗存。现在的人们到了那儿，除了能看到几条土墙之外，几乎看不出任何当年的模样。但在金代时，这里却有着大片的琼楼玉宇。

宋朝使臣来到后，首先在城外的燕宾馆停留，在这里接受招待吃饭。吃饭完毕，被引入城内，首先经过的是端礼门，其次南门，再入丰宜门，接着过一个特殊的建筑：龙津楼。龙津楼是一个直接架在道路上方的阁楼，在楼下，三条大道并行穿过，道上的扶栏用类似玉石的材质雕刻着婴儿的图像，工巧万分。

过了龙津楼，再过宜阳门，然后才由驰道进入了金国的国宾馆——会同馆。这一路上的繁华与奢侈，与许亢宗当年住的三十余间的大茅屋简直是天壤之别。

从会同馆到接见宫的行程是这样的：出了馆，有一条通往宫殿的驰道，驰道两旁是叫作御廊的建筑群，东西曲尺各有二百五十间。御廊尽头是百官下马的掖门，从掖门经过专德门、会通门、承明门、左嘉会门，向南行，才到了接见使者的宫殿。宫殿里铺着巨大的毛毡，毡上绣着无数的鸾凤。到了接见时分，使者还必须穿过宣明门、行政门和一个隔门，才能站在这数百人的大毡上。

大殿有九根巨大的雕花柱子，前面设有露台，两廊各有三十间的规模，中间有两个钟鼓楼，外面有绣花的金漆帘子遮挡。

殿门外有两三百卫士站立两旁，都穿着锦袍，戴金花帽。宣明门外到外廊之间站满了甲士，左面是青绿甲持黄龙旗，右面是红绦甲持红龙旗。外廊都是银枪卫士，左掖门内都是金枪卫士。

宫殿的瓦都是琉璃制作，映日辉煌。从描述来看，金中都的宫殿比南宋临

---

① 参考《北辕录》。

安的宫殿规模大。南宋皇帝一直声称临安是临时首都（行在），不肯大规模修缮宫殿，显得捉襟见肘。金中都除了辉煌之外，还透露出极强的军国色彩，带着军事化的仪仗，与文人治国的宋朝形成了鲜明的对比。

周辉感慨说，燕京宫殿的构造是按照金东京的模型修建的，在建设时用了一百二十万人，花了数年时间才修好，死者不计其数。

这个宫殿，和当初的"土围子"，同样天壤之别。周辉的记述也让后世的读者知道，女真这个民族在五十年里，已经从一个原始的部族，成长为有着极强物质追求的新兴民族。

金国走到这一步，也逐渐丧失了当初的冲击力，这个国家正在变得衰老，只是所有人都没有意识到罢了。

在面对南宋时，它仍然保持着军事优势，但是，在面对更新兴的马背民族时，它已经无力抵抗。

金国虽然衰落，但在遇到那个捅破窗户纸的民族之前，它继续存在了五十年。之后，就像当初辽国遇到的那样，它也走向了被征服的命运。

附 录

表 宣和靖康年间宰执变动[①]

年 代	变 动	在位宰相	在位执政
宣和元年正月	（宰）余深加太宰兼门下侍郎 （宰）王黼加特进、少宰兼中书侍郎、神霄玉清万寿宫使	蔡京、余深、王黼	童贯、白时中、冯熙载、范致虚、邓洵武
宣和元年三月	（执）张邦昌除尚书右丞，后迁左丞	蔡京、余深、王黼	童贯、白时中、冯熙载、范致虚、邓洵武、张邦昌
宣和元年八月	（执）尚书左丞范致虚丁母忧	蔡京、余深、王黼	童贯、白时中、冯熙载、邓洵武、张邦昌、王安中
宣和元年一月	（执）王安中除中大夫、尚书右丞	蔡京、余深、王黼	童贯、白时中、冯熙载、范致虚、邓洵武、张邦昌、王安中
宣和二年六月	（宰）蔡京以太师、鲁国公致仕	余深、王黼	童贯、白时中、冯熙载、邓洵武、张邦昌、王安中
宣和二年十一月	（宰）余深以少傅、镇江军节度使出知福州	王黼	童贯、白时中、冯熙载、邓洵武、张邦昌、王安中
宣和二年十二月	（执）郑居中权领枢密院事	王黼	童贯、白时中、冯熙载、邓洵武、张邦昌、王安中、郑居中
宣和三年正月	（执）邓洵武卒	王黼	童贯、白时中、冯熙载、张邦昌、王安中、郑居中
宣和三年十一月	（执）冯熙载以资政殿学士出知亳州 （执）李邦彦除尚书右丞	王黼	童贯、白时中、张邦昌、王安中、郑居中、李邦彦
宣和五年正月	（执）王安中以庆元军节度使、河北河东燕山府路宣抚使知燕山府	王黼	童贯、白时中、张邦昌、郑居中、李邦彦

---

① 根据《宋史·宰辅表》《宋宰辅编年录》《宋代官制辞典》。在宰执官员中官职也有变动，比如，从尚书右丞晋升尚书左丞等，但在执政内部，或者宰相内部的变动，本表不再列出，如果是从执政晋升宰相，本表予以列出。

续表

年 代	变 动	在位宰相	在位执政
宣和五年二月	（执）赵野除中大夫、尚书右丞	王黼	童贯、白时中、张邦昌、郑居中、李邦彦、赵野
宣和五年六月	（执）郑居中致仕、卒 （执）蔡攸领枢密院事	王黼	童贯、白时中、张邦昌、李邦彦、赵野、蔡攸
宣和五年七月	（执）童贯致仕	王黼	白时中、张邦昌、李邦彦、赵野、蔡攸
宣和六年九月	（宰）李邦彦加银青光禄大夫、少宰兼中书侍郎、神霄玉清万寿宫使 （宰）白时中加特进、太宰兼门下侍郎、神霄玉清万寿宫使 （执）宇文粹中除尚书右丞 （执）蔡懋除中大夫、同知枢密院事	王黼、李邦彦、白时中	张邦昌、赵野、蔡攸、宇文粹中、蔡懋
宣和六年十一月	（宰）王黼致仕	白时中、李邦彦	张邦昌、赵野、蔡攸、宇文粹中、蔡懋
宣和六年十二月	（宰）蔡京落致仕，依前太师领三省事、神霄玉清万寿宫使	蔡京、白时中、李邦彦	张邦昌、赵野、蔡攸、宇文粹中、蔡懋
宣和七年四月	（宰）蔡京致仕	白时中、李邦彦	张邦昌、赵野、蔡攸、宇文粹中、蔡懋
宣和七年十二月	（执）吴敏加中大夫、门下侍郎 （执）耿南仲除资政殿学士、签书枢密院事	白时中、李邦彦	张邦昌、赵野、蔡攸、宇文粹中、蔡懋、吴敏、耿南仲
靖康元年正月	（宰）白时中以观文殿大学士领中太乙宫使 （宰）张邦昌加少宰兼中书侍郎、神霄玉清万寿宫使 （宰）吴敏迁太中大夫、少宰兼中书侍郎 （执）李梲除同知枢密院事 （执）李纲除尚书右丞 （执）王孝迪除中书侍郎 （执）唐恪除同知枢密院事 （执）路允迪除资政殿学士、签书枢密院事 （执）种师道除同知枢密院事	李邦彦、张邦昌、吴敏	赵野、蔡攸、宇文粹中、蔡懋、耿南仲、李梲、李纲、王孝迪、唐恪、路允迪、种师道

续表

年　代	变　动	在位宰相	在位执政
靖康元年二月	（宰）李邦彦以观文殿学士领太乙宫使 （执）李纲被罢，寻复职 （执）徐处仁除中书侍郎 （执）宇文虚中除资政殿大学士、签书枢密院事 （执）蔡懋知大名府兼北京留守 （执）王孝迪以资政殿学士提举醴泉观 （执）种师道以检校少傅领中太乙宫使 （执）蔡攸责授太中大夫、提举亳州明道宫 （执）宇文粹中罢尚书右丞	张邦昌、吴敏	赵野、耿南仲、李梲、李纲、唐恪、路允迪、徐处仁、宇文虚中
靖康元年三月	（宰）徐处仁加通奉大夫、太宰兼门下侍郎 （宰）张邦昌以观文殿大学士领中太乙宫使 （执）何㮚除中大夫、尚书右丞 （执）许翰除中大夫、同知枢密院事 （执）李梲以正奉大夫、资政殿学士提举南京鸿庆宫 （执）宇文虚中以资政殿学士、中大夫出知青州	吴敏、徐处仁	赵野、耿南仲、李纲、唐恪、路允迪、何㮚、许翰
靖康元年四月	（执）种师道除同知枢密院事 （执）赵野以资政殿学士出知襄阳府	吴敏、徐处仁	耿南仲、李纲、唐恪、路允迪、何㮚、许翰、种师道
靖康元年六月	（执）路允迪以资政殿学士提举醴泉观	吴敏、徐处仁	耿南仲、李纲、唐恪、何㮚、许翰、种师道
靖康元年八月	（宰）唐恪加少宰兼中书侍郎 （宰）徐处仁以观文殿大学士领中太乙宫使 （宰）吴敏以观文殿大学士领醴泉观使 （执）陈过庭除尚书右丞 （执）聂昌除中大夫、同知枢密院事 （执）李回除延康殿学士、签书枢密院事 （执）许翰以延康殿学士出知亳州	唐恪	耿南仲、李纲、何㮚、种师道、陈过庭、聂昌、李回

续表

年　代	变　动	在位宰相	在位执政
靖康元年九月	（执）王寓除尚书左丞[①] （执）李纲以观文殿学士出知扬州	唐恪	耿南仲、何㮚、种师道、陈过庭、聂昌、李回、王寓
靖康元年十月	（执）冯澥除中大夫、知枢密院事 （执）王寓责授单州团练副使、新州安置[②] （执）种师道卒	唐恪	耿南仲、何㮚、陈过庭、聂昌、李回、冯澥
靖康元年十一月	（执）曹辅除延康殿学士、签书枢密院事 （执）冯澥除资政殿学士、太子宾客 （执）李回除提举万寿观 （执）何㮚除资政殿学士、提举醴泉观，后再次拜门下侍郎	唐恪	耿南仲、陈过庭、聂昌、孙傅、曹辅、何㮚
靖康元年闰十一月	（宰）何㮚加通奉大夫、右仆射、中书侍郎 （宰）唐恪以观文殿大学士领中太乙宫使 （执）孙傅除中大夫、尚书右丞，后除同知枢密院事[③] （执）冯澥除尚书左丞 （执）张叔夜除签书枢密院事	何㮚	耿南仲、陈过庭、聂昌、孙傅、曹辅、冯澥、张叔夜

---

① 《宋宰辅编年录》记载为十月。之所以任命，是因为要让他出使金国。他拒绝后被罢免。
② 《宋宰辅编年录》记载为十二月。
③ 《宋宰辅编年录》《宋史·宰辅表》记载为十一月。

后　记

1

　　2013年底，我在大理洱海边的一个小村子里居住了三个月。其间，除了写《中央帝国的财政密码》第一稿（这一稿没有用上，后来废掉重写）之外，几乎没做任何别的正事，也很少和熟人接触。

　　为了活动一下手脚，每当写作的空闲，我就到住处附近的一个小饭馆里帮忙刷碗。老板娘梦舞君是一位比我小一岁的姑娘，原本是教师，辞职后在这偏僻的小村子里开了个小店，养活自己的同时，也希望继续绘画的梦想。我有幸成了这家小店的编外洗碗工。

　　三个月后的2014年春天，我决定去中东看一看硝烟的颜色，离开了大理。

　　据说，当我离开的那一天，姑娘痛哭了一场，但当时我并不知情。最初，我们还有联系，随着我的手机坏了，联系中断。

　　所幸的是，半年以后，我回到了国内，再到大理，将她捞上了我的"贼船"。我们找到了彼此有生之年的依靠。

　　她继续经营小店，我继续漂泊。其间，我去了阿富汗的战地，差点儿被劫持，当头破血流的我确信安全了，首先想到的就是向她报平安。那一刻，我体会到了心中有根的感觉。

　　又过了两年，大理市政府对当地民营经济进行了管控，梦舞君的小店也受到了影响。我乘机劝说她将店关掉，既然喜欢绘画，就不要再走弯路，向着理想去拼搏吧。

　　于是，我们买了一个小屋，有一间属于她的画室，也有一间我的书房。屋外风总是很大，我给小屋起了名字，叫"风吼居"。

2

这是我成年后的漂泊人生中，第一次有了家的感觉。我和梦舞君都相信人可以不依赖于任何组织而活着。我们坚持这样做，才感觉无愧此生。

对于一个写作者来说，家的最大用处就是藏书。在前半生中，我购书无数，但这些书却都随着我的漂泊而散落全国各地。这一次，我终于可以把心仪的书籍重新搜集。

之前，我写书的资料大都是临时购买，或者在图书馆拍照，或者下载电子版，书一写完，资料早已散尽。写书的地点也五花八门，比如最早的小说《告别香巴拉》，构思于西藏的无人区，动笔于云南的文山，在北京写作期间，还换过两个住处，修改地点在杭州和越南的沙巴小镇，最后又封稿于云南的文山。另一本书《穿越百年中东》的最早章节是在埃及和埃塞俄比亚写作与修改的，完成地点是在广州。其余几乎每一本书都经历过类似的动荡，才得以完成。

当有了家之后，创作环境终于得到了改善。《汴京之围》是我的第一本在同一个地方构思、写作和完成的作品。

在风吼居，我几乎将所有的参考资料都备齐了。在本书所列的一百多本参考书中，除了《三朝北盟会编》和《建炎以来系年要录》由于暂时购买不到，只能使用电子版之外，其余的书籍我都买来放在案头，边写边查。

《汴京之围》也因此成了写作最从容的一本书。

3

为什么要写《汴京之围》？

当我写作《中央帝国的军事密码》时，强调的是军事地理对于战略的重要性。但在写作过程中，却有一个时代让我如鲠在喉，这个时代就是北宋末期的靖康时期。这个时代的战争已经超越了军事本身,变成了政治、经济、外交的大拼盘。在《中央帝国的军事密码》一本书中,不可能将如此丰富的内容展现,于是我将它单独抽出来,写一本专著,来解剖这个时代。

另外,靖康时期那段历史对于现代也有着不同寻常的意义。

设想回到北宋——三年前,整个社会铺天盖地在宣扬一场盛世,人们普遍相信这是一个伟大的时代,国力富强,经济繁荣;但三年后国家却灭亡了。从盛世到灭亡只用三年,这一时代境况让我有一种去一探究竟的冲动。

它提醒我们居安思危,在任何时候,危机和盛世只差一步而已。和平并不是一种必然,它要求我们怀着谦卑的心态去看待世界,学习世界所长的同时,避免自大与狂傲。更重要的是,必须有意识地避免战争,谦卑不是错,错判了形势才是最可怕的,因为任何形势都是环环相扣的,一旦迈出了第一步,不仅无法回头,而且也无法把握未来的走向了。

由于研究战争和财政,我也知道战争对于中国社会的破坏性。一旦战争出现,引起的财政失衡很可能会导致整个社会的分崩离析。如今,中国的民族自尊心正处于一个爆发的阶段,在这个阶段,更需要我们随时警醒。

4

在书中,我还写了大量的外交活动。

随着世界的复杂化,外交已经成了一个国家的常态。其实在宋代,由于数国并立,国家的外交早就摆脱了中央帝国的心态,与辽国、金国的外交活动已经很现代了。

但宋代的外交却显得异常混乱。北宋政府有着强烈的历史屈辱感,这种感觉来自辽国占据着燕云十六州。于是,北宋末年外交的出发点都落在这片北方领土之上。由此产生的不计后果的外交策略,最终不仅没有拿回燕云十六州,反而丢掉了更多的土地。

北宋君臣由于缺乏固定的原则,在外交上走入旋涡无法自拔,让每一个看过这段历史的人都扼腕叹息。而这,也正是现代外交所必须避免的。

另外，在军事战略、政治上，这段历史都可以给我们太多的启发，这本书不是为了回顾一段千年前的历史，而是为了让当代人有所领悟。

这不是《岳飞传》那种让人心潮澎湃慷慨激昂的书，而是一本令人深省、思考历史教训的书。不鼓动任何情绪，却总是想给文明冲突找到合理的解释。

5

感谢梦舞君的陪伴。

感谢当年给了我理想，教导我不要合群的祖父母郭宝成、李玉萍。

感谢文学锋、周杭君、谷重庆、秦旭东，你们在我人生的不同阶段给了我重要的帮助，这才有了我今天的成就。

本书的初审编辑陈一琛投入了很大的精力，查阅了大量的史料，我不希望她继续隐身幕后，在这里对一琛表示感谢。对本书的编辑出版有贡献的还有柳媛、淡霞、王翛冰等。感谢我的编辑团队，也是国内最好的编辑团队。

本书构思、写作、修改于大理风吼居。但愿我未来的作品都出自这个四季听风的小屋。

参考书目

聚合类

范祥雍编：《古本竹书纪年辑校订补》，上海古籍出版社，2011年。

［宋］薛居正等：《旧五代史》，中华书局，1976年。

［宋］欧阳修：《新五代史》，中华书局，1974年。

［元］脱脱等：《宋史》，中华书局，1985年。

［清］毕沅：《续资治通鉴》，岳麓书社，1992年。

［宋］李焘：《续资治通鉴长编》，中华书局，2004年。

［清］黄以周等辑注：《续资治通鉴长编拾补》，中华书局，2004年。

［宋］徐梦莘：《三朝北盟会编》，大化书局，1979年。

［清］徐松辑，刘琳、刁忠民、舒大刚等点校：《宋会要辑稿》，上海古籍出版社，2014年。

陈述、朱子方主编：《辽会要》，上海古籍出版社，2009年。

［宋］徐自明：《宋宰辅编年录校补》，中华书局，2012年。

［宋］李心传撰，胡坤点校《建炎以来系年要录》，中华书局，2013年。

龚延明编：《宋代官制辞典》（增补本），中华书局，2017年。

［宋］马端临撰，上海师范大学古籍研究所、华东师范大学古籍研究所点校：《文献通考》，中华书局，2018年。

［元］脱脱等：《辽史》，中华书局，1974年。

［元］脱脱等：《金史》，中华书局，1975年。

［宋］宇文懋昭：《大金国志校证》，中华书局，2011年。

［元］佚名撰，汪圣铎点校：《宋史全文》，中华书局，2016年。

［宋］李𡌴，燕永成校正《皇宋十朝纲要校正》，中华书局，2013年。

［宋］陈均编，许沛藻等点校：《皇朝编年纲目备要》，中华书局，2006年。

［宋］刘时举撰，王瑞来点校：《续宋中兴编年资治通鉴》，中华书局，2014年。

［金］佚名编，金少英校补，李庆善整理：《大金吊伐录校补》，中华书局，2017年。

［宋］岳珂编，王曾瑜校注：《鄂国金佗稡编续编校注》，中华书局，2018年。

［宋］叶隆礼撰，贾敬颜、林荣贵点校：《契丹国志》，中华书局，2014年。

赵永春辑注：《奉使辽金行程录》（增订本），商务印书馆，2017年。

［宋］吕祖谦编，齐治平点校：《宋文鉴》，中华书局。

［明］陈邦瞻：《宋史纪事本末》，中华书局，2015年。

［清］李有棠：《辽史纪事本末》，中华书局，2015年。

［清］李有棠：《金史纪事本末》，中华书局，2015年。

郭建龙：《中央帝国的财政密码》，鹭江出版社，2017年。

郭建龙：《中央帝国的哲学密码》，鹭江出版社，2018年。

周勋初主编，葛渭君、周子来、王华宝编：《宋人轶事汇编》，上海古籍出版社，2014年。

［明］宋应星：《天工开物》，岳麓书社，2002年。

［宋］王称：《二十五别史·东都事略》，齐鲁书社，2000年。

［宋］志磐撰，释道法校注：《佛祖统纪校注》，上海古籍出版社，2012年。

地理军事类

［清］顾祖禹撰，贺次君、施和金点校：《读史方舆纪要》，中华书局，2005年。

［清］顾炎武撰，黄珅校点：《天下郡国利病书》，上海古籍出版社，2012年。

［清］顾炎武撰，王文楚等校点：《肇域志》，上海古籍出版社，2012年。

［宋］乐史：《太平寰宇记》，中华书局，2007年。

［宋］王应麟：《通鉴地理通释》，中华书局，2013年。

台湾三军大学编著:《中国历代战争史》,中信出版社,2013年。

[明]李濂撰,周宝珠、程民生点校:《汴京遗迹志》,中华书局,1999年。

[宋]孟元老撰,伊永文笺注:《东京梦华录笺注》,中华书局,2006年。

笔记类

[宋]赵甡之撰,许起山辑校:《中兴遗史辑校》,中华书局,2018年。

[宋]確庵、耐庵编:《靖康稗史笺证·宣和乙巳奉使金国行程录》,中华书局,2010年。

[宋]確庵、耐庵编:《靖康稗史笺证·瓮中人语》,中华书局,2010年。

[宋]確庵、耐庵编:《靖康稗史笺证·开封府狀》,中华书局,2010年。

[宋]確庵、耐庵编:《靖康稗史笺证·南征录汇》,中华书局,2010年。

[宋]確庵、耐庵编:《靖康稗史笺证·青宫译语》,中华书局,2010年。

[宋]確庵、耐庵编:《靖康稗史笺证·呻吟语》,中华书局,2010年。

[宋]確庵、耐庵编:《靖康稗史笺证·宋俘记》,中华书局,2010年。

上海古籍出版社编:《宋元笔记小说大观·邵氏闻见录》,上海古籍出版社,2007年。

上海古籍出版社编:《宋元笔记小说大观·避暑录话》,上海古籍出版社,2007年。

上海师范大学古籍整理研究所编:《全宋笔记第一编·涑水纪闻》,大象出版社,2003年。

上海师范大学古籍整理研究所编:《全宋笔记第二编·后山谈丛》,大象出版社,2006年。

上海师范大学古籍整理研究所编:《全宋笔记第二编·东轩笔录》,大象出版社,2006年。

上海师范大学古籍整理研究所编:《全宋笔记第二编·侯鲭录》,大象出版社,2006年。

上海师范大学古籍整理研究所编:《全宋笔记第三编·泊宅编》,大象出版上海师范大学古籍整理研究所编：《全宋笔记第三编·墨庄漫录》，大象出版社，2008年。

上海师范大学古籍整理研究所编：《全宋笔记第三编·铁围山丛谈》，大象出版社，2008年。

上海师范大学古籍整理研究所编：《全宋笔记第三编·松漠纪闻》，大象出版社，2008年。

上海师范大学古籍整理研究所编：《全宋笔记第三编·靖康传信录》，大象出版社，2008年。

上海师范大学古籍整理研究所编：《全宋笔记第三编·建炎进退录》，大象出版社，2008年。

上海师范大学古籍整理研究所编：《全宋笔记第三编·建炎时政记》，大象出版社，2008年。

上海师范大学古籍整理研究所编：《全宋笔记第三编·建炎复辟记》，大象出版社，2008年。

上海师范大学古籍整理研究所编：《全宋笔记第三编·靖炎两朝见闻录》，大象出版社，2008年。

上海师范大学古籍整理研究所编：《全宋笔记第三编·朝野佥言》，大象出版社，2008年。

上海师范大学古籍整理研究所编：《全宋笔记第三编·北狩见闻录》，大象出版社，2008年。

上海师范大学古籍整理研究所编：《全宋笔记第四编·独醒杂志》，大象出版社，2008年。

上海师范大学古籍整理研究所编：《全宋笔记第四编·华阳宫记事》，大象出版社，2008年。

上海师范大学古籍整理研究所编：《全宋笔记第四编·避戎夜话》，大象出版社，2008年。

上海师范大学古籍整理研究所编：《全宋笔记第四编·北狩行录》，大象出版社，2008 年。

上海师范大学古籍整理研究所编:《全宋笔记第四编·靖康纪闻》，大象出版社，2008 年。

上海师范大学古籍整理研究所编:《全宋笔记第四编·南烬纪闻录》，大象出版社，2008 年。

上海师范大学古籍整理研究所编:《全宋笔记第四编·窃愤录》，大象出版社，2008 年。

上海师范大学古籍整理研究所编:《全宋笔记第四编·窃愤续录》，大象出版社，2008 年。

上海师范大学古籍整理研究所编:《全宋笔记第五编·能改斋漫录》，大象出版社，2012 年。

上海师范大学古籍整理研究所编:《全宋笔记第五编·容斋随笔》，大象出版社，2012 年。

上海师范大学古籍整理研究所编:《全宋笔记第五编·裔夷谋夏录》，大象出版社，2012 年。

上海师范大学古籍整理研究所编:《全宋笔记第五编·云卧纪谭》，大象出版社，2012 年。

上海师范大学古籍整理研究所编:《全宋笔记第五编·老学庵笔记》，大象出版社，2012 年。

上海师范大学古籍整理研究所编:《全宋笔记第六编·建炎以来朝野杂记》，大象出版社，2013 年。

上海师范大学古籍整理研究所编:《全宋笔记第六编·挥尘录》，大象出版社，2013 年。

上海师范大学古籍整理研究所编:《全宋笔记第六编·玉照新志》，大象出版社，2013 年。

上海师范大学古籍整理研究所编:《全宋笔记第七编·桯史》，大象出版社，2016 年。

上海师范大学古籍整理研究所编:《全宋笔记第七编·齐东野语》，大象出版社，2016年。

上海师范大学古籍整理研究所编：《全宋笔记第八编·梦粱录》，大象出版社，2017年。

上海师范大学古籍整理研究所编：《全宋笔记第八编·癸辛杂识》，大象出版社，2017年。

上海师范大学古籍整理研究所编：《全宋笔记第九编·宗忠简公遗事》，大象出版社，2018年。

上海师范大学古籍整理研究所编：《全宋笔记第九编·秀水闲居录》，大象出版社，2018年。

上海师范大学古籍整理研究所编：《全宋笔记第九编·皇太后回銮事实》，大象出版社，2018年。

赵永春辑注：《奉使辽金行程录·使北录》（增订本），商务印书馆，2017年。

赵永春辑注：《奉使辽金行程录·燕云奉使录》（增订本），商务印书馆，2017年。

赵永春辑注：《奉使辽金行程录·茅斋自叙》（增订本），商务印书馆，2017年。

赵永春辑注：《奉使辽金行程录·靖康城下奉使录》（增订本），商务印书馆，2017年。

赵永春辑注：《奉使辽金行程录·山西军前和议奉使录》（增订本），商务印书馆，2017年。

赵永春辑注：《奉使辽金行程录·北辕录》（增订本），商务印书馆，2017年。

［宋］徐梦莘：《三朝北盟会编·北征纪实》，大化书局，1979年。

［宋］徐梦莘：《三朝北盟会编·陷燕录》，大化书局，1979年。

［宋］徐梦莘：《三朝北盟会编·南归录》，大化书局，1979年。

［宋］徐梦莘：《三朝北盟会编·金虏节要》，大化书局，1979年。

［宋］徐梦莘：《三朝北盟会编·燕云录》，大化书局，1979年。

［宋］徐梦莘：《三朝北盟会编·北记》，大化书局，1979年。

［宋］徐梦莘：《三朝北盟会编·宣和录》，大化书局，1979年。

［宋］汪藻原撰，王智勇笺注：《靖康要录笺注》，四川大学出版社，2008年。

顾宏义、李文整理标校：《金元日记丛编·长春真人西游记》，上海书店出版社，2013年。

评考类与虚构类

［清］钱大昕撰，方诗铭、周殿杰校点：《廿二史考异》，上海古籍出版社，2014年。

［清］赵翼：《廿二史札记校正》，中华书局，2013年。

［清］王夫之：《宋论》，中华书局，2003年。

［明］洪楩等编：《京本通俗小说·清平山堂话本·大宋宣和遗事》，岳麓书社，1993年。

［明］施耐庵：《水浒全传》，岳麓书社，1988年。

图书在版编目（CIP）数据

汴京之围：北宋末年的外交、战争和人 / 郭建龙著 .—成都：天地出版社，2019.7
ISBN 978-7-5455-4944-7

Ⅰ.①汴… Ⅱ.①郭… Ⅲ.①中国历史—北宋—通俗读物 Ⅳ.① K244.09

中国版本图书馆CIP数据核字（2019）第095601号

BIANJING ZHI WEI: BEISONG MONIAN DE WAIJIAO、ZHANZHENG HE REN
汴京之围：北宋末年的外交、战争和人

出 品 人	陈小雨　杨　政
作 　 者	郭建龙
责任编辑	王继娟
装帧设计	水玉银文化
责任印制	王学锋

出版发行	天地出版社
	（成都市锦江区三色路238号　邮政编码：610023）
	（北京市方庄芳群园3区3号　邮政编码：100078）
网　　址	http://www.tiandiph.com
电子邮箱	tianditg@163.com
经　　销	新华文轩出版传媒股份有限公司

印　　刷	北京文昌阁彩色印刷有限责任公司
版　　次	2019年7月第1版
印　　次	2024年10月第38次印刷
开　　本	710mm×1000mm 1/16
印　　张	24.5
字　　数	352千字
定　　价	78.00元
书　　号	ISBN 978-7-5455-4944-7

版权所有◆违者必究

咨询电话：(028) 86361282（总编室）
购书热线：(010) 67693207（营销中心）

如有印装错误，请与本社联系调换

天喜文化策划出品

《汴京之围》有声书免费畅听

人气主播吕鹏"声"动演绎,带你一起解读靖康之难的北宋亡国教训,学到如何在复杂困境中做出正确决策。

以声音刻文字，分享人类智慧

天壹文化